FAIZ SIDDIQUI

ELON MUSK
HYBRIS MAXIMA

Traduzione di Sara Puggioni

Sperling & Kupfer

Pubblicato per

Sperling & Kupfer

da Mondadori Libri S.p.A.

ISBN 978-88-200-8250-5

I Edizione aprile 2025

Anno 2025-2026-2027 - Edizione 1 2 3 4 5 6 7 8 9 10

Ai giornalisti che ci portano storie da ogni angolo del pianeta, con un pensiero speciale a Gaza dove così tanti di loro sono stati uccisi, in un momento in cui essere un reporter è particolarmente letale. Voi siete la voce del mondo.

Indice

Nota dell'autore

Mentre questo libro va in stampa, Elon Musk ha preso le redini del neonato DOGE americano, il dipartimento dell'Efficienza governativa, e sembra avere carta bianca dall'amministrazione Trump per rimodellare il governo federale come gli pare e piace. Fra i suoi obiettivi ci sono la riduzione del personale federale, la modernizzazione dell'obsoleta tecnologia e 1.000 miliardi di dollari di tagli alla spesa federale. I suoi collaboratori si sono presentati in numerose agenzie federali – alcune ben al di là del mandato esposto sopra – con quasi nessun contratto e motivazioni poco chiare. Alcuni si sono addirittura rifiutati di identificarsi; Musk ha detto che rivelare l'identità di chi lavora per lui sarebbe un reato.

Non si è dato la pena di placare i timori relativi a potenziali conflitti di interessi con le sue attività imprenditoriali. Al tempo stesso, molti dei suoi primi interventi hanno sollevato questioni legali ed è possibile che un giorno alcune decisioni potrebbero essere annullate in tribunale. Ma gli effetti intimidatori che queste azioni hanno sulla popolazione americana, così come l'impatto sulla reputazione internazionale del nostro Paese, sono immediati e concreti.

Vorrei poter dire di essere stupito. Ma sono anni che seguo Musk come giornalista e ciò che colpisce di questi sviluppi non è che siano inaspettati o anomali, ma che siano incredibilmente coerenti con il comportamento e l'approccio alla gestione aziendale di cui fa mostra da decenni. Musk ha creato un'immagine di sé come l'uomo più stacanovista d'America e l'ultimo baluardo della meritocrazia

– un'immagine sostenuta da fedelissimi accanitamente leali e competenti – che usa per giustificare azioni drastiche, parlando dei suoi interventi in termini di risposte determinanti a minacce esistenziali. L'unica cosa che è cambiata è la quantità di potere che detiene, e la portata delle potenziali conseguenze per i cittadini americani.

Il solo modo per capire quali saranno le sue prossime mosse è guardare a come ha sempre usato il potere che aveva.

Introduzione

«C'è un grande cimitero pieno dei miei nemici...»
ELON MUSK[1]

COL senno di poi, era inevitabile.[2]

Niente di ciò che stava succedendo quel giovedì doveva essere divertente. Ma Elon Musk, seduto accanto al fratello alla fine di una lunga fila di schermi da computer negli uffici di Tesla della Silicon Valley, rideva.

Istericamente.

Per i dipendenti del complesso Tesla di Fremont, in California, che ospitava i lavoratori in esubero della sede centrale di Palo Alto, fu un momento di sconcerto in una settimana insolitamente movimentata. Musk sedeva nell'open space circondato dal suo staff: il comandante di una nave dalle pareti bianche, un vascello sterile e privo di gioia pieno di scrivanie e poltroncine ergonomiche anonime dove si crea il valore per gli azionisti.

L'atmosfera era tesa, quasi funerea, almeno all'inizio. La CNBC faceva spesso da sottofondo a un'azienda automobilistica consumata dalla sua reputazione, ma il notiziario del 27 settembre 2018 era ben diverso dalla solita analisi senza costrutto dei titoli di Borsa gonfiati in modo truffaldino. Quello era il giorno in cui Musk doveva affrontare le conseguenze, e gli occhi di tutti erano puntati sulla tv.

L'ultima sua sparata aveva attirato l'attenzione dei federali, un momento umiliante per chiunque... per non parlare del capo di un'azienda quotata in Borsa. Ma il suo atteggiamento allegro lasciava intendere che la cosa non gli facesse né caldo né freddo.

Elon e suo fratello Kimbal, un membro del consiglio di amministrazione di Tesla in visita dal Colorado, guardavano assorti una conferenza stampa in cui i funzionari della Securities and Exchange Commission (SEC) spiegavano la serietà del passo falso di Musk, un tweet poi ritrattato in cui aveva detto di avere un «finanziamento garantito» per ritirare Tesla dalla Borsa.

La SEC accusava Musk di truffa. La denuncia illustrava la gravità dell'accusa e le sue potenziali conseguenze. Stephanie Avakian, codirettrice della sezione legale della SEC, spiegò che l'agenzia mirava non solo a un'ingiunzione per prevenire futuri episodi analoghi, ma anche a imporre multe e la restituzione dei «guadagni ottenuti in maniera illecita», nonché, ed era la questione decisiva, «un divieto che avrebbe proibito a Musk di ricoprire l'incarico di amministratore delegato o direttore di una società quotata in Borsa in futuro».

A quel punto il tono severo del notiziario lasciò il posto alla leggerezza: la CNBC accostò alla conferenza stampa della SEC uno spezzone della recente apparizione di Musk al podcast *Joe Rogan Experience*, dove faceva un tiro da uno spinello e soffiava fuori una nuvola di fumo con espressione confusa.[3]

Musk, sempre imperterrito, scoppiò a ridere, e il suono della sua risata inconfondibile finalmente distolse l'attenzione dei presenti dallo schermo tv.

Il comportamento stravagante del CEO di Tesla si stava guadagnando i titoli da settimane. Nell'arco di due mesi, Musk aveva dato del «pedofilo» a un uomo cui tutti guardavano come un eroe, aveva postato il tweet che aveva allarmato la SEC e fumato lo spinello oltraggioso in un podcast guardato da milioni di persone.[4] Aveva preso con filosofia i considerevoli contraccolpi. Ma mentre le conseguenze del suo comportamento cominciavano a divenire chiare, non c'era modo di indorare la pillola di ciò che avrebbe significato per lui, il suo consiglio di amministrazione – incluso suo fratello Kimbal, che in quel tumultuoso periodo era spesso presente – e i dipendenti di ogni livello.

Come minimo un rimprovero, nel peggiore dei casi un'umiliazione.

Musk aveva ventilato di rendere Tesla una società privata a 420 dollari per azione, un numero che era un riferimento in codice al fumare marijuana. Quella metafora, nello specifico, sarebbe diventata un leitmotiv delle sue cazzate più colossali. Anni dopo, avrebbe commesso quella che all'epoca sembrò una fesseria ancora più grossa – possibilmente la peggiore della sua vita professionale – acquistando Twitter a 54,20 dollari per azione.

Eppure, nel momento in cui la SEC minacciava di portarlo in tribunale, tutto quello che fece fu mettersi a sghignazzare. Magari sapeva qualcosa di cui i suoi dipendenti non erano al corrente?

Anche se l'accertamento della frode finanziaria avrebbe portato all'allontanamento di Musk dal consiglio di amministrazione di Tesla e a una multa di 20 milioni di dollari a testa sia per lui che per l'azienda, nel lungo periodo è solo diventato più ricco e più potente.

Sono sempre stato affascinato dal potere. Da adolescente e poi nella prima giovinezza, ho divorato libri su persone – spesso figure ambigue e spregevoli – che avevano lasciato il segno nella società per pura e semplice forza di volontà, muovendosi ai margini della responsabilità legale, morale ed etica: il sindaco di Chicago Richard Daley, l'urbanista di New York Robert Moses, presidenti degli Stati Uniti quali Lyndon B. Johnson, George W. Bush e Donald Trump, e giganti della tecnologia come Steve Jobs.

Ho iniziato la mia carriera al *Washington Post*, dove il lavoro di giornalista specializzato che copriva il trasporto locale è entrato rapidamente in collisione con le ambizioni di Musk di sovvertire non solo il modo in cui ci muoviamo, ma anche quello in cui venivano prese le decisioni che influenzano la società ai più alti livelli.

Le condizioni che hanno consentito a Musk di trovare un appiglio nell'industria tecnologica sono chiare. Nel 2019, quando sono arrivato nella Silicon Valley, l'innovazione tecnologica sembrava ristagnare. Apple faceva fatica a trovare un nuovo prodotto rivoluzionario anche se «aveva sbloccato il valore per gli azionisti»; le società dei social media si stavano alienando i consumatori con lo sfruttamento dei dati degli utenti; e l'auto a guida autonoma era solo un vago barlume nella mente di molti guru della tecnologia. La reputazione di Uber era sprofondata a causa degli errori del suo fondatore e al riconoscimento da parte dei più che il modello di business era basato sullo sfruttamento e offriva margini risicati. C'era un gran bisogno di consacrare il prossimo Steve Jobs e Musk – armato del trucchetto dell'astensione dai combustibili fossili e dell'accelerazione da capogiro delle sue Tesla, un prodotto che offriva ai consumatori l'esperienza magica del primo iPhone – era il candidato principale.

Elon Musk sembrava anche adattarsi al modello di figura potente che sfidava i limiti. Era l'ultimissima prova del fuoco per il nostro sistema, per l'idea che viviamo in una società governata da regole, norme e principi condivisi e comunemente accettati. Eravamo disposti a sacrificarli per ottenere ciò che ci prometteva? La promessa sembrava di quelle irrinunciabili: la missione di Tesla è «accelerare la transizione mondiale verso l'energia sostenibile». Non era più importante di qualche fastidiosa norma sociale?

Scoprii che Tesla era una società che brillava per innovazione e non aveva uguali nei settori automotive e tecnologico, ma era anche paranoica e ostile agli sguardi indagatori, guidata da un uomo poco incline alla trasparenza o alla responsabilità, che considerava qualunque intromissione di figure minori alla stregua di ostacoli a ciò che sperava di lanciare. Tale atteggiamento era diffuso nell'organizzazione. Tesla, così si pensava, era più intelligente delle persone al comando. Aveva più dati. La sua missione era buona e giusta. Perché veniva attaccata?

Musk era una figura che avevo già incontrato nei miei studi ma non avevo ancora conosciuto di persona: un eroe uscito dritto da un romanzo di Ayn Rand, un uomo che non si curava delle conseguenze delle proprie azioni – degli effetti secondari che si potrebbero descrivere come *ricadute negative* –, convinto com'era di essere sulla strada buona e giusta. Il malcelato disprezzo per i burocrati e le persone mediocri che lo intralciavano, la tendenza a giustificare il perseguimento miope dei propri interessi sulla base di presunti fini virtuosi, l'attribuzione della miriade dei problemi del mondo all'abbandono della meritocrazia suggerivano un personaggio randiano in carne e ossa.

«La sopravvivenza è il valore supremo di ogni organismo, "l'obiettivo o fine ultimo per raggiugere il quale tutti gli obiettivi intermedi sono mezzi", nonché il modello per tutti gli altri valori: "ciò che allunga la sua vita è bene, ciò che la minaccia è male"» dice la *Stanford Encyclopedia of Philosophy*, sintetizzando uno dei principi essenziali del pensiero di Ayn Rand.[5]

Ed ecco cosa dice Elon Musk, per capirci: «Rendere la vita interplanetaria amplia l'obiettivo e le dimensioni della coscienza [...] L'umanità è l'assistente della vita, poiché nessun'altra specie può portare la vita su Marte. Non possiamo deluderla». E «se la civiltà collassa prima che Marte diventi autosufficiente, allora non conta nient'altro».[6]

Musk si è spinto fino ad applicare la polarizzazione «bene contro male», scrivendo: «A meno che non venga fermato, il virus della mente woke distruggerà la civiltà e l'umanità non arriverà mai [*sic*] su Marte».[7]

In modo più decisivo, tuttavia, Musk rifletteva il pensiero randiano su questioni più pratiche.

Per dirla con le parole dell'enciclopedia stanfordiana:

> Dall'elenco delle virtù fondamentali di Rand si fanno notare per la loro assenza le «virtù della benevolenza», quali la gentilezza, la carità, la generosità e il perdono [...] Se, e in che misura, si dovrebbero aiutare gli altri dipende dal posto che occupano nella propria gerarchia di valori definita razionalmente, e dalle circostanze particolari [...] Maggiore è il loro valore agli occhi dell'interesse razionale dell'individuo, maggiore è l'aiuto che si dovrebbe essere disposti a offrire [...] Ciò che non è mai moralmente appropriato è fare un sacrificio, vale a dire cedere qualcosa che ha valore per se stessi in cambio di qualcosa che ha un valore minore o non ce l'ha affatto.[8]

Nonostante i loro meriti, è difficile ignorare il fatto che Musk abbia tratto un enorme vantaggio personale dalla stragrande maggioranza delle sue attività imprenditoriali in generale, e da ciascuno dei principali elementi presi singolarmente.

Lui, ovviamente, ha giustificato l'accumulo di ricchezze e potere come mezzi in vista di un fine e pare aver difeso l'apparente mancanza di motivazione filantropica come una presa di posizione contro la *virtue signalling*, il moralismo ostentato: «È difficilissimo elargire denaro su larga scala se si ha a cuore la bontà reale anziché la sua apparenza» ha scritto.[9]

Ritiene di offrire il valore supremo aiutando l'umanità a raggiungere Marte, spingendola verso un'era di energia verde e, più di recente, riportando la «libertà di parola» nella piazza pubblica di internet. Il suo dipartimento per l'Efficienza governativa, un gruppo che mira a esercitare un'enorme influenza sulle norme e le spese del governo, rappresenta un'altra faccia di questa teoria.

Nel periodo in cui da giornalista mi sono occupato di lui, Musk ha chiarito senza mezzi termini di non apprezzare il mio lavoro, rispondendo in più occasioni alle richieste di commenti con una versione o l'altra del ritornello: «Porta i miei saluti al tuo burattinaio», un chiaro riferimento al proprietario del *Washington Post*, il magnate della tecnologia suo rivale, Jeff Bezos.[10]

Musk, nato a Pretoria, Sudafrica, il 28 giugno 1971, era un bambino precoce che si rivolgeva alla parola scritta per comprendere il mondo – un mondo che l'ha visto vittima di bullismo e di ciò che è stato descritto come «tortura psicologica» – e che a dodici anni ha trovato rifugio nella programmazione, nella scrittura e nella vendita di un videogioco.[11] Le risposte le ha trovate non nei testi religiosi ma nelle opere di autori di fantascienza come Isaac Asimov e Douglas Adams.[12] È immigrato in Canada quando era adolescente, iscrivendosi alla Queen's University di Kingston prima di concludere gli studi all'Università della Pennsylvania, dove si è laureato in fisica ed economia.

Nel 1995 ha fondato Zip2, una piattaforma di guide turistiche online che consentiva ai quotidiani di offrire stradari delle città basati sul web integrandoli con annunci pubblicitari. Zip2 è arrivata sulla scena giusto in tempo per il boom delle dot-com (e prima del crollo della pubblicità online). Quando la Compaq ha acquistato Zip2 per più di 300 milioni di dollari, Musk ne ha ricavato un utile netto di 20 milioni, investendone circa la metà nella sua nuova avventura, un servizio di pagamenti online partito come X.com, il dominio che avrebbe aperto e chiuso i capitoli della sua carriera imprenditoriale.[13] È stato X.com a fare la sua fortuna, quando si è fuso con una società concorrente guidata dal venture capitalist Peter Thiel per diventare PayPal. Poi, Musk ha usato i circa 180 milioni di dollari ricavati dalla vendita di PayPal a eBay per finanziare le sue imprese più ambiziose – le aziende cui lo associamo oggi – SpaceX e Tesla.[14] Ha fondato SpaceX nel 2002, è diventato investitore in Tesla nel 2004 e CEO nel 2008, l'anno in cui l'azienda ha lanciato il suo primo modello: la Roadster. Per anni, Musk ha goduto di una reputazione inattaccabile per aver dato una scossa al programma spaziale in disarmo degli Stati Uniti e per aver consegnato alle masse la tanto attesa auto del futuro.

Era un nome familiare, una figura di spicco e al tempo stesso sufficientemente innocua da essere accettata nella cultura popolare mainstream. È comparso nel programma tv *The Big Bang Theory* e nel sequel di *Iron Man*, una serie di film in cui un imprenditore miliardario inventa una supertuta tecnologicamente sofisticata che gli consente di volare e respingere nemici potenti.

E aveva perfettamente senso. Lui *era* Iron Man, o almeno la migliore approssimazione disponibile. Tesla, sostenuta dagli industriali del settore e dagli incentivi del governo – fra cui un prestito di 465 milioni di dollari dal dipartimento dell'Energia –, è sopravvissuta alla Grande Recessione e ha toccato nuove vette.[15]

La berlina Model S – e poi in seguito la Model 3 e la Model Y – hanno catapultato Musk nel mercato di massa. Il suo potere è cresciuto. SpaceX, nel frattempo, ha dimostrato la validità del suo concetto di razzo riutilizzabile ed è diventata la prima società privata a portare persone in orbita.

Molti dei successi di Musk hanno origine dalla sua hybris, che è il suo superpotere e, come vedremo in questo libro, la sua debolezza più grande. Una volta, parlando del razzo di SpaceX lungo oltre 120 metri che spera porterà gli esseri umani su Marte, ha detto: «Non posso dire con sicurezza che *Starship* raggiungerà la velocità di fuga, ma sulla mia hybris non ho dubbi».[16]

Musk ha portato Tesla al successo osando distaccarsi dalla formula tradizionale del veicolo elettrico. Finché non è arrivata la Tesla con l'accelerazione da capogiro e la promessa di una buona autonomia, i veicoli elettrici – lenti catorci a batteria che inchiodavano i proprietari all'ansia da ricarica e servivano a poco più che a dichiarazioni politiche – erano quasi invisibili nelle classifiche di vendita, dato che i fabbricanti li usavano solo per rispettare gli obiettivi sulle emissioni.

Il successo improvviso di Tesla l'ha resa un polo di attrazione per i geni dell'ingegneria, un impiego da sogno che suscitava invidia in una Silicon Valley allo sbando, dove l'era dei social media aveva scatenato un'ondata di disillusione. Molte menti brillanti sono andate a lavorare lì, solo per scoprire che il nucleo dell'approccio aziendale – un uomo solo al comando, che rifiutava le ricerche di mercato e i rigorosi test interni prima del rilascio del prodotto – non poteva certo dirsi scientifico. Era inevitabile che un giorno o l'altro i limiti di un simile atteggiamento sarebbero saltati fuori.[17]

I dipendenti che hanno interagito con Musk per un periodo di tempo sufficiente non sono sempre rimasti entusiasti dell'esperienza. Ciononostante, la nobiltà degli obiettivi ha suscitato un tipo di lealtà cui si è assistito di rado verso i leader aziendali. Coloro che se ne sono andati senza troppi complimenti a volte si sono ritrovati a difenderlo comunque, riconoscendogli la visione o la passione, credendo ancora nella missione finale. L'ultimo ricordo magari sarà una discussione accesa con Musk da cui sono usciti vittoriosi dal punto di vista tecnico ma che li ha resi indesiderati per l'uomo al comando. È stato solo quando la pigrizia intellettuale di Musk è venuta a galla con la disastrosa acquisizione di Twitter, che l'opinione pubblica ha iniziato a rendersi conto che forse l'uomo non era quello che siamo stati indotti a credere. Quanto a me, ha continuato ad affascinarmi, non per il suo eroismo o le sue follie, i vezzi imbarazzanti o la capacità di ispirare, ma per il modo in cui esercitava il potere.

All'incirca nel periodo in cui conducevo le ricerche per questo libro, mentre la débâcle di Twitter era ancora fresca nella mente di molti, mi sono imbattuto in un tweet di Peter Kafka che mi ha chiarito la direzione da prendere: «Sono sempre meno interessato al futuro di Twitter, [perché] ormai è chiaro da un po'. Più interessante è chiedersi: che cos'è successo a Elon Musk? E se la risposta è "è quello che è sempre stato", allora com'è riuscito a fare SpaceX e Tesla?»[18]

Davvero, come ha fatto l'uomo considerato il Thomas Edison

dei tempi moderni a passare da eroe e genio indiscusso a CEO part-time e perennemente distratto, una figura divisiva e polarizzatrice – meno generosamente, lo scemo del villaggio di internet –, un ideologo di destra e, probabilmente, il peggior pasticcione della storia dell'umanità? È vero: in questo momento Musk detiene il record mondiale della più grave perdita di denaro di tutti i tempi.[19] In qualche modo, si è ripreso, riportando il valore di Tesla a oltre 1.000 miliardi di dollari – e facendo risalire il suo patrimonio netto ai livelli precedenti – in parte grazie a una tempestiva scommessa elettorale.

La storia di come è successo tutto ciò è piuttosto spettacolare. La spiegazione del comportamento stravagante di Musk, su una scala sempre maggiore e con un'impronta crescente sulla società, non è il fatto che abbia comprato Twitter. E neanche che si sia brasato il cervello con le droghe. O che si sia tutt'a un tratto trasformato in uno strumento del Partito repubblicano, un vettore di interessi politici interni o esteri o, forse la spiegazione più fiacca, in un troll con la missione di provocare la gente.

Elon Musk ha messo a repentaglio tutto il proprio impero – e si è bruciato la reputazione pubblica prima di emergere come una forza politica – semplicemente sguinzagliando Elon Musk. Non è mai stato un CEO convenzionale, ma al suo apice era del tutto slegato dalle regole sociali. Quando si è dedicato a trovate pubbliche come piazzare un gigantesco logo pulsante di X nel cuore di San Francisco per sottolineare il rebranding di Twitter – dirigendo «livelli di luminosità da rave», come mi è stato detto, verso alcuni palazzoni residenziali (fra cui un condominio abitato da persone anziane e disabili a basso reddito) – nessuno si aspettava che avrebbe affrontato conseguenze reali.

Christina DiEdoardo, un'avvocata residente a San Francisco, mi ha detto: «Scommetto che la passerà liscia, ma non dovrebbe». DiEdoardo ha la tendenza ad approfondire questioni tecniche come le regole urbane. «È solo l'ultimo esempio di un tizio che si fa beffe della legge e si comporta senza alcuna considerazione per gli altri.»

È stata una sorpresa? Questo comportamento «che si fa beffe della legge» andava avanti ormai da anni e Musk si era reso conto che le conseguenze erano state ben poche.

Non c'era nessuno in grado di fermarlo, come dimostrerò in questo libro. E nemmeno di salvarlo da se stesso.

Nell'arco di sei anni, Musk si è reso indispensabile, un uomo di importanza strategica enorme, portando le auto elettriche al grande pubblico, trasformando Tesla nel costruttore di automobili più quotato al mondo e guadagnandosi il titolo di persona più ricca del pianeta, il tutto ponendo se stesso al centro delle iniziative più ambiziose degli USA con implicazioni per l'industria, la difesa, la tecnologia, e la politica. Musk si è proposto come un potenziale salvatore dell'umanità, un altruista il cui patrimonio era legato a nobili propositi quali eliminare la dipendenza dai combustibili fossili e ampliare la portata della coscienza nel cosmo. Ha restituito un po' di ottimismo a tante persone intrappolate nel circolo vizioso tragico di un declino sociale e ambientale. E aveva una storia di successi, ciò che gli osservatori consideravano un «tocco di Mida», insieme alla rara qualità di possedere una visione – che andava oltre i conti economici – e una spinta inarrestabile a renderla concreta.[20]

Lungo la strada si è goduto il potere crescente, licenziando le persone che si mettevano di traverso; sdegnando autorità di controllo, guardiani e gole profonde; e recidendo i legami con chi osava muovergli obiezioni, nominando al loro posto suoi fedelissimi.

La rapida ascesa di Musk e il precipitoso declino della sua reputazione sono un caso che vale la pena studiare per diversi aspetti: i limiti della hybris come stile di leadership, le insidie della cattiva gestione aziendale e della lealtà incrollabile a un solo uomo, l'inefficacia di un governo con le mani legate e reso impotente (una gerontocrazia a volte scientificamente impreparata), e l'inaridimento, se non il vero e proprio rifiuto, delle competenze in un ambiente aziendale dominato dalla botta di dopamina a breve termine dei rapporti sugli utili. Dimostra anche il potere di una piattaforma di influenzare il discorso pubblico – di scrivere la propria agiografia – rispetto a un silenzioso esercizio delle proprie competenze in un mondo che non riesce a staccarsi dagli schermi. In qualche modo, le regole della meritocrazia non si applicano a coloro che riescono a usare abilmente a proprio vantaggio la fama e il denaro.

Musk ha di sicuro reinventato ciò che significa essere un CEO nel XXI secolo. Ha guidato Tesla sfruttando il suo ruolo di leader per influenzare l'opinione pubblica, indebolendo le regole e aggirando la burocrazia ogni volta che era possibile, smantellando in via definitiva l'immagine dell'amministratore delegato come quella di una figura senza volto a cui importano solo i profitti o che viene intralciata dalla burocrazia. C'è stato un momento in cui l'approccio di Musk – senza filtri, autentico, schietto – è stato una boccata d'aria fresca. Ho parlato con il CEO di un concorrente di primo piano nel settore dell'automotive il quale ha detto di invidiare il potere di Musk: l'efficacia pura e semplice della sua guida e la natura autocratica del suo management rendevano difficile essere competitivi.

Musk non doveva aspettare il via libera di un consiglio di amministrazione per far passare le sue scommesse più ambiziose: promettere di trasformare una flotta di un milione di veicoli in auto a guida autonoma; costruire un pick-up futuristico che non somigliava a nient'altro; riaprire una catena di montaggio gremita e caotica nel bel mezzo di una pandemia; e passare a sorpresa ai social media sulla base di quei risultati, riuscendo in qualche modo a stare a galla dopo aver licenziato il 75 per cento dei dipendenti.[21] In tutto ciò, ha detto a potenti autorità di controllo governative di levarsi dalle palle e a influenti consulenti aziendali di andare a fare in culo.[22]

Chi non sognerebbe di avere un potere del genere?

Al tempo stesso, Musk ha governato con l'intimidazione, licenziando in maniera arbitraria, stabilendo scadenze a capriccio che chiedevano ai sottoposti di raggiungere obiettivi enormi più in fretta di quanto sembrasse possibile, cosa che ha portato a un burnout perpetuo e a un turnover senza precedenti.

Ben presto, molti sono stati fin troppo felici di aderire ad approcci di problem solving ben lontani dall'essere rigorosi, obbedendo ciecamente, quasi che gli editti di Musk fossero dei dogmi. I lati negativi di un atteggiamento del genere si sono manifestati in rapida successione: una scia di accoliti delusi... persone che credevano davvero in lui colte impreparate dall'incoerenza delle posizioni di Musk, investitori sfiniti dal suo comportamento impulsivo, ex dipendenti attirati dalle promesse altisonanti di cambiare il mondo e che si sono trovati dalla parte sbagliata di difficili decisioni imprenditoriali. I risultati del passato sono diventati indicatori del successo futuro: Wall Street e gli investitori della Silicon Valley avrebbero seguito Musk sull'orlo del precipizio in cambio di qualche azione. Un esempio su tutti: l'immenso sostegno che ha ottenuto nel crowdfunding per comprare X, all'epoca nota come Twitter, un'azienda di social media in difficoltà che non poteva giustificare il prezzo di 44 miliardi di dollari in qualunque altro mondo che non fosse quello di Musk. Sul finire del 2024, prima delle elezioni che probabilmente hanno influenzato il suo valore, i più importanti di questi azionisti erano sotto di centinaia di milioni di dollari rispetto ai loro investimenti, e alcuni si sono rivoltati pubblicamente contro Musk.[23] La portata di quell'errore madornale era diventata chiara con resoconti quali quello del *Wall Street Journal* il quale affermava: «L'acquisizione di Twitter da parte di Elon Musk è il peggior affare finanziato dalle banche dai tempi della crisi finanziaria».[24]

L'implosione della reputazione pubblica e imprenditoriale di Musk era in atto da tempo. La domanda ora è: qualcuno riuscirà a farlo ragionare prima che le ricadute negative delle sue decisioni portino a conseguenze ancora peggiori? O è già troppo tardi?

Forse i segni c'erano fin dall'inizio... per chiunque fosse disposto a guardare. Nei capitoli che seguono dimostrerò che era proprio così, una prospettiva che sarebbe potuta tornare utile ai più zelanti sostenitori di Musk; agli investitori di Twitter; ai banchieri di Morgan Stanley che hanno appoggiato l'acquisizione; ai disillusi che avevano creduto alla sua tecnologia della guida autonoma, ai consumatori danneggiati dalle sue false promesse; e, soprattutto, a un'opinione pubblica disposta a credere all'aura di Musk, spinta dal bisogno disperato di un nuovo Steve Jobs, prova del ruolo dell'America nel portare ordine in un mondo caotico e deprimente.

Risponderò a domande difficili, che potrebbero risultare particolarmente scomode per chi abita il mondo di Musk: e se ci avesse menati tutti per il naso?

E se Musk non fosse davvero un genio?

«Tutti amavano Napoleone quando ripuliva il casino lasciato dalla Rivoluzione francese, ma quando è salito al potere ha messo al comando suo fratello e gli zii, e ha iniziato ad attaccar briga con chiunque. E quello che alla fine è successo a Napoleone è esattamente ciò che sta succedendo a Elon» mi ha detto l'investitore Ross Gerber, un tempo uno dei più ardenti sostenitori di Musk.

«È uno che si crede Cesare, o Napoleone, convinto di non poter sbagliare.»

Mentre scrivo queste righe, gli acquirenti di auto hanno mostrato crescente diffidenza verso Tesla, il gioiello della corona del portafoglio di Musk che di recente ha fatto registrare il suo primo calo nelle vendite da oltre un decennio;[25] senz'altro, almeno in parte, a causa dei danni provocati dall'acquisizione di Twitter, dalle sue continue e controverse speculazioni politiche – compresa la violenta retorica antimmigrazione – e dai ripetuti errori che hanno rivelato un ego smisurato e portato ad accuse di incompetenza o peggio... all'affermazione che è un ciarlatano.[26] Adesso Musk ha scommesso il futuro dell'azienda sui robot, l'intelligenza artificiale e le auto a guida autonoma, incontrando lo scetticismo di alcuni ex colleghi chiave, la preoccupazione da parte degli investitori disdegnati e l'ira dei fan di una volta, mentre i suoi sostenitori la considerano l'ennesima idea brillante di un genio imprevedibile che non riesce a starsene tranquillo a cogliere i frutti della formula del successo che ha funzionato in passato.

D'altra parte, è difficile capire come Musk potrebbe trarre insegnamento dagli errori del passato recente, dato che la valutazione di Tesla, al momento in cui scriviamo e grazie in larga parte alle astute manovre politiche, è risalita a oltre 1.000 miliardi di dollari. Musk ha perfino ottenuto una posizione influente sulle agenzie che in precedenza avevano cercato di arginarlo.

I capitoli che seguono analizzeranno metodicamente le azioni e la mente di quest'uomo, il Giulio Cesare della Silicon Valley, l'autoproclamato re della tecnologia. È un libro che parla di ciò che era prevedibile fin dall'inizio ed esegue un'autopsia devastante di ciò che è stato lasciato succedere.

1

La guerra di Elon Musk contro Washington

Il padre trentottenne lasciò il figlio alla scuola materna e si diresse al lavoro. Di recente aveva acquistato una Tesla Model X P100D, un SUV con un prezzo a sei cifre che vantava portiere ad ala di gabbiano, l'auto dei suoi sogni per cui aveva risparmiato e che si era regalato per il compleanno.[1]

Walter Huang credeva in Tesla. I suoi avvocati in seguito avrebbero detto che pensava che la sua auto, quando messa in modalità Autopilot, fosse più sicura di una macchina guidata da un essere umano.

Era così entusiasta che si era unito a un gruppo Facebook di proprietari di Model X e parlava regolarmente con un amico delle prestazioni del software Autopilot.[2] La moglie disse che nel tempo libero guardava video di Autopilot su YouTube.[3]

Questa ricostruzione del viaggio di Huang si basa sostanzialmente sui documenti relativi all'incidente del National Transportation Safety Board (NTSB).

Di recente, Huang aveva problemi con la sua Model X. La vettura, che usava regolarmente in modalità Autopilot, aveva sterzato più volte verso uno spartitraffico della Highway 101 che percorreva ogni giorno per andare al lavoro, costringendolo a correggere la traiettoria.

Intorno alle nove del mattino del 23 marzo 2018, pochi minuti dopo aver lasciato il figlio Tristan all'asilo, Huang, un ingegnere di Apple, inserì Autopilot e imboccò la 101 in direzione sud per andare in ufficio. Più o meno nello stesso momento, aprì un gioco di strategia sul telefonino: *Three Kingdoms*.[4]

Notando che era distratto, l'auto lo avvisò ripetutamente: una segnalazione dapprima visiva che poi passava a un *bip* fastidioso, fatto apposta per provocare una reazione. La Tesla era in grado di individuare se il guidatore aveva le mani sul volante, ma Huang nonostante gli allarmi non lo toccò, come invece fanno spesso i guidatori per zittire gli avvisi dei sistemi automatici. Autopilot, programmato per restare entro le strisce che delimitano le corsie e mantenere la distanza di sicurezza dai veicoli davanti, rimase inserito.

Dopo circa ventisette minuti di viaggio, nei pressi dello svincolo fra la Highway 101 e la State Route 85 a nord di San Jose, Huang arrivò nel punto in cui l'auto aveva cambiato traiettoria in precedenza. A quanto pare, non reagì abbastanza in fretta, e il veicolo uscì dalla corsia. Da quel momento, seguì una striscia «sbiadita e quasi cancellata» in mezzo alle due corsie; più avanti, la trafficata Highway 101 e lo svincolo per la Route 85 erano divisi da uno spartitraffico in cemento.[5]

Una volta nella terra di nessuno e senza veicoli davanti, il SUV di Huang fece quello che era programmato a fare: accelerò fino a toccare la velocità massima inserita dal guidatore. Passò da 99 a 105 chilometri orari nel giro di due secondi, poi a 110 un secondo dopo e infine a 112.[6]

Non arrivò mai alla velocità di 120 chilometri orari su cui Huang aveva settato Autopilot. L'auto era lanciata a tutta velocità contro un oggetto fisso. Huang si schiantò contro la testata dello spartitraffico a circa 113 chilometri orari, dissero gli investigatori, e «il SUV è andato in testacoda in senso antiorario, provocando il distacco della parte frontale dell'auto da quella posteriore». Prima di fermarsi, la Tesla invase la corsia e colpì anche altri due veicoli, ferendo in modo leggero il guidatore venticinquenne di una Mazda 3 e danneggiando gravemente il paraurti anteriore dal lato del guidatore. L'auto, con l'alloggiamento della batteria scoperchiato, prese fuoco.[7]

I testimoni trovarono Huang al posto di guida con la cintura di sicurezza allacciata. Lo tirarono fuori dai rottami e venne portato in ambulanza allo Stanford Health Care Hospital.[8]

Fu dichiarato morto alle 13.02.

* * *

Nel corso di più di dieci anni all'NTSB, il lavoro di Robert Sumwalt lo aveva portato sui siti di devastanti incidenti aerei, deragliamenti ferroviari e infrastrutture collassate.

Ma seduto a un tavolo conferenze nel suo ufficio al quinto piano a Washington, DC, un angolo nel labirinto delle agenzie federali noto come L'Enfant Plaza, l'investigatore federale di più alto livello del Paese guardò l'iPhone e rimase allibito.

«Ci ha attaccato il telefono in faccia.»

«Già, proprio così» disse Dennis Jones, un veterano dell'agenzia con quasi quarant'anni di servizio, seduto davanti a Sumwalt, altrettanto sbalordito.

Secondo la ricostruzione di Sumwalt, l'11 aprile 2018, nel corso di ventisette minuti carichi di polemica, Elon Musk si era arrabbiato, aveva protestato, minacciato di portarli in tribunale e alla fine se n'era andato bruscamente quando gli investigatori si erano rifiutati di piegarsi alla sua volontà. Era un esempio da manuale dell'indifferenza di Musk verso un'opinione pubblica che gli aveva attribuito un potere semidivino... e del suo disprezzo per l'istituzione addetta alla sicurezza incaricata di assicurarsi che non ne abusasse.

Autopilot, era convinto Musk, avrebbe giocato un ruolo cruciale nel progresso della sicurezza stradale, portando a un futuro in cui le persone non avrebbero più perso la vita in incidenti stradali. Le origini del sistema erano legate a una riunione interna a Tesla in occasione della quale l'idea di poter eliminare le morti stradali aveva assorbito lo staff di ingegneri mentre uno di loro scriveva il numero di vittime all'anno su una lavagna. Importanti società tecnologiche come Google e Uber stavano già pensando di popolare le strade di veicoli senza conducente, ma Tesla sarebbe stata l'unica a perseguire la guida autonoma nel settore delle auto private. E voleva farlo succedere il prima possibile.

Autopilot è un insieme di funzionalità di guida assistita che consentono alle Tesla di imboccare le rampe autostradali in uscita senza l'intervento fisico del conducente, una specie di *cruise control* iperavanzato che dava ai consumatori una dimostrazione tangibile della superiorità di Tesla sulle altre case automobilistiche. Il software controlla la velocità dell'auto e la distanza dagli altri veicoli, segue le strisce delle corsie e può anche cambiare corsia. La funzionalità

Full Self-Driving (FSD), ossia la guida autonoma completa, però, mirava a portare questa capacità sulle strade cittadine e residenziali, aggiungendo la possibilità di svoltare, fermarsi ai segnali di stop e ai semafori, e seguire le indicazioni passo passo.

Tesla aveva messo a punto un argomento cruciale per parlare di Autopilot: era più sicuro di una guida normale quando si guardava ai dati sugli incidenti. (Il ragionamento aveva un difetto fondamentale: Autopilot era progettato per le autostrade, e guidare su un'autostrada è intrinsecamente meno complesso.) Ma perfino anni dopo, la posizione di Musk non era cambiata. Applicava la stessa logica a Full Self-Driving, la versione più avanzata di Autopilot, progettato per essere usato nelle situazioni di guida molto più complesse rappresentate da strade cittadine e residenziali. Le argomentazioni di Musk al riguardo erano nel migliore dei casi non provate e nel peggiore sconsiderate: incoraggiava i guidatori a considerare sistemi costruiti per la comodità alla stregua di innovazioni salvavita in grado di prevenire gli incidenti.

Nondimeno, Musk sembrava credere che anche se veniva persa qualche vita nel processo, coloro che si opponevano alla sua visione del futuro erano ostacoli al progresso. Ha esposto questa filosofia nel dettaglio nel 2022, in occasione di un evento incentrato sulla guida autonoma: «Nel momento in cui si è convinti che l'aggiunta della guida autonoma riduca le lesioni e i morti, credo che si abbia l'obbligo morale di utilizzarla anche se si verrà citati in giudizio e incolpati da molte persone. Perché le persone a cui si è salvata la vita non sanno che gli è stata salvata la vita, e quelle che occasionalmente muoiono o si feriscono lo sanno di sicuro; o perlomeno lo sa il loro stato…»[9]

La sua posizione era che le procedure stabilite dalla società per impedire le sciagure automobilistiche erano inefficaci o, peggio, ostacoli a questo imperativo morale. Musk aveva legioni di ammiratori e fanboy online che legittimavano tale convinzione; i suoi metodi erano quelli giusti, e la sua strada l'unica percorribile. Chi era il governo per mettersi in mezzo? Come potevano le autorità avere le conoscenze necessarie, il know-how tecnologico e i dati da analizzare per ostacolarlo? Che cosa avevano mai fabbricato, loro?

* * *

Musk e Tesla avevano già rapporti tesi con le autorità di controllo di Washington. Tesla stava puntando il proprio futuro sulla scommessa dell'intelligenza artificiale: mettere nelle mani dei consumatori un veicolo completamente autonomo, una missione che mirava molto più alto rispetto alle ambizioni prevalentemente commerciali dei progetti di robotaxi delle Big Tech concorrenti come Google e Apple. Le autorità di controllo e i funzionari della sicurezza del governo federale che stavano creando un insieme di norme per regolamentare gli esperimenti di laboratorio nella Silicon Valley – test su piccola scala in ambienti rigidamente controllati – erano stati colti in gran parte alla sprovvista quando sul finire del 2014 Tesla aveva iniziato ad aggiungere alle proprie auto caratteristiche che somigliavano alla guida autonoma.

Musk poteva anche avercela con le interferenze di Washington, ma doveva allo Stato anche parecchio del successo dell'azienda. Nel 2009, Tesla si ritrovava in cattive acque perché la Grande Recessione minacciava di cancellare la domanda delle sue costose auto elettriche. Aveva prodotto una lussuosa auto sportiva, la Roadster, che offriva il brivido della coppia istantanea unito a un gruppo propulsore elettrico, ispirato in parte al motore centrale della Lotus Elise.[10] Quel brivido aveva un prezzo: il veicolo costava circa 100.000 dollari, ovvero più del doppio del prezzo di listino della Elise. Di fronte a un'economia in recessione che metteva in forse la produzione della Model S – l'auto che in seguito rese familiare il nome dell'azienda – Tesla trovò due salvatori. Daimler, il gruppo automobilistico che comprendeva Mercedes-Benz, chiese a Tesla di costruire i gruppi propulsori per le sue Smart elettriche. Nel frattempo il governo americano, con l'idea di portare i veicoli elettrici alle masse, scommise su Tesla. Il dipartimento dell'Energia concesse all'azienda un prestito di 465 milioni di dollari, denaro essenziale in un momento in cui era in dubbio persino la sua sopravvivenza.

In un'intervista del 2011 ad *Atlantic*, Musk ammise che la sua azienda faceva affidamento sul governo.

«Tesla ha ricevuto un prestito governativo» disse. «Se deve competere in maniera efficace con GM, Ford, Chrysler e altri, e questi tizi ricevono enormi stanziamenti in denaro dal governo senza interessi e noi non partecipiamo al gioco, ciò rende un lavoro già difficile quasi impossibile. E quindi sarebbe davvero poco saggio se non lo facessimo.»[11]

Negli anni successivi Tesla avrebbe messo a segno un altro colpaccio. Il governo stava incoraggiando i grossi gruppi automobilistici a passare all'elettrico, ma essi non avevano la capacità o la volontà di farlo, soprattutto in un'economia in crisi. Tesla, d'altra parte, sfornava migliaia di veicoli elettrici ogni trimestre. Perché Detroit non poteva semplicemente sfruttare il loro lavoro? Gruppi come Chrysler iniziarono a comprare da Tesla quelli che erano chiamati «crediti regolatori» in modo da aggirare le richieste statali in materia di emissioni imposte dal Clean Air Act federale. Questo accordo portò Tesla alla redditività che aiutò a fare di Musk la persona più ricca del mondo.[12] La sua azienda avrebbe ottenuto non solo un vantaggio di anni sulla concorrenza, ma avrebbe anche potuto trarre profitto dalla loro incapacità di adattarsi.

Musk poteva anche aver battuto in astuzia i concorrenti della Silicon Valley e di Detroit, ma la spada di Damocle degli enti di controllo pendeva ancora sulla sua testa. Benché gli investigatori della sicurezza dell'NTSB abbiano un mandato differente rispetto ai loro colleghi della National Highway Traffic Safety Administration (NHTSA, l'ente nazionale per la sicurezza stradale), Sumwalt aveva l'impressione che Musk avesse fatto di tutta l'erba un fascio. Si era arrabbiato quando i controllori dell'NHTSA lo avevano chiamato dopo un altro incidente simile nel 2016: una Tesla in Autopilot si era schiantata contro un camion articolato a 112 chilometri orari perché non era riuscita a distinguere l'automezzo dal cielo sullo sfondo, almeno stando alla spiegazione di Tesla, e aveva ammazzato il conducente. Musk urlò al telefono e minacciò una causa quando seppe che stavano per essere coinvolti gli enti di controllo, ha detto un ex funzionario della sicurezza, chiedendo di restare anonimo visto che si parlava di una questione riservata.[13]

«Riteneva ci stessimo tutti accanendo contro di lui» ha ricordato Dennis Jones parlando di come la pensava Musk.

Il rapporto di Musk con gli enti di controllo e i funzionari della sicurezza si deteriorò del tutto nel corso dei cinque anni più decisivi della sua spinta verso la guida autonoma. Mentre promuoveva la propria visione di un robotaxi per l'utente finale, Musk testò una strategia per controllare online eserciti di fanboy – spesso investitori entusiasti i cui personaggi digitali tossici miravano a zittire i venditori allo scoperto o i detrattori – contro coloro che minacciavano di rallentare l'avanzata di Autopilot e del suo omologo, Full Self-Driving, rendendo la vita un inferno a coloro che lo ostacolavano. Tutto in nome della sicurezza, sosteneva Musk. Una funzionaria di alto livello fu costretta a scappare da casa sua a causa di quella che le autorità locali giudicarono una minaccia pericolosa, dopo che i fan di Tesla erano insorti contro la sua nomina a consulente dell'NHTSA, e Musk si era unito all'attacco pubblico. In un altro caso, vennero coinvolte le autorità dopo che le critiche a un funzionario governativo si tradussero in minacce personali da parte di troll online.[14]

Il 6 aprile 2018 – il venerdì prima che Musk gli sbattesse il telefono in faccia – Robert Sumwalt sapeva di dover affrontare un compito potenzialmente sgradevole: chiamare il CEO riguardo all'ultimo incidente mortale che aveva coinvolto una Tesla in modalità Autopilot. La conversazione iniziò in modo abbastanza amichevole, ma Sumwalt avrebbe presto appreso la lezione che avevano imparato tutti quelli che avevano incrociato la strada di Musk nel corso degli anni: il miliardario dal temperamento volubile poteva essere affascinante e piacevole con coloro che avevano potere sul suo impero, ma poteva rivoltarglisi contro altrettanto in fretta se percepiva che minacciavano di ostacolarlo.

Gli investigatori federali che si occupano di sicurezza nei trasporti hanno un dovere verso i cittadini: assicurarsi che gli errori che hanno portato a un incidente mortale non si ripetano o, peggio, non siano un difetto intrinseco di sistemi cruciali per la sicurezza. Molti sentono profondamente questa responsabilità. Sumwalt – un comunicatore alla mano ma schietto che aveva lavorato per decenni come pilota di linea – era uno di loro. Ciononostante, quando chiamò Musk al cellulare per parlare della faccenda era in soggezione.

«A dire la verità, ero sbalordito... pensavo: Che figata, sto parlando con Elon Musk» ha detto Sumwalt, oggi in pensione, ricordando la conversazione in occasione di una cena al Cracker Barrel in Florida.

I due uomini si scambiarono convenevoli. Sumwalt, affiancato da una cricca di funzionari di Washington raggruppati attorno a un vivavoce su un divano fuori del suo ufficio, spiegò a Musk che voleva che Tesla partecipasse all'indagine. Era un passo particolarmente critico per un'azienda con enormi quantità di dati interni, e la cui comprensione tecnica dei propri sistemi superava di gran lunga quella dei funzionari della sicurezza. A Dennis Jones, da anni direttore generale dell'NTSB, piaceva scherzare dicendo che l'agenzia era incaricata di indagare costruttori di aerei che avrebbero potuto coprire il suo intero budget con un singolo apparecchio di linea. Nel caso di Tesla, gli investigatori non erano in grado di recuperare e decifrare i dati proprietari dai computer di bordo dell'auto senza aiuto dall'interno. Musk doveva essere ben consapevole di questa lacuna nella loro conoscenza.

Ma il processo d'indagine andava anche a vantaggio di Tesla: se fosse stata tenuta informata dei risultati, avrebbe potuto accorgersi di informazioni potenzialmente dannose e offrire chiarimenti e spiegazioni a proposito di possibili scoperte incriminanti. L'obiettivo ultimo era la sicurezza dei cittadini... e un'azienda che non voleva nascondere degli illeciti non aveva motivo di non collaborare.

C'erano anche delle regole: partecipare a un'indagine federale significava che Tesla non aveva facoltà di divulgare unilateralmente informazioni che avrebbero potuto essere utili alla ricostruzione dell'NTSB. Poco tempo prima avevo scritto un articolo riferendo che l'NTSB era «contrariato» dal rilascio da parte dell'azienda di informazioni legate all'indagine sull'incidente di Huang, le quali avevano dato a intendere che uno dei fattori era stata la disattenzione del conducente.[15]

In sostanza, se voleva collaborare in buona fede con i funzionari della sicurezza, a Tesla non era permesso raccontare la propria versione dell'incidente. Sumwalt temeva che l'azienda divulgasse in anticipo dati oggetto di indagine e voleva essere sicuro che Musk avesse capito le regole.

Quel giorno di primavera, Musk fu educato e professionale con Sumwalt al telefono... e si disse disposto a collaborare. Voleva che Tesla facesse parte dell'indagine. Sumwalt la prese come un'indicazione del fatto che Musk intendesse rispettare le regole. Così Elon

Musk e l'investigatore della sicurezza di più alto livello del Paese concordarono di lavorare insieme.

Una volta finito di parlare di lavoro, Sumwalt aveva altre domande.

Musk non era ancora la persona più ricca del pianeta, ma stava diventando rapidamente un nome noto, un CEO famoso cui molti già guardavano come a un Tony Stark in carne e ossa.

Com'è una tipica giornata di Elon Musk? chiese Sumwalt.

Un Musk dalla voce stanca spiegò a Sumwalt che la sua agenda era impegnativa. Dormiva per terra nella fabbrica di Tesla. Il 2018 era stato l'anno più difficile della sua carriera, con l'azienda che cercava di risolvere i problemi di produzione della Model 3 per il mercato di massa.[16] Disse a Sumwalt che circa il 75-80 per cento del suo tempo era dedicato a Tesla, il 20 a SpaceX e il resto – qualcosa come il 5 per cento o meno – alle altre società. «Penso fosse intenzionale» mi ha detto Sumwalt sottolineando che le percentuali che gli aveva dato superavano il 100 per cento.

La conversazione durò mezz'ora.

Sumwalt aveva avuto un'impressione positiva.

Ma nei giorni successivi, quando Tesla si mise a divulgare informazioni sull'incidente, facendo addirittura ipotesi sulle cause, la situazione si deteriorò. L'azienda era sotto pressione mentre emergevano i dettagli raccapriccianti. Anche altri incidenti avevano attirato l'attenzione dell'NTSB, ovviamente: uno recente a Delray Beach, in Florida, e un altro prima a Williston, sempre in Florida, che era fra i più preoccupanti: la Tesla, in modalità Autopilot, non era riuscita a distinguere tra la fiancata di un autoarticolato e il cielo luminoso sullo sfondo.[17]

In quell'occasione, Joshua David Brown, quarant'anni, era rimasto ucciso quando un camion aveva effettuato una svolta davanti alla sua Tesla Model 5 del 2015, che non aveva rallentato. La parte superiore dell'auto era stata strappata via in un incidente che i funzionari della sicurezza attribuirono alla distrazione del conducente, che aveva ignorato almeno sette avvertimenti su schermo che lo sollecitavano a prestare attenzione.[18] Gli investigatori citarono sia l'eccessiva fiducia di Brown nel software sia un concetto più nuovo, i «parametri operativi previsti dal progetto» dell'auto, ovvero l'insieme di condizioni e luoghi in cui Autopilot poteva essere attivato. Nel frattempo, i funzionari dell'NHTSA avevano ritenuto Tesla in gran parte esente da colpe, e Musk aveva definito i loro risultati «molto positivi».[19]

Ma nell'incidente che coinvolse Huang, Tesla rischiò di perdere il controllo. Musk era in procinto di posizionare Autopilot come il prodotto più importante nel portafoglio dell'azienda, con un valore potenzialmente superiore a quello del comparto strettamente automobilistico. A quanto pare si era reso conto che l'immagine dell'azienda ne stava risentendo, così scelse una strategia cui la maggior parte delle grandi case automobilistiche nella sua posizione non avrebbero pensato: si mise a interferire. Un'altra volta.

All'improvviso, qualche giorno dopo la telefonata in cui Musk aveva accettato le regole concordate, l'ufficio stampa di Tesla iniziò a divulgare dettagli dell'incidente che erano oggetto di indagine da parte dell'NTSB.[20]

«Secondo la famiglia, il signor Huang sapeva bene che Autopilot non era perfetto e, nello specifico, aveva detto loro che non era affidabile in quel punto preciso, eppure l'ha attivato lo stesso» dichiarò l'azienda in un comunicato stampa ripreso da mezzi d'informazione come *Fortune* e ABC News.[21] «L'incidente è avvenuto in una giornata serena con una visibilità di parecchie centinaia di metri, il che significa che l'unica ragione per cui si è verificato è che il signor Huang non stava prestando attenzione alla strada, nonostante l'auto avesse emesso diversi avvisi al riguardo.»

Quando la sua agenzia vide la rassegna stampa il giorno successivo al rilascio del comunicato da parte dell'azienda di Musk, Sumwalt era incredulo. Tesla stava dando al guidatore la colpa dell'incidente che lo aveva ucciso, dopo che Sumwalt aveva esplicitamente avvertito Musk delle regole. Era più che inappropriato; era immorale.

Prese il telefono e chiamò Musk, che però non era disponibile.

Più tardi, Sumwalt era nel suo ufficio insieme a Jones quando arrivò una chiamata.

Jones ricorda benissimo quel momento.

«Wow, è Elon Musk» disse Sumwalt.

Indicò a Jones di rimanere: avrebbero finito la loro conversazione dopo la telefonata. Sapeva che gli avrebbe fatto comodo avere un testimone.

Misero Musk in vivavoce e Sumwalt andò dritto al punto.

«Quello che hai fatto, Elon, è una violazione del nostro accordo. Ne avevamo parlato la settimana scorsa. Avevi accettato di rispettare le nostre richieste.»

Per quasi dieci secondi scese il silenzio.

Poi Musk, agitato e mangiandosi le parole, si lanciò in una filippica. Sumwalt ricordava di aver obiettato: «Stai commettendo un grave errore. Morirà altra gente a causa di quello che state facendo».

Gli investigatori erano fuori strada, suggerì, rallentati dai loro processi burocratici, mentre Tesla aveva già tratto conclusioni sull'incidente usando l'enorme mole di dati che aveva a disposizione, e non c'era dubbio che il conducente fosse colpevole.

«Si mette a fare una tirata» ha detto Sumwalt «del tipo, "beh, state diminuendo la sicurezza in virtù del fatto che la nostra auto è più sicura quando è in Autopilot, noi stiamo salvando più vite di quante non ne vadano perse ma escludendoci dall'indagine state diminuendo la sicurezza".»

Poi Musk minacciò di fargli causa, anche se non era chiaro a che titolo.

«Benissimo, fai pure» ribatté Sumwalt.

Musk riattaccò a blaterare della sicurezza di Autopilot, ricordando loro le sue potenziali capacità di salvare vite. Sumwalt si era chiesto: quante volte devo dirtelo?

Quando Musk ebbe finito, Sumwalt segnalò a Jones di intervenire. Il direttore generale spiegò che ci si aspettava che tutte le parti in causa collaborassero, che l'agenzia manteneva rapporti produttivi con le case automobilistiche oggetto di indagine, e sottolineò la relazione armoniosa che aveva avuto in passato con SpaceX. Musk non rispose subito.

«Non voglio che ci escludiate dall'indagine» disse alla fine, come se i ventisette minuti di telefonata non ci fossero mai stati.

«È troppo tardi» ribatté Sumwalt, rischiando grosso, perché la sua agenzia faceva affidamento sulle competenze di Tesla per decifrare i dati.

Cadde la linea.

Sumwalt e Jones si scambiarono un'occhiata, scioccati, cercando di capire cos'era successo. Non era solo il telefono sbattuto in faccia: il comportamento e l'atteggiamento di Musk e le sue argomentazioni poco convincenti – un copione pieno di ripetizioni – avevano lasciato Sumwalt del tutto indifferente. Semplicemente non c'erano prove sufficienti per dimostrare che Autopilot, una suite di funzioni di assistenza alla guida con un nome accattivante, fosse il sistema trasformativo e rivoluzionario con le capacità di salvare vite umane che Musk cercava di vendere; in quel caso particolare, era al centro di un incidente mortale, una sciagura hi-tech che gli investigatori potevano esaminare per scoprire nuove prove sull'intreccio fra tecnologia, distrazione del conducente e velocità

Era lampante a entrambi che Musk non riconosceva nemmeno la differenza tra i ruoli degli investigatori dell'NTSB e quello dei controllori dell'NHTSA, una distinzione cruciale che un costruttore di automobili dovrebbe avere chiara.

Tesla in seguito asserì che non era stata buttata fuori dall'indagine: si era ritirata di sua iniziativa.[22] In una dichiarazione riportata da diversi media fra cui la CNBC, Tesla spiegò la sua apparente decisione di tirarsi indietro. «Nella nostra conversazione con l'NTSB è risultato chiaro che sono più preoccupati dei titoli dei giornali che non di promuovere davvero la sicurezza» disse l'azienda. «Fra le altre cose, hanno rilasciato in più occasioni ai media frammenti parziali di informazioni incomplete in violazione delle loro stesse regole, nel momento stesso in cui stavano cercando di evitare che noi raccontassimo tutti i fatti.»[23]

«Non potete licenziarmi, me ne vado» ha commentato Sumwalt, riferendosi alla mossa di Musk.

La vicenda di Sumwalt era solo un assaggio del modo in cui il rapporto tumultuoso di Musk con i suoi supervisori di Washington si sarebbe sviluppato negli anni.

Sul finire del 2021, dopo aver caricato il proprio minicamper, Missy Cummings partì dalla cittadina della North Carolina in cui abitava diretta all'inizio del sentiero sugli Appalachi per passare qualche giorno lontana da tutti. Si ritrovò in mezzo alle montagne, sul confine fra North Carolina e Tennessee, nella «sua versione personale di *Breaking Bad*».

Ex pilota di caccia diventata professoressa universitaria, Cummings sapeva che il suo incarico all'NHTSA non sarebbe stata una passeggiata. Ma non si aspettava di ricevere e-mail da sconosciuti che minacciavano di uccidere lei e la sua famiglia.

Pochi giorni prima la Reuters aveva riportato la sua nomina a consulente senior per la sicurezza dell'NHTSA in quella che sarebbe altrimenti stata una nota a piè di pagina in una serie di altre nomine fatte dal presidente Joe Biden.[24] Cummings, professoressa di ingegneria, aveva ricoperto l'incarico di direttrice allo Humans and Autonomy Lab della Duke University e aveva studiato a fondo i veicoli a guida autonoma. Era perciò nella posizione di fornire le competenze necessarie a un'agenzia spesso battuta in astuzia dalla Silicon Valley. Non ci volle molto prima che i difensori di Tesla su Twitter, in particolare un fanboy di Musk di nome Omar Qazi che era diventato un influencer per l'azienda, si mettessero a fare le pulci al curriculum di Cummings. Qazi, un progettista di software originario della California, di idee politiche liberal come molti dei suoi coetanei, aveva aperto una serie di account pro Tesla dopo aver acquistato una Model 3 nel 2018, un momento in cui, come ebbe modo di dire, «stavo attraversando una fase di transizione verso l'età adulta». Qazi aveva studiato informatica ed economia alla Santa Clara University ma non si era laureato.

Di lì a poco il suo sostegno a Tesla diventò un'ossessione; litigava regolarmente con i detrattori e i venditori allo scoperto online, furibondo per i loro attacchi a un veicolo e a un'azienda che a suo avviso stavano compiendo progressi di portata mondiale sulla questione cruciale del cambiamento climatico. Soprattutto, la Tesla di Qazi lo aveva fatto sentire bene in un momento formativo della sua vita. La disponibilità a esporsi per Tesla – e a fare sul serio quando si trattava di contrastare i bastian contrari in Rete – gli attirò presto l'attenzione di Musk in persona.

«Sinceramente non ho idea del perché sia successo» dice adesso. «La cosa importante per me era che adoravo quella macchina. In quel momento della mia vita, mi è bastato salirci, e quando la guidavo mi sentivo una favola. La musica, Autopilot... giravi, facevi delle esperienze. Mi faceva giustamente incazzare sentir dire: "Ah, l'azienda sta fallendo, sparirà". Non sopportavo l'idea che quella macchina e quell'azienda sarebbero potute scomparire.»

Qazi e i fanboy misero gli occhi su Cummings.

Non ci volle molto a scoprire che in passato aveva criticato Tesla. Alcuni dei suoi commenti sembravano fatti per partito preso: in occasione del rilascio del software di guida assistita più avanzato di Tesla, Full Self-Driving, per esempio, aveva detto: «Mi farei ridare i soldi».[25] Altri commenti sembravano poco adatti a una persona nella sua posizione. In un tweet sosteneva che se avesse litigato con Musk avrebbero dovuto «trattenerla», e c'era una gif animata di un pugno sferrato con violenza.[26]

Peggio ancora, secondo loro, era l'aver fatto parte del consiglio di amministrazione di una società che stava sviluppando LiDAR, un tipo di tecnologia basata su sensori cui Tesla e Musk si opponevano.[27] Erano convinti che Tesla potesse ottenere la guida autonoma in modo semplice e a costi inferiori utilizzando unicamente le telecamere.

Da lì la situazione precipitò. Cummings fu costretta a chiudere l'account Twitter dato che i suoi tweet venivano accolti da valanghe di commenti misogini e odiosi. Qazi, attirando l'attenzione sulla cosa con l'handle di Twitter @wholemarsblog, uno dei suoi account, lanciò una petizione su Change.org che ottenne migliaia di firme chiedendo un ripensamento sulla nomina di Cummings.[28] (In occasione di un'intervista, Qazi si è detto pentito del ruolo avuto dalla petizione nell'alimentare l'odio contro Cummings.) Secondo Cummings, i funzionari dell'NHTSA furono colti alla sprovvista da quella che sembravano considerare più una grana a livello di pubbliche relazioni che una campagna diffamatoria in malafede. (Alla fine Cummings avrebbe accettato di evitare di occuparsi di questioni legate a Tesla.)

Ma il problema stava per diventare molto più grave.

Elon Musk intervenne sul suo account Twitter.

«Oggettivamente» scrisse, qualche ora dopo l'annuncio della nomina di Cummings, «il suo curriculum è estremamente parziale nei confronti di Tesla.»[29]

Queste undici parole cambiarono la vita di Missy Cummings. (Musk aveva espresso preoccupazione rispetto al dossieraggio, che si riferisce soprattutto alla pratica di postare informazioni private di personalità online, dicendo: «Il dossieraggio mette in pericolo le persone».[30] La definizione di dossieraggio di X è ampia, e comprende «contesti che suggeriscono intenzioni malevole, molestie o incitamento alle molestie, come pure la distribuzione di media che possono portare a danni emotivi o fisici».[31] Le azioni di Musk all'epoca non avrebbero costituito dossieraggio, ma le reazioni che suscitarono potrebbero rientrarvi.)

A quel punto Cummings non si limitava a ricevere tweet che la definivano il «male»; si ritrovava ad affrontare minacce alla sua incolumità.

Musk non poteva controllare il modo in cui degli sconosciuti si comportavano online, ma l'agitazione dei mercati provocata dall'annuncio di avere il «finanziamento garantito» per il ritiro di Tesla dalla Borsa che aveva sollecitato l'intervento della SEC gli aveva sicuramente insegnato il potere del suo megafono Twitter. Gli attacchi contro Cummings erano andati ben oltre i timori di un presunto conflitto di interessi.

Dopo lo scontro con la SEC del 2018, che lui aveva trattato come uno schiaffetto sulla mano, Musk si è sentito sempre più a suo agio a usare il proprio seguito di decine di milioni di follower su Twitter per colpire direttamente le persone. Le conseguenze cominciavano a diventare evidenti. Nessun funzionario del governo – entrante, in carica, o ex – era al di sopra delle critiche. Ma a quel punto del suo percorso di figura pubblica, CEO e forse la personalità più importante su Twitter, Musk non poteva fingere di ignorare il potere sproporzionato che derivava dalla sua posizione. Le donne tendevano a subire gli effetti più gravi quando diventavano bersagli su Twitter, come dimostravano le esperienze con i funzionari di Washington e della California, e le molestie scatenate dal suo esercito di fanboy erano ben lungi dall'essere strutturate. Quando era coinvolto Musk, una discussione che sarebbe potuta rimanere di nicchia, da amatori – seppur sempre tossica –, veniva immediatamente catapultata in cima ai feed di molti utenti di Twitter. Lo schema si sarebbe ripetuto spesso in questo periodo, perché Musk trasformava le questioni tecniche, perfino preoccupazioni di poco conto come le norme assicurative, in discussioni online con i funzionari del governo, caotiche e di grande risonanza pubblica.[32] Le sue azioni riflettevano il comportamento di un altro personaggio pubblico con la propensione a battibecchi futili.

In un tweet a Musk, Cummings offrì un ramoscello d'ulivo: l'opportunità di un dialogo sulle loro divergenze. Ma non servì.

Alle 12.31 del 21 ottobre Cummings ricevette un'e-mail.

> Sappiamo che possiedi [azioni di] aziende LiDAR e se accetti l'incarico di consulente per l'NHTSA uccideremo te e la tua famiglia.

Spaventata per l'incolumità della figlia di tredici anni, Cummings chiamò la polizia. Le autorità le dissero che capivano i suoi timori e che non doveva restare a casa. Lei concordò che non era una buona idea rimanere nei paraggi. Mandò la figlia dal padre, fece i bagagli e di lì a poco campeggiava nei boschi con il suo minicamper. Disse a se stessa che se doveva capitare qualcosa, sarebbe accaduto nell'immediato. Dopodiché le cose si sarebbero calmate e lei avrebbe potuto tornare alla sua vita.

«Non sono l'unica a cui è successo» mi ha detto in un'intervista all'inizio del 2023. «Sono l'ennesima persona su cui ha fatto un commento negativo, stravolgendole l'esistenza.»

Tra i funzionari di Washington, la storia di Cummings è un monito di quello che può succedere quando qualcuno ha l'ardire di menzionare Tesla o Musk, che hanno legioni di fan online estremamente suscettibili al minimo accenno di critica. I tweet di Musk a questi gruppi servono ad alimentare le fiamme, fornendo una serie di ordini di marcia. Oggi, moltissimi che hanno opinioni forti su Musk evitano di esprimerle apertamente nel timore di sollevare un vespaio e di attirarsi un'ondata di veleno sovralimentata dal megafono del proprietario di Tesla.

«Dato che sono una pilota di caccia monoposto, mi reputo una persona che sa badare a se stessa» ha ricordato Cummings. «Il mio atteggiamento era più della serie "fatti sotto".»

Eppure, ha dovuto fare qualcosa per salvaguardare la sua pace mentale.

Ha cancellato l'account di Twitter. Era una professionista con un lavoro, e non era costretta a infliggersi quel letamaio.

Nel tempo intercorso dall'incidente di Huang, Tesla si era in gran parte rifiutata di apportare i cambiamenti raccomandati dai federali, in particolare limitare Autopilot ai luoghi e alle condizioni per cui era progettato. Quasi un anno dopo la morte di Walter Huang, un altro guidatore, Jeremy Banner, era rimasto ucciso quando la sua Tesla in modalità Autopilot si era schiantata contro la fiancata del rimorchio di un autoarticolato a circa 110 chilometri orari.[33]

Eppure, la casa automobilistica di lì a poco consentì al suo software di operare in altri luoghi, dando a migliaia di veicoli la libertà di attivare la «guida autonoma» in città e nelle strade residenziali.

Jennifer Homendy era incredula.

Anni dopo il suo diverbio con il presidente dell'NTSB, Elon Musk si trovava di fronte a una nuova oppositrice a Washington, la donna che aveva preso il posto di Robert Sumwalt quando questi era andato in pensione dopo più di dieci anni passati all'agenzia.

Nell'ottobre 2020, Tesla rilasciò la versione più avanzata del suo sistema di guida assistita, Full Self-Driving. A partire da quel momento, i conducenti potevano provare le nuove funzionalità, che consentivano all'auto di seguire una strada locale, effettuare svolte e reagire alla segnaletica, solo sfiorando un'icona.[34] Homendy, la nuova presidente dell'NTSB, nutriva timori di lunga data. Tesla non aveva ancora recepito le raccomandazioni fatte dopo un incidente occorso nel 2016 a Williston, in Florida, quando un'auto in modalità Autopilot si era schiantata contro un camion, per non parlare di quelle suggerite dopo l'incidente di Mountain View, in California, che era costato la vita a Walter Huang. L'NTSB voleva che l'azienda implementasse dispositivi di sicurezza migliori per garantire che Autopilot operasse solo nelle aree in cui era stato progettato per farlo, e che i conducenti non potessero usarlo mentre erano distratti.[35] Le Tesla in Autopilot non avrebbero dovuto schiantarsi contro il semirimorchio di un camion, semplicemente perché Autopilot non avrebbe dovuto essere operativo su strade con incroci a raso. La macchina di Walter Huang non sarebbe dovuta rimanere in Autopilot dopo averlo avvisato ripetutamente di prestare attenzione.

Homendy era allarmata dal fatto che Tesla stesse mettendo nelle mani dei conducenti un prodotto ancora più sofisticato senza recepire le raccomandazioni dell'agenzia per la sicurezza. Lo stesso nome «Full Self-Driving» disse, era «fuorviante».[36]

«Tesla non ha ottemperato a nessuna delle nostre richieste» ha detto a un giornalista del *Washington Post* nel settembre 2021. «Dal nostro punto di vista, ci hanno ignorati... non ci hanno risposto.»[37]

«E se quelle richieste non sono state prese in considerazione e stanno facendo ulteriori aggiornamenti, è un problema» ha aggiunto.

Puntuale come un orologio, Musk rispose con un tweet lo stesso giorno in cui era uscito l'articolo del *Post*. Stavolta non ebbe bisogno di dire niente per scatenare la folla. Si limitò a postare un link alla pagina Wikipedia di Homendy, in risposta a un resoconto che sintetizzava i commenti da lei fatti al *Wall Street Journal* in merito a Full Self-Driving.[38]

Homendy ricorda dov'era quando è iniziata. Di colpo, il suo Twitter era inondato di odio, minacce e misoginia. Quel sabato mattina, mentre guardava il suo feed rigurgitare di post tossici dalla casa che aveva affittato a Emerald Isle, North Carolina, rammenta di essersi sentita stranamente tranquilla. Nel frattempo, la sua pagina Wikipedia dovette essere chiusa a causa dei tentativi di vandalizzarla.

Gli utenti la stavano anche avvisando dell'attacco imminente: «Spero tu abbia delle guardie del corpo; Musk ti sta minacciando» recitava uno dei post che Homendy ricorda.

Anche Linette Lopez, una giornalista che era stata presa di mira dai fanboy di Musk, la avvertì delle probabili conseguenze. Homendy contattò lo sceriffo della contea di Spotsylvania, in Virginia, per mettere al corrente le autorità riguardo a specifici post in cui la gente minacciava di presentarsi a casa sua, e uno che le pare parlasse di una bomba.

All'interno dell'NTSB, il capo delle operazioni speciali fu informato sulla situazione creatasi attorno alla presidente.

Poco dopo le minacce smisero. Ma l'attenzione di Homendy per Tesla rimase.

Circa un mese dopo, postò un tweet mentre beveva il caffè del mattino e ascoltava della musica. «Un “inno di forza” per tutti i sostenitori della #sicurezza che mi leggono» scrisse, e postò un link di YouTube: portava a *I Won't Back Down* di Tom Petty and the Heartbreakers.[39]

Tre giorni più tardi, mandò una lettera severa a Musk.

«Il National Transportation Safety Board (NTSB) apprezza la collaborazione produttiva e professionale fornita dallo staff tecnico di Tesla nel corso delle nostre indagini su vari incidenti» scrisse. «Temo tuttavia che l'azione di Tesla – o meglio, l'inazione – riguardo all'implementazione di raccomandazioni di sicurezza di importanza vitale non abbia dimostrato la stessa produttività o professionalità.»[40]

Mesi dopo aver spedito la lettera, Homendy era nel suo ufficio al quinto piano all'Enfant Plaza. L'NTSB aveva accettato un incontro chiesto da Rohan Patel, il direttore globale delle politiche pubbliche di Tesla con base a Washington.

Musk, per quanto potesse creare problemi, aveva la memoria corta e un piglio pragmatico. Sapeva che aveva poco da guadagnare a mettersi contro i funzionari di Washington, soprattutto sul lungo termine. Era un twittatore impulsivo, e la sua personalità online caustica a volte ostacolava una visione a lungo termine. L'invito di Patel dava l'impressione di uno sforzo per chiarire le cose, come talvolta succedeva quando Musk rinsaviva.

Secondo quanto mi ha raccontato Homendy, lo scopo dell'incontro non era stato specificato nel dettaglio. Patel la informò degli ultimi sviluppi a Tesla, descrivendo la situazione in azienda e gli ultimi dati statistici sulle funzionalità di sicurezza all'avanguardia e sul sistema Autopilot. Homendy elogiò l'azienda per i passi avanti nella sicurezza passiva, che mira a evitare la morte degli occupanti del veicolo usando dispositivi quali cinture di sicurezza e airbag, definendola leader del settore. Era interessante ma non particolarmente attinente al tema chiave della mancata osservanza delle indicazioni dell'NTSB. Ben presto Patel espresse il suo disappunto per la *vexata quaestio* di una raccomandazione vecchia di quattro anni.

«Non ci vedo molto senso» le disse Patel. Secondo lui, non si trattava solo del fatto che l'ordine non fosse rilevante per la tecnologia attuale della casa automobilistica; l'NTSB, un ente investigativo, non aveva l'autorità per dare ordini a Tesla.

«[Se] vuole mettere in campo delle norme e... credo che dovrebbe essere l'NHTSA a farlo» disse. «Quello sì che sarebbe il posto giusto per queste cose.»

E lo sconcertava vedere Homendy andare sulla tv pubblica per strigliare Tesla a proposito del mancato rispetto di un ordine che lui reputava irrilevante.

«Guardi, prima di andare in televisione a dire cose su Tesla che ritengo davvero pretenziose, perché non mi fa una telefonata?» disse.

Patel concluse la sua presentazione e restò in silenzio.

Ah, c'è un'altra cosa.

«Vogliamo sviluppare un rapporto migliore con l'NTSB.»

2

Un «anno difficile e doloroso» e una bella ricompensa

Ira Ehrenpreis non poteva sapere che stava mandando uno degli sms più costosi della storia. L'8 aprile 2017, preoccupato per il fatto che il consiglio di amministrazione di Tesla non avesse preso un impegno a lungo termine con il suo preziosissimo amministratore delegato, digitò un messaggio per Elon Musk.

Il contenuto dell'sms era sobrio. Poteva Musk «pf parlare qualche minuto questo we su questioni legate alla soc»?[1] Musk, il CEO dell'azienda automobilistica più cool del pianeta, quella che si preparava a offrire la tecnologia di guida autonoma direttamente ai consumatori, in procinto di immettere sul mercato una berlina che avrebbe reso Tesla di moda, era in una posizione di potere unica.

Parlarono al telefono il giorno dopo, dando il via a un processo che presto avrebbe reso Musk l'uomo più ricco del pianeta.

L'obiettivo di Ehrenpreis quando aveva mandato quel messaggio era di capire se Musk – il quale stava arrivando alla conclusione di un piano di retribuzione del 2012 che gli aveva assegnato azioni Tesla al raggiungimento di determinati obiettivi nella valutazione dell'azienda – era pronto a rinnovare il suo impegno con il gruppo. Il pacchetto del 2012 era stato redditizio. «Alla fine, il valore delle azioni [Tesla] di Musk era aumentato da circa 981 milioni di dollari a 13 miliardi...» stabilì in seguito una sentenza del tribunale.[2]

Musk era interessato all'idea di rinnovare il suo impegno... al punto che fornì dettagli al telefono.

Il tribunale sintetizzò la richiesta di Musk, una proposta che lui riteneva «davvero pazzesca».

«Aveva in mente un piano di compensi basato puramente sui risultati, strutturato come quello del 2012 ma con obiettivi di capitalizzazione di mercato più impegnativi e proponeva 15 traguardi di 50 miliardi di dollari in capitalizzazione di mercato: un possibile premio totale del 15 per cento delle azioni di Tesla in circolazione» si legge nel documento.

Era una classica partita di *Risiko* alla Elon Musk: rinunciava allo stipendio in cambio di un progetto azzardato che alla fine sarebbe potuto valere più del PIL di alcuni piccoli Paesi. Musk avrebbe ricevuto stock option del valore dell'1 per cento di Tesla tutte le volte che la valutazione dell'azienda saliva di 50 miliardi.

Non è difficile scorgere i difetti intrinseci di una decisione del genere: non si poteva certo parlare di indipendenza e incentivava Musk a raccontare a Wall Street una storia di crescita sfrenata allo scopo di aumentare il più possibile l'hype di Tesla. L'azienda stava in effetti legando il proprio futuro a un solo uomo, trasformando una società quotata in Borsa in un feudo automobilistico.

Questo prima che si scoprisse che il direttore degli affari legali di Tesla, la persona responsabile di quella proposta, altri non era che l'avvocato divorzista di Musk, Todd Maron, un uomo descritto come «tenuto in pugno da Musk».[3]

Il contesto in cui si inseriva tale «trattativa» era l'insolito grado di dipendenza di Tesla da Musk. Come mi ha detto in più occasioni un analista di Wall Street, Tesla *era* Musk: la valutazione dell'azienda era legata soprattutto a lui. A mano a mano che Musk ha consolidato il proprio potere, questa osservazione è diventata sempre più vera, una massima cui si sono attenuti anche grandi investitori istituzionali.

Tesla ha inserito per anni una versione di questa informativa nella sua relazione finanziaria annuale, anche prima che l'espansione dell'impero di Musk arrivasse a comprendere X e le scommesse sull'intelligenza artificiale.

Il documento si apre affermando: «Dipendiamo in larga misura dai servizi di Elon Musk, il nostro amministratore delegato», dopodiché espone il rischio: «Sebbene il signor Musk trascorra una quantità significativa di tempo con Tesla e sia attivissimo nel nostro management, non dedica tutto il suo tempo e la sua attenzione a Tesla. Il signor Musk attualmente è amministratore delegato e direttore tecnico della Space Exploration Technologies, società che sviluppa e costruisce veicoli da lancio spaziali, ed è coinvolto in altre imprese nel campo delle tecnologie emergenti».[4]

Un'altra informativa è ancora più rivelatrice.

«Se non siamo in grado di attrarre e/o mantenere dipendenti chiave e assumere personale qualificato, la nostra capacità competitiva potrebbe risentirne» si legge in apertura, e poi: «In particolare, dipendiamo in misura notevole dai servizi di Elon Musk».

In quel particolare rapporto, del 2017, Tesla dava un'indicazione del proprio atteggiamento durante le trattative, delineando il rischio maggiore: che succede se non riusciamo a tenerci Musk? Aveva rinunciato allo stipendio, optando per un accordo insolito in base al quale veniva retribuito con una serie di premi in azioni sempre più consistenti sulla base dei risultati. Dato che l'accordo del 2012 stava avvicinandosi alla scadenza, era venuto il momento di pagare di nuovo Musk, diceva Tesla, e «non c'è alcuna garanzia che il premio di rendimento per il CEO verrà approvato dagli azionisti».[5] Tradotto: se gli azionisti non ricompensano lautamente Musk per gli sforzi profusi nella produzione di veicoli elettrici, potrebbe andarsene una volta per tutte.

Il consiglio di amministrazione di Tesla, però, era deciso a fare la sua parte. Come avrebbe detto in seguito il giudice: «Musk ha lanciato un processo di guida autonoma, ricalibrando la velocità e la traiettoria lungo la strada nel modo che riteneva opportuno».[6]

Nel corso dei mesi successivi, i membri del consiglio di amministrazione di Tesla si incontrarono in più occasioni per parlare di un pacchetto di compensi messo a punto in larga parte dal suo CEO con scadenze temporali che aveva il potere di accelerare o rallentare a suo piacimento, dato che l'istanza suggeriva che il consiglio di amministrazione di Tesla non avesse fornito alcuna giustificazione dettagliata del suo valore astronomico, a parte il rischio di perdere Musk. Un altro aspetto insolito della trattativa era che, venendo a patti con Musk, Tesla stava anche finanziando ambizioni del tutto estranee all'azienda.

Secondo i documenti del tribunale, Musk disse al suo avvocato divorzista che «la retribuzione aggiuntiva ha il solo scopo di permettermi di investire il più possibile nella riduzione del rischio che l'umanità si estingua destinando il denaro a Marte, se riuscirò a portare Tesla a diventare una delle aziende di maggior valore al mondo. È un po' pazzesco, però è vero».[7] L'altra azienda di rilievo, il costruttore di razzi SpaceX, mira da tempo a portare gli esseri umani su Marte: un pianeta che Musk reputa essenziale per la continuazione della nostra specie.[8]

Musk continuò a promuovere l'idea del pacchetto retributivo, incontrando scarsa resistenza da parte dell'azienda. Arrivò perfino a modificarlo per abbassare le sue pretese e semplificarlo: chiaramente per renderlo meno indigesto, sebbene fosse difficile ritenerlo meno scandaloso. Musk parlò senza mezzi termini a Maron delle sue ambizioni in merito ai compensi.

«Visto che andrà tutto a favore di cause che, almeno sulla carta, massimizzano le probabilità di un buon futuro per l'umanità, e inoltre farà contenti tutti gli azionisti di Tesla, credo che verrà preso bene» scrisse Musk. «Dovrebbe apparire come una visione ultraottimista del futuro, dato che questo pacchetto di compensi non vale nulla se "tutto" quello che faccio è quasi raddoppiare il valore di mercato di Tesla.»[9]

Alla fine, il consiglio di amministrazione si disse favorevole a un accordo che avrebbe garantito a Musk l'1 per cento delle azioni di Tesla in circolazione – sotto forma di opzioni – per ogni 50 miliardi di dollari di aumento della valutazione dell'azienda. I documenti del tribunale affermano che il voto fu unanime, fatta eccezione per un membro in congedo, Steve Jurvetson, e Musk e suo fratello, che si autoesclusero.[10]

Adesso dovevano solo ottenere l'approvazione degli azionisti.

In un documento finanziario che illustrava il pacchetto agli azionisti, i membri del consiglio di amministrazione di Tesla minimizzarono la portata del coinvolgimento di Musk.

«Abbiamo definito il premio dopo più di sei mesi di attenta analisi con un importante consulente indipendente in materia di retribuzione nonché parlandone con Elon che, assieme a Kimbal, non ha preso parte al processo decisionale» dicevano, aggiungendo più avanti: «All'inizio del 2017, con l'avvicinarsi della scadenza del pacchetto del 2012, i membri indipendenti del consiglio hanno avviato discussioni preliminari in merito a come continuare a incentivare il signor Musk a guidare Tesla nella fase futura del suo sviluppo».[11]

Non veniva fatta alcuna menzione del modo in cui Musk aveva delineato i termini dell'accordo, garantendosi un pacchetto proprio come quello che aveva in mente, aveva accelerato e rallentato il processo a suo capriccio, come dicono i documenti del processo, e aveva ottenuto quello che voleva – senza alcuna «negoziazione significativa» – da un consiglio di amministrazione composto in larga parte da persone «in debito» con lui o che avevano «conflitti di interessi compromettenti».[12]

Il voto degli azionisti, previsto per il marzo 2018, non era imminente. Musk si aggiudicò il pacchetto con circa il 73 per cento dei voti... al netto delle quote detenute da lui e dal fratello.[13]

Lo stesso anno un investitore di nome Richard Tornetta intentò una causa presso la Court of Chancery del Delaware, sostenendo la violazione dei doveri fiduciari da parte di Musk e dei membri del consiglio di amministrazione. La sentenza ci avrebbe messo anni ad arrivare. Pochi avrebbero potuto prevedere che nel frattempo Musk si sarebbe aggiudicato tutti i premi in azioni – dodici tranche in tutto – e sarebbe diventato la persona più ricca del pianeta, raggiungendo ogni obiettivo, in largo anticipo sulle scadenze, e facendo così felici gli azionisti perfino più di quanto aveva previsto all'inizio.

A metà del 2018, l'anno del pacchetto retributivo più lauto della storia, le persone vicine a Musk avevano iniziato a essere preoccupate. Il CEO di Tesla dormiva in un sacco a pelo sul pavimento della fabbrica – se mai dormiva – e l'umore imprevedibile teneva i suoi dipendenti sulla corda. Non sapevano mai quale Musk si sarebbe presentato alle riunioni: quello che li aveva stimolati a risolvere il dilemma delle auto a guida autonoma o quello che dava in escandescenze e li licenziava se non ci riuscivano?

Il comportamento lunatico di Musk era sotto gli occhi di tutti: le sue interazioni coi giornalisti, gli estranei su Twitter e perfino le teleconferenze sugli utili di Tesla con analisti favorevoli all'azienda avevano iniziato ad assumere un tono via via più ostile. Musk diede in escandescenze in una di queste occasioni, che per qualunque altra azienda sarebbe stata un lungo e arido elenco di numeri trimestrali, bollando come «zucconi» e «aridi» gli analisti: avevano osato fargli domande sui requisiti patrimoniali di Tesla e le prenotazioni per la Model 3.[14]

All'interno dell'azienda, i dipendenti adottarono delle contromisure per proteggere i colleghi dalle sfuriate di Musk. Ogni volta che si imbestialiva e cercava un capro espiatorio – per una presentazione insoddisfacente, un progetto andato storto, una risposta a una domanda che trovava stupida – serravano i ranghi, nascondendo l'ampiezza della responsabilità del singolo per l'errore. Quando Musk prendeva da parte i team leader e faceva domande che lasciavano intendere la volontà di licenziare qualcuno, loro tenevano la bocca cucita.

C'erano due Elon Musk: uno profondamente attento, generoso con le lodi e incrollabilmente ottimista sul futuro al punto da credere che l'umanità avrebbe potuto colonizzare Marte. L'altro era rabbioso, paranoico e sostanzialmente solipsistico nelle interazioni con gli altri esseri umani. I dipendenti avevano firmato per unirsi alla sua missione di cambiare il mondo, non per avere a che fare con un capo irascibile e meschino che umiliava fino alle lacrime collaboratori che occupavano posizioni molto più basse.

Musk non stava rispettando la regola d'oro: trattare i suoi simili con la correttezza e il rispetto che si aspettava gli fossero concessi. In quel caso, dopo aver dato in escandescenze con gli analisti, lo ammise.

Per scusarsi, attribuì lo scatto alla mancanza di sonno, un problema che aveva citato varie volte nel corso degli anni. Era mortificato, riferì il *Business Insider*: «Sinceramente, credo davvero che non ci siano scuse per la maleducazione, e ho violato la mia stessa regola al riguardo. Il motivo è che non avevo dormito, lavoravo 110-120 ore alla settimana, ma comunque non è giustificato».[15]

Musk aveva parlato apertamente dell'uso di sonniferi e di come potevano alterare il suo comportamento («twittare dopo aver preso un Ambien non è una buona idea» ha scritto una volta). Qualcuno si chiedeva che cosa avesse provocato questa spirale improvvisa e il suo netto peggioramento:[16] non è che magari c'era qualcos'altro?

Saltò fuori che forse era così. Quell'anno, riferì il *Wall Street Journal*, Musk si era abbandonato a una serie di gesti bizzarri compresi incidenti che avevano spinto i membri del consiglio di amministrazione di Tesla a domandarsi se facesse uso di droghe, come per esempio una festa durante la quale «ha preso diverse pastiglie di acido».[17] (In seguito Musk avrebbe detto al conduttore televisivo Don Lemon che usava la ketamina, dietro prescrizione medica, in dosi limitate: «Una quantità minima una settimana sì e una no», per via di «una condizione chimica negativa nel mio cervello, tipo la depressione, credo».)[18]

C'era una cosa di cui Musk non faceva mistero.

«Un po' di vino rosso, un vinile, un pizzico di Ambien e... magia!» aveva twittato nel 2017, allarmando alcuni dei suoi follower per quella miscela potenzialmente pericolosa.[19]

Cosa ancora più preoccupante, respingeva le offerte di farsi aiutare e iniziò a ritirarsi nelle sue abitudini... e in discorsi ripetitivi sull'etica del lavoro puritana, rifiutandosi di accettare i consigli degli esperti ed estese ricerche scientifiche le quali suggerivano che le sue idee erano datate. Arianna Huffington, influente personalità nel settore mediatico e imprenditoriale, scrisse una lettera aperta a Musk, sollecitandolo a dare la priorità al riposo. «Le persone non sono macchine» diceva. «Per le macchine – siano esse della Prima o della Quarta rivoluzione industriale – i tempi morti sono un difetto; per gli umani, sono una caratteristica. La scienza parla chiaro. E quello che ci dice è che non c'è modo di prendere buone decisioni e soddisfare le tue ambizioni di cambiare il mondo senza carburante.»[20]

Musk rispose con un tweet alle 2.32 del mattino. «Sono appena tornato a casa dalla fabbrica» scrisse. «Voi pensate che sia una scelta. Non lo è.»[21]

Huffington, che nel 2016 aveva scritto un libro sull'importanza del sonno, aveva sentito quella risposta innumerevoli volte da persone convinte che il mondo che li circondava sarebbe crollato senza i loro sforzi eroici. Ma la portata delle pose teatrali di Musk stupiva in modo particolare.

A mano a mano che il comportamento di Musk si faceva sempre più eccentrico, si moltiplicarono i messaggi da parte di amici e confidenti stretti che riecheggiavano tutti almeno un ritornello costante: per l'amor di dio, non twittare. Antonio Gracias, amico di Musk nonché membro del consiglio di amministrazione di Tesla, e il suo capo del personale, Sam Teller, lo pregarono entrambi di evitare il social media nei momenti di stress.[22]

«Se qualcosa ti fa arrabbiare, vai a farti due passi attorno alla fabbrica» gli scrisse l'investitore Ron Baron in un'e-mail privata nel luglio 2018. «Prenditi un gelato. Basta che non usi Twitter.»[23]

Meno di un mese dopo, Musk stava precipitandosi al Van Nuys di Los Angeles dov'era parcheggiato il suo Gulfstream G650ER. Fermò la Tesla accanto all'aereo e controllò il telefono.[24]

Nell'ora che gli ci era voluta per raggiungere l'aeroporto, Musk si era perso un'importante e-mail di Dave Arnold, il responsabile delle pubbliche relazioni di Tesla. Il *Financial Times* stava per pubblicare un articolo in cui si parlava fra l'altro dei piani per un ingente investimento in Tesla del Public Investment Fund saudita, che avrebbe messo nelle mani del fondo sovrano del Paese ricco di petrolio una porzione significativa del pacchetto azionario.[25] Qualche giorno prima Musk aveva avuto dei colloqui con Yasir al-Rumayyan, il direttore del fondo, in merito a un potenziale investimento in Tesla, ma non si era parlato di una cifra precisa né c'era una garanzia vincolante.

La notizia dell'interesse dei sauditi non avrebbe mancato di provocare un terremoto nei mercati. Tesla era uno dei titoli più osservati – e oggetto di vendite allo scoperto – esistenti.[26] Gli investitori stavano scommettendo a livelli da record sul fallimento dell'azienda, convinti di poter guadagnare da un'imminente discesa del prezzo dei titoli.

Musk voleva che gli investitori sapessero della proposta saudita direttamente da lui. Secondo la testimonianza resa in tribunale, credeva che senza contesto la rivelazione avrebbe suscitato troppe domande. E se il *Financial Times* sapesse più di quanto aveva lasciato intendere… tipo che si era parlato, per esempio, di far uscire Tesla dalla Borsa?

Musk ci mise un istante a decidere il passo successivo. Stava per salire sull'aereo e voleva rispondere subito prima di perdere la connessione una volta in quota.

Non si consultò col consiglio di amministrazione. Non parlò con nessuno in Tesla. Invece, aprì la app di Twitter.

Dalla sua auto parcheggiata ai piedi del jet privato, Musk decise di chiarire le cose con un tweet di sessantasei caratteri.

«Sto pensando di privatizzare Tesla a 420$» scrisse alle 12.48. «Finanziamento garantito.»[27]

Dopodiché salì sull'aereo.

Giorni dopo, in occasione di un'intervista al *New York Times*, Musk crollò e disse di trovarsi nell'«anno più difficile e doloroso della mia carriera».[28] Tesla stava lottando per la sopravvivenza. L'azienda aveva difficoltà a produrre la Model 3, che doveva essere un'auto da 35.000 dollari pensata per il mercato di massa. Musk aveva puntato moltissimo sull'automazione, ma era evidente che Tesla aveva gravemente sottovalutato l'utilità della manodopera umana nell'assemblaggio delle automobili. L'azienda montò un tendone fuori dalla sede per ampliare la linea di produzione, una decisione resa necessaria per raggiungere l'obiettivo di 5.000 esemplari alla settimana.[29]

«Un nuovo capannone era impossibile, così abbiamo tirato su un tendone gigantesco in due settimane» disse Musk.[30]

Mesi prima, un incendio nel reparto verniciatura aveva aggiunto l'ennesimo ostacolo alla produzione della Model 3.[31] Musk stava lentamente cominciando a capire perché tutte le nuove aziende automobilistiche americane dopo Chrysler erano fallite.

Era ossessionato dalla soluzione dei problemi e nessun aspetto della produzione era troppo piccolo o insignificante per esigere l'attenzione personale del CEO. Il difetto intrinseco di una strategia del genere è evidente: è un approccio al management che rincorre le emergenze, dove il compito improvviso che richiede tutta l'attenzione e pone l'ultima sfida insormontabile intacca a malapena la superficie dei problemi aziendali. La padronanza del quadro generale da parte di Musk, tuttavia, non era in discussione. Quando si fissava su un'idea o un progetto, reclutava i migliori e li spronava a centrare l'obiettivo. Insieme, facevano call a tarda sera per risolvere i problemi, tenevano eventi in stile *hackathon* e riorientavano talenti e risorse aziendali verso il progetto visionario.

Ma non tutti i problemi erano progetti visionari.

Tuttavia, quando Musk si imbatteva in una sfida ingegneristica che lo appassionava, ne faceva una missione personale... anche senza avere le competenze specifiche per affrontarla. Era fermamente convinto del proprio genio e, a volte, sembrava perfino credere di saperne più degli esperti che coordinava per risolvere questioni complesse.

In mezzo alle difficoltà della produzione, Musk si spostò nel reparto verniciatura della fabbrica. Tesla aveva fatto fatica a gestire problemi quali la polvere e la sporcizia in un impianto che aveva necessità di essere pulito più spesso, e non stava dedicando tempo sufficiente alla verniciatura delle auto, limitandosi a eseguirla in maniera affrettata per soddisfare obiettivi di produzione ambiziosi. Il controllo qualità stava diventando un problema serio. E così Musk, CEO di due colossi globali, si ritrovò per due settimane a combattere contro l'«effetto buccia d'arancia» – quelle increspature sulla vernice che trasformavano superfici lisce in panorami lunari – e a rincorrere imperfezioni negli strati trasparenti di finitura. Ma presto avrebbe avuto problemi ben più grossi.[32]

Alle 13 del 7 agosto, dodici minuti dopo che Musk aveva mandato il tweet sulla privatizzazione di Tesla, Sam Teller ricevette un messaggio dal responsabile delle relazioni con gli investitori dell'azienda, il referente per Wall Street: «Confermi che è ufficiale?»[33]

Un investitore di Tesla analogamente sconcertato gli mandò un messaggio alle 13.13: «Di cosa parla il tweet di Elon? Non ci capisco un'acca. Sarebbe una doccia fredda per gli azionisti che hanno creduto nell'azienda per tutti questi anni».[34] Molti di quei fedeli investitori puntavano sulla visione di Tesla, non su un profitto immediato generato da un'operazione di delisting a 420 dollari ad azione. Come si allineava con la missione dichiarata di «accelerare la transizione globale verso l'energia sostenibile»?

Persino il direttore finanziario dell'azienda, Deepak Ahuja, era all'oscuro di tutto. Alle 13.23 inviò un messaggio a Musk chiedendo se poteva avere senso preparare una comunicazione ufficiale per i dipendenti e per quegli investitori che avrebbero potuto sostenere la nuova Tesla privatizzata: un gruppo di fedeli disposti a restare in gioco, non semplici azionisti da liquidare con un assegno. Una mossa inusuale, dato che di norma si sistemano le posizioni finanziarie prima che un CEO annunci pubblicamente l'uscita dalla Borsa.[35]

«Sì, buona idea» rispose Musk.

«Ci lavoro. Te la mando a breve» rispose Ahuja.[36]

Il titolo Tesla schizzò alle stelle. L'annuncio di Musk aveva fatto credere agli investitori che le azioni, in quel momento scambiate a circa 355 dollari, di colpo sarebbero salite a 420... anche se qualcuno stava ancora cercando di capire se non fosse una battuta sulla marijuana.[37]

Ma al NASDAQ non ridevano. Le regole del mercato impongono alle aziende di avvisare la Borsa con dieci minuti di anticipo prima di diffondere notizie sensibili durante l'orario di contrattazione, per evitare compravendite selvagge che possono travolgere l'intero mercato.[38] La vendita di azioni Tesla dettata dal panico avrebbe potuto scatenare un effetto a cascata sui titoli tech o su altri asset ad alto valore, sganciato dalle reali performance delle aziende interessate. E con Musk che prometteva 420 dollari ad azione, molti investitori si sarebbero affrettati a vendere azioni acquistate a prezzi molto più bassi.

Alle 14.08, il NASDAQ bloccò le contrattazioni su Tesla.[39]

Dieci minuti dopo, quando Musk presumibilmente era sull'aereo, aggiunse un tweet al post originario. Faceva sperare agli azionisti che, se avessero resistito, magari avrebbero ottenuto 420 dollari.

«Gli azionisti possono vendere a 420 o tenere le azioni e passare al privato» scrisse.[40]

Se l'affermazione era vera, non sembrava improbabile che gli azionisti potessero assicurarsi il prezzo di 420 dollari. Certo, avrebbero potuto esitare un po' in base alla possibilità che l'accordo non andasse in porto – mantenendo il prezzo appena al di sotto di quella cifra fino al momento in cui Tesla sarebbe stata privatizzata –, ma mentre sembrava sempre più cosa fatta, le azioni salirono di valore, schizzando verso i 420 dollari promessi dal tweet di Musk.

Per gente come Timothy Fries e Glen Littleton, investitori che pendevano dalle labbra di Musk, queste affermazioni avevano il potere di cambiare le loro fortune di migliaia – nel caso di Littleton, milioni – di dollari.[41]

L'unico problema era che tutta quanta la faccenda poteva non essere vera.

Per capire come mai il comportamento di Musk si rivelò così dirompente, è utile sapere come funziona Wall Street. Per aziende giovani ma in espansione come Tesla, la quotazione in Borse quali quella di New York o il NASDAQ – dove sono quotate le aziende più tecnologiche – apre le porte a una visibilità globale e a capitali freschi, portati soprattutto dai piccoli risparmiatori, i cosiddetti *retail investor*. Tuttavia, questo le espone anche a obblighi di trasparenza pubblica. Non possono più nascondere quanto denaro stiano bruciando per alimentare una crescita imponente nelle prime fasi. Le società quotate in Borsa devono rendere conto agli azionisti, il che significa organizzare presentazioni trimestrali dei risultati finanziari, pubblicare bilanci accessibili a tutti e mettere a disposizione figure chiave come il CEO o il direttore finanziario, chiamati a rispondere pubblicamente alle domande, illustrare le prospettive aziendali e, soprattutto, rendere conto degli obiettivi mancati. Devono anche avere un consiglio di amministrazione, un comitato di governance che abbia il potere di nominare e sorvegliare l'attività del CEO e proteggere gli interessi degli azionisti.

«Il carico parassitario di essere un'azienda quotata in Borsa» lo definì Musk.[42]

Le società quotate in Borsa sono soggette a leggi federali, un insieme di regole note nel loro complesso come Securities Exchange Act.

Queste regole sono finalizzate a garantire condizioni di parità per gli investitori in modo che i trader non possano trarre un vantaggio ingiusto vendendo e comprando azioni sulla base di informazioni interne non note al resto degli attori del mercato, per esempio. Esiste anche il problema dell'«informazione selettiva», per cui un gruppo di investitori viene a conoscenza di informazioni sensibili prima di un altro… cosa che dà loro un vantaggio su chiunque.

Il tweet di Musk era senz'altro poco ortodosso. Wall Street non aveva mai avuto a che fare con un CEO come lui, che twittava allegramente informazioni sull'azienda – durante l'orario di contrattazione – quando gli investitori potevano reagire prontamente e far volare o crollare le azioni nel giro di qualche secondo. La SEC aveva indagato un altro caso in precedenza, quello riguardante il CEO di Netflix Reed Hastings il quale aveva postato sulla sua pagina Facebook l'informazione secondo cui la piattaforma streaming aveva superato il miliardo di ore di visione mensili. E aveva stabilito che la divulgazione delle informazioni aziendali sul social media era accettabile, a patto che l'azienda dicesse agli investitori dove poter trovare abitualmente dette informazioni.[43]

Nel 2018 gli investitori di Tesla erano ormai abituati a leggere informazioni relative all'azienda sull'account Twitter personale di Musk. Ma nulla avrebbe potuto prepararli alla bomba termonucleare che il «finanziamento garantito» si sarebbe rivelato.

Nei minuti successivi al tweet, investitori, analisti e giornalisti si affannarono a cercare chiarimenti. Ma lo stesso giorno il CEO di Tesla postò un secondo tweet che non fece che sollevare altre domande: «Il sostegno degli investitori è garantito. L'unico motivo per cui l'operazione non è certa è che dipende da una votazione degli azionisti».[44]

Molto di quello che stava succedendo era una novità per il consiglio di amministrazione dell'azienda. Anche se sapevano dei colloqui di Musk coi sauditi – conversazioni in merito a una potenziale partecipazione in Tesla, il che non era insolito per un fondo che mirava a diversificare gli investimenti dell'Arabia Saudita al di là del petrolio –, i membri del consiglio di amministrazione non avevano dato il via libera alla privatizzazione.

Il giorno successivo, 8 agosto, il *Wall Street Journal* uscì con un titolo sinistro, che difficilmente avrebbe rassicurato chi credeva nel tweet di Musk: «La SEC indaga i tweet del CEO di Tesla Musk».[45] Le autorità di controllo si stavano dando da fare per stabilire se l'affermazione sul «finanziamento garantito» fosse vera. Se non lo era, e Tesla stava avvantaggiandosi momentaneamente di un'oscillazione significativa del valore del suo titolo scatenata da una dichiarazione falsa, Musk e l'azienda potevano essere accusati di frode.

Due giorni dopo, un investitore citò in giudizio Musk e Tesla in un'azione collettiva accusandoli di aver fatto «affermazioni false e fuorvianti», oltre ad aver tenuto un comportamento che equivaleva a una «manipolazione del mercato» ed era costato agli investitori centinaia di milioni di dollari.[46]

Il 13 agosto Tesla e Musk stavano cercando di rimediare al danno. In un blog post sul sito web dell'azienda – cui di solito si ricorreva per situazioni di crisi di PR, quali un articolo di giornale negativo o brutte notizie – Musk rivelò che il 2 agosto aveva informato il consiglio di amministrazione del suo desiderio di privatizzare Tesla a 420 dollari per azione. Nello stesso post sosteneva di aver aggiornato il CDA sui finanziamenti di cui aveva parlato coi sauditi il 31 luglio. Il linguaggio era più misurato rispetto a quello del tweet, anche se cercava di giustificare la sua affermazione inequivocabile in merito al «finanziamento garantito».

«Ovviamente, il fondo sovrano saudita dispone di capitale più che sufficiente per una simile transazione» disse.[47]

Ma il post chiariva che l'esito dei colloqui era ben lontano dall'essere scontato. Il fondo saudita si era detto interessato ad acquisire Tesla in passato, dichiarò Musk. All'incontro del 31 luglio, il direttore del fondo aveva comunicato la propria delusione per il fatto che una precedente operazione di acquisizione privata non si fosse concretizzata. E questa volta erano ansiosi di concludere l'accordo.

«Ho lasciato l'incontro del 31 luglio sicuro di poter trovare un accordo con il fondo saudita, era solo questione di mettere in moto il processo» scrisse. «Ecco perché nell'annuncio del 7 agosto ho parlato di "finanziamento garantito".»[48]

Il 24 agosto scrisse un altro blog post. Stavolta il titolo era molto più definitivo: «Restiamo in Borsa».

Musk riferiva che dopo aver parlato con gli investitori, i quali gli avevano sconsigliato di privatizzare, aveva deciso che l'azienda sarebbe rimasta quotata in Borsa. Lo stato d'animo predominante, scrisse, era «ti prego, non farlo».

C'erano, ovviamente, il classico dietrofront e le ambiguità di Musk. Anche se sarebbero rimasti quotati in Borsa, scrisse, «la mia convinzione che ci siano finanziamenti più che sufficienti per privatizzare Tesla si è rafforzata durante questo processo».

In effetti, quello sul «finanziamento assicurato» era stato solo il tweet più dannoso dal mese precedente. Per quel che riguarda le serie di comportamenti discutibili e gli errori autoinflitti finiti sotto i riflettori, Musk era un fiume in piena.

L'unica cosa che sembrava desiderare più di una sfida ingegneristica era il plauso mediatico. Il caso di una decina di ragazzini intrappolati in una grotta allagata in Thailandia all'inizio dell'estate aveva offerto l'opportunità per entrambe.

Alla fine di giugno, il mondo era rimasto col fiato sospeso alla notizia di una squadra di calcio di ragazzini e del loro allenatore che erano rimasti intrappolati in una grotta sulle montagne thailandesi che stavano esplorando in seguito a un innalzamento delle acque provocato dalle piogge torrenziali. Il gruppo era stato individuato all'inizio di luglio, ma i soccorsi si erano rivelati estremamente difficoltosi e costarono anche la vita a uno dei soccorritori.[49]

Musk, esibendo i sintomi di una sindrome dell'eroe che sarebbe peggiorata negli anni successivi, mise al lavoro un team di SpaceX per costruire quello che fu battezzato come un «sottomarino a misura di bambino». Dopo aver ammesso che il governo thailandese probabilmente aveva la situazione sotto controllo, offrì il suo aiuto via Twitter dietro suggerimento di un fan.[50]

Il marchingegno, che Musk descrisse come un tubo per razzi «estremamente robusto», venne costruito utilizzando componenti per razzi di SpaceX.[51] Fu completato all'inizio di luglio e il gruppo, Musk compreso, partì diretto in Thailandia per consegnarlo.[52] Ma non fu usato. Il capo delle operazioni di ricerca lo rifiutò, riferì il *New York Times*, dicendo che era inutile per la missione.[53] Il salvataggio vero e proprio fu un'operazione pericolosa, in cui circa cento sommozzatori, fra cui membri delle forze speciali thailandesi, lottarono contro il tempo per raggiungere i ragazzini e poi portarli fuori a uno a uno utilizzando un sistema di carrucole cui erano legate delle barelle. I sommozzatori incontrarono numerose difficoltà per arrivare alla grotta. Secondo quanto riferito dalla BBC: «A volte sono stati costretti a infilarsi in budelli così stretti che ci passava a malapena un corpo».[54]

Poco dopo la conclusione delle operazioni di salvataggio, un volontario che aveva partecipato alla missione, Vernon Unsworth, rilasciò un'intervista alla CNN nella quale gli fu chiesto cosa ne pensava dell'idea di Musk di un sottomarino. Unsworth non era rimasto colpito.

«Può ficcarsi il suo sottomarino in quel posto» disse. «Non aveva assolutamente alcuna possibilità di funzionare» aggiunse. «Se non ho capito male, era un tubo rigido lungo un metro e settanta, quindi non poteva girare gli angoli o passare attorno a ostacoli» spiegò. «Non sarebbe andato oltre i primi cinquanta metri dal punto di immersione.» Definì l'intervento di Musk «un trucco per farsi pubblicità».[55]

Come se non bastasse, a Musk era stato «chiesto di andarsene [dalla grotta] il prima possibile».[56]

L'intervista fece il giro di Twitter. Alla fine del 2018, Musk era diventato il protagonista nonché il provocatore per eccellenza della piattaforma, e inviava alle sue decine di milioni di follower un mix di meme, opinioni politiche, battute da scuola media e notizie legittime sulle proprie aziende. Gran parte dell'azione si svolgeva nelle risposte ai suoi tweet, in cui i fan e i detrattori di Musk si davano battaglia sulle sue ultime dichiarazioni e lui spesso esprimeva le sue opinioni più controverse. La natura diretta di Twitter appiattiva le gerarchie del potere globale: l'imprenditore più famoso del pianeta poteva amplificare la visibilità di un account anonimo e sconosciuto con meno di cento follower, o reagire all'istante al minimo accenno di critica che compariva nella sua timeline. Nessuno è immune alle critiche, ma all'improvviso Musk poteva usare la sua piattaforma per mettere alla gogna i propri detrattori di fronte a milioni di persone.

Come ha osservato il *Washington Post*, era stato un post di Twitter a spingere Musk a costruire il sottomarino, e lo stesso schema si ripropose dopo l'intervista di Unsworth.[57] Quando il suo ruolo nelle operazioni di soccorso alla grotta – o meglio, il suo mancato ruolo – venne rivelato, lui sfogò la propria rabbia su una delle persone coinvolte.

Si lasciò prendere la mano. Googlò Unsworth e scoprì dove abitava. E si imbatté in un articolo il quale asseriva che stava in una zona della Thailandia associata alla prostituzione minorile e alla tratta sessuale.[58]

Ecco fatto. Musk aveva trovato il suo appiglio contro Unsworth. Tornò su Twitter.

All'inizio, le sue repliche erano moderate... per gli standard di Musk. Sosteneva di non aver mai visto Unsworth mentre era in Thailandia, definendo la cosa «sospetta».[59] Dopodiché si mise a contestare la descrizione delle grotte fatta da Unsworth; il livello dell'acqua, disse, «in realtà era molto basso e non c'era corrente», asserendo che sussistevano le condizioni perché il suo sottomarino raggiungesse la grotta in questione «senza problemi».[60] Ma il colpo di grazia era nell'ultima frase di quel terzo tweet.

«Ehi, pedo, mi spiace ma te la sei cercata.»[61]

Non si trattava solo di una reazione isterica per il fallimento del suo tentativo di dare una mano: Musk stava diffamando senza alcun fondamento una delle persone coinvolte nel salvataggio di una decina di bambini, accusandola di essere un pedofilo.

E rincarò la dose. «Ci scommetto un dollaro firmato da me che è vero» twittò qualche ora dopo, poco prima di cancellare i post.[62] Non ci volle molto perché si alzasse un coro di voci critiche quasi unanime: non solo da parte degli scettici e dei detrattori, ma anche dei fan e degli investitori di Tesla allibiti dalle sue sparate pubbliche. Era stato in quell'occasione che Musk aveva ricevuto l'e-mail da Baron, l'investitore di Tesla, in cui gli suggeriva di andare a prendersi un gelato. «Non dovresti rispondere a nessuna critica sui media o su Twitter» scrisse.[63]

Due giorni dopo la faccenda del «pedo», Musk ricevette un'e-mail da un investigatore privato di nome James Howard, il quale sosteneva che Unsworth aveva degli «scheletri nell'armadio». Howard offrì i suoi servizi per approfondire e dare sostanza alle affermazioni di Musk. Tramite Jared Birchall, che gestisce il patrimonio della famiglia Musk, Elon assunse Howard per 50.000 dollari.[64]

A quel punto, Musk era travolto dalle critiche per il suo comportamento. L'investitore Gene Munster, il quale disse di parlare a nome degli azionisti entusiasti di Tesla, gli scrisse una lettera aperta dichiarando che l'insulto a Unsworth «aveva passato il segno».[65]

«Sospetto che sarebbe d'accordo, visto che ha cancellato quei tweet, ma non sarà sufficiente per riguadagnarsi la fiducia degli investitori. Questo comportamento sta alimentando una percezione non costruttiva della sua leadership: permalosa e irascibile.»

L'ondata di critiche che non accennava a placarsi sembrò fare breccia in Musk, il quale parve rendersi conto delle potenziali implicazioni delle sue accuse. Il 18 luglio, tre giorni dopo il tweet incriminato, si scusò. Precisò che Unsworth aveva detto «diverse cose non vere e suggerito che usassi per attività sessuali il minisottomarino, che era stato costruito con buone intenzioni». Tuttavia, ammetteva, ciò non «giustifica come mi sono comportato verso di lui, e per questo mi scuso con il signor Unsworth e con le aziende di cui sono il capo. L'errore è soltanto mio».[66]

La faccenda avrebbe potuto chiudersi lì, non fosse che Musk si dimenticò di telefonare a Howard, il quale continuò a indagare su Unsworth.

Il 6 agosto, l'avvocato di Unsworth, L. Lin Wood, mandò una lettera formale a Musk. I legali di Unsworth stavano preparando una denuncia per diffamazione, diceva la lettera, e invitavano Musk a divulgare una smentita e a contattare Unsworth per parlare della questione.[67] Nelle settimane seguenti, Ryan Mac, all'epoca giornalista di *BuzzFeed News*, venne a sapere della lettera e mandò un'e-mail a Musk per chiedere un commento. Il giorno dopo, gliene mandò un'altra.

La risposta di Musk non si fece attendere. Si apriva con le parole «in via confidenziale», cosa di cui Mac non era stato informato prima, seguite dalla frase: «Ti consiglio di chiamare qualcuno che conosci in Thailandia, scoprire cosa sta succedendo davvero e smetterla di difendere gli stupratori di bambini, stronzo che non sei altro».[68]

L'e-mail conteneva nuove accuse scioccanti – e del tutto infondate – nei riguardi di Unsworth. «È un vecchio tizio bianco non sposato di origini inglesi che ha vissuto in Thailandia per trenta o quarant'anni, soprattutto a Pattaya Beach, prima di trasferirsi a Chiang Rai per sposare una bambina che all'epoca aveva circa dodici anni» scrisse Musk a Mac. «Potrà anche dire di sapere come ci si immerge nelle grotte, ma non faceva parte della squadra di soccorso e la maggior parte di quelli che hanno partecipato alle operazioni di salvataggio si rifiuta di farsi vedere in sua compagnia.»

L'e-mail si concludeva con: «Spero proprio che mi faccia causa, cazzo».

Qualche giorno prima, Howard aveva iniziato a riferire a Birchall quello che aveva scoperto. Sosteneva di aver trovato un articolo comparso su un giornale thailandese che citava la moglie di Unsworth, la quale diceva che si erano sposati quando lei aveva diciotto o diciannove anni ma che all'epoca in cui si erano conosciuti era minorenne. Qualche ora dopo, Birchall aveva riferito a Musk quelle scoperte non verificate.

Unsworth, aveva detto Birchall, spesso andava in una località nota per il turismo sessuale.[69]

La conversazione di Musk con Birchall, uno dei suoi confidenti più stretti, parve influenzare il suo comportamento nei giorni successivi. Prima di mandare l'e-mail a Mac, Musk aveva risposto a un altro giornalista su Twitter, dicendo di Unsworth: «Non pensi sia strano che non mi abbia fatto causa? Gli era stata offerta una consulenza legale gratuita».[70]

Il 4 settembre, *BuzzFeed* pubblicò l'articolo su Musk col titolo: «In una nuova e-mail, Elon Musk ha accusato un soccorritore della grotta di essere uno "stupratore di bambini" e ha detto che spera "ci sia una causa"».[71]

Quasi subito Musk parve finalmente rendersi conto che quella bufera mediatica se l'era fabbricata con le sue stesse mani. Il CEO di Tesla mandò e-mail piene di rammarico alla sua consulente esterna per le relazioni pubbliche, Juleanna Glover.

«Sì, bruttissima situazione» scrisse. «Non mi aspettavo che *BuzzFeed* pubblicasse un'e-mail confidenziale. L'intenzione era spingerli a indagare e arrivare alle loro conclusioni, non di pubblicare direttamente la mia e-mail.»[72]

«Comunque, sono un cazzo di idiota.»

Gli erano state riferite una serie di accuse potenzialmente incriminanti e voleva assicurarsi che venissero fatte le dovute verifiche. Era «sconvolto che nessuno si fosse preso la briga di indagare». E *BuzzFeed* non aveva rispettato la sua richiesta di mantenere riservata l'e-mail come avrebbe fatto in passato.

«Rimane comunque la cosa più stupida che abbia mai fatto e non poteva succedere in un momento peggiore» scrisse di quest'ultimo passo falso, commesso subito dopo la sparata sul «finanziamento garantito».[73]

Il pentimento apparente di Musk non sembrò renderlo più prudente. Due giorni dopo, ospite del podcast di Joe Rogan, finì di nuovo sotto i riflettori. Per le prime due ore e dieci minuti del programma, lui e Rogan rimasero seduti uno davanti all'altro a una scrivania, parlando di argomenti che spaziavano dalla creazione di un dispositivo simile a un lanciafiamme pubblicizzato come «un non lanciafiamme» da parte di una delle aziende di Musk alla complessità degli orologi meccanici. A quel punto, Rogan si accese uno spinello e guardò l'ospite con espressione interrogativa.

«Probabilmente non puoi per via degli azionisti, giusto?»

Musk, che una volta aveva ammesso di aver fumato marijuana, stette al gioco.

«Cioè, è legale, no?»

«Assolutamente sì» rispose Rogan. «Come funziona? La gente si arrabbia con te se fai certe cose?» gli chiese poi.

Musk prese lo spinello e lo guardò con aria scettica, ignorando la domanda. Dopo averlo esaminato per bene, se lo portò alle labbra, fece un tiro e buttò fuori il fumo.

Poi si strinse nelle spalle.

Il podcast si spostò su altri argomenti: l'impianto frenante delle Tesla, il passaggio dai cavalli alle auto a benzina. «Quando a Manhattan c'erano 300.000 cavalli, se pensi che un cavallo vive quindici anni, avevi 200.000 cavalli stecchiti all'anno» disse Musk, mantenendo il tenore di un podcast a ruota libera, sorseggiando da un bicchiere di whisky e giocherellando con un vasetto posato sulla scrivania.

Circa sette minuti dopo il tiro, Musk guardò il cellulare.

«Mi stanno arrivando dei messaggi che dicono "che cavolo credi di fare fumando marijuana?"» spiegò.

Vale la pena notare che la riprovazione legata al fumare marijuana – per non parlare di farlo in pubblico – è diminuita drasticamente negli ultimi anni, perché sempre più Stati ne hanno legalizzato l'uso ricreativo e molte aziende hanno tolto la cannabis dai loro protocolli per i test antidroga. Ma nel 2018 Musk stava involontariamente infrangendo un tabù per i CEO di Fortune 500, per non parlare dei contractor federali, facendo un tiro durante un podcast in streaming dal vivo. Anche tralasciando la questione se fosse da considerarsi una cosa controversa o meno, era chiaro che non avrebbe affrontato le stesse conseguenze che sarebbero toccate nella medesima situazione a un dipendente di rango più basso del governo federale o perfino di una delle sue aziende.

Cosa sarebbe successo se qualcuno si fosse acceso uno spinello in Tesla o in SpaceX?

All'inizio dell'autunno, la serie di comportamenti insoliti e controversi di Musk gli presentò finalmente il conto, o almeno così parve.

Una class action intentata il 5 giugno 2018 da un azionista – un batterista thrash metal, come descritto successivamente da *Newsweek*, di nome Richard Tornetta – contro il suo gigantesco pacchetto retributivo non era l'unico nodo che sarebbe venuto al pettine nei mesi successivi.[74]

Il 17 settembre Unsworth, il soccorritore della grotta thailandese che Musk aveva accusato senza prove di essere un pedofilo, presentò denuncia per diffamazione, secondo una citazione presentata alle Corti distrettuali degli Stati Uniti d'America.

Dieci giorni dopo, toccò alla SEC chiedere il conto a Musk. Il 27 settembre l'ente federale rilasciò un comunicato stampa in cui diceva di aver accusato Musk di frode.[75] Musk, Tesla e la SEC ci misero due giorni ad annunciare un patteggiamento.[76]

Le pene erano severe. Sia a lui che a Tesla furono inflitti 20 milioni di dollari di multa a testa. Soprattutto, Musk avrebbe ceduto un aspetto chiave del suo potere: avrebbe rinunciato al ruolo che gli dava il controllo totale sul gruppo automobilistico più importante del XXI secolo. «In seguito al patteggiamento, Elon Musk non sarà più presidente di Tesla» disse Steven Peikin, coordinatore della divisione investigativa della SEC, in un comunicato.[77]

Con un tweet, Musk aveva mandato in fumo decine di milioni di dollari dell'azienda e si era giocato uno dei suoi ruoli chiave.

* * *

A quel punto crebbero le richieste perché lasciasse il posto di CEO di Tesla. C'erano addirittura alcuni investitori di Wall Street un tempo saldamente dalla sua parte i quali avevano l'impressione che stesse danneggiando l'azienda e che non fosse adatto al ruolo di amministratore delegato.

Uno di costoro era Gene Munster, che si sarebbe rivelato uno dei più convinti sostenitori di Tesla a Wall Street. Munster, già critico sul comportamento di Musk nella vicenda Unsworth, aveva sottolineato che Tesla sarebbe stata «in una posizione molto più solida» con Musk concentrato esclusivamente sulla strategia e lo sviluppo dei prodotti.[78]

«Penso che se non fosse successo, l'azienda sarebbe in una posizione migliore per centrare i suoi obiettivi» disse, secondo *Business Insider*.[79]

È difficile cercare di dare una spiegazione convincente della vicenda del «finanziamento garantito». Una lettura impietosa della situazione è che Musk, i cui compensi erano legati a obiettivi di capitalizzazione di mercato, aveva tutto l'interesse a far salire le azioni di Tesla a qualunque costo, e aveva imparato in fretta che poteva farla franca. Tuttavia, lui, come certi altri personaggi rimasti nella memoria dell'opinione pubblica, aveva una chiara tendenza a incaponirsi quando veniva messo davanti all'evidenza dei propri errori.

È possibile che semplicemente non volesse ammettere di aver sbagliato.

Qualunque sia la spiegazione, con la boutade del «finanziamento garantito» aveva scosso la fiducia degli investitori. E non ci aveva pensato due volte a gettare fango su una brava persona in un attacco di gelosia.

E non era solo Tesla a soffrire i contraccolpi della vena ribelle di Musk. Il 20 novembre, il *Washington Post* riferì che la NASA aveva ordinato un controllo di sicurezza di SpaceX, una decisione «suggerita dal recente comportamento del suo fondatore, Elon Musk [...] dopo che ha fumato uno spinello e ha bevuto whisky» al podcast di Rogan.[80]

L'agenzia esigeva ottemperanza alla richiesta di un «ambiente libero da droghe».

La serie ininterrotta di polemiche di alto profilo in cui Elon Musk si è ritrovato coinvolto – ciascuna delle quali avrebbe travolto l'amministratore delegato di una qualsiasi società quotata in Borsa – ha messo in luce la debolezza dei meccanismi di controllo che la collettività aveva istituito per impedire a chi dispone di una capacità finanziaria pressoché illimitata di agire in modo indiscriminato. Sono state una prova del fuoco a diversi livelli: la capacità d'intervento degli enti di controllo finanziario, l'abilità dei tribunali di emettere sentenze in casi in cui il denaro non era un problema, i limiti della governance aziendale quando i tempi sono prosperi, e gli scarsi diritti dei consumatori e degli investitori. Cosa sarebbe successo se Musk avesse applicato la sua etica di disprezzo delle regole ai propri dipendenti e agli obiettivi di produzione, ai sistemi di sicurezza cruciali delle sue auto e a una rete di social media che costituivano un vettore fondamentale per diffondere a livello globale informazioni sull'attualità e le elezioni?

Di norma, per esempio, un CEO che perde l'incarico di presidente del consiglio di amministrazione per un tweet azzardato – un errore spontaneo ed evitabile – susciterebbe una più ampia rivalutazione interna della governance di un'azienda quotata in Borsa, soprattutto se importante come Tesla.

Ma nel caso di Musk, il fatto che non concentrasse più nelle sue mani il doppio ruolo di CEO e presidente del consiglio di amministrazione ha chiarito i suoi doveri, consentendogli di rinsaldare ulteriormente la presa su Tesla. Musk si sarebbe ripreso dalla ramanzina della SEC consolidando il proprio controllo sull'azienda, che sarebbe presto diventata il gruppo automobilistico più quotato al mondo.

Il 7 novembre 2018, Tesla annunciò che Robyn Denholm, direttrice finanziaria della più grande società di comunicazioni australiana, avrebbe lasciato quell'incarico per diventare presidente del consiglio di amministrazione di Tesla.[81] Iniziava così una tipica mossa alla Musk: la nomina di fedelissimi dalle credenziali inappuntabili a posizioni di grande potere… quelle che controllano il suo operato o comunque ruoli cruciali per il successo del business. (Basti ricordare che il fratello di Musk detiene un redditizio ruolo come membro del consiglio di amministrazione, accanto ad amici quali Antonio Gracias e Ira Ehrenpreis.) Denholm era un membro indipendente del consiglio che si teneva lontana dai riflettori ed era benvista perché si pensava avesse il potenziale di apportare una «leadership stabile».[82]

E aveva battuto un altro candidato papabile, James Murdoch, dell'impero mediatico Murdoch, la cui candidatura era stata descritta dalla stampa come «una pessima notizia per Elon Musk».[83] Qualche tempo dopo, in occasione di un'intervista televisiva, Musk avrebbe ammesso di aver scelto personalmente Denholm.[84]

Per colpa di un tweet avrà anche perso la posizione di presidente, che gli dava il dominio della governance di Tesla – eliminando un potenziale controllo sulle sue scelte in qualità di amministratore delegato –, ma con un consiglio di amministrazione sottomesso poteva avere comunque mano libera. «Denholm deve la stragrande maggioranza della sua ricchezza al compenso percepito come direttore di Tesla» aveva detto la stessa sentenza di tribunale relativa al compenso di Musk, fra cui una somma che le aveva «cambiato la vita».[85]

Vale la pena ricordare che solo pochi mesi prima dei comportamenti che avevano messo in discussione la sua leadership, Musk era stato ricompensato profumatamente – con una cifra da record – con il pacchetto retributivo più lauto di sempre.

Ben prima della serie di polemiche che alla fine hanno rafforzato il suo controllo sull'azienda, il dominio di Musk sul consiglio di amministrazione di Tesla si era manifestato in modo evidente con l'approvazione di quel lucroso pacchetto di compensi. Secondo la sentenza del tribunale del 2024, aveva un valore che raggiungeva i 56 miliardi di dollari. Era «250 volte più grande rispetto alla media dei piani retributivi delle aziende simili nello stesso periodo e oltre 33 volte superiore al piano più vicino come entità, che era il precedente piano di compensi dello stesso Musk».[86] La sentenza, emessa dalla cancelliera Kathaleen St J. McCormick della Court of Chancery del Delaware, descrive nitidamente il modo in cui Musk esercitava il controllo sulle figure che avrebbero dovuto supervisionare Tesla: un gruppo di cui facevano parte Denholm, all'epoca direttore, oltre al caro amico di Musk, Antonio Gracias, il socio di lunga data Ehrenpreis e suo fratello Kimbal. In confronto, CEO con stipendi da favola della Silicon Valley erano pagati con una combinazione di stipendio e azioni nell'ordine di qualche decina di milioni di dollari nei casi più eccezionali. L'accordo retributivo del 2019 del CEO di Uber Dara Khosrowshahi prevedeva uno stipendio base di un milione di dollari e un bonus di almeno due, anche se negli anni successivi il compenso complessivo sarebbe lievitato a decine di milioni di dollari.[87] *Axios* ha descritto lo sconcerto degli azionisti quando il CEO di Apple Tim Cook ha proposto di ricevere un compenso di 99 milioni di dollari per il 2022, che alla fine gli è stato concesso.[88]

«Quanto è troppo quando si parla di compensi ai CEO?» chiedeva l'estensore dell'articolo.

Il pacchetto retributivo di Musk gli avrebbe fruttato circa cento volte quella cifra, ogni anno.

Il comportamento di Musk poteva anche voler dire che non era più a capo del consiglio di amministrazione di Tesla, ma aveva senz'altro un controllo saldo dell'azienda, la quale aveva messo un cartellino del prezzo astronomico sul suo valore per l'impresa, lasciando pochi dubbi su chi era a condurre le danze.

Denholm, la manager australiana che aveva preso il posto di presidente del consiglio di amministrazione, teneva riunioni descritte dal *Wall Street Journal* come eventi «in stile famigliare», in cui le azioni dell'uomo che l'avrebbe fatta diventare favolosamente ricca erano sottoposte a ben poche disamine.[89] Qualsiasi dubbio sul fatto che potesse rappresentare un freno al potere di Musk morì sul nascere praticamente nel momento stesso in cui fu annunciata la sua nomina.

«Credo in questa azienda, credo nella sua missione e non vedo l'ora di aiutare Elon e il team di Tesla a raggiungere una redditività sostenibile e a creare valore a lungo termine per gli azionisti» disse in una dichiarazione scritta seguita a ruota alla tripletta di scandali di Musk. In cambio Musk le espresse tutto il suo sostegno e disse che non «vedeva l'ora di lavorare ancora più a stretto contatto con

Robyn mentre continuiamo ad accelerare l'avvento dell'energia sostenibile».[90]

Quell'anno Musk rilasciò un'intervista a *60 Minutes* che gettò luce sui dettagli del loro accordo. Non avrebbe potuto essere più chiaro.[91]

«L'ha scelta di persona?» chiese Lesley Stahl. «Sì» rispose lui, con gli occhi che sembrarono riempirsi di lacrime mentre veniva incalzato sull'anno più difficile della sua vita.

«L'impressione era che fosse stata messa a vigilare su di lei» proseguì Stahl.

Sulla faccia di Musk comparve quella che sembrava una smorfia di disgusto.

«Sì, voglio dire che non è realistico» cominciò.

«Come una babysitter» lo interruppe Stahl.

«Non è realistico nel senso che io sono l'azionista più importante e posso chiedere un voto degli azionisti e ottenere quello che voglio» dichiarò Musk.

Desiderava tornare a fare il presidente del consiglio di amministrazione?

«No, in realtà preferisco non avere titoli» disse Musk a Stahl. Questa affermazione sarebbe invecchiata particolarmente male.

Il succo era chiaro: Musk, privato del suo secondo titolo più importante, era al sicuro. Aveva affrontato una sorta di responsabilità formale, con multe da 20 milioni di dollari per lui e per Tesla, e la nomina della *Twitter sitter*, che sarebbe stata una cosa umiliante in qualunque altra circostanza. Dall'esterno, sarebbe potuto sembrare che la SEC avesse vinto la sua battaglia. In realtà, Musk stava dimostrando che il tentativo degli enti di controllo finanziari di fargli pagare le conseguenze di un'azione irresponsabile lo avrebbero rafforzato per gli anni a venire.

Nel gennaio 2023 mi sono imbattuto nell'ex membro del consiglio di amministrazione Brad W. Buss fuori dal tribunale federale di San Francisco. Era lì per testimoniare al processo degli azionisti sul tweet del «finanziamento garantito». Gli feci una domanda al volo, ma lui la liquidò con un secco: «Salutami Jeff», praticamente la stessa frase che mi aveva rivolto Musk solo pochi mesi prima.[92] A parte la mancata risposta, lo scambio era comunque rivelatore. Suggeriva che nonostante le peripezie degli anni precedenti, coloro che avrebbero dovuto rappresentare la voce della ragione stavano ancora prendendo l'imbeccata da Musk. Che era un accordo sostenibile solo finché Tesla continuava a superare anche le aspettative più rosee, diventando il gruppo automobilistico più importante del pianeta e deliziando gli azionisti nel suo percorso verso una valutazione di oltre 1.000 miliardi di dollari.

Nessuno avrebbe potuto prevedere da dove sarebbe arrivata la minaccia più seria alle fortune di Tesla... men che meno il consiglio di amministrazione controllato da Musk, composto da una fetta consistente di azionisti che, secondo le conclusioni della Court of Chancery del Delaware, «non erano indipendenti» dal CEO dell'azienda.[93]

3

In fumo

L'uomo in nero comparve davanti alla folla mentre la scenografia fatta di macchine per la nebbia, fiamme e laser dal pavimento al soffitto si fermava. Elon Musk guardò il pubblico di fanboy e investitori che si erano riuniti a Los Angeles per il debutto dell'ultima creazione di Tesla, e poi si girò verso un veicolo che era appena arrivato sul palco. A distanza di qualche anno, è difficile ricordare con precisione la stranezza di quel momento, mentre tutti guardavano il marchingegno dall'aspetto alieno, la sagoma trapezoidale e il corpo in acciaio inox che scintillava sotto i riflettori. Musk si voltò di nuovo verso la folla e si strinse nelle spalle come a dire: «Beh, che ve ne pare?»

Dopo un attimo, espresse a voce alta quello che tutti stavano pensando: «Non somiglia a nient'altro».

La stranezza del nuovo pick-up di Tesla avrebbe rubato la scena non fosse stato per la commedia degli errori che venne dopo. A circa un anno dagli eventi caotici del 2018, Musk era lì per dimostrare che Tesla aveva ancora il suo tocco magico. Sarebbe riuscita a continuare a sfornare prodotti di punta, sulla scia del successo della Model 3 e del SUV crossover Model Y annunciato di recente che prometteva di alimentare lo slancio?

Per la presentazione dell'ultimo prodotto di Tesla Musk, con indosso la sua versione di una tenuta cyberpunk – nero da capo a piedi –, aveva voluto un'atmosfera di machismo portato all'estremo: un pick-up diverso da qualunque altro, una sfida aperta all'industria automobilistica americana, dove i pick-up erano il veicolo più venduto da quarant'anni.[1] La presentazione, però, non intendeva rifarsi alla tradizione.

Si era aperta in modo stravagante, anche per uno come Musk. Il pubblico era stato salutato da un personaggio misterioso battezzato «Cyber Girl», l'ologramma di una figura eterea con i capelli biondo platino e un abitino azzurro. Un tatuaggio ben visibile sulla gamba sinistra rivelava che probabilmente era interpretata dall'ex fidanzata di Musk, Claire Boucher (una musicista canadese nota come Grimes).[2] Cyber Girl esaltò le virtù dell'ultima invenzione dell'uomo che chiamava il «mio creatore».

«I cieli sono inquinati. Il mondo è dipendente dal petrolio. Ma noi siamo qui per offrire una soluzione: il Cybertruck. La modalità di trasporto numero uno per una cyber girl. La più grande evoluzione nello stile e nella funzionalità dei veicoli.»[3]

A quel punto Musk, che sembrava più in forma di quanto non fosse da anni – tonico, senza borse sotto gli occhi e radioso illuminato dalle luci del palco –, levò le braccia sicuro di sé e dichiarò: «Benvenuti alla presentazione del Cybertruck!»

Il Cybertruck continuava una lunga tradizione di presentazioni di pick-up top di gamma, in cui i veicoli erano l'incarnazione dei valori della persona che li possedeva. Si ha la tentazione di pensare che finché non era arrivata Tesla con il suo stile vistoso e stravagante che continuava la tradizione di giganti tecnologici come Apple, le presentazioni delle auto fossero eventi noiosi, poco più che spot pubblicitari infarciti di gergo tecnico. Ma c'erano state delle eccezioni.

Basta pensare al debutto del Chevy Silverado nel 2014.

«Gli acquirenti del Silverado vogliono un pick-up onesto, gran lavoratore e affidabile proprio come lo sono loro… un veicolo che possano lasciare in eredità ai figli» aveva detto Mark Reuss, all'epoca presidente di General Motors nordamericana a un pubblico di Detroit. «Questa è stata la missione del Silverado per generazioni e noi le resteremo fedeli. I nostri concorrenti più agguerriti possono pensare di navigare in acque tranquille, ma lasciate che vi dica che il vento sta per cambiare.»[4]

Bum.

Nella sala era sceso il buio e si era sentito lo schianto fragoroso di un tuono. Su una serie di schermi comparvero nuvoloni minacciosi solcati da fulmini, seguiti da una pioggia di scintille mentre un muro di pietra si spaccava a metà lasciando emergere il simbolo della Chevrolet e due fari accesi, avvolti nel fumo. Il ritmo incalzante e carico di suspense di una scena d'inseguimento da film lasciò il posto a una colonna sonora trionfale mentre la Chevy Silverado LTZ color rubino si svelava al mondo.

Reuss, come se niente fosse, tornò sulla scena che ricordava il film d'azione *Tomb Raider*, con le pietre sullo sfondo illuminate da un bagliore cremisi e la nebbia che continuava a levarsi.

«Signore e signori, il Silverado 2014 è più robusto, brillante e performante che mai» disse. «Monta un V6 di serie ad alta coppia, il V8 più potente disponibile in un pick-up leggero, una tecnologia intelligente che ottimizza potenza ed efficienza dei consumi basati sullo stile di guida nonché capacità di carico e traino in grado di far fronte anche alle situazioni più impegnative.»[5]

Nonostante il clamore suscitato dal lancio nel novembre 2019, Tesla non aveva alcuna fretta di concretizzare i piani per portare ai clienti il pick-up del futuro. In quel momento i dipendenti avevano difficoltà a consegnare i primi esemplari della Model Y, il veicolo che l'azienda sperava sarebbe diventato il più venduto. Tesla non poteva cannibalizzare la sua fornitura di batterie già limitata con un pick-up pesante ed energivoro, e Musk sembrava poco incline ad aprire una nuova linea produttiva. Avevano già presentato con orgoglio anche altri due veicoli, il Semi, un trattore elettrico per il trasporto merci su lunga distanza, e la Roadster rivisitata, una spider sportiva. In realtà, quel nuovo colosso rivestito di metallo altro non era che un prototipo della Roadster modificato, la stessa base trasferita su una carrozzeria da pick-up: Tesla stava riciclando cose vecchie per creare hype sul mercato. Questi veicoli imminenti furono afflitti da continui rinvii e non sarebbero stati consegnati per anni (al momento in cui scrivo, nel dicembre 2024, la Roadster non si è ancora vista).

Ciò detto, per un certo periodo l'azienda nutrì davvero l'ambizione di costruire un pick-up elettrico. Musk sapeva che le auto elettriche non avrebbero mai soppiantato il motore a combustione interna se Tesla fosse rimasta un marchio limitato agli yuppie liberal della California che la usavano per andare da Starbucks al mattino. Un pick-up elettrico sarebbe stato l'incarnazione più pura della missione dell'azienda di liberare il mondo dai combustibili fossili. Non guastava che veicoli di quel tipo portassero notoriamente con sé margini elevati di profitto.[6]

Questo messaggio non sfuggiva a dirigenti quali il presidente del comparto automobilistico dell'azienda, Jérôme Guillen, che considerava necessario avere anche dei veicoli da lavoro – come il Semi – nel catalogo Tesla. Il problema era che Musk stesso stava iniziando a tirarsi indietro sul progetto del trattore, adducendo il bisogno di usare le scorte di batterie per i progetti esistenti.

Nel frattempo, Tesla tornò al tavolo da disegno per progettare un pick-up. Il design iniziale proposto da Musk era un ibrido imbastardito fra una supercar e un pick-up leggero, che nessun costruttore di automobili avrebbe mai preso in considerazione… per un buon motivo.

«Era una mostruosità» disse una persona che lo aveva visto, definendolo «assolutamente tremendo e orribile.»

I dirigenti vicini a Musk non erano convinti di quell'idea, a dir poco, così si misero a lavorare su un'alternativa. L'uomo che prese in mano il progetto, Franz von Holzhausen, si era fatto un nome in Mazda, aprendo la strada a uno stile di design futuristico prima che Musk gli affidasse l'incarico di crearne uno per Tesla, che aveva dato vita alla berlina Model S e al SUV Model X, prodotti che avevano proiettato l'azienda al top.[7]

Adesso stava prendendo di nuovo in mano la situazione, nella speranza di impedire a Musk di lasciare che i suoi impulsi peggiori rovinassero l'estetica elegante di Tesla. Von Holzhausen e il suo team si misero al lavoro senza troppo clamore su un nuovo design per il pick-up, con l'idea di presentare a Musk un'alternativa di gran lunga migliore. Di una cosa erano sicuri: Musk era innamorato dell'idea che un pick-up di Tesla non sarebbe dovuto somigliare a nessun altro veicolo di quel genere.

Così costruirono un modellino di quello che sarebbe diventato il

Cybertruck. Quando si trattò di vendere l'idea a Musk, si rivolsero a Guillen, il capo del dipartimento, perché facesse la presentazione.

Misero il modellino del Cybertruck accanto ad altri tre modelli in scala simile per fare il paragone: un Ford F-150, una Chevy Silverado e un Ram.

Musk sembrava di buonumore. Dopo aver esaminato gli altri modelli, rivolse l'attenzione al Cybertruck.

«Sì, penso che questo sia meglio» disse.

Fine della storia: al termine della riunione, i dipendenti di Tesla smontarono quel pugno nell'occhio. Nessuno lo avrebbe più rivisto.

Mesi dopo l'intervento dei dirigenti di Tesla, il Cybertruck era pronto per debuttare davanti al pubblico. Quando il nuovo aggeggio alieno avanzò sul palco e una serie di figure vestite di pelle emersero dalle ombre indossando occhiali da sole e anfibi neri, perfino chi seguiva Tesla da tempo rimase a bocca aperta.

Von Holzhausen e il suo team avevano optato per un design industriale ispirato alla fantascienza che faceva propria l'estetica cyberpunk di *Blade Runner* ed esibiva materiali grezzi in chiave brutalista. Non c'era più la benché minima traccia del design dell'era «Bubble» (lo stile tondeggiante e morbido che aveva dominato l'industria automobilistica nei primi anni Duemila); al posto di linee sinuose e curve, Tesla aveva scelto grandi pannelli piatti in lamiera, creando un profilo laterale che ricordava un tetto spiovente posato su un frigorifero industriale disteso su un fianco. Il parabrezza, una gigantesca lastra di vetro, era un tutt'uno con il cofano e saliva verso la sommità del veicolo incontrando ad angolo un'altra lastra di vetro che scendeva verso il pianale del mezzo, dove un tettuccio automatizzato completava senza soluzione di continuità la silhouette poligonale.

I fari erano una fascia continua, una fessura sottile che percorreva l'intero muso del veicolo e abbracciava da entrambi i lati la parte iniziale delle fiancate. I fari posteriori erano un'analoga fascia di luci rosse che occupava tutta la larghezza del pianale e si fondeva con le fiancate del pick-up.

Sarebbe stato perfetto per l'apocalisse.

L'idea di Musk di un pick-up elettrico non verniciato – che mirava a risparmiare energia sia in produzione che sulla strada – era allineata con l'ethos di Tesla. Benché l'idea originale, che riecheggiava la Chevy El Camino, avesse richiesto di correggere il tiro, Musk aveva già dimostrato di saper cogliere spunti che avrebbero incuriosito i potenziali consumatori: le portiere ad ala di gabbiano della Model X non potevano certo dirsi convenzionali, ma avevano anche attirato l'attenzione sul marchio.

I designer di Tesla non ci avevano messo molto a unirsi a lui nel pensare fuori degli schemi. Specchietti? No. Troppo convenzionali. Volante rotondo? Noioso. Che ne dite di un supercerchio?

Gli aiutanti portarono sul palco attrezzature dimostrative sullo sfondo di una musica drammatica e la presentazione iniziò ad assomigliare al programma tv *Affari tuoi*. Stavano per condurre una serie di test per mettere alla prova la resistenza del robusto acciaio inox del pick-up. Tesla sosteneva che era antiproiettile... letteralmente in grado di resistere a pallottole calibro 9mm. E non era solo la carrozzeria a poter sopportare impatti violenti.

A quel punto fece la sua comparsa l'ideatore del design von Holzhausen, che brandiva una mazza. (O forse era un «grosso mazzuolo», come fu definito sul *Washington Post*.[8] Non si poteva saperlo con certezza.)

Con un paio di guanti di pelle che gli spuntavano dalla tasca posteriore dei jeans skinny, si levò il giubbotto in cuoio, rivelando una T-shirt nera da cui spuntavano i bicipiti gonfi. «Volete che lo faccia?» chiese.

Arretrò e assestò un colpo a una grande portiera bianca, quella di un normale pick-up.

BANG! Lasciò una grossa ammaccatura.

«Colpiscilo un paio di volte» lo incalzò Musk.

BANG! BANG!

Quando fu soddisfatto di com'era ridotta la portiera del concorrente, Musk rivolse l'attenzione alla versione di Tesla.

«Adesso colpisci il Cybertruck. Più forte.»

Thump. Neanche un graffio.

«Mettici più forza. Avanti» insistette Musk.

THUMP. Niente da fare. La mazza si limitò a rimbalzare indietro.

Musk era soddisfatto... ma non aveva ancora finito.

«Volete un pick-up robusto? Volete un pick-up veramente robusto? Non robusto per finta?» chiese al pubblico. «Volete un pick-up che potete colpire con una mazza, un pick-up che non si graffierà e non si ammaccherà? Cos'altro possiamo fare con questo pick-up?»

Musk, che stava cercando di farsi venire in mente un modo per comunicare la robustezza della sua 4x4 costruita in «ACCIAIO INOX 30X LAMINATO A FREDDO ULTRARESISTENTE», ebbe un'idea.

«E se gli sparassimo? Spariamogli» annunciò.

Il pubblico si unì entusiasta. «SPARIAMOGLI!» urlò qualcuno dalla folla, il che la diceva lunga sui livelli di testosterone che circolavano in sala.

«Purtroppo siamo in California» rispose Musk.

Ma in un modo o nell'altro Tesla avrebbe dimostrato la robustezza di quel pick-up. Arrivarono gli aiutanti spingendo sul palco un tavolo con le ruote su cui c'era del normale vetro per auto e una lastra di quello che la presentazione definì «VETRO ANTIPROIETTILE DI TESLA». Questa volta, lasciarono cadere dall'alto delle palle d'acciaio sulle lastre. Il vetro normale si ruppe. Il vetro della Tesla, invece, si limitò a flettersi per tornare alla forma originaria.

In genere, sarebbe bastato a convincere gli astanti. Ma il pick-up di Tesla, in fin dei conti, non era robusto per finta come gli altri.

Quindi tornò in scena von Holzhausen... stavolta portando una grossa palla d'acciaio.

«Franz, potresti provare a rompere questa lastra di vetro, per favore?» gli chiese Musk.

«Sicuro?» domandò a Musk, che gli fece cenno di andare avanti.

L'uomo con la T-shirt nera e gli stivali di pelle neri da motociclista, le braccia muscolose bene in vista, fece un passo indietro. Assunse la posa di un lanciatore del baseball, sollevò un piede e scagliò la sfera d'acciaio.

E d'un tratto, sembrò che tutta l'aria fosse stata risucchiata dalla sala.

Splat.

La superficie del vetro si era rotta, lasciando una ragnatela sferica nel punto esatto in cui ci sarebbe stata la testa del conducente. Musk era mortificato.

«Oddio, cazzo!» disse.

«Beh» concluse. «Forse era un po' troppo forte.»

Con un sorriso tirato, senza sapere bene cosa fare, von Holzhausen indagò: «Proviamo con la portiera?»

Musk si riprese in fretta.

«Non è passata attraverso, così una cosa positiva almeno c'è» disse.

Nel frattempo von Holzhausen stava cercando di salvare la presentazione. «Proviamo con quello» disse, indicando il finestrino posteriore sinistro.

«Quello? Sul serio?» chiese Musk, mostrando un pizzico di scetticismo preveggente.

Stavolta, von Holzhausen praticamente non caricò neanche il tiro. Lanciò la palla con cautela, coi piedi piantati a terra.

Splat. Il finestrino si ruppe. Più lontano dalla testa dell'occupante, almeno. La stessa imbarazzante ragnatela circolare.

«Ohhhh... cacchio!» gemette.

Musk non poté fare altro che mettersi a ridere.

«Però non è passata attraverso» disse. «Ehh... niente male. C'è margine per migliorare.»

Ridendo nervosamente, von Holzhausen si dileguò dal palco sulla sinistra.

«SPARIAMOGLI!» chiese di nuovo uno dal pubblico, rompendo il silenzio imbarazzato.

Musk, agitato e non dell'umore di fare battute, non rispose direttamente.

«Noi... gli abbiamo lanciato contro di tutto» disse. «Chiavi inglesi, di tutto, perfino il lavello della cucina e non si è rotto. Per qualche strana ragione adesso si è rotto, non so perché.»

Poi bofonchiò: «Dovrei correggerlo in postproduzione» mentre il pubblico rideva.

Poi tornò al copione... in maniera del tutto illogica.

«Inoltre, l'auto ha un sistema di sospensioni pneumatiche adattive...»

* * *

«Tesla presenta un pick-up antiproiettile. Poi il finestrino si rompe» strillava il titolo del *Wall Street Journal*.[9] La Reuters, di sicuro non il paradiso degli acchiappaclic, dava un contesto al fiasco: «Il lancio del Cybertruck Tesla subisce un colpo: i finestrini "antisfondamento" si rompono».[10] La presentazione era andata così male che anche la ricchezza di Musk accusò il colpo. «Il patrimonio netto di Elon Musk crolla di 768 milioni di dollari in un giorno dopo il fiasco del Cybertruck» titolò il *Guardian*.[11]

Era un altro ambito in cui i paragoni con Steve Jobs non reggevano.

A differenza delle presentazioni Apple meticolosamente orchestrate, perfezioniste e prevedibili da cima a fondo condotte da Jobs – il quale una volta fece una rara gaffe chiedendo ai presenti di spegnere il Wi-Fi dopo che erano sorti dei problemi di connessione, un'eccezione degna di nota –, le apparizioni dal vivo di Musk si trasformavano regolarmente in barzellette virali.[12] La cosa sarebbe stata ricorrente negli anni: quando fu fischiato in diretta in una puntata del programma comico di Dave Chappelle o quando Twitter fece un gran pasticcio con l'annuncio della campagna presidenziale di Ron DeSantis a causa di problemi con l'audio.[13]

In queste occasioni, Musk passava in modalità attacco o fuga. Era quasi possibile vedere il suo cervello eseguire milioni di calcoli al secondo nel tentativo di trovare una via d'uscita dalla situazione. In fondo, presentazioni come queste – che mirano a lisciare gli investitori, i blogger favorevoli a Tesla e i fanboy – sono fatte per essere un terreno sicuro.

In effetti, Musk si presta di rado a interazioni con esiti imprevedibili, dato che teme le potenziali figuracce. Ecco perché non accetta spesso interviste con giornalisti ostili; a quanto pare preferisce circondarsi di leccapiedi. Anni dopo, quando fu accolto da un boato di fischi al programma di Dave Chappelle a San Francisco – dove aveva appena licenziato migliaia di dipendenti di Twitter –, Musk si rivolse al comico perché lo traesse d'impaccio, un raro momento in cui non aveva il controllo totale del pubblico.

«Dave, cosa dovrei dire?»[14]

Ma sul suo terreno, era lui a dover ripulire il casino. Anche dopo l'evento del Cybertruck, che sarebbe dovuto essere un trionfo, fu costretto a rispondere dell'insuccesso dell'azienda.

Il giorno dopo la presentazione era ancora incredulo, e i dirigenti chiave di Tesla non sapevano che pesci prendere.

«Abbiamo lanciato le stesse palle d'acciaio contro lo stesso finestrino parecchie volte appena prima dell'evento e non avevano neanche scalfito il vetro!» twittò. A mo' di prova, postò un video al rallentatore di von Holzhausen che lanciava la sfera d'acciaio contro il finestrino del pick-up prima dell'evento e il pannello di vetro rimaneva intatto. «Immagino sia necessaria qualche miglioria prima della produzione in serie ah ah» scrisse.[15]

Fu solo la domenica successiva, tre giorni dopo la presentazione, che trovò una spiegazione soddisfacente. Avrebbero dovuto prevederlo: i ripetuti colpi alla portiera avevano «rotto la base del vetro» scrisse Musk, «motivo per cui la palla d'acciaio non è rimbalzata via. Bisognava lanciare la palla, *poi* colpire la portiera. La prossima volta...»[16]

Benché eternata dai meme, l'ignominia del finestrino antiproiettile che non lo era si esaurì presto. E dopo, l'unica cosa che rimase della presentazione fu il pick-up. Nei giorni successivi all'evento, le affermazioni esagerate di Tesla sulle prestazioni del veicolo furono messe in discussione da numerose pubblicazioni, un tema ricorrente nel corso del suo sviluppo. La casa automobilistica a un certo punto arrivò a dire che il pick-up sarebbe stato in grado di «trainare una massa quasi infinita».[17]

Anche se il pick-up era chiaramente destinato a un particolare sottoinsieme di fan, le analisi e i veterani dell'industria automobilistica erano scettici in merito al suo aspetto controverso e alla potenziale utilità per la maggior parte degli utenti di veicoli del genere.

Tutta quanta la faccenda sconcertò Wall Street. «Non ci è affatto chiaro chi sarà l'acquirente tipo» scrisse un analista di Credit Suisse, secondo *Business Insider*.[18] Il pick-up sarebbe probabilmente stato un prodotto di nicchia, dissero altri, parlandone come la caricatura di un «bombardiere stealth» o, per usare le parole di un analista di Morgan Stanley, qualcosa di «più adatto al cantiere di una colonia marziana».

Non tutti pensavano che la strategia fosse destinata al fallimento. Scrivendo per la CNN a proposito del «perché lo strano nuovo Cybertruck di Tesla potrebbe essere un successo», Brett Smith del Center for Automotive Search disse: «Musk può usare il design spiazzante come dimostrazione pratica… un primo passo per far vedere al mondo che un pick-up totalmente elettrico è davvero fattibile».[19]

Anche i commenti favorevoli erano venati di scetticismo. Ma l'hype era innegabile. Pochi giorni dopo la presentazione, Musk annunciò che il Cybertruck aveva raccolto circa 250.000 prenotazioni in una settimana.[20] La cifra sarebbe presto salita a milioni, senz'altro spinta dalla caparra modesta e interamente rimborsabile di 100 dollari.[21] Una prenotazione non era garanzia di vendita.

Ma Tesla aveva attirato l'attenzione che desiderava su un pick-up che non avrebbe consegnato per altri quattro anni: conferma del fatto che il veicolo apocalittico diventato oggetto di scherno da un giorno all'altro aveva il potenziale per essere un successo immediato.

Non si era fatto cenno a come i regolamenti automobilistici entrassero nel quadro. Se Tesla aveva voluto segnalare di avere seriamente intenzione di costruire quel pick-up, avrebbe almeno potuto cercare di renderlo adatto alla strada.

Dov'erano gli indicatori di direzione arancioni? Dov'era il terzo stop? Non c'era traccia di specchietti laterali. Tesla non aveva rispettato alcune delle regole basilari dell'industria automobilistica.

E anche all'interno dell'azienda alcuni, come Guillen, erano preoccupati per il design angoloso che costituiva un pericolo per i pedoni e le biciclette. Gli spigoli taglienti, i finestrini quasi impenetrabili e la visuale ristretta dal posto di guida potevano anche dare l'impressione di proteggere il conducente in modo aggressivo, ma non rispettavano anni di misure cautelative miranti alla sicurezza dei pedoni e di altri veicoli che avrebbero potuto non uscire bene dalla collisione con l'«ACCIAIO INOX 30X LAMINATO A FREDDO ULTRA RESISTENTE».

Missy Cummings, che avrebbe poi ricoperto il ruolo di consulente presso il massimo ente federale di regolamentazione della sicurezza automobilistica del Paese, temeva le conseguenze di quello che Tesla avrebbe potuto scatenare.

«Non è una bella situazione: la combinazione tra un veicolo ancora più grosso e pesante e l'AI difettosa. Non può venire niente di buono da uno scenario del genere.»

Tesla andò avanti con il suo progetto di costruire il Cybertruck: ma all'avvicinarsi della data di produzione, sul finire del 2021, l'evasione dei primi ordini era già in ritardo di quasi due anni.

Annunciare un nuovo modello è una cosa, ma costruire un veicolo richiede un'interazione complessa di processi che può durare anni prima che le linee di assemblaggio inizino a funzionare. Un problema con una qualunque di esse – imprevisti coi contratti di fornitura, intoppi normativi, difetti dei prototipi che precedono la produzione delle auto vere e proprie – può rallentare notevolmente il tutto. Al suo debutto nel 2019, il Cybertruck era poco più di una concept car.

Tesla si era data un obiettivo con un prototipo strabiliante ed era partita per una missione di quattro anni destinata a produrre una versione in grado di circolare su strada. Come Musk ha ripetuto innumerevoli volte: «I prototipi sono facili, la produzione è difficile».[22]

Per avere un'idea di quanto sia difficile, basta dare uno sguardo alla gigafactory Sparks di Tesla, in Nevada, il principale stabilimento di produzione di batterie per la sua flotta. Le fabbriche di Tesla possono funzionare in modo indipendente l'una dall'altra – ciascuna unità produttiva serve la propria regione globale di riferimento –, ma se si verificavano degli intoppi in questo stabilimento alle porte di Reno, l'intera capacità produttiva dell'azienda poteva ritrovarsi in ginocchio.

Proprio quello che era successo nel 2017 e nel 2018, quando Tesla stava disperatamente cercando di aumentare la produzione di Model 3, la berlina destinata al mercato di massa. Un esempio del tipo di intoppo che era una riprova della tesi di Musk e illustrava quanto Tesla fosse lontana dalla produzione in serie di un pick-up che montava una batteria molto più grossa di quella degli altri modelli.

Nello stabilimento in Nevada Tesla aveva installato un complesso sistema di nastri trasportatori per muovere materiale dal pianterreno a un mezzanino a quota 3,65, conseguenza del ruolo centrale attribuito all'automazione. L'unico problema era che non funzionava.

Per completare i pacchi batterie della Model 3 da mandare a Fremont era stato giudicato necessario installare una rete di nastri trasportatori e decine di montacarichi che portavano i componenti al mezzanino. Ma il sistema si inceppava così spesso che gli operai trovavano più efficace limitarsi a spostare i pezzi a mano.

Alla fine i nastri trasportatori e i montacarichi vennero smontati ed eliminati da quella parte dello stabilimento.

Nel 2018 il *Reno Gazette-Journal* descrisse i reparti assemblaggio batterie come «le zone a più elevata presenza umana della Gigafactory», attribuendo la necessità dell'assemblaggio manuale ai componenti meno rigidi, le cui forme complesse confondevano le macchine; per esempio i cavi, uno dei componenti che doveva essere portato al mezzanino.[23]

Non era una coincidenza. Dopo che Guillen era arrivato e aveva esaminato il sistema, si era messo a lavorare a un miglioramento: deautomatizzare il processo. Era un anticipo di quello che avrebbe fatto a Fremont, dove avrebbe intrapreso gli stessi passi per accelerare la produzione della Model 3.

«La difficoltà nel capire che le persone sono meglio delle macchine in alcuni lavori era parte del motivo degli intoppi che l'anno scorso hanno provocato dei gran mal di testa mentre Tesla faticava a raggiungere gli obiettivi di produzione della Model 3» spiegava il *Reno Gazette-Journal*.[24]

A Musk piace raccontare storie epiche del periodo passato a dormire alla fabbrica di Tesla. Nel caso di Reno, la sua decisione di farlo non contribuì certo ad aumentare la produttività. Musk si accampava letteralmente sul tetto dello stabilimento, con la tenda e tutto il resto, come mi ha raccontato una persona che ricorda benissimo l'esperienza: un'avventura completa di barrette al cioccolato e whisky di pregio.

Mentre il Cybertruck rimaneva un miraggio lontano, Tesla si dedicò a un obiettivo meno irrealistico: costruire la Model Y, che condivideva il 75 per cento dei componenti con la Model 3.[25]

All'inizio del 2020, Tesla iniziò a consegnare il primo dei tanto sospirati crossover che rappresentavano il futuro dell'azienda. Dopo una serie di intoppi iniziali, compresa una diminuzione del prezzo per stimolare la domanda durante la pandemia da Covid-19 e problemi col controllo qualità (un tettuccio in vetro che si era staccato mentre il proprietario viaggiava in autostrada), la Model Y rispettò le previsioni di vendita stratosferiche, diventando il veicolo Tesla più acquistato e, alla fine, l'auto più venduta del pianeta nel 2023.[26]

La Model Y era stata annunciata nel 2019, lo stesso anno in cui Tesla aveva presentato il pick-up. Nel frattempo, il Cybertruck languiva sullo sfondo – anni dopo essere stato promesso – senza che ne fosse stato consegnato neppure un esemplare.[27]

Musk cercava di tener viva la curiosità del pubblico. Nel dicembre 2019 dei paparazzi lo videro andarsene da una cena a Los Angeles a bordo di un prototipo del Cybertruck, e nel 2020 venne girato un video del pick-up con il famoso collezionista di auto Jay Leno.[28] Il Cybertruck fece un'apparizione a New York nel 2021, dove fu visto circolare per le vie lastricate. Con i fari futuristici che proiettavano uno stretto fascio di luce, sembrava arrivato da un altro pianeta.

Tesla aveva in programma di iniziare a produrlo sul finire del 2021, ma quando quella scadenza arrivò e passò, Musk dovette spiegare il ritardo. La sua risposta? Il caos delle forniture provocato dalla pandemia e la carenza di chip avevano fatto slittare il calendario di produzione di Tesla, impedendole di produrre qualunque nuovo modello nel 2022.[29]

Lo stabilimento principale dell'azienda era stato chiuso per settimane. Musk era sceso sul piede di guerra con i funzionari della California in merito alle chiusure obbligatorie, annunciando che la nuova sede di Tesla sarebbe stata in Texas. Quale posto migliore per costruire il Cybertruck?

Il nuovo pick-up sarebbe stato costruito alla fabbrica Tesla fuori Austin, lo stabilimento dove veniva prodotta la Model Y, nello Stato che Musk aveva eletto a sua nuova casa. Da quando si era trasferito in Texas, aveva cominciato a vestirsi come una specie di cowboy, con tanto di fibbia sulla cintura che recava la scritta «Non si scherza con [Tesla]», decorata con una stella e la «T» del logo dell'azienda.

Il pick-up futuristico sarebbe stato perfetto, a patto che riuscissero a costruirlo.

«Non introdurremo nuovi modelli quest'anno» disse Musk in occasione di una teleconferenza sugli utili aziendali all'inizio del 2022. «Non avrebbe senso. Avremo ancora problemi coi componenti. Tuttavia, ci occuperemo di ingegneria, equipaggiamento e quant'altro per creare questi veicoli: Cybertruck, Semi, Roadster…»[30]

Intanto, le sue dichiarazioni sulle capacità del pick-up diventavano sempre più inverosimili: il continuo variare delle caratteristiche e perfino delle dimensioni ispirava scarsa fiducia nel fatto che fosse un'impresa seria vicina a diventare realtà. «Il Cybertruck sarà a tenuta stagna in modo da poter funzionare brevemente da imbarcazione, per attraversare laghi e perfino tratti di mare non eccessivamente mosso» scrisse verso la fine del 2022.[31]

Investitori come Ross Gerber iniziavano a essere sulle spine.

Il successo di Tesla era indiscutibile: la popolarità dell'azienda ne faceva il gruppo automobilistico più importante del mondo e Musk l'uomo più ricco del pianeta. La Model Y era stata un successo clamoroso. Ma il fatto che avesse così tante parti in comune con la Model 3 significava che molti dei difetti erano stati risolti anni prima, durante i periodi che Musk aveva definito «infernali», quando avevano dovuto affrontare ogni genere di difficoltà sia a livello della produzione che della logistica.[32]

Agli investitori sembrava che da allora l'azienda avesse perso lo slancio. Era stata svuotata della competenza di veterani dell'auto e dell'industria manifatturiera del calibro di Doug Field, ex vicepresidente del settore ingegneristico, e di Jérôme Guillen, responsabile dell'inversione di rotta sulla produzione della Model 3. Al loro posto c'erano fedelissimi di Musk: il genere di persone che si affrettavano a mettersi al lavoro su richieste strampalate come costruire un Cybertruck capace di galleggiare ma non erano nella posizione di dire a Musk perché era meglio non farlo.

«La gente si è arresa» mi ha detto Gerber. «Ha fatto fuori tutti quelli che avrebbero potuto guidare Tesla senza di lui… e quello che gli resta adesso… è la sua cricca di fan irriducibili.»

E poi c'era il fatto che Musk, sempre più assorbito dall'acquisizione di Twitter, era distratto. Wall Street se n'era accorta: il titolo

Tesla, un tempo inarrestabile, era sceso dagli oltre 1.000 miliardi del novembre 2021 ai meno di 500 miliardi dell'anno dopo.[33] Il valore dell'azienda si era ridotto della metà. L'impressione sempre più diffusa era che la mancanza di un leader a tempo pieno non facesse bene a Tesla.

I problemi con la produzione della Model 3 avevano spinto Musk a trasferirsi in fabbrica, ma con il Cybertruck non c'era la stessa urgenza. E comunque era stato Guillen a sbloccare la piena capacità manifatturiera di Tesla per quel modello. Adesso Musk si trastullava con Twitter, e Guillen non c'era più.

Tesla era ancora in grado di costruire una nuova catena di montaggio e portare a termine un altro progetto visionario di Musk?

Alla fine di novembre 2023, Tesla era finalmente pronta a consegnare il primo dei suoi Cybertruck. Nonostante fosse in ritardo di circa due anni, l'evento attirò enorme interesse da parte del pubblico. Grazie a un finestrino rotto diventato virale, l'attesa per il pick-up futuristico si era trasformata in un fenomeno di tendenza.

Orde di fanboy, investitori e altri fanatici di Tesla si presentarono alla gigafactory di Austin, in Texas, per dare un'occhiata all'oggetto di tutto quel clamore. Era la prima volta che potevano vedere coi loro occhi il colosso rivestito d'acciaio, che fin nei minimi particolari era esattamente la macchina dall'aspetto alieno che era stata loro promessa, nel bene e nel male. Il veicolo era in larga misura fedele al prototipo: la singola fascia orizzontale di fari che sembrava uscita dritta da un rover spaziale, i parafanghi esagonali per le gigantesche ruote aerodinamiche, il lungo tergicristallo in un pezzo unico, il pannello in vetro obliquo che andava dal cofano al tetto, gli pneumatici robusti, la carrozzeria in metallo non verniciato.

C'erano centinaia di persone esultanti di fronte al logo ispirato ai graffiti del Cybertruck e al martellare della musica techno, che ricordava l'atmosfera della demo. Poi comparve uno stretto fascio orizzontale di luce bianca che si avvicinò sempre di più, finché le luci del palco non fecero scintillare il riflesso del paraurti metallico. Era arrivato il Cybertruck.

Dal veicolo emerse Elon Musk, che scese sul palco dietro la sua ultima creazione. «Capita molto di rado che compaia un prodotto apparentemente impossibile» disse con voce tonante. «Che la gente diceva che era impossibile. Che gli esperti dicevano che era impossibile. Questa è una di quelle volte.»

Rivolse la sua attenzione al Cybertruck.

«Qui abbiamo una macchina che gli esperti dicevano che era impossibile» ripeté, riferendosi ai signornò che, per esempio, mettevano in dubbio la sua capacità di rispettare le normative di sicurezza. «Che gli esperti dicevano non sarebbe mai stata realizzata. Che davvero è il più... penso sia il nostro prodotto migliore. Penso sia la cosa più unica che si sia mai vista sulle strade.»

«E alla fine» disse «il futuro somiglierà al futuro.»

Il discorso di Musk era incentrato sulla capacità di Tesla di tener fede alle promesse e, bisognava ammetterlo, l'azienda aveva finalmente realizzato il prodotto che era stato oggetto di scetticismo diffuso, perfino da parte di fan leali e investitori ottimisti... sebbene non avesse mai perso i suoi sostenitori.[34]

Tuttavia, nello sfarzo della presentazione, fu passato sotto silenzio il fatto che l'azienda in realtà non era riuscita a creare alcune delle caratteristiche promesse, in merito soprattutto alle prestazioni del veicolo e alla fascia di prezzo.

«Il Cybertruck Tesla è la prima occasione in cui l'azienda non mantiene alcune delle specifiche-chiave promesse.» Questo post di X era stato scritto dallo youtuber di tecnologia Marques Brownlee, il quale sottolineava che Tesla aveva annunciato un pick-up con un'autonomia di oltre 800 chilometri a 70.000 dollari, e ne aveva consegnato uno con un'autonomia di 544 chilometri a 100.000 dollari.[35]

Era tutt'altra faccenda rispetto a quando aveva indiscutibilmente sovvertito il settore dell'automobile con la Model 3, l'auto destinata al mercato di massa che aveva portato l'azienda al successo, e il crossover Model Y, che di lì a poco sarebbe stato dichiarato il veicolo più venduto al mondo.[36]

Nei giorni successivi al lancio del Cybertruck, Tesla dovette vedersela con diversi incidenti imbarazzanti. Un video che mostrava un Cybertruck in difficoltà a salire su un pendio innevato prima di essere soccorso da un pick-up Ford Super Duty. Il CEO di Ford Jim Farley gongolò scherzosamente sull'impresa. «Fortuna che c'era il proprietario di una @Ford a dare una mano» scrisse su X.[37] Peggio ancora, dopo il lancio del veicolo e l'inizio della consegna dei primi esemplari, i proprietari cominciarono a riferire casi di corrosione delle superfici. Le foto mostravano Cybertruck nuovi di zecca con evidenti chiazze di ruggine. Le lamentele furono rilanciate dai media e Tesla cercò di spiegarle come «contaminazione superficiale», secondo le parole di uno degli ingegneri dell'azienda.[38]

Nel frattempo, persistevano i timori per la sicurezza dei pedoni, i bordi affilati e la qualità della manifattura. In quella fase il pick-up era in ritardo sulla tabella di marcia, aveva un prezzo proibitivo ed era impossibile da ottenere per molti di coloro che lo avevano prenotato. A peggiorare la situazione si aggiunse un richiamo, il quale rivelava difetti costruttivi di un pick-up che era stato esaltato come straordinariamente robusto: il rivestimento del pedale dell'acceleratore poteva saltar via se premuto con decisione, causando il blocco del pedale verso il basso e di conseguenza un'accelerazione incontrollata.[39] Quando ha richiamato i quasi 4.000 esemplari consegnati fino a quel momento, nell'aprile 2024, Tesla ha ammesso di aver ricevuto dai clienti diverse segnalazioni su questo problema.

La soluzione proposta da Tesla – per quanto efficace – ha fatto sorridere perfino gli appassionati del marchio per la scarsa rifinitura: il rivestimento allentato veniva fissato con un singolo rivetto, spesso nemmeno centrato sul pezzo che doveva tenere al suo posto.[40]

Come se non bastasse, una serie di prove sul campo ha evidenziato le difficoltà del Cybertruck nel gestire operazioni basilari di traino e carico, funzioni fondamentali per un pick-up. In un caso, documentato da uno youtuber, il telaio posteriore e il gancio di traino si sono letteralmente staccati dal veicolo.[41]

L'unica nota positiva è che qualcuno è riuscito a dimostrare che, effettivamente, il Cybertruck può funzionare per breve tempo come barca.[42]

In un certo senso, il Cybertruck rappresentava la direzione di Tesla nella nuova era di Musk. Si pensi all'opposizione che i dirigenti incontrarono quando cercarono di convincere Musk a costruire finalmente un'auto economica a lungo pianificata, chiamata informalmente Model 2, che aveva il potenziale per essere un successo planetario, rafforzando la missione di Tesla «di accelerare la transizione del mondo verso l'energia sostenibile». I dirigenti si erano riuniti a Palo Alto per sottoporre il progetto a Musk, ma l'attenzione del CEO di Tesla era altrove mentre esaminava i numeri del budget. Dopo aver analizzato le spese in conto capitale dell'azienda, sempre più orientata verso l'intelligenza artificiale e la robotica, Musk decise di sacrificare il progetto che rappresentava il futuro di Tesla, uno sviluppo che fece crollare il titolo quando la Reuters riportò lo stralcio dell'utilitaria.[43]

Si trattava di un compromesso, ha spiegato un ex dipendente, che non era in linea con la missione aziendale così come la intendevano i suoi lavoratori.

Musk, ha aggiunto, si era lasciato alle spalle il trasporto privato. Ma c'erano ancora delle avventure, come nel caso del Cybertruck e della Roadster. La sera in cui Musk decretò la fine della Model 2, i suoi post di Twitter misero in evidenza un progetto diverso che era riuscito a catturare la sua attenzione, la cabriolet a lungo promessa.

«Stasera, abbiamo aumentato radicalmente gli obiettivi di design per la nuova Tesla Roadster» scrisse Musk, prima di lasciar intendere che le eleganti auto sportive dell'azienda avrebbero potuto essere in grado di volare.[44]

4

Cosa uccide la mente

Verso la fine di marzo 2020, quando la pandemia da Covid-19 minacciava di fermare il mondo, Elon Musk era sparito dalla faccia della terra.

Jérôme Guillen cercava di mettersi in contatto col CEO di Tesla da giorni. Aveva provato a chiamare. A mandare messaggi. Le e-mail – il suo modo abituale di comunicare con Musk – erano rimaste senza risposta.

Dopo tre settimane e un appello al fratello di Musk, Kimbal, il CEO finalmente ricomparve. L'assenza era stata in parte strategica: aveva cercato di abbassare le spese dell'azienda con la forza bruta durante un momento difficile, evitando che il denaro uscisse dalla cassa rendendo quasi impossibile ottenere la sua approvazione. Quando si rifece vivo, aveva una richiesta impossibile: riaprire la fabbrica della Bay Area... subito. L'impianto, costruito da General Motors nel 1962, si estendeva su circa 465.000 metri quadrati.[1] In quel momento, nel picco della pandemia e senza conoscere come si diffondeva il virus né la gravità dei suoi effetti a lungo termine – e, soprattutto, molto prima che fosse disponibile un vaccino per minimizzarne gli effetti – Musk voleva far tornare al lavoro 10.000 dipendenti.[2]

Nel 2020, Tesla aveva finalmente trovato il ritmo produttivo ed era pronta a sfornare mezzo milione di veicoli. Musk non aveva intenzione di lasciare che il Covid-19 ostacolasse quello che doveva essere l'anno migliore per l'azienda.

Ma non erano quelli i segnali che arrivavano dai politici della California e degli USA in generale. La Bay Area aveva messo in campo alcune delle misure più tempestive e ampie fino a quel momento. Di lì a poco, iniziò una sequela surreale di allerta sui mezzi d'informazione, che offriva un'anteprima cupa di quello che stava per succedere. L'NBA sospese le partite a tempo indeterminato dopo che il giocatore degli Utah Jazz Rudy Gobert risultò positivo al test, e l'attore Tom Hanks e l'attrice Rita Wilson, sua moglie, annunciarono di essersi presi il Covid-19.[3] Il 16 marzo la contea di Alameda emanò l'ordine di restare in casa.[4]

Il 19 marzo il governatore della California Gavin Newsom ordinò ai residenti di tutto lo Stato di fare lo stesso.[5]

Anche mentre Musk non si trovava, il suo feed di Twitter aveva fornito sufficienti conferme del fatto che era in vita. Era riuscito a cavarsela dagli scandali dei due anni precedenti praticamente senza danni, ma le chiusure imposte dal Covid-19 lo lasciarono con una pericolosa combinazione a portata di mano: una tastiera e un sacco di tempo libero.

Gran parte del mondo si era fermata. La fabbrica di Fremont, in California, era stata chiusa durante un lockdown esteso a tutta la contea, nonostante i tentativi di Musk di opporsi alle restrizioni. Disse ai suoi dipendenti che lui sarebbe andato al lavoro, ma che loro non dovevano sentirsi in dovere di farlo. La sua resistenza rese Tesla unica nel panorama delle aziende tech e dei gruppi automobilistici soggetti agli ordini restrittivi.

Un tweet del 14 marzo chiarì la posizione di Musk al riguardo: «La paura uccide la mente» scrisse.[6]

Nei giorni successivi, venni a sapere che il parcheggio di Tesla si andava riempiendo di auto come in un giorno qualunque. L'azienda stava sfidando gli ordini della contea di chiudere la fabbrica. Migliaia di dipendenti si presentarono al lavoro mettendo a rischio la propria salute in un momento in cui le autorità facevano fatica a capire come affrontare al meglio la nuova malattia, che alla fine avrebbe ucciso centinaia di migliaia di persone solo in California.[7]

C'erano tante cose che l'opinione pubblica non sapeva del nuovo coronavirus: se si trasmetteva per via aerea, se l'uso generalizzato delle mascherine poteva evitare il contagio, se la malattia poteva essere trasmessa tramite le superfici o per altre vie. Eppure Tesla e Musk erano convinti di saperne a sufficienza grazie alla loro presenza in Cina, dove l'azienda aveva un'altra gigafactory, per continuare a tenere aperti i loro impianti in sicurezza.[8]

Ma quando intervennero la polizia di Fremont e l'ufficio dello sceriffo della contea di Alameda, l'azienda non ebbe altra scelta che chiudere. Fu concesso di mantenere solo ciò che venne definita «operatività minima di base», in sostanza uno staff ridotto all'osso per assicurarsi che venissero pagati gli stipendi e gli impianti non si deteriorassero, per esempio.[9]

Fu in quel momento che Musk praticamente sparì, e le persone a capo di Tesla rimasero ad aspettare istruzioni da un CEO che stava mettendo la sua azienda sempre più spesso in modalità Autopilot. Musk aveva la tendenza a sparire: periodi di relativa calma tipicamente seguiti dalle polemiche più eclatanti.

In Tesla i dirigenti sapevano che più le chiusure si protraevano e più gli obiettivi di produzione erano a rischio. Ma Musk non stava dando alcuna istruzione su programmi a lungo termine né indicazioni su come muoversi. Invece, era furente per il fatto che la sua fabbrica sarebbe stata chiusa, e adottò una politica di guerra fatta di accumulo di risorse e austerità. Tesla stava già affrontando la chiusura del gigantesco stabilimento in Cina, perciò in merito ai protocolli sul Covid-19 era convinta di avere settimane di vantaggio sugli altri.

Musk aveva la sensazione di sapere qualcosa che gli altri non sapevano.[10]

«Il panico da coronavirus è stupido» scrisse il 6 marzo, il primo segnale di quelle che sarebbero state settimane di scetticismo riguardo alla pandemia.[11]

«I bambini sono sostanzialmente immuni» scrisse.[12] Il pericolo del panico «supera di gran lunga» quello del virus.[13] La gente aveva pensato alla clorochina come cura?[14]

Ma non poté neanche fare a meno di suggerire che Tesla avrebbe potuto dare una mano. Mentre il mondo si fissava sul virus che si stava insinuando in ogni piega della vita quotidiana, Musk – riprendendo il ruolo da supereroe a chiamata che aveva assunto durante la missione di soccorso alla grotta – offrì le risorse di Tesla per aiutare a costruire ventilatori polmonari, i dispositivi medici che stavano diventando una risorsa fondamentale nella lotta alla pandemia.

Tuttavia, si premurò di mettere le mani avanti, notando che ora che Tesla fosse stata in grado di consegnarli, la mancanza di dispositivi avrebbe potuto essersi già risolta, rendendo l'intervento non necessario.[15] In questo modo, la sua offerta altruistica era vantaggiosa per tutti: Musk poteva impegnare le proprie risorse per un obiettivo di importanza globale e guadagnarsi la benevolenza del pubblico senza dover tener fede alle sue promesse.

Alla fine Tesla mise assieme alla bell'e meglio il prototipo di un ventilatore fatto di componenti di auto; non sembra che sia mai stato usato. Dopo aver promesso spedizioni di ventilatori ai funzionari, fra cui Newsom e il sindaco di New York Bill de Blasio, Tesla mandò un assortimento di apparecchiature fra cui BiPAP e CPAP: macchine non invasive che non erano in cima alle richieste previste con il diffondersi dell'epidemia.[16]

Nel frattempo, i dirigenti nella fabbrica deserta che fino a pochi giorni prima brulicava di migliaia di lavoratori si ritrovarono a pianificare il futuro dell'azienda senza il capo. Guillen e il direttore finanziario Zach Kirkhorn unirono le forze e stabilirono una linea d'azione: mettere in pausa l'approvvigionamento, bloccare le consegne mentre lo stabilimento era chiuso in marzo e aprile, senza però dare indicazioni a lungo termine ai fornitori.

I grandi gruppi automobilistici come Ford e General Motors, gigantesche burocrazie con svariati livelli di management e un organigramma molto più chiaro, avevano un piano diverso. Erano preparati a un'interruzione che probabilmente si sarebbe protratta per mesi. Si fermarono quasi completamente, dedicandosi a un'altra mission: costruire ventilatori polmonari in obbedienza al Defense Production Act, un impegno cui erano tenuti in base ad accordi presi col governo federale.[17]

I fornitori di Tesla, invece, in mancanza di indicazioni da parte di Musk, erano in attesa di riprendere a costruire auto non appena l'azienda fosse stata pronta a riaprire.

In un certo senso, Elon Musk stava per diventare più o meno per caso la persona più ricca del pianeta, a capo del gruppo automobilistico più quotato al mondo… e tutto perché non rispondeva al telefono.

* * *

Jérôme Guillen, dirigente di lungo corso del settore auto che veniva dalla Francia e si era fatto le ossa in Daimler, l'azienda di proprietà di Mercedes-Benz, si era svegliato una mattina e aveva scoperto con suo grande stupore di essere stato nominato presidente di Tesla.

Nel 2018, la compagnia aveva difficoltà a raggiungere gli obiettivi di produzione dopo aver fatto una scommessa sull'automazione che non aveva dato i risultati sperati. Musk aveva immaginato una catena di montaggio a elevata efficienza e sostanzialmente automatizzata in cui giganteschi robot assemblavano auto con tolleranze precise più rapidamente degli esseri umani, bagnando il naso ai costruttori di auto a Detroit, in Europa e in Giappone, molti dei quali avevano già provato quel genere di automazione.

E invece, la combinazione di manodopera umana e robot si era dimostrata troppo complessa e aveva rallentato l'intero processo. La soluzione di Guillen in un certo senso era stata primitiva: aveva fatto montare un gigantesco tendone fuori dallo stabilimento per alloggiare un terzo della catena di montaggio dove gli operai lavoravano di notte assemblando automobili a mano.[18]

D'improvviso Guillen aveva risolto quello che aveva rischiato di mandare a gambe all'aria Tesla.

«Jérôme Guillen ha salvato Tesla» ha avuto modo di dire in seguito l'investitore Ross Gerber.

Guillen era intervenuto mentre Musk era travolto dalle polemiche, ed era riuscito a cambiare la narrazione sulla capacità dell'azienda di produrre risultati concreti. D'un tratto, la domanda non era più se Tesla sarebbe sopravvissuta ma quanto sarebbe salita nelle quotazioni. E lui si era conquistato la fiducia del suo staff.

«È un leader nato» ha detto Gerber, un dirigente «agguerrito» che «sa come farti fare le cose».

E non lo voleva nemmeno, quel posto. Anche se Musk era deciso a nominarlo capo dello stabilimento di Fremont, lui sapeva che qualunque posizione di leadership in Tesla era effimera, e non voleva pubblicità attorno all'inevitabile licenziamento. Il suo titolo, disse ai dirigenti, avrebbe dovuto riflettere il ruolo tecnico e preferibilmente minimizzare la portata del potere che aveva.

Musk si disse d'accordo, e diede a Guillen la sua parola.

Il giorno dopo, Guillen apprese la notizia da un'e-mail: era presidente del gruppo automobilistico Tesla.

Nell'aprile 2020 non c'era nessuna riapertura all'orizzonte e la rabbia di Musk per il lockdown stava aumentando. La sua fabbrica da 10.000 dipendenti non era stata considerata essenziale, per cui i lavoratori dovevano restarsene a casa insieme a gran parte del Paese.

Senz'altro milioni di americani di colpo bloccati in casa non avevano impellente bisogno di una costosa auto elettrica. Ma per Musk la chiusura era un affronto: il sopruso di un governo tirannico. In seguito lo avrebbe definito «fascista».[19]

Tesla stava brigando dietro le quinte per ottenere un'eccezione che le avrebbe permesso di riavviare la produzione, unica fra i grandi gruppi automobilistici americani. In occasione di una telefonata con Donald Trump insieme ad altri CEO, Musk si spinse al punto da rivolgersi direttamente al presidente per elogiarlo ed esprimere la sua speranza di riaprire il 1° maggio.[20]

Musk gli disse che era possibile riaprire senza rischi significativi, e Trump si disse d'accordo al 100 per cento, riferì il *Washington Post*.[21]

All'epoca Musk stava anche rompendo in maniera più esplicita con l'ortodossia imposta dalla pandemia. Il 26 aprile avallò un video di YouTube – in seguito rimosso – il quale si diceva contrario ai lockdown prolungati, sostenendo che il distanziamento sociale e la quarantena potevano abbassare le difese immunitarie della gente.[22]

In Tesla il management era finalmente riuscito a mettersi in contatto con Musk tramite il fratello Kimbal. Approvazione o meno, lui era pronto perché tutti tornassero al lavoro.

Guillen era sconcertato. Migliaia di lavoratori, molti con famiglia, sarebbero stati esposti al rischio non solo di contrarre il Covid-19, ma anche di diffonderlo. Gli era già toccato prendere decisioni difficili, valutando se mettere in congedo non pagato il personale, procedere a licenziamenti di massa o andare avanti normalmente. Se perdevano il lavoro, come avrebbero fatto con l'assistenza sanitaria, così decisiva in un momento come quello?

Una cosa era certa: Tesla non aveva intenzione di mettersi a giocare con la salute di migliaia di persone e delle loro famiglie perché

il CEO voleva raggiungere gli obiettivi di produzione. La distanza fra i due uomini, ha detto Gerber, nasceva dal rapporto con la forza lavoro: Guillen era un «uomo del popolo».

Ma Musk ebbe l'ultima parola, almeno per il momento.

Tesla aveva fatto piani per la riapertura il 29 aprile, ma fu costretta a fare bruscamente marcia indietro quando la contea di Alameda e le giurisdizioni circostanti annunciarono l'intenzione di estendere il lockdown fino alla fine di maggio.[23]

Il giorno in cui l'azienda avrebbe dovuto riaprire, Musk diede in escandescenze in occasione di una teleconferenza sugli utili che andò completamente fuori dai binari. Il direttore finanziario Zachary Kirkhorn – che parlava in tono rassicurante, quasi soporifero – stava ponendo con calma una domanda sulla «liquidità dell'azienda», riferendosi alla flessibilità finanziaria di Tesla, «date le circostanze» del blocco economico imposto dalla pandemia.[24]

Senza essere interpellato, Musk intervenne per sottolineare il «serio rischio» di non essere nelle condizioni di riprendere la produzione. Definì gli ordini restrittivi «imprigionare la gente a casa loro contro qualunque diritto costituzionale, a mio parere. E violare la libertà delle persone in modo orribile e sbagliato; non è per questo che la gente è venuta in America o ha costruito questo Paese» aggiunse, sempre più infervorato.[25]

Furibondo, si scagliò contro i politici che costringevano a casa i suoi dipendenti. «Ma che cazzo!» disse. «Scusatemi.»[26]

«Dire che non possono uscire di casa e che verranno arrestati se lo fanno, è fascista» commentò a un certo punto. «Ridate alla gente la loro cacchio di libertà.»

Poco dopo la linea di Musk cadde, sostituita da una musichetta mentre una voce all'altro capo diceva: «Signore e signori, restate in attesa, prego: la conferenza verrà ripresa fra poco. Grazie». L'interruzione fu breve, circa tre minuti, ma pareva che qualcuno – un avvocato, un amico, forse Kirkhorn stesso – fosse intervenuto per calmare Musk.

Quella sera, Musk ribadì il concetto: «LIBERATE L'AMERICA ADESSO».[27]

* * *

A maggio, l'umore di Musk sembrava molto migliorato, almeno a giudicare dal turbinio di tweet bizzarri su un'ampia varietà di argomenti. Il 1° maggio annunciò che stava liberandosi della gran parte dei suoi possessi materiali, fra cui la casa di Bel Air. Poi disse che la sua ragazza Grimes era incavolata nera con lui. Ma forse il tweet più strano fu quello in cui diceva che a suo parere il prezzo delle azioni di Tesla era «troppo alto», cosa che fece precipitare le quotazioni del titolo.[28]

Rieccolo a twittare informazioni che sovvertivano i mercati – stavolta mettendo in discussione senza mezzi termini il prezzo delle azioni – nel bel mezzo delle contrattazioni.

Il fuoco di fila di indiscrezioni era ben lungi dall'essere finito. Il 4 maggio annunciò che lui e Grimes avevano dato il benvenuto a un neonato, che avevano chiamato X Æ A-12. Il che fece sorgere domande tipo: era legale chiamare così un figlio? (Risposta: probabilmente no. Musk e Grimes modificarono leggermente la grafia in X Æ A-Xii mentre ci si domandava se i regolamenti della California permettessero o meno l'uso dei numerali nei nomi.)[29]

Il mio direttore al *Post* mi chiese di scrivere un articolo sulla pronuncia del nome del bambino. Era una domanda legittima, e probabilmente la gente era curiosa. No, grazie, risposi: dovremmo dare la priorità a cose più importanti. (Fu un chiaro errore di giudizio: l'articolo sul nome, che una collega accettò con entusiasmo, fu uno dei più letti della nostra sezione quell'anno.) Quanto alla pronuncia, Musk disse a Joe Rogan che la lettera centrale si pronunciava «ash» (quindi, *ex-ash-ei-tuelv*), anche se lui prese a chiamare il figlio «X».[30]

Ma il 9 maggio era nuovamente furibondo.

Questa volta, era ai ferri corti con il funzionario medico della contea responsabile delle restrizioni alla libertà di movimento. Com'era ormai abituato a fare, puntò il megafono di Twitter su una donna del governo, una funzionaria di basso livello che aveva osato cercare di fermare il suo slancio: la dottoressa Erica Pan.

«La "responsabile medica *ad interim*" della contea di Alameda, non eletta & ignorante, sta agendo contro il governatore, il presidente, le nostre libertà costituzionali & il semplice buonsenso!» twittò Musk, annunciando che Tesla avrebbe fatto causa alla contea perché non poteva riaprire.[31] In effetti, gli ordini in questa contea liberal della Bay Area erano più restrittivi rispetto a quelli di molti altri posti – anche nella stessa California –, ma senz'altro non contraddicevano il governatore.

Newsom non aveva facilitato le cose: secondo una persona che all'epoca era in stretto contatto con Musk, gli aveva mandato un messaggio dicendogli che poteva riaprire, facendogli credere di avere il via libera. Fu solo rileggendo con più attenzione le linee guida della riapertura – fra cui l'elenco stilato dal governo delle infrastrutture critiche, che non contemplavano la produzione di auto – che i dirigenti si resero conto che Tesla era ancora alla mercé della contea in cui sorgeva lo stabilimento.[32]

Le giurisdizioni locali avevano ampia discrezionalità nello stabilire le proprie tempistiche di riapertura. «Altre ordinanze locali, più restrittive dei piani di riapertura statali, sostituivano qualunque cambiamento apportato dal governatore, ha detto Newsom» riferì il *Los Angeles Times*.[33]

Pan divenne il bersaglio del solito odio riflesso online, e si dimise qualche settimana più tardi.[34] Ma la collera di Musk non era diretta soltanto a lei. A quanto pareva, aveva chiuso con lo Stato della California nel suo insieme.

«Sinceramente, è stata l'ultima goccia» scrisse. «Tesla trasferirà la sua sede e i progetti futuri in Texas/Nevada immediatamente. Se manterremo o meno l'attività manifatturiera di Fremont, dipenderà da come Tesla verrà trattata in futuro. È l'ultimo gruppo automobilistico rimasto in California.»[35]

Non aiutò quando un'esponente del parlamento statale, Lorena Gonzalez, intervenne con una reazione rabbiosa, la stessa che Musk avrebbe usato come giustificazione per andarsene da uno Stato che adesso giudicava legato a una sinistra radicale. «F*****o Elon Musk» scrisse. («Messaggio ricevuto» replicò Musk l'indomani.)[36]

Musk aveva preso la sua decisione. Lo stabilimento di Tesla avrebbe ripreso la produzione sfidando gli ordini della contea. L'azienda pubblicò sul proprio sito un post e una guida in cui erano elencate nel dettaglio le misure che aveva preso per assicurare la sicurezza dei lavoratori, fra cui la fornitura di dispositivi di protezione personale, le regole di distanziamento sociale e la modifica di alcuni turni per ridurre la concentrazione di persone in determinati spazi, per poi prendere nuovamente di mira la contea.[37]

«Contrariamente al recente orientamento del governatore e al sostegno della città di Fremont, la contea di Alameda insiste che non dovremmo riprendere le attività. E non per mancanza di sforzi o di trasparenza, dato che ci siamo consultati con l'ente preposto alla salute pubblica della contea di Alameda e abbiamo collaborato con loro sulle modalità di riapertura. Purtroppo, il responsabile dell'ente che ha preso queste decisioni non ha risposto alle nostre chiamate né alle e-mail.»[38]

Ai lavoratori fu chiesto di tornare in fabbrica. In effetti, diceva il post, erano «entusiasti alla prospettiva». E come il post aveva chiarito nelle righe iniziali, i funzionari avrebbero dovuto pensarci due volte prima di intervenire.

«Tesla è l'ultima importante azienda automobilistica rimasta in California, è la fabbrica che dà lavoro a più persone, con oltre 10.000 dipendenti nello stabilimento di Fremont e 20.000 in totale nello Stato.»

Guillen aveva parlato chiaro con Musk: non aveva intenzione di giocare con la vita dei lavoratori ordinando loro di tornare in fabbrica.

Ma la situazione precipitò quando Antonio Gracias, membro del consiglio di amministrazione di Tesla e amico intimo di Musk, ebbe un'accesa discussione con Guillen di fronte al vice del CEO, Omead Afshar. A un certo punto, come ha raccontato una persona presente, Gracias definì i lavoratori della fabbrica gente con un «lavoro stupido» che «poteva fare qualunque cosa» Tesla dicesse loro di fare.

Guillen, inorridito dal modo in cui i suoi collaboratori erano stati disumanizzati da un funzionario aziendale, non poté fare a meno di mettersi a ridere davanti all'insensibilità della visione dall'alto.

Ma la decisione era già stata presa.

Il lunedì successivo, dopo l'e-mail che annunciava la riapertura della fabbrica, Elon Musk tenne fede alla sua promessa. «Tesla riavvia oggi la produzione contro le regole della contea di Alameda» scrisse. «Sarò presente insieme a tutti gli altri. Se qualcuno verrà arrestato, chiedo di essere soltanto io.»[39]

I funzionari della contea di Alameda non la presero bene. Quel giorno Tesla ricevette una lettera dalla contea che ordinava di interrompere la produzione.[40] In una comunicazione allegata, le autorità spiegavano anche che il dipartimento della salute della contea aveva collaborato «in buona fede» con Tesla dal 30 aprile per concertare la riapertura, contrariamente alle affermazioni dell'azienda secondo cui Pan non aveva risposto alle chiamate. Anzi, speravano che Tesla avrebbe obbedito e sarebbe tornata all'operatività minima «senza ulteriori misure di polizia».[41]

Qualunque dubbio che Musk facesse sul serio venne fugato la mattina dopo, quando il parcheggio di Tesla tornò a riempirsi di macchine.

Mentre tutti gli altri costruttori di automobili americani erano fermi, Tesla era tornata in attività. E a differenza degli altri, aveva continuato a ricevere forniture. Senza istruzioni precise da parte di Musk su come procedere a fine marzo, i dirigenti di Tesla non avevano mai interrotto la catena di approvvigionamento.

All'improvviso Musk – che aveva galvanizzato l'industria automobilistica in una gara a costruire auto elettriche per salvare il pianeta dal cambiamento climatico – si era trasformato in un eroe di destra.

«La California dovrebbe lasciare che Tesla & @elonmusk aprano lo stabilimento, ADESSO» twittò il presidente Trump. «Può essere fatto in fretta & in sicurezza!»[42]

«Grazie!» rispose Musk.

Ma soprattutto, la sua azienda si avviava a dominare un'industria automobilistica azzoppata dalla scarsità di chip e dall'impatto di una pandemia in corso che Tesla sembrava considerare una seccatura.

Nei giorni e nelle settimane successivi, mentre Tesla cercava di riportare la produzione alla normalità, c'era ancora la questione dei lavoratori di cui Musk aveva bisogno per costruire le sue auto.

Con loro Musk assunse un tono rassicurante.

Tesla aveva costretto la contea a lasciarla riaprire, di fatto senza conseguenze.[43]

In un'e-mail agli operai dell'inizio di maggio, disse che se qualcuno di loro aveva delle riserve sul rientrare, poteva restare a casa e prendersi un'aspettativa non retribuita.

Se «non vi sentite a vostro agio a tornare al lavoro in questo momento, per favore non sentitevi obbligati a farlo».[44]

Come venni a sapere non molto tempo dopo, alcuni lavoratori preoccupati decisero di prenderlo in parola, scegliendo di restare a casa per timore di esporre il coniuge e i figli al Covid-19, come nel caso di un dipendente con un bambino di un anno nato con problemi respiratori o un altro la cui fidanzata era stata operata al cuore di recente.

Nel giro di poco, ricevettero la lettera di licenziamento, in cui si affermava che avevano abbandonato il posto di lavoro. Tesla stava accusando i dipendenti di «mancato rientro al lavoro». Potevano mantenere il posto… se accettavano di tornare.

Ma i timori legati al Covid-19 non erano infondati.

Il 9 giugno scrissi un articolo rivelando che lo stabilimento di Tesla aveva registrato un numero record di casi pochi giorni dopo che Musk lo aveva riaperto in maggio. Mentre facevo le ricerche per il pezzo, rimasi colpito dalla reazione sprezzante di un funzionario dell'azienda che avevo contattato al telefono, un commento che equivaleva a: «Chi se ne frega?» Tesla a quanto pare non pensava che fosse un grosso problema se i suoi dipendenti si ammalavano.

Nonostante le evidenti misure di distanziamento sociale, fra cui tenere gli operai lontani fra loro alla catena di montaggio, sanificare i macchinari e la mascherina obbligatoria, nei mesi successivi alla riapertura forzata imposta da Musk la fabbrica di Tesla registrò centinaia di casi di Covid-19.[45]

Le misure antiCovid-19 di Tesla sembravano essere poco più che una mera formalità. I dipendenti si ammassavano per timbrare il cartellino all'inizio del turno, dopo essersi fatti misurare la temperatura all'ingresso e aver ricevuto le mascherine.[46]

Ma una volta entrati, veniva fatto ben poco per mantenere la distanza di sicurezza.

Gli operai che installavano i componenti interni, come per esempio lo sterzo, si pigiavano nelle auto uno accanto all'altro. Gruppi di lavoratori stavano spalla a spalla alle postazioni di lavoro. A pranzo, si riunivano tutti insieme con la mascherina abbassata.[47]

Musk e Guillen avevano una visione agli antipodi in merito alla responsabilità di proteggere i lavoratori e le loro famiglie. Alla fine, quelle divergenze avrebbero decretato la fine della coppia che aveva portato Tesla all'apice del successo nel settore automotive.

Stando ai dati ottenuti dall'organizzazione per la trasparenza legale PlainSite, dalla riapertura dell'impianto in maggio a dicembre, Tesla registrò 450 casi di Covid-19, di cui 125 solo a dicembre.[48]

Mentre nello stabilimento si moltiplicavano i casi di Covid-19, successe anche qualcos'altro: le azioni di Tesla schizzarono alle stelle. L'interruzione negli approvvigionamenti, la carenza di chip e le restrizioni della pandemia messe insieme misero in ginocchio il settore automobilistico. Il rifiuto di Musk di accettare le chiusure forzate e l'integrazione verticale dell'azienda, nonché la capacità di ripartire perché gli approvvigionamenti non erano mai stati interrotti offrirono all'azienda un vantaggio unico sui concorrenti.

A luglio, Tesla sarebbe diventata l'azienda automobilistica di maggior valore del pianeta, superando Toyota e Volkswagen.[49]

Alla fine dell'anno, valeva otto volte più di quella fatidica settimana del marzo 2020.

Nonostante fosse in azienda da oltre dieci anni, e nonostante gli fosse ampiamente riconosciuto di aver salvato Tesla, la rovina di Jérôme Guillen fu probabilmente aver osato mettere in discussione Musk e la sua cerchia di consiglieri fidati.

Pochi minuti dopo aver mosso obiezioni alla riapertura della fabbrica, Musk fece la telefonata che Guillen si aspettava fin dall'inizio. Rispose subito e seppe che non era più a capo di Fremont.

Guillen incassò la notizia senza scomporsi. Credeva fermamente che prendere posizione per i suoi lavoratori fosse stata la cosa giusta da fare.

Ma ci fu un ultimo oltraggio. Messo da parte e retrocesso, in procinto di essere sollevato dall'incarico alla divisione del pick-up di Tesla, Guillen ricevette un'altra chiamata dal CEO: doveva rinunciare alle stock option non ancora maturate.[50] Non era più il presidente dell'azienda, e quei premi gli erano stati accordati quando aveva più responsabilità.

Il *Wall Street Journal* riferì il diverbio fra i due, facendo notare che un'analisi di Equilar valutava le stock option non maturate di Guillen 600 milioni di dollari.[51]

Dopo che le quotazioni dell'azienda si erano impennate, le azioni di Musk suggerivano che si fosse convinto che Guillen e altri stessero guadagnando troppo. A quanto pare Musk, che solo due anni prima aveva incassato il pacchetto retributivo più lauto di sempre, era stato persuaso dal membro del consiglio di amministrazione Ira Ehrenpreis – a capo della commissione retributiva che aveva avviato il processo – che Tesla fosse stata troppo generosa con l'equity aziendale.

L'azienda voleva indietro parte del capitale che aveva ceduto nei periodi di magra, azioni che improvvisamente valevano decine – nel caso di Guillen, centinaia – di milioni.

A un certo livello, Tesla deve aver saputo che la richiesta era assurda. Perché avrebbero dovuto essere restituite? E che titolo aveva l'azienda per rivolerle indietro?

Guillen disse loro di andare a scopare il mare.

Tesla in una concisa comunicazione della SEC nel giugno 2021 annunciò che Jérôme Guillen lasciava il suo posto.

«Lo ringraziamo per i suoi tanti contributi e gli auguriamo ogni bene per la sua carriera futura.»[52]

Nel riferire l'«insolita richiesta» di Musk, il *Wall Street Journal* rimarcò il passo successivo di Guillen.

«Nelle settimane seguenti, secondo la documentazione della SEC, il signor Guillen ha venduto centinaia di milioni di dollari di azioni Tesla.»[53]

5

Corsa agli armamenti

ELON Musk non aveva degnato Uber di una seconda occhiata.

Tra la metà e la fine degli anni Dieci del Duemila, prima della sua quotazione in Borsa, il gigante del *ride-hailing* (il servizio «a chiamata» di vetture con autista) era il beniamino della Silicon Valley e il suo capo, Travis Kalanick, era *il* fondatore geniale del momento. L'azienda aveva raggiunto senza sforzo una valutazione prevista elevatissima, in parte grazie alla capacità di poter schierare un giorno una flotta di auto a guida autonoma che, a differenza dei tassisti, avrebbero potuto essere a disposizione ventiquattr'ore su ventiquattro senza che fosse necessario pagare l'autista.[1]

Se la cosa suona familiare, è perché la valutazione astronomica di Tesla di qualche anno dopo si basava sulla stessa identica scommessa.

Ma all'epoca del boom di Uber, nel 2017 e 2018, anche mentre i ripetuti scandali pubblici di Kalanick stavano iniziando ad appannare la reputazione della startup del *ride-hailing*, Tesla aveva bisogno di un salvatore: l'azienda aveva puntato tutte le sue speranze su un'auto per il mercato di massa, la Model 3, che aveva difficoltà a produrre.[2]

Per Musk e Tesla, il successo della Model S e la prospettiva intrigante di un SUV costruito sulla stessa piattaforma, il Model X, non erano garanzia di sopravvivenza. Musk aveva puntato tutti i soldi guadagnati in passato sul suo prossimo progetto visionario. Anziché dormire sugli allori, l'azienda avrebbe investito miliardi nella Model 3. Le conseguenze di una decisione del genere stavano diventando chiare. Tesla, che non aveva le spalle abbastanza larghe per essere immune al fallimento e puntava su un enorme investimento in un prodotto destinato al mercato di massa – il cui prezzo di 35.000 dollari poteva essere giustificato solo dalle economie di scala –, avrebbe potuto aggiungersi alla lunga lista di case automobilistiche americane fallite dopo Chrysler, oppure cercare un'infusione di liquidità. È noto che all'epoca Musk si rivolse al colosso dell'informatica Apple per capire se fosse disposto ad acquistare l'azienda con un forte sconto. Secondo Musk, il CEO Tim Cook si rifiutò di incontrarlo.[3]

Ma spuntò un altro potenziale pretendente. L'investitore di Uber Jason Calacanis, un amico di Musk che aveva acquistato la primissima Tesla Model S, disse che l'azienda di *ride-hailing* e Tesla erano in «rotta di collisione» e spinse per una fusione.[4] Sembrava la coppia ideale: l'«unicorno» della gig economy, un successo brillante in un mare di startup fallite che pareva avere in mano le chiavi del futuro dei trasporti, e il costruttore di veicoli elettrici leader mondiale, che realizzavano insieme un sistema di propulsione per il XXI secolo.

Per Uber acquisire Tesla poteva servire a cambiarne l'immagine, facendo passare in secondo piano gli errori del suo fondatore con un massiccio investimento sul futuro. Avrebbe anche levato di mezzo un potenziale concorrente. I dirigenti di Uber avevano capito che Musk stava facendo una scommessa straordinariamente ambiziosa sulla guida autonoma, puntando a una flotta di veicoli privati dotati di quella caratteristica. E se Tesla si fosse rivelata il più grosso concorrente di Uber?

Secondo una persona informata dei fatti, ai dirigenti di Uber l'idea di una fusione era parsa una possibilità attraente… al punto che avevano provato a suscitare l'interesse di Musk. Tramite un amico comune, uno dei manager saggiò la sua disponibilità al riguardo.

La risposta fu un secco no. La valutazione di Uber era decisamente troppo alta, disse Musk.

A quanto pareva, non apprezzava i fondamentali dell'azienda, che puntava a un'offerta pubblica iniziale da 100 miliardi di dollari, difficilmente giustificata dal suo modello di business in perdita. Inoltre, un prototipo di Uber era rimasto coinvolto nel primo incidente mortale con un veicolo completamente autonomo, cosa che metteva in discussione la fattibilità dei suoi piani per un futuro a guida autonoma.[5]

La deludente offerta iniziale di Uber nel 2019 confermò una percezione degli investitori: la consideravano un'azienda di *ride-hailing* e servizi di consegna che non aveva ancora chiaro come generare dei profitti, anziché una scommessa sicura su un'estesa flotta di veicoli autonomi.

Tuttavia, c'era un aspetto di Uber che era rimasto impresso a Musk, e che era in parte il motivo della valutazione astronomica dell'azienda. Era la stessa cosa su cui si era fissato lui quando il cofondatore della rivale di Uber, Lyft, era andato a parlargli alla sede di Tesla intorno al 2017.

John Zimmer stava illustrando la grossa scommessa di Lyft sulle auto a guida autonoma quando aveva rivelato cosa avevano scoperto in azienda: un singolo robotaxi costava 250.000 dollari, molto più dell'equivalente veicolo passeggeri. Un'auto capace di portare in giro le persone senza conducente poteva costare cinque volte più di una vettura normale. Non era certo un segreto di Stato, ma Musk si era fissato sul potenziale che racchiudeva. Seduto nella sala riunioni, quel giorno, si infervorò quando la conversazione si spostò sulla sicurezza: se il governo avesse ostacolato i veicoli a guida autonoma la gente si sarebbe fatta male, sostenne, esprimendo la sua convinzione che a un certo punto la mancata autorizzazione allo sviluppo di quella tecnologia sarebbe sfociata in numerose morti evitabili.

Quando Zimmer se ne andò, Musk stava ancora pensando ai 250.000 dollari.

«Non riesco a credere che se lo sia lasciato sfuggire» disse a voce alta.

L'auto a guida autonoma era il progetto visionario degli anni Dieci del Duemila: un sogno irrealizzabile che sarebbe diventato un fardello per molte aziende, alimentato da un'ampia disponibilità di venture capital da parte di investitori incapaci di resistere alla prospettiva di un robotaxi redditizio. All'epoca, sembrava che qualunque azienda in grado di mettere insieme un progetto da corso base di ingegneria – equipaggiare un'auto normale con sensori che spuntavano da tutte le parti, e al diavolo l'estetica – potesse guadagnarsi una valutazione milionaria. Per quel che riguardava l'opinione pubblica, alle auto a guida autonoma mancavano sempre due anni… una previsione che sembrava resettarsi ogni due anni.

Lo sviluppo fu graduale, mentre le aziende facevano solo piccoli passettini o, per essere più precisi, si muovevano a un ritmo geriatrico. Verso la fine del decennio, però, gli attori più importanti stavano iniziando a testare le loro auto sulle strade pubbliche. Per la gente che abitava in laboratori sperimentali quali Tempe, Arizona, Pittsburgh, Pennsylvania, e Palo Alto, California, il veicolo a guida autonoma diventò una visione familiare… se non una seccatura quotidiana.

L'attenzione di Elon Musk fu attirata dalle flotte di veicoli dall'aspetto futuristico che spuntavano nelle strade della zona, nello stesso modo in cui sarebbe stata calamitata dall'emergere dei chatbot di AI anni dopo, e lo spinse ad agire.

«Elon si guardò attorno e parve pensare: C'è tutto un panorama di auto a guida autonoma; dovremmo fare qualcosa anche noi» mi ha raccontato un ex dirigente della Silicon Valley che sa bene come funziona la mente di Musk.

Nonostante le promesse, tuttavia, le auto a guida autonoma avevano un problema di fondo… rilevante in particolare per Tesla. Le aziende continuavano a cercare di vendere l'idea che questi veicoli avrebbero sancito la fine delle auto private. Non era inevitabile, ma nel tentativo di far quadrare i conti – costruire una singola auto a guida autonoma sarebbe costato centinaia di migliaia di dollari – si erano orientate verso la soluzione più ovvia: costruire flotte che alla fine si ripagassero da sole trasportando passeggeri e generando utili.[6] Praticamente tutte le aziende costruttrici di veicoli autonomi rivolti al consumatore seguirono questo modello.

Solo una optò per una visione differente: vendere ai consumatori un'auto che un giorno avrebbe «preso coscienza» e sarebbe diventata del tutto autonoma.

Elon Musk, in piedi davanti a una sala piena di investitori con indosso una camicia bianca button-up e un completo su misura, premette il telecomando e prese un bel respiro. Era l'aprile 2019 ed era pronto a fare il suo annuncio più radicale di sempre sul ruolo di Tesla nella corsa alla guida autonoma.

«Entro la metà dell'anno prossimo, avremo in circolazione oltre un milione di auto Tesla dotate di hardware per la guida autonoma, complete sotto il profilo delle funzionalità e con un livello di affidabilità tale da ritenere che non sarà necessario prestare attenzione. Nel senso che potrete addormentarvi al volante.»[7]

Tesla, nonostante fosse sotto stretta osservazione a livello federale per via di Autopilot – l'incidente che aveva ucciso Walter Huang, padre di due figli, si era verificato poco più di un anno prima – stava promettendo di mettere a disposizione di milioni di conducenti una guida ancora più autonoma.

Era una dichiarazione audace, ma Musk non aveva ancora finito.

«Dal nostro punto di vista, se andiamo avanti veloce tra un anno, magari un anno e tre mesi, ma l'anno prossimo di sicuro, avremo in circolazione oltre un milione di robotaxi. La flotta riceverà un aggiornamento Over-The-Air (OTA). Non servirà altro.»[8]

Guardò i presenti.

«Vi chiederete: "Qual è il costo netto attuale di un robotaxi?" Attorno ai 200.000 dollari?»

All'evento per gli investitori, battezzato «Autonomy Day», Musk era salito sul podio e aveva offerto un'analisi estremamente tecnica dei progressi dei vari progetti di Tesla, fra cui una roadmap del prodotto che aveva dichiarato il proprio «master plan».

E questa affermazione, dopo più di due ore, era inequivocabile: Tesla stava raccogliendo la sfida e nutriva grande fiducia nelle proprie possibilità di vincerla. Musk era noto per fare promesse avventate, e gli piaceva dire che sebbene talvolta abborracciasse le timeline... – una cosa che i fan sapevano benissimo, visto che facevano notare che nel gergo di Musk «due settimane» spesso significavano qualche mese – alla fine rispettava gli impegni presi. Ma questa era una promessa su una scala completamente diversa.

Le implicazioni erano evidenti. Tesla non sarebbe più stata solo una figura marginale nel settore poco redditizio dell'automotive, ma un'azienda tecnologica intenta a perseguire l'intelligenza artificiale, il cui valore avrebbe dovuto riflettere le sue ambizioni sfrenate.

La corsa era iniziata.

* * *

Fin dal principio, la visione che Musk aveva di un robotaxi era notevolmente diversa dai principi condivisi nella Silicon Valley in merito a un'auto a guida autonoma. Gli attori più importanti cavillavano sul posto ideale in cui installare telecamere e sensori – per esempio, qual era il punto migliore dove montare un sensore LiDAR –, ma la formula di base era la stessa: usare una combinazione di telecamere e radar per individuare gli ostacoli, e grazie alla tecnologia LiDAR percepire la profondità e il movimento in modo da ottenere un'immagine accurata dell'ambiente operativo – che spesso andava oltre ciò che un conducente umano era in grado di vedere – usando sensori sul tetto per raccogliere dati riguardo a ciò che c'era oltre la sommità di un'altura, per esempio. Tuttavia, anche se gli umani al volante sono ben lontani dall'essere infallibili, scompongono il compito di guidare in una serie di giudizi complessi: quanto seguire in maniera naturale le strisce della corsia, con che intensità frenare, o fino a che punto «sporgersi» da un incrocio per dare una rapida occhiata al traffico prima di svoltare. Le auto a guida autonoma, al contrario, sono come i computer: guidate da un pensiero binario, con una tendenza a prendere decisioni irrevocabili. Ciò le espone a plateali falsi positivi (per esempio, frenare di colpo per evitare un ostacolo inesistente) o, peggio, a falsi negativi, ovvero non rilevare ostacoli reali, mettendo in pericolo chi è a bordo.[9]

Se c'era una cosa da sapere di Musk, però, era che non aveva intenzione di imitare i concorrenti solo perché avevano tutti trovato un unico modo specifico per affrontare un problema. Preferiva di gran lunga la semplicità sia nel design che nell'ingegnerizzazione, e la sua tipica ostinazione – o, per essere più generosi, un insieme inflessibile di standard – significava che si sarebbe battuto come un leone prima di scendere a compromessi riguardo alla propria visione.

In realtà, si potrebbe sostenere che la sua preferenza per la semplicità a volte si spingesse troppo oltre, per lo sconcerto dei suoi clienti. A un certo punto, Tesla pensò di eliminare il cambio, affidandosi all'intelligenza dell'auto per stabilire se dovesse andare in avanti o in retromarcia. «Quasi tutti gli input sono erronei. L'auto dovrebbe fare la cosa giusta automaticamente» avrebbe twittato in seguito rispondendo ai timori relativi all'interfaccia utente sempre più inaccessibile, dove funzionalità elementari come il riscaldamento dei sedili erano nascoste in mezzo ai menù.[10] Uno dei progetti all'avanguardia di Tesla proponeva al posto del volante una «cloche» ispirata al mondo della F1 e dell'aviazione, cosa che aveva sollevato obiezioni relative alla difficoltà di controllo e alla scarsa ergonomia.[11]

Il perseguimento della guida autonoma da parte di Musk non era iniziato con i giganti del *ride-hailing* e della tecnologia della Silicon Valley. Ma nel 2019, quelle funzionalità non erano solo uno sfizio per chi possedeva le sue auto; Tesla stava inseguendo la guida autonoma a tutto campo.

Con Autopilot, le auto potevano cambiare corsia, curvare e regolare la velocità a seconda del traffico da sole, benché il conducente dovesse comunque prestare sempre attenzione. «Quando si usa Autopilot, è vostra responsabilità restare vigili, tenere le mani sempre sul volante e mantenere il controllo del veicolo» recita uno dei disclaimer sul sito web dell'azienda.[12] Quando fu sviluppato, Autopilot era semplicemente un termine ombrello per una suite di funzioni di assistenza alla guida che in seguito ne avrebbe ricomprese altre, quali Summon, che consentiva ai conducenti di far muovere da remoto la propria auto sui vialetti e nei parcheggi e, alla fine, tramite una versione migliorata chiamata Smart Summon, di chiamare l'auto perché li raggiungesse nel punto in cui si trovavano.

Autopilot era nata da un intento nobile, ossia in risposta ai circa 40.000 morti all'anno registrati sulle strade americane: Tesla era convinta di poter contribuire a evitare molte di quelle tragedie eliminando la possibilità dell'errore umano.[13]

Musk ha parlato di questo obiettivo. «Abbiamo corso tanto per mettere a punto Autopilot V1 perché una persona che guidava una Tesla senza Autopilot si è addormentata, ha avuto un incidente & ha ucciso un ciclista (il conducente dell'auto è rimasto illeso)» scrisse in un tweet anni dopo.[14] (Aveva aggiunto che la stessa persona aveva cercato di far causa a Tesla per questo motivo, senza successo.)

Negli anni a venire, Tesla mise livelli crescenti di automazione nelle mani dei conducenti, anche se gli enti di controllo e i funzionari del governo si opponevano a quella denominazione ambiziosa; non era un sistema cui era possibile affidare il compito di guidare: poteva non vedere le corsie, disinserirsi senza motivo apparente e non individuare gli ostacoli. A un certo punto l'azienda rischiò perfino un'azione legale della Federal Trade Commission per presunto marketing ingannevole.[15]

Ciononostante, Tesla andò avanti per la sua strada. Nulla – né incidenti gravi, o la minaccia di azioni legali e neppure il sacrificio di vite umane – poteva fermarla.

Ma Autopilot, che a metà del 2018 era ritenuto responsabile di almeno tre incidenti mortali, non era l'obiettivo ultimo.

All'incirca in quel periodo, Musk e Tesla iniziarono a promettere una cosa completamente diversa: le auto sarebbero presto state Full Self-Driving, dotate di capacità ben oltre le funzionalità di assistenza alla guida di Autopilot. I conducenti potevano sborsare 3.000 dollari per una caratteristica che le aziende di *ride-hailing* potevano solo sognarsi di poter pubblicizzare un giorno. «Sarà sufficiente salire e dire all'auto dove andare» si leggeva sul sito web di Tesla.[16]

L'affermazione di Tesla secondo cui le sue automobili sono Full Self-Driving significa che possono operare in tre ambienti chiave per un veicolo: sulle autostrade, nelle vie residenziali e in parcheggi e strade private. I documenti presentati da Tesla all'NHTSA riflettono questa realtà. In tali documenti, Full Self-Driving viene indicato come «Autosteer on City Streets», guida automatica in ambito urbano, il suo nome ufficiale.[17]

In sostanza, il software portava le capacità di Autopilot sulle strade pubbliche. Le auto avrebbero potuto (il condizionale è d'obbligo) sterzare, accelerare o rallentare, effettuare svolte e percorrere una strada senza l'intervento del conducente.

Ecco come avrebbe funzionato: ciascuna Tesla con la versione Beta di Full Self-Driving era munita di otto telecamere che offrivano la visione dell'ambiente circostante. Le telecamere riprendevano in tempo reale ciò che stava attorno all'auto, caricandolo su un potente computer di bordo incaricato di interpretare i dati, compresi la segnaletica orizzontale, i cartelli stradali e i semafori, e potenziali pericoli e ostacoli. È importante, per esempio, che l'auto sappia distinguere fra un cervo che corre diretto verso la strada da una mucca che bruca dietro una recinzione ai bordi della carreggiata.

Per capire cosa stava vedendo l'auto, Tesla avrebbe incrociato i filmati dell'ambiente circostante con un ampio database di immagini etichettate dai dipendenti dell'azienda in modo che gli ostacoli potessero essere individuati in tempo reale. I dipendenti avrebbero speso ore e ore a disegnare a mano caratteristiche stradali, quali i cartelli, gli attraversamenti pedonali e le piste ciclabili, caricandoli poi sui database interni. Così, tutte le volte che la Tesla ne incontrava una, aveva un punto di riferimento per ciò che stava vedendo... e avrebbe potuto sapere come reagire.

Le telecamere avevano un importante punto debole: l'obiettivo poteva essere oscurato da gocce di pioggia o fiocchi di neve, e poteva essere abbagliato dalla luce troppo forte. È per questa ragione che i veicoli autonomi, gli esperimenti di laboratorio semoventi impiegati da Google e altri, hanno ulteriori sensori che si aggiungono ai dati delle telecamere. Per esempio, montano sensori LiDAR che sparano un raggio di luce verso gli oggetti e costruiscono complesse nuvole di punti delle loro caratteristiche, fornendo una precisione molto maggiore rispetto alle immagini monodimensionali delle telecamere.[18] Possono anche impiegare sensori radar – quelli usati comunemente in meteorologia – che sfruttano le onde radio per individuare pericoli a lunga distanza, e fornire un ulteriore aiuto alle telecamere.

La cosa forse più fondamentale è che i veicoli autonomi dei concorrenti si affidano in larga misura a una struttura costruita su regole e mappe ad alta definizione. Le regole sono semplici: un'auto non dovrebbe mai viaggiare sui binari, per esempio. Un veicolo autonomo potrebbe essere preprogrammato con quelle informazioni. Le mappe ad alta definizione, da parte loro, potrebbero identificare tutte le caratteristiche e gli ostacoli stradali importanti: non solo segnali di stop e semafori, ma anche corsie degli autobus, rampe per sedie a rotelle e perfino grate.

Il motivo per cui le auto della Tesla Full Self-Driving finirono per essere consegnate senza queste componenti critiche è dovuto alla cocciuta insistenza di un solo uomo su una visione alternativa: quella che soltanto Tesla stava perseguendo.

Dal suo lancio nel 2020 in avanti, Full Self-Driving e Autopilot furono al centro dell'attenzione di Musk più di ogni altra cosa. Teneva riunioni di sera tardi con lo staff, sollecitando aggiornamenti sui progressi. Testava personalmente le funzionalità sulle sue auto, spesso nelle primissime versioni «Alpha», e poi provava anche le versioni finali per i clienti.[19]

E spesso prometteva nuove funzionalità al suo pubblico di milioni di follower su Twitter, a volte cogliendo di sorpresa gli ingegneri di Tesla. Un ex dipendente mi ha detto che spesso venivano a sapere la data di consegna dell'ultima versione delle funzionalità di guida assistita dai tweet di Musk.

A quel punto, era pratica diffusa considerare Musk la versione moderna di Steve Jobs. Fanboy come Omar Qazi – il quale all'epoca twittava con l'handle di Twitter pro Tesla @tesla_truth, con il nome visualizzato «Steve Jobs» (in seguito, «Steve Jobs' Ghost») – non facevano che ingigantire il mito che circondava Musk.

Ma le differenze fra i modi, lo stile di management e quello comunicativo fra i due leader del tech, uniti alla loro attenzione ai dettagli (o alla sua assenza, in un caso), difficilmente potevano reggere un simile paragone. C'erano comunque delle somiglianze: l'ossessione per le cose apparentemente irraggiungibili, l'esercizio del massimo controllo e il governare con pugno di ferro, e una preferenza per la semplicità dell'hardware e del software. È risaputo che Jobs fece pressioni perché il touchscreen dell'iPhone funzionasse senza il pennino – un dispositivo comune all'epoca – dicendo: «*Bleah!* Nessuno vuole un pennino», usando invece il «"dispositivo di puntamento migliore al mondo, il dito umano"» per dirla con le parole di *Time*.[20]

Questi stessi tratti si manifestavano nell'approccio di Musk alla costruzione di auto che sperava un giorno sarebbero diventate autonome. Nella sua visione, Tesla avrebbe dovuto risolvere il problema della guida autonoma con il sistema più semplice possibile: usando telecamere che imitano l'occhio umano, e reti neurali, un modello computazionale che tenta di trasferire ai costrutti artificiali la flessibilità del cervello umano.

Si potrebbe essere inclini ad attribuire le decisioni produttive di Musk a qualche filosofia profonda, ma alcuni di coloro che hanno lavorato con lui sostengono che certe scelte sono puramente pragmatiche. La decisione di Musk di perfezionare la guida autonoma senza usare i sensori LiDAR – e in seguito, radar – fornisce un chiaro esempio di ciò.

«Non vuole metterli sulle auto per una questione puramente estetica, perché non sono belli da vedere» ha detto un ingegnere del software che ha lavorato per Tesla. «E dal punto di vista dei costi, queste tecnologie sono dispendiose.»

Se omettere quell'hardware comprometteva le prestazioni del sistema, Musk aveva una soluzione anche per questo: ricrearlo usando la tecnologia disponibile. Nel caso specifico, si sarebbe chiamato Tesla Vision.

Anziché impiegare l'insieme dei sensori – l'interazione fra telecamere, radar e LiDAR – per ottenere il senso delle dimensioni, Tesla avrebbe creato un cosiddetto LiDAR virtuale utilizzando solo la suite di telecamere. Avrebbe sfruttato il potere computazionale per cucire insieme tutte le immagini e fornire il senso della profondità.[21] Ciononostante, usare immagini come sostituto della dettagliata nuvola di punti costruita dai fasci laser fornita dal LiDAR era nella migliore delle ipotesi una scorciatoia mai sperimentata.[22]

Nel frattempo, grazie ai loro sistemi computazionali avanzati, le Tesla non avrebbero avuto bisogno di essere preprogrammate con tutte le regole e i dati cartografici usati dai concorrenti. Se l'idea di Musk si fosse rivelata attuabile, una Tesla avrebbe saputo istintivamente come muoversi, ovunque, da San Francisco a Cairo, nell'Illinois.

Per quel che riguardava Musk, tutto quell'hardware e quel codice così complicato erano un intralcio... e in un certo senso aveva ragione. I veicoli dei concorrenti erano limitati a piccole zone prestabilite, delimitate da sistemi di *geofence* (il perimetro virtuale associato a un'area geografica del mondo reale) o aree operative accuratamente mappate, con caratteristiche e ostacoli ben conosciuti e supportate da mappe ad alta definizione.

«Ciò che distingue FSD [Full Self-Driving] Supervised è che funziona ovunque negli US & in Canada» disse il dipartimento di AI di Tesla anni dopo, in un post del 2024 su X. «Non servono mappe ad alta definizione né *geofence*. Questo significa che potete usarlo anche in posti in cui nessuna Tesla è mai [*sic*] stata prima.»[23]

Le Tesla, contrariamente alle auto concorrenti, avrebbero avuto quello che serviva a ogni guidatore: occhi e un cervello.

Ma anche all'interno dell'azienda, l'idea che Autopilot stesse per venire ampliata in un sistema di Full Self-Driving lasciava interdetti gli ingegneri. Come se la timeline di Musk di un anno per il rilascio non fosse già abbastanza, la Tesla aveva difficoltà a vedersela con problemi quali i marciapiedi e le strisce per terra nei parcheggi, situazioni a bassa velocità con rischi minimi. Peggio, Autopilot non riusciva ancora a individuare ostacoli rilevanti, con conseguenze disastrose. Jeremy Banner, padre di quattro figli, era rimasto ucciso nel marzo 2019 quando la sua Tesla in modalità Autopilot si era infilata sotto un semirimorchio dopo che l'autista del mezzo aveva effettuato una svolta occupando la carreggiata. Banner non teneva le mani sul volante appena prima dell'incidente, dissero gli investigatori, e Autopilot non aveva «coerentemente individuato e tracciato il camion come un oggetto o una minaccia mentre tagliava la strada all'auto». Banner morì sul colpo; la Tesla Model 3 rossa aveva continuato la sua corsa per altri cinquecento metri prima di fermarsi, scrisse il *Post*.[24]

Tesla tenne ferma la sua posizione secondo cui il conducente è responsabile di tener desta l'attenzione, facendo notare che Banner aveva tolto le mani dal volante, secondo una dichiarazione ottenuta da ABC News, e dicendo: «Siamo profondamente dispiaciuti per l'incidente e i nostri pensieri vanno a tutti coloro che sono colpiti da questa tragedia».[25]

Tesla andò avanti con il suo progetto per Full Self-Driving.

A metà del 2019, Musk stava facendo pressioni per accelerare la consegna di quello che Tesla chiamava «Smart Summon», il sistema capace di far muovere l'auto da un parcheggio fino al punto in cui stava il proprietario, spostandosi da sola.[26] Siete al centro commerciale e inizia a piovere? Nessun problema, la vostra auto vi verrà incontro all'uscita.

Tesla ampliò massicciamente il lavoro di etichettatura interno in parte per andare incontro a quell'esigenza, mettendo al lavoro sulle immagini decine di nuovi operatori, d'un tratto consapevole che l'insieme di dati esistenti presi da Autopilot non era sufficiente. Se Full Self-Driving doveva operare praticamente ovunque, compresi i parcheggi privati e le vie residenziali dove le corsie sono imprevedibili, aveva bisogno di un insieme ben più ampio di immagini di riferimento.

Autopilot era un sistema adatto solo alle autostrade con un compito al confronto semplice: guidare un'auto sul tipo di strada più largo con regole note e vincoli comportamentali, nonché standard costruttivi largamente uniformi. L'auto doveva avere un limite di velocità che non poteva superare – regolandola per mantenere la distanza di sicurezza corretta –, doveva sapere come seguire le strisce delle corsie e comprendere elementi quali banchine, spartitraffico, lavori in corso, rampe di ingresso e di uscita.

Era improbabile che le auto che percorrevano un'autostrada interstatale incontrassero un semaforo giallo, un passeggino sulle strisce pedonali, un cane al guinzaglio, un ciclista nel loro punto cieco, o un'altra auto che usciva dal parcheggio... per non parlare di tutte queste cose insieme.

L'uomo incaricato di concretizzare la visione di Musk era Andrej Karpathy, che aveva preso un dottorato a Stanford con una tesi sulle reti neurali e che prima di entrare in Tesla aveva lavorato in OpenAI.[27] Era un'impresa ardua per una persona che sembrava più a suo agio nel trasferire la propria visione sulla carta, ma Musk gli aveva affidato la guida di un team focalizzato sul compito di rendere la Tesla autonoma e, soprattutto, Karpathy, come tanti di coloro che riportavano al CEO, era disposto a obbedire agli ordini.

Per rendere l'idea della sfida che Karpathy e i suoi si ritrovavano ad affrontare, è utile pensare a un veicolo autonomo come a un guidatore principiante. Ha tutti i requisiti fisici per guidare – è dotato della facoltà di vedere, può accelerare, sterzare, frenare – ma ciò non significa che sappia cosa fare quando si ritrova davvero sulla strada.

Adesso pensiamo all'etichettatura delle immagini come a una specie di addestramento cerebrale che inserisce nel computer dell'auto un insieme di esperienze, una riserva di ricordi. I guidatori alle prime armi potrebbero commettere qualche piccola imprecisione e ricordare di non ripetere l'errore, ma i veicoli autonomi portano questo aspetto all'estremo: devono attingere alla loro memoria per ricordare com'è fatto un segnale di stop o interpretare il significato delle strisce dipinte sull'asfalto.

In Tesla, colmare questo divario si tradusse in uno sforzo titanico per identificare ed etichettare qualunque cosa i suoi veicoli potessero incontrare nel mondo reale, in particolare ostacoli che non si trovano sulle autostrade tanto familiari ad Autopilot.

Lo staff di Karpathy si mise al lavoro tracciando linee attorno a carrelli della spesa, alberi che bordavano le strade e pensiline degli autobus, posizionando manualmente i pixel coi mouse per creare un database da cui Tesla potesse partire. L'obiettivo non era la perfezione: a quello ci avrebbe pensato il computer.

La priorità, invece, era la velocità: Tesla aveva un sacco di arretrato da recuperare. Trecento etichettatori interni vennero incaricati di consegnare cinquanta immagini al giorno: più di sei all'ora. Era un lavoro noioso, e i tempi ristretti lo rendevano ancora più stressante.

Il rilascio di Smart Summon avrebbe fornito il primo test della loro abilità.

Dopo aver accennato all'imminente rilascio della funzionalità con un tweet del maggio 2019,[28] ad agosto Musk annunciò una data di lì a quattro-otto settimane.[29] Finalmente, Tesla iniziò a rendere disponibile Smart Summon in settembre, inserendo il software in migliaia di veicoli tutti in una volta, con un aggiornamento OTA.[30]

I proprietari delle Tesla rimasero strabiliati dalle sue capacità e postarono video delle loro auto che attraversavano i parcheggi dei complessi residenziali e i centri commerciali per andare loro incontro.[31]

Ma pochi giorni dopo furono postati altri video in cui le auto sembravano confuse ed esitavano nel tentativo di farsi venire in mente il passo successivo, e in alcuni casi andavano a sbattere. In uno si vedeva una Tesla entrare e uscire da un posto nel parcheggio di un Walmart, mettendoci circa due minuti per decidere cosa fare prima di dirigersi verso il proprietario in mezzo al traffico.[32] Un'inchiesta di *Business Insider* citava questo e altri due incidenti: in uno, una Tesla saliva su un marciapiede e finiva sepolta dalle foglie di un albero.[33] Nell'altro, la vettura sbatteva contro l'angolo di un garage, procurandosi una grossa ammaccatura.

All'inizio di ottobre, Musk proclamava l'ampio utilizzo di Smart Summon, dopo che era stato attivato più di mezzo milione di volte.[34] Quando funzionava, sembrava una magia, e i proprietari non perdevano occasione di far vedere le sue capacità a famigliari e amici.

A mano a mano che si accumulavano le prove, però, Musk fu costretto a riconoscere alcuni difetti.

«Diversi miglioramenti per Smart Summon nelle prossime settimane. Andrà liscio come l'olio» twittò.[35]

Adesso che le nuove funzionalità erano state rilasciate, scrisse, Tesla aumentava di 1.000 dollari il prezzo del pacchetto Full Self-Driving, che avrebbe consentito agli utenti di avere accesso alla versione beta prevista di lì a poco.[36]

Tesla pensava di far pagare 7.000 dollari un insieme di funzionalità che non solo non avevano ancora reso autonome le auto, ma non riuscivano neanche sempre a metterle in grado di uscire da un parcheggio.[37]

Alla fine, i promessi miglioramenti per Smart Summon non poterono risolvere i problemi segnalati da più parti relativi all'individuazione e alla percezione degli ostacoli. Tesla abbandonò il software come priorità e nel 2022 Musk annunciò un rebranding chiamato Actually Smart Summon (ASS), una versione del tutto nuova «probabilmente in arrivo fra uno o due mesi» a partire dall'inizio dell'anno seguente. I proprietari cominciarono a riceverla solo sul finire dell'estate del 2024, anche se non molto tempo dopo, nel gennaio 2025, l'NHTSA aprì un'indagine su alcuni incidenti che vedevano coinvolto Actually Smart Summon, piuttosto simili agli incidenti provocati dalla versione precedente del software.[38]

Mentre Tesla intensificava gli sforzi per sviluppare la guida autonoma, il programma di veicoli autonomi di Uber stava entrando in crisi… un declino che si sarebbe concluso con la vendita del comparto alla startup Aurora nel dicembre 2020, per circa 4 miliardi di dollari. Un epilogo impensabile fino a poco tempo prima per un progetto che, a metà degli anni Dieci del Duemila, incarnava il futuro dell'«unicorno» più promettente della Silicon Valley.

Il 18 marzo 2018, un Uber a guida autonoma investì e uccise Elaine Herzberg, una donna di quarantanove anni che spingeva una bicicletta attraverso una strada buia a Tempe, in Arizona.[39] Herzberg, una senzatetto benvoluta nella cittadina di Tempe, venne descritta in un articolo della Reuters come la «zia di tutti» da un'amica, anche lei una senzatetto.[40] Sulle strade americane decine di migliaia di persone rimangono uccise ogni anno in incidenti automobilistici, ma questo aveva un significato storico: era la prima vittima nota di un veicolo a guida autonoma.

Le autorità dissero che prima dell'incidente, avvenuto alle dieci di sera, Rafaela Vasquez, che era al volante della Volvo XC90 dotata della tecnologia Uber per la guida autonoma, stava guardando in streaming il programma tv della NBC *The Voice*. Nei video, si vede Vasquez abbassare lo sguardo e poi rialzarlo, quindi fare un'espressione sconvolta quando il veicolo investe Herzberg. L'NTSB citò come probabile causa il fatto che Vasquez non prestava attenzione alla strada e alla traiettoria dell'auto, e la sua evidente distrazione. Vasquez fu accusata di omicidio colposo; in seguito, si dichiarò colpevole del reato minore di negligenza.[41]

Sarebbe stato facile imputare l'incidente alle azioni di un conducente distratto, un operatore che aveva trascurato il dovere di sorvegliare le prestazioni del SUV, ma Uber non era del tutto innocente. Come scrisse in seguito il *Post*: «Secondo l'NTSB, il sistema di guida autonoma di Uber non ha classificato Herzberg come pedone perché stava attraversando in un punto senza strisce pedonali. Le modifiche alla Volvo apportate da Uber avevano anche escluso alcune funzionalità di sicurezza del veicolo, fra cui la frenata d'emergenza che avrebbe potuto salvare la vita di Herzberg» hanno scritto gli investigatori.[42] Le scoperte emerse dalle indagini riecheggiavano ciò che sarebbe stato individuato come un fattore negli incidenti delle Tesla: operare in modalità Autopilot in zone di traffico a raso – aree in cui le Tesla non erano progettate per funzionare in maniera affidabile in quella modalità – aveva contribuito al verificarsi di incidenti come quello di cui era rimasto vittima Banner, quando la sua auto si era schiantata contro un semirimorchio. Era un ostacolo inaspettato che il veicolo apparentemente non aveva ancora imparato a prevedere in maniera affidabile, proprio come una persona che attraversa la strada fuori dalle strisce pedonali.

Nel caso di Uber, la polemica non sarebbe potuta arrivare in un momento peggiore.

Poco tempo prima, Uber aveva cacciato Kalanick, il cofondatore e CEO, dopo una serie di scandali imbarazzanti che avevano messo in discussione non solo la sua maturità e la capacità di guidare la startup dei trasporti, ma anche la cultura dell'azienda nel suo complesso.

Verso la fine di gennaio 2017, centinaia di migliaia di clienti si erano rivoltati contro l'azienda, cancellando la app in un movimento noto come #DeleteUber, dopo che la società di *ride-hailing* aveva continuato a operare durante uno sciopero dei tassisti.[43] La protesta, organizzata per opporsi al bando posto dal presidente Trump sui viaggi in Paesi a maggioranza musulmana, aveva attirato migliaia di manifestanti al John F. Kennedy, l'aeroporto internazionale di New York.

In risposta, Uber annunciò la sospensione della tariffazione dinamica (*surge pricing*), il sistema che aumentava il costo delle corse in base alla domanda, per evitare prezzi eccessivi. Tuttavia, il gesto fu interpretato come segno di insensibilità, e Kalanick insieme a Uber si ritrovarono travolti da aspre critiche, che culminarono in quell'hashtag virale.

Il mese successivo, l'ex ingegnera di Uber Susan Fowler scrisse su un blog che in azienda c'era una diffusa cultura di molestie,[44] cosa che rinfocolò la rabbia contro l'azienda e il suo leader. A quel punto, Uber accettò di condurre un'indagine interna accurata, guidata dall'ex procuratore generale Eric Holder.[45]

Alla fine di febbraio, Kalanick era di nuovo nei guai, stavolta dopo che un video lo aveva ripreso a fare una ramanzina a un autista di Uber che gli aveva chiesto conto della diminuzione degli stipendi. Kalanick si scusò, ma era un segno premonitore.[46]

«Devo cambiare radicalmente come leader e crescere» disse.[47]

Alla fine di giugno, Kalanick era fuori. Si dimise dal suo ruolo, aprendo la strada a una Uber più nuova, più matura... più noiosa.[48] Nel dicembre 2020, Uber stava ormai mollando il progetto di guida autonoma che era stato così centrale per la sua visione solo pochi anni prima.[49] Dopo essersi quotata in Borsa nel 2019, l'azienda si era trovata improvvisamente a dover affrontare una nuova urgenza: contenere i costi, ridurre gli incentivi per gli autisti, tagliare gli sconti volti a stimolare la crescita e limitare la sperimentazione. Le conseguenze degli scandali e i riflettori puntati sul suo modello di business a basso margine frenarono lo slancio di quella che un tempo era considerata un «unicorno», ma che faticò a lungo a raggiungere il prezzo di quotazione iniziale.

Per molti versi, le polemiche ricorrenti attorno a Kalanick, la documentata immaturità e l'adorazione per una cultura aziendale spietata con un penchant per le feste sfrenate – quelle che avevano attirato l'attenzione di Arianna Huffington – hanno preparato la Silicon Valley alla caduta di Musk, una figura che avrebbe occupato un posto molto più prestigioso nell'immaginario pubblico.[50]

Anche quando la sua stella ricadde di schianto sulla terra, Kalanick continuò a considerarsi un imprenditore eccezionale, una persona che aveva cambiato il mondo e reinventato il tessuto della mobilità urbana. Mentre Tesla stava ancora cercando di sfondare, Uber era già diventata un verbo.

All'apice della sua gloria, innumerevoli persone mandavano curriculum per ottenere l'impiego più ambito della Silicon Valley e andare a lavorare per un leader grandioso e decisivo come Kalanick.

Ma anche Kalanick sapeva che Musk apparteneva a un'altra categoria anni prima che diventasse la persona più ricca del pianeta, almeno secondo un ex dirigente che li frequentava. Perfino allora, Kalanick aveva guardato a Musk, anziché viceversa.

«Elon era uno dei pochi di cui diceva: "Per la miseria, quel tizio sì che è un imprenditore".»

Adesso Musk stava raccogliendo il testimone in più di un senso.

Nel caso di Uber, ci era voluto un incidente mortale – e le ricadute negative di esso – per decretare la fine della divisione che un tempo aveva rappresentato il futuro dell'azienda. Tesla, tuttavia, veniva giudicata secondo parametri diversi per quanto riguardava le carenze in materia di sicurezza, forte com'era dell'argomentazione secondo cui la responsabilità di prestare attenzione ricade sempre sui conducenti. Poiché la tecnologia di Tesla era installata su modelli per passeggeri destinati al mercato consumer, i controlli si concentravano principalmente sulla conformità delle sue vetture alle normative federali riguardanti i veicoli a motore. Un approccio diverso da quello riservato ai veicoli autonomi sperimentali, soggetti invece a standard differenti. Negli anni decisivi della spinta di Musk alla «guida autonoma», le Tesla che operavano con le funzionalità avanzate di assistenza alla guida sarebbero rimaste coinvolte in centinaia di incidenti, decine dei quali gravi – compresi perlomeno una ventina mortali –, ciascuno dei quali avrebbe costretto allo stop qualunque flotta autonoma concorrente, indipendentemente dalle responsabilità.[51] Ma le Tesla non erano autonome, ribatteva l'azienda.

Stavano soltanto «guidando autonomamente».

Difendendosi in tribunale da una causa civile nella California del Nord – intentata da proprietari che chiedevano rimborsi per le promesse non mantenute sulla guida automatizzata – Tesla presentò un argomento originale. Le auto potevano gestire la guida, ma esigevano «la supervisione attiva, costante e attenta del conducente».[52]

«Questo rende il veicolo a guida autonoma, ma non autonomo» disse Tesla.[53]

6

«Fino alle estreme conseguenze»

Il dirigente di Tesla era fuori di sé quando chiamò Steven Cliff, responsabile dell'NHTSA.

«Perché veniamo esclusi?» chiese, forse giustamente incredulo che, secondo una persona informata dei fatti, Tesla non fosse stata invitata all'evento della Casa Bianca per promuovere i veicoli elettrici dell'agosto 2021. Tesla, fece notare, era un'«azienda americana che produceva solo veicoli elettrici», il simbolo del tipo di storia di successo delle rinnovabili che il presidente Joe Biden stava cercando di far passare mesi dopo essersi insediato e aver dichiarato le auto elettriche una priorità. Al summit indetto dalla Casa Bianca partecipavano General Motors, Ford e la casa madre di Chrysler, Stellantis, i tre grossi gruppi automobilistici le cui vendite di vetture elettriche impallidivano in confronto a quelle di Tesla. C'era anche un antagonista di Tesla, il sindacato United Auto Workers (UAW), che aveva cercato di organizzare i lavoratori della fabbrica di Fremont, accusata di pratiche di lavoro iniquo.[1]

Era voluto, volle sapere l'uomo di Tesla, o «è solo una roba da sindacati?»

Nel frattempo diversi funzionari di Biden mediavano, nel tentativo di placare Rohan Patel, il contatto di Tesla con Washington, spiegando che la decisione era stata presa ai piani più alti.

«Il presidente ha voluto far capire al sindacato che era al loro fianco» disse uno di loro.

Musk non poté far altro che sospirare.

Potevano essere vere due cose: Biden stava cercando di creare entusiasmo fra coloro che non vedevano di buon occhio i veicoli elettrici, e lo spazio a disposizione era limitato in un momento in cui molti dei presenti indossavano ancora la mascherina contro il Covid-19. Tuttavia, pareva che gli uomini di Biden avessero sottovalutato le conseguenze, e fecero di tutto per includere Musk negli eventi futuri.

Ma agli occhi di Musk quello sgarbo sembrava confermare il sospetto – nato anni prima, quando l'NTSB aveva indagato sull'incidente di Huang – che le forze governative si stessero coalizzando contro di lui, e decretò la sua metamorfosi da opportunista politico a sostenitore esplicito del Partito repubblicano, anche se avrebbe continuato a utilizzare come arma gli affronti personali per giustificare un comportamento molto più radicale nell'arena politica.

Oltre un anno prima, Musk era seduto nello Studio Ovale davanti al presidente Trump, che voleva disperatamente assicurarsi una vittoria per l'industria manifatturiera interna che aveva promesso di rilanciare. Ben lungi dallo snobbare un costruttore di automobili di primo piano, si stava rivolgendo direttamente a Musk, dichiarando che possedeva una Tesla ed enfatizzando l'importanza dell'azienda per il suo programma. Ma Trump non era certo il supporter della mobilità elettrica che sarebbe diventato il suo successore, il quale aveva fatto dei veicoli elettrici un aspetto chiave del proprio programma interno di energia verde.

«Senti, non capisco tutta 'sta faccenda delle auto elettriche» disse Trump secondo una fonte. «Ho due Tesla», ma non poteva ricaricarle da nessuna parte.

Musk si rivolse a un dirigente di Tesla presente nella stanza. «Puoi tirar fuori il telefono?» chiese.

L'uomo aveva fatto vedere a un Trump incredulo un mare di puntini rossi sullo schermo del cellulare, dimostrando l'estensione della rete di Superchargers di Tesla, stazioni dove i conducenti di auto elettriche potevano ricaricare velocemente la batteria.

A dispetto del suo scetticismo, Trump aveva bisogno di Musk e di Tesla. Il costruttore di auto elettriche stava decidendo dove aprire la sua prossima gigafactory, che avrebbe prodotto veicoli quali il Cybertruck e il crossover Model Y.[2]

Anche se Tesla era fortemente orientata verso Austin, in Texas, o qualche altro posto degli Stati del Sud con leggi che limitano il potere dei sindacati, o magari uno Stato delle Pianure come l'Oklahoma – Tulsa, per esempio, si era candidata con forza –, aveva detto ai funzionari dell'amministrazione di aver inserito nel novero delle opzioni anche Messico e Canada, il che aveva spinto l'amministrazione a intervenire, portando a un incontro fra Musk e il quarantacinquesimo presidente degli Stati Uniti.

«Dovete costruire qui negli Stati Uniti» disse Trump.

C'era qualcosa che l'amministrazione poteva fare? In quel momento a Musk non venne in mente niente.

Però l'amministrazione Trump stava dando a Tesla il potere di fare una richiesta diretta: nel caso in questione, metter mano a un'arcana legge federale sulle emissioni che si era impantanata, correggendo quello che l'azienda riteneva un errore dell'era Obama. «Che diamine stiamo aspettando?» replicò Trump, e mise in moto la faccenda.

Due anni dopo, in un post su Truth Social diretto contro Musk, Trump diede una versione rivista e corretta della vicenda: «Quando Elon Musk è venuto da me alla Casa Bianca per chiedermi una mano su tutti i suoi progetti sovvenzionati, auto elettriche che non avevano abbastanza autonomia, auto senza conducente che si schiantavano o razzi sparati verso il nulla, che senza finanziamenti non valevano niente, e mi ha detto che era un grande fan di Trump e dei repubblicani, avrei potuto dirgli: "Mettiti in ginocchio e supplica", e lo avrebbe fatto...»[3]

In realtà, era stato Trump a chiedergli un favore, e Musk era stato ben felice di far finta di accontentarlo.

«SEC, un acronimo di tre lettere, quella in mezzo sta per Elon» si leggeva nel tweet, scritto dal CEO di un'azienda quotata in Borsa.[4]

Seduto nel suo ufficio di Santa Monica, Ross Gerber non riusciva a credere a quello che stava leggendo. Gerber, che era uno dei sostenitori più entusiasti di Musk e aveva investito milioni di dollari in Tesla nella speranza di assicurarsi un sostanzioso ritorno economico, adesso dubitava della sanità mentale dell'uomo che la guidava.

Musk stava mandando a stendere l'ente di controllo finanziario più importante del Paese, in termini decisamente volgari: l'acronimo, infatti, poteva leggersi anche come «*suck Elon's cock*», ovvero, sucamelo.

«Pericoloso» rispose Gerber in un commento un minuto dopo. «Ma vuoi mettere la soddisfazione» ribatté Musk.[5]

Il tweet del 2 luglio 2020 interrompeva un periodo di relativa calma... almeno per gli standard di Musk. Dopo il pasticcio del «finanziamento garantito» costato 40 milioni di dollari, molti dei suoi problemi si erano risolti in rapida successione. Le richieste di farsi da parte si erano per lo più placate, Tesla aveva risolto gli intoppi di produzione della Model 3, le azioni non erano più in caduta libera, e i problemi legali di Musk si stavano appianando.[6]

Dopo le buffonate del 2018, gli investitori chiave lo avevano incoraggiato – a volte pubblicamente – perché si desse una calmata. Musk pareva aver dato ascolto a queste forze moderatrici, fra cui Gerber. Nel 2019 aveva accettato di far monitorare le comunicazioni con potenziali ricadute sul mercato da un legale specializzato in finanza, per esempio, un debole chaperon che sarebbe diventato noto come «Twitter sitter». Si era trattenuto dal twittare numeri sensibili o attirarsi l'attenzione indagatrice degli enti di controllo facendo senza volere qualche passo falso.[7] Sempre quell'anno, era stato giudicato non colpevole nella causa per diffamazione intentata da Unsworth, il volontario dei soccorsi alla grotta thailandese che aveva chiamato «pedo», un'altra preoccupazione in meno.[8]

Nel frattempo le azioni di Tesla erano volate, e all'inizio del 2020 erano quadruplicate di valore rispetto all'epoca delle peggiori boutade di Musk.[9] Il mercato apprezzava un'azienda tech redditizia con un potenziale enorme, una base di fan leali e un leader stabile.

I lockdown del 2020 avevano fatto piazza pulita di qualunque speranza di un Elon nuovo e migliorato in grado di restare concentrato sugli obiettivi aziendali. Imbestialito e fuori controllo, si era sentito autorizzato a infrangere una regola fondamentale del business: schierarsi. Il che era un bel problema in un Paese lacerato dalle contrapposizioni politiche. Anche se spesso aveva parlato senza filtri mettendosi nei guai, finora si era tenuto lontano dalla politica.[10] Voleva semplicemente fabbricare i veicoli elettrici migliori e più avanzati, e venderli sia agli americani liberal che ai conservatori.

Qualunque esplicita presa di posizione politica – soprattutto da parte di un uomo che vendeva auto di lusso a energia pulita all'élite californiana – avrebbe potuto mettere a repentaglio tutta l'operazione.

Forse non aveva scelta. La sua pazienza nei confronti di un establishment politico e di attivisti di sinistra che considerava determinati a ostacolare lui e le sue aziende era arrivata agli sgoccioli. (Vale la pena notare che sebbene tecnicamente le accuse della SEC fossero state formulate sotto l'amministrazione Trump, Musk rivolse la propria collera all'ufficio di San Francisco, che reputava particolarmente ostile nei suoi confronti.)[11] Prendeva le indagini, gli interventi degli enti di controllo e le sanzioni come affronti personali. Ai suoi occhi, le ingerenze liberal culminarono nell'ordine di chiudere la fabbrica di Tesla da parte dei funzionari della Bay Area.

Nel 2022, annunciando che avrebbe votato repubblicano, sarebbe stato evidente che faceva di tutta l'erba un fascio quando parlò di «attacchi ingiustificati contro di me da parte dei democratici & un'aperta ostilità verso Tesla e SpaceX».[12]

Sembrava non vedere alcuna distinzione fra il controllo governativo sulle sue aziende e gli attacchi sempre più frequenti alla sua reputazione imprenditoriale e alla sua vita privata. Intanto, Tesla stava ampliando in modo significativo le proprie attività in Texas e puntava a un nuovo segmento della popolazione con i suoi prodotti, fra cui c'erano un pick-up dall'aspetto futuristico e trovate di marketing quali una fibbia da 50 dollari con la scritta NON SI SCHERZA CON [TESLA] decorata con una stella e la «T» del logo dell'azienda. A peggiorare le cose, i democratici fornirono prove di avere pregiudizi nei suoi confronti che Musk poté usare come arma con i suoi milioni di follower, come nel caso del tweet «Vaff****lo Elon Musk» di un'esponente del parlamento della California dopo l'annuncio che avrebbe trasferito la sede di Tesla fuori dal Golden State.[13]

«Poco intelligente da parte di un parlamentare» disse Gerber rispondendo alla donna.[14]

Semmai, questi attacchi cosiddetti ingiustificati confermarono – agli occhi di Musk – la sua decisione di andarsene.

In un certo senso, il predominio di Tesla nella vendita di veicoli elettrici la proteggeva dagli effetti peggiori del comportamento di Musk. L'azienda aveva già saturato il mercato di gran lunga più ampio per i suoi prodotti – la California –, che aveva sia la popolazione che le inclinazioni politiche per sostenere la sua massiccia scommessa sul futuro. A questo punto, quanti danni poteva davvero fare una decisa svolta a destra?

Alla fine del 2020, Tesla si era trasferita ufficialmente in Texas, sancendo la rottura con lo Stato in cui Musk aveva fatto la sua fortuna.[15]

Di lì a poco, il CEO esibiva una fibbia e un cappello da cowboy, una mascherata adatta alla sua nuova residenza. Al contrario dei progressisti agguerriti e ostili della sinistra, politici di destra quali il senatore Ted Cruz e il governatore Greg Abbott lo accolsero a braccia aperte.

Musk stava entrando in una nuova fase della sua vita pubblica, in cui era lui a stabilire i limiti di un comportamento accettabile, e in cui l'unica cosa peggio di essere volgare e maleducato era essere inautentico e disonesto... un NPC (un termine preso a prestito dai videogiochi che sta per *non-player character*, ossia anonimo e irrilevante).[16] «Gli individui dovrebbero sempre chiedersi chi ha scritto il software che hanno nella testa» avrebbe commentato in seguito. «Non siate degli NPC.»[17]

Aveva provato a stare alle regole, e a cosa era servito? In fondo, era stata la sua sfida all'autorità governativa a far sì che Tesla riaprisse, qualche mese prima. E la SEC aveva cercato di metterlo in ginocchio – agli occhi del magnate del tech – per un tweet che non era nemmeno del tutto falso. (Musk, come aveva chiarito nel suo blog post, all'epoca del tweet sul «finanziamento garantito» stava solo dicendo di essere in trattativa con i sauditi in merito a un investimento.)

Adesso, due anni dopo il patteggiamento, Musk stava iniziando a dire apertamente – senza misurare i termini – che l'autorità della SEC era ingiusta.

«In sostanza disprezza qualunque autorità, punto, e non pensa di dover rispondere a nessuno» mi ha detto Gerber in un'intervista dell'aprile 2023. «Io ho un'opinione completamente diversa sull'arroganza che ti spinge a infischiartene delle persone che potrebbero danneggiarti sul serio.»

Secondo Musk, l'autorità che si era imposta era quella dell'establishment liberal… quella dietro ai media popolari che gli tenevano gli occhi piantati addosso e che dominava gli scontri politico-culturali che si insinuavano nei film e nei programmi tv, e che stava ridefinendo i limiti del linguaggio e dell'umorismo accettabili. Musk aveva già detto alla SEC, in sostanza, di fargli un pompino.[18] Ma fu un altro tweet della fine di luglio 2020 che avrebbe finalmente fatto breccia nella sua cerchia ristretta.

«I pronomi fanno pena» postò il 24 luglio, una frecciata diretta alla comunità transgender e all'adozione sempre più diffusa nella società di un linguaggio inclusivo.[19]

La fidanzata di Musk, la cantante Grimes, era inorridita.

«Ti amo ma per favore spegni il telefono» scrisse in una risposta poi cancellata. «Non posso appoggiare l'odio. Smettila, ti prego. So che non sei davvero così.»[20]

Musk era nel pieno di una trasformazione ideologica.

Per anni si era definito politicamente un democratico. In fondo, era la risposta più visibile al cambiamento climatico che il mondo del business avrebbe potuto produrre: una persona che non solo aveva reso popolari le auto elettriche, ma le aveva anche rese *cool*. Aveva accelerato la trasformazione della tecnologia verde da sogno impossibile a realtà inevitabile. Musk non era certo un sostenitore delle cause repubblicane del momento: aveva fatto ripetuti approcci al governo cinese – sempre più il principale concorrente degli Stati Uniti sulla scena globale e oggetto di una guerra commerciale sotto Trump – nell'ambito del suo tentativo di rendere il Paese più popoloso del pianeta un centro chiave per la produzione di Tesla.[21] Stava anche prendendo in considerazione il Messico per la costruzione di un nuovo stabilimento produttivo.[22]

A dispetto delle critiche alla censura e alle ingerenze politiche, era raro sentirlo dire qualcosa di negativo sulla Cina. Nel frattempo, stava esercitando un controllo non solo sul futuro dell'industria automobilistica ma anche delle ambizioni spaziali degli Stati Uniti, spesso con l'aiuto di contratti e finanziamenti governativi.[23] Come se non bastasse, la sua startup Neuralink voleva impiantare chip nel cervello delle persone.

Di conseguenza, sarebbe stato difficile immaginare come spauracchio della destra un candidato migliore di Elon Musk. La sua difesa del clima non era semplicemente passiva: anzi, aveva così a cuore la questione da aver abbandonato due delle commissioni consultive di Trump dopo che la sua amministrazione si era ritirata dagli accordi di Parigi. (Musk aveva già subito pressioni per andarsene prima, a causa del bando sui viaggi, ma all'epoca aveva deciso di rimanere.)[24]

Ma come nel caso di Trump, i conservatori sembravano disposti a mettere da parte purezza ideologica e affinità culturali in cambio della rinfrescante visione di una persona pronta a sfidare l'establishment. Musk non era certo un colletto blu. Era una celebrità che usciva con una cantante famosa, un nerd del tech che frequentava Kayne West e Joe Rogan, e faceva il pendolare con un jet privato.

Tuttavia, qualcosa delle sue febbrili attività online dava alle persone l'impressione che Musk fosse uno di loro. Riprendeva meme.[25] Si lasciava andare a insulti impulsivi.[26] Non aveva paura di avanzare teorie del complotto, per quanto irresponsabili, semplicemente perché le aveva lette per caso e le aveva trovate convincenti.

La propensione per gli *shitpost* era apolitica («69 giorni dopo il 4/20 di nuovo ah ah» scrisse il 28 giugno 2020, il giorno in cui compiva gli anni), ma all'improvviso si sposava con la sua esasperazione nei confronti della sinistra.[27]

Diceva di aver votato per i democratici alle elezioni del 2016, dando la sua preferenza a Hillary Clinton.[28] Nel 2020 aveva fatto lo stesso con Biden, affermò. Ma dopo le restrizioni per il Covid-19 e la decisione di chiudere la sua fabbrica presa dai funzionari della California, era chiaramente fuori dei gangheri.

«La sinistra sta perdendo il centro» disse quell'estate.[29]

Sembrava vedere se stesso come un elettore dotato di buonsenso, un uomo al di sopra delle politiche di parte... un po' come un certo candidato presidente populista che incoraggiava i partiti a superare le loro divergenze di opinione. Non esitava a schierarsi con funzionari governativi che potevano aiutarlo a promuovere le sue aziende e le sue ambizioni, indipendentemente dal partito di appartenenza. La politica in sé era una seccatura.

«Non sono né anticonservatore né antiliberal. Non mi piace il pensiero unico. Le idee dovrebbero essere prese in considerazione per i loro meriti» ha scritto una volta.[30]

Ma ovviamente nel 2020 era difficile non schierarsi.

Il 25 maggio George Floyd, un nero di quarantasei anni che viveva a Minneapolis, fu assassinato dal poliziotto Derek Chauvin, che gli tenne premuto il ginocchio sulla gola per più di nove minuti mentre lui lottava per respirare.

Nel Paese esplosero proteste e rivolte mentre la rabbia per la morte di Floyd si diffondeva nelle maggiori città. Musk fece sentire la sua voce, scrivendo #JusticeForGeorge e chiedendo che gli altri poliziotti presenti sulla scena venissero incriminati.[31]

Mentre le proteste continuavano a infuriare, si sviluppò parallelamente un vasto movimento per la giustizia razziale, che contribuì a sensibilizzare l'opinione pubblica in merito all'impatto sproporzionato delle forze dell'ordine sulle comunità afroamericane. Il movimento finì presto per coinvolgere anche Tesla. Quell'anno, molte aziende statunitensi scelsero di festeggiare il Juneteenth, la festività che commemora la fine della schiavitù.

La mattina della festività, lo stesso giorno in cui era prevista una manifestazione per la giustizia razziale, la responsabile delle risorse umane di Tesla, Valerie Capers Workman, mandò un'e-mail all'azienda.[32] «Tesla appoggia pienamente il Juneteenth per tutti i dipendenti statunitensi che desiderano prendersi il giorno libero per celebrare, riflettere o partecipare a eventi significativi per loro.» Fu la riga successiva a colpire i lavoratori come insolita: «Si tratta di un permesso non retribuito e di un'assenza giustificata» precisava l'e-mail.[33]

Per i lavoratori di Tesla che avevano fatto pressioni per ottenere un trattamento migliore in un'azienda in passato accusata di discriminazione razziale e molestie il messaggio fu un insulto, mi ha detto una persona informata dei fatti.

Quando era stata nominata per quel ruolo, Workman, una donna afroamericana, era rimasta stupita. Era stato Jérôme Guillen, l'ex presidente di Tesla, a caldeggiare il suo nome.

Aveva visto come venivano trattati i lavoratori, soprattutto quelli di colore, e aveva preteso che Musk facesse qualcosa. Era un esempio del modo in cui dire quello che si pensava poteva guadagnarti il rispetto del CEO, che non si limitava a circondarsi di cosiddetti yesman. Ciononostante, quando l'avevano chiamata per dirle della promozione, pensava che l'avrebbero licenziata.

A metà del 2020, però, il nome di Workman appariva in calce a una serie di decisioni controverse prese dai superiori, dal Covid-19 alla giustizia razziale.

Quel giorno alcuni lavoratori erano già arrivati agli stabilimenti di Tesla quando lessero l'e-mail.[34] Dopo aver visto come Tesla trattava la festività – alla stregua di una concessione, quasi un favore ai dipendenti – era difficile guardare all'azienda con gli stessi occhi.

Nathan Murthy, un ingegnere del software che all'epoca lavorava in Tesla, ha dichiarato che quel periodo – segnato dagli effetti combinati della pandemia e delle proteste per la morte di Floyd – aveva rivelato senza mezzi termini come la pensava Musk su temi importanti per i suoi dipendenti: cose che loro consideravano questioni di vita o di morte per lui erano semplici seccature di lavoro.

«Abbiamo avuto la prova definitiva della sua vera natura» ha detto Murthy. «Non so se non voglia mettersi nei panni degli altri o se si senta semplicemente troppo occupato per farlo.»

Nel gennaio 2021 il Paese era di nuovo nel caos. Come se la pandemia e le proteste per la giustizia razziale non avessero già fatto abbastanza per portare la politica in ogni piega della vita americana – un clima in cui la semplice decisione di indossare o meno la mascherina diventava una dichiarazione politica –, il presidente uscente si era rifiutato di ammettere di aver perso le elezioni.

Quando migliaia di sostenitori di Trump avevano preso d'assalto il Campidoglio in suo sostegno, la Silicon Valley si ritrovò all'improvviso a dover prendere una decisione cruciale.[35] Trump aveva praticamente fomentato un'insurrezione tramite post sui social media. Agli occhi dei leader del settore tech, non c'era molta scelta.

Twitter e Facebook buttarono fuori Trump dalle loro piattaforme.[36]

Musk, che all'epoca non era certo un sostenitore di Trump, non aveva fatto mistero di cosa pensava di interventi del genere. Un anno prima, durante i lockdown imposti dal Covid-19, si era fatto beffe della Silicon Valley bollandola come «bigotta... si crede l'arbitro morale del mondo».[37]

Adesso, sulla scia del bando a Trump e delle decisioni di Twitter e Facebook di censurare un articolo del *New York Post* che descriveva nel dettaglio i materiali trapelati da un computer portatile appartenuto a Hunter Biden, accennava alla reazione che si sarebbe scatenata contro la Silicon Valley, la quale si arrogava il diritto di moderare i contenuti.[38]

«Molte persone saranno profondamente deluse nel vedere le Big Tech della West Coast ergersi a giudici supremi della libertà di espressione» scrisse Musk.[39]

Il profilo di Musk, nel frattempo, stava esplodendo. A quel punto era la persona più ricca del pianeta, il che lo rendeva un bersaglio molto più facile e immediato per gli attivisti di sinistra che denunciavano gli eccessi dei miliardari e le enormi disuguaglianze economiche della società americana, persone che avevano ben presenti concetti quali il *greenwashing* e che avrebbero scambiato volentieri una missione su Marte per risolvere il problema dei senzatetto o, poniamo, la fame nel mondo.[40] (Musk, per parte sua, affermò che avrebbe rinunciato alle azioni di Tesla per risolvere il problema della fame nel mondo, a patto che il World Food Programme delle Nazioni Unite fosse in grado di delineare un modo chiaro per farlo.)[41]

Sembrava prendere molte di quelle critiche come un attacco personale. E intanto, dimostrava una scarsa consapevolezza della sua stessa trasformazione nel tipo di polo di potere accentrato che un tempo aveva condannato. Continuava a comportarsi come se fosse ancora l'ultima ruota del carro. Come poteva l'uomo più ricco del mondo – che aveva costruito la sua fortuna su investimenti tecnologici, approfittando dell'hype di Wall Street e di rapporti privilegiati con i governi – sostenere in maniera credibile che erano i pezzi grossi della tecnologia a esercitare un controllo eccessivo? Non lui, ma *quegli altri tizi*.

In un documento mandato alla SEC quell'anno, Tesla annunciò che a Musk e al suo direttore finanziario Zach Kirkhorn erano stati attribuiti nuovi titoli, in un gesto con cui Musk si faceva beffe della cultura aziendale rigida, formale e radicata nell'establishment che cercava di smantellare.[42]

Da quel momento in poi, Musk sarebbe stato ufficialmente conosciuto come «Technoking Tesla». Anche il suo vice ricevette un nuovo titolo arcano: «Master of Coin», una cosa tipo «Mastro Denaro».

«Elon e Zach manterranno anche le rispettive posizioni di CEO e direttore finanziario» si leggeva nel documento.

I nuovi titoli sarebbero «entrati in vigore il 15 marzo 2021».

Elon Musk sarebbe stato incoronato re della tecnologia alle idi di marzo.

L'esclusione dall'evento alla Casa Bianca di Biden nell'agosto 2021 illustrava come i rapporti politici di Musk potevano cambiare in un batter d'occhio.

In quel momento Musk aveva problemi su diversi fronti: l'inflazione era in crescita, le difficoltà con la catena di approvvigionamento che avevano afflitto altri costruttori di automobili stavano alla fine interessando anche Tesla, e un presidente vicino ai sindacati sembrava tutt'a un tratto intenzionato a tagliar fuori le sue aziende.

Nei mesi seguiti all'inaugurazione di Biden le azioni di Tesla erano calate, e intanto quei fattori continuavano a pesare, insieme alla fine del mandato di Trump notoriamente indulgente in materia di controlli. Il dipartimento dei Trasporti di Biden stava già dando i primi segnali del fatto che avrebbe tenuto d'occhio più da vicino Tesla e Autopilot.[43]

Quell'anno alcuni dei fan più agguerriti di Tesla avevano iniziato a far notare una stranezza: l'amministrazione più favorevole ai veicoli elettrici della storia americana non stava sfruttando al meglio il costruttore di auto elettriche più popolare – e il suo celebre CEO – per centrare l'obiettivo ambizioso che si era posta per il 2030: un mercato in cui il 50 per cento delle vendite sarebbe stato rappresentato da vetture passeggeri elettriche, ibride o alimentate a celle a combustibile.

Adesso se ne stava accorgendo anche Musk.

«È solo perché a voialtri non va giù Elon?» chiese un dirigente di Tesla quando l'azienda non venne invitata al summit sui veicoli elettrici alla Casa Bianca.[44]

Quello sgarbo, nell'agosto 2021, suscitò un fuoco di fila sempre più aspro di critiche al presidente. Biden, ebbe a dire Musk, era «di parte» contro Tesla.[45] L'uomo che aveva ignorato la sua azienda era «un burattino [fatto con un calzino] della UAW» (Musk aveva usato l'emoji dei calzini).[46]

Ma le critiche più pungenti erano riservate a un'altra apparente svista… che stavolta riguardava SpaceX. Dopo che l'azienda ebbe mandato in orbita quattro astronauti civili per raccogliere fondi a favore del St Jude's Children's Research Hospital, Musk avanzò una teoria sul perché Biden non si era congratulato con loro.[47]

«Sta ancora dormendo» scrisse Musk, un riferimento al meme «*sleepy Joe*» popolare fra le persone di destra.[48]

L'amministrazione Biden, che voleva promuovere la propria reputazione di sostegno al sindacato e mantenere le distanze da un uomo che era sempre più una calamita politica, non fece molto per smentire l'idea di essere ostile a Musk. Biden, a differenza di Trump, non parlò mai a quattr'occhi con Musk alla Casa Bianca, anche se funzionari della sua amministrazione lo incontrarono in centro a Washington – così vicino alla Casa Bianca da far sembrare ovvio che stavano cercando di evitare di attirare l'attenzione – per parlare dell'iniziativa del presidente in merito alle postazioni di ricarica.[49]

Se si scagliava spesso contro Biden, Musk era molto più trattenuto nelle critiche ai repubblicani, se mai gliene faceva. All'inizio di quel mese, Tesla aveva ricevuto pressioni affinché proteggesse i suoi dipendenti dopo l'entrata in vigore di una legge che vietava l'aborto in Texas.[50] Musk tenne a freno la lingua.

Ma quando il governatore Abbott andò alla CNBC e dichiarò che Musk «mi dice sempre che apprezza le politiche sociali dello Stato del Texas», il CEO fu costretto a rispondere.[51] «In generale, ritengo che il governo non dovrebbe imporre la sua volontà alla gente e, quando lo fa, dovrebbe aspirare a massimizzare la loro felicità» scrisse. «Ciò detto, preferirei tenermi fuori dalla politica.»[52] Un'affermazione diplomatica – e priva di rischi – che rifletteva la capacità di Musk di esprimere il proprio disaccordo in maniera ragionevole e con toni civili.

* * *

Qualche settimana dopo, Rohan Patel stava per fare una telefonata all'assistente principale del senatore democratico per lo Stato dell'Oregon Ron Wyden. In un momento in cui Tesla era all'apice della sua quotazione, Patel era nella posizione poco invidiabile di dover spegnere un incendio catastrofico appiccato dal suo boss.

Musk aveva appena twittato a un senatore degli Stati Uniti – e non un senatore qualunque, il presidente della Commissione finanze del Senato – un commento volgarissimo sulla foto del profilo, in risposta a un post che chiedeva una tassa per i miliardari.[53]

«Perché la tua foto del profilo dà l'idea che tu sia appena venuto?» scrisse Musk il 7 novembre 2021.[54]

Stando a una persona informata dei fatti che mi ha raccontato le conseguenze del tweet a Wyden, in Tesla i dipendenti stavano iniziando ad arrivare a una nuova conclusione: il loro capo era un pazzo scatenato. Si erano arrampicati sui vetri per far fronte a fin troppi episodi come quello. In questo caso, il tweet offensivo era arrivato in occasione di dibattiti decisivi sull'Inflation Reduction Act, la legge sul clima di Biden che era ancora in via di stesura e in merito alla quale Tesla era stata coinvolta attivamente.[55] Se mai ci fosse stato il momento giusto per fare una battuta di pessimo gusto su un senatore potente, non era quello.

Il team di Tesla addetto alle relazioni con Washington era allibito e iniziò a tempestare di telefonate Patel. Era un'emergenza. «Puoi darci una mano?»

Patel fece la chiamata all'assistente di Wyden subito dopo. Cercò di spiegare, ma non c'era un copione per cose come quelle.

«Mi dispiace immensamente» disse.

L'assistente di Wyden fu comprensiva.

«Che cazzo ha che non va il suo capo?» chiese.

«Non lo so proprio» rispose lui.

Il 18 aprile 2022 fu oggetto di un nuovo rifiuto di cui incolpò la sinistra, questa volta di natura personale. Quel giorno, la figlia diciottenne di Musk, Vivian Jenna Wilson, una ragazza trans, presentò una richiesta all'Alta Corte della California. Aveva adottato il cognome da nubile della madre e voleva ufficializzarlo definitivamente.

Nella sezione che chiedeva il motivo del cambiamento, Wilson scrisse: «Identità di genere, e il fatto che non vivo più con il mio padre biologico e non desidero essere legata a lui in alcun modo o forma».[56]

Il *Daily Beast* riferì la reazione di Musk. «Non vuole essere una figura pubblica» disse al quotidiano. «Penso sia importante difendere il suo diritto alla privacy. Per favore, non rivelate le tendenze sessuali di una persona contro la sua volontà… non è giusto.»[57]

L'affermazione sembrava quella di un padre comprensivo. Ma nei due anni precedenti Musk si era scagliato pubblicamente contro le misure volte a creare ambienti inclusivi per gli individui trans. Nel 2020, qualche mese dopo il tweet «i pronomi fanno pena», aveva scritto: «Sostengo i trans, ma tutti quei pronomi sono un incubo estetico [*sic*]». Quando qualcuno metteva in discussione il suo impegno per i diritti LGBTQ, Musk ribatteva citando il punteggio 100/100 di Tesla nell'uguaglianza LGBTQ in un indice di Human Rights Campaign.[58]

In privato, mi ha detto una persona vicina a Musk, la cosa gli pesava tantissimo. Essere ripudiato come padre trasformò quella che in precedenza aveva considerato come una crociata politica in una questione personale. In un'intervista del 2024 con lo psicologo Jordan Peterson, Musk ha fugato ogni dubbio sul suo sostegno a Wilson, asserendo di essere stato indotto con l'inganno a firmare i documenti con cui autorizzava l'intervento chirurgico per la riassegnazione del genere e dichiarando che Wilson era stata «uccisa dal virus della mentalità woke». «Così ho giurato di distruggere il virus della mentalità woke» ha aggiunto.[59]

Wilson ribatté su Threads, il social media di Meta che aveva preso piede dopo l'acquisizione di Twitter da parte di Musk. Si scagliò contro il padre come pochi avrebbero potuto fare dopo che lui l'aveva definita «mio figlio», al maschile, e aveva parlato di aspetti della sua infanzia fra cui un interesse precoce per il teatro e l'inclinazione a descrivere i vestiti come «favolosi!». Wilson liquidò quelle affermazioni come «completamente false» nonché un'accozzaglia di «stereotipi sui gay».[60]

«È tutto inventato e c'è un motivo» scrisse Wilson. «Non sa com'ero da bambina perché non c'era mai, e le poche volte che c'era mi assillava su femminilità e omosessualità.» Per poi proseguire: «Quanto al fatto che non sono una donna... certo, come no. Se lo dici tu. Sono legalmente riconosciuta come donna nello Stato della California e non mi lascio toccare dalle opinioni di chi non è degno della mia considerazione».[61]

I post su Threads di Wilson ebbero enorme risonanza, e all'improvviso si ritrovò con milioni di nuovi follower, molti dei quali le espressero il loro sostegno e le fecero i complimenti per il coraggio nel parlare chiaro.

La sua ultima parola sull'intervista di Musk con Peterson compariva in alto al suo profilo, visibile a più di 100.000 follower.

«Per esser morta non sono poi così male.»[62]

Mentre era alle prese con le sue idee sull'ideologia transgender, Musk stava anche respingendo quelli che percepiva come attacchi da un altro movimento: gli ESG (Environmental, Social and Corporate Governance), un approccio che chiede attenzione all'ambiente, al sociale e all'inclusione delle diversità in ambito aziendale. Tesla aveva superato a pieni voti le valutazioni nel campo della diversità e dell'LGBTQ, ma Musk aveva la sensazione che dopo la pandemia e le proteste per la morte di Floyd le cose fossero cambiate. La sua inerzia era solo l'ultimo tentativo di resistere al cambiamento sociale in atto, nella speranza che si esaurisse da solo.

«Sono sempre più convinto che gli ESG aziendali siano l'incarnazione del demonio» disse nell'aprile 2022.[63]

Dopo settimane passate a twittare sul flagello degli ESG, nessuno si stupì quando Musk si infuriò per l'ultimo affronto: Tesla stava uscendo dall'S&P 500 ESG Index – una prestigiosa classifica che orientava gli investitori verso aziende focalizzate sull'ambiente e socialmente consapevoli – a causa, fra le altre cose, di accuse di discriminazione razziale. Le accuse comprendevano casi come quello di Owen Diaz, un ascensorista che denunciava un ambiente inquinato da «epiteti razzisti quotidiani» in Tesla, in una causa in cui si affermava che i lavoratori neri subivano frequenti molestie e una cultura «uscita dritta dall'era delle leggi di Jim Crow». Una sentenza di primo grado riconobbe oltre 130 milioni di dollari di risarcimento, ma la questione si complicò quando un giudice ritenne la somma eccessiva e la ridusse; in seguito le parti raggiunsero un accordo stragiudiziale.[64]

Musk era furente per l'eliminazione di Tesla dalla classifica. Come se non fosse già abbastanza brutto, una compagnia petrolifera, Exxon Mobil, era entrata nella lista. (Musk aveva ragione su questo. Exxon fu rimossa nel 2023 e Tesla venne reintegrata.)[65]

«Gli ESG sono una truffa» scrisse.[66] «Sono diventati l'arma dei finti guerrieri della giustizia sociale.»

Con l'avvicinarsi delle elezioni presidenziali del 2024, Musk ruppe i ponti con il Partito democratico. Era convinto che fosse il partito, ormai plasmato dalle frange attiviste, a essersi spostato su posizioni estreme, abbandonando lui e chi la pensava come lui. Per chi, come Musk, si sentiva sempre più nel mirino della sinistra, esasperato dalla crescente ingerenza ideologica nel linguaggio, nell'umorismo e nella governance aziendale, non c'era che una scelta logica: il governatore della Florida Ron DeSantis (repubblicano), il paladino antiwoke che, a differenza di Trump, dimostrava un impegno concreto nel portare a effetto il suo programma.[67]

Di lì a poco ci si era buttato anima e corpo. Dietro le quinte, si attivò per sostenere DeSantis in vista delle presidenziali del 2024.

«In passato ho votato democratico, perché era (per la maggior parte) il partito della gentilezza» scrisse mesi prima delle elezioni di metà mandato del 2022. «Ma è diventato il partito della divisione & dell'odio, perciò non posso più sostenerlo, e voterò repubblicano.»[68] Dichiarò di aver dato la sua prima preferenza a Mayra Flores, la repubblicana del Texas che aveva vinto a sorpresa alla Camera in un'elezione speciale in un distretto a maggioranza democratica.[69]

Nel giugno 2022 twittò che si stava orientando verso DeSantis per la corsa alle presidenziali del 2024.[70] Trump, sostenne, era semplicemente troppo vecchio, come pure Biden.

«Trump avrebbe ottantadue anni alla fine del mandato, troppo vecchio per essere il CEO di qualunque cosa, figurarsi degli Stati Uniti d'America» disse, dopo aver fatto notare: «È venuto il momento che Trump appenda le scarpe al chiodo & galoppi verso il tramonto.»[71]

Faceva lodi sperticate al governatore della Florida e parlava di DeSantis come se avesse praticamente già vinto. «Se DeSantis corre contro Biden nel 2024, vincerà a mani basse... non avrà neanche bisogno di fare campagna elettorale» disse.[72]

Qualche mese prima, Musk aveva espresso la sua trasformazione politica mostrando un meme a fumetti creato dal biologo evolutivo Colin Wright. Ritraeva tre figure stilizzate in fila su una riga che illustravano lo spettro politico.[73] Nel 2008, la figura stilizzata che rappresentava Musk, indicata come «io», stava leggermente a sinistra del centro. Nel 2012, l'omino che rappresentava Musk era nello stesso punto, ma il centro e la sinistra si erano spostati sotto i suoi piedi. Musk veniva spinto più verso il centro, mentre la figura denominata «il mio compagno liberal?» correva verso sinistra, spostandosi sempre più verso l'estrema sinistra. Nel 2021, il centro si era nuovamente spostato sotto Musk, collocandolo nella parte destra dello spettro, mentre il «progressista woke» lo chiamava «intollerante!»

«Ho sostenuto con forza Obama, ma il partito democratico è stato cooptato dagli estremisti» scrisse.[74]

Musk, nel frattempo, era rimasto deluso anche da Biden, il presidente che stava promuovendo leggi sulle grandi infrastrutture e la spesa sociale mentre l'inflazione metteva in ginocchio l'economia.

«L'errore di Biden è che pensa di essere stato eletto per trasformare il Paese, mentre in realtà tutti volevano solo meno sceneggiate» osservò Musk.[75]

Nel 2024 c'erano tanti americani che si sentivano lontani dalla politica nazionale. Musk, però, aveva denaro, fama e potere... e altri amici ricchi che lo incoraggiarono a fare qualcosa al riguardo. La sinistra, dicevano, si era spinta troppo oltre e andava arginata.

L'ultima polemica scoppiò nel marzo 2022, quando «alcuni governi», stando a Musk, avevano detto a Starlink, il servizio internet basato sui satelliti che era stato lanciato in Ucraina dopo la brutale invasione voluta da Putin, di bloccare le fonti d'informazione russe.[76] Musk disse con fermezza che non lo avrebbe fatto.

«Non lo faremo a meno di non avere una pistola puntata alla testa. Scusate se sono un assolutista della libertà di parola» scrisse.[77] Non era certo una presa di posizione irrazionale. Ma per chi lo circondava, il magnate della tecnologia aveva colto nel segno, centrando in pieno la questione cruciale del momento... quella da cui, per usare una formula a lui cara, dipendeva il futuro stesso dell'umanità.

Un amico stretto, l'ex membro del consiglio di amministrazione di Tesla Antonio Gracias, gli scrisse che aveva ragione da vendere. «Andiamo fino alle estreme conseguenze, a qualsiasi costo» scrisse in un sms. «Questo è un principio che dobbiamo difendere a costo della vita, cazzo, altrimenti saremo persi nell'oscurità».[78]

Musk «adorò» il messaggio, e nella risposta ci mise un cuore.

Fu solo verso la fine di marzo che le cose precipitarono.

La piattaforma di social media preferita da Musk – quella che aveva sbattuto fuori Trump l'anno prima – prese un'altra controversa decisione di moderazione dei contenuti, che avrebbe cambiato il corso della storia: bandì il sito satirico preferito di Musk.

Twitter sospese il Babylon Bee, un sito conservatore che ai autodefiniva cristiano, dopo che si riferì a una donna transgender dell'amministrazione Biden, una funzionaria della sanità, chiamandola l'«uomo dell'anno». Il sito si rifiutò di cancellare il tweet, rendendo la sospensione definitiva.[79]

La partner di Musk, Grimes, gli aveva fatto pressioni perché ripensasse al tweet sui pronomi inclusivi. Ma questa volta fu la ex moglie Talulah Riley a ottenere la sua attenzione. Riley, un'attrice inglese che aveva sposato e divorziato da Musk due volte, era rimasta in contatto con lui.

«L'America è IMPAZZITA» scrisse il 24 marzo, secondo alcuni messaggi resi pubblici dal tribunale. «Babylon Bee... la sospensione è follia pura... Era una cazzo di battuta. Perché sono diventati tutti così puritani?» Poi disse: «Non puoi comprare Twitter e renderlo un posto dove regni l'assoluta libertà di parola?»[80]

«Magari lo compro e lo cambio in modo che sostenga sul serio la libertà di parola» rispose Musk sette minuti dopo.[81]

Poi Musk mise un bel «mi piace» al post di Riley che gli chiedeva di comprare il social media più influente del pianeta.

7
Tesla contro i bambini

«Abbiamo organizzato di investire il bambino sabato. La mamma è d'accordo, perché le abbiamo spiegato che non c'è alcun pericolo.»[1]

Omar Qazi, un programmatore che viveva a San Francisco, era sempre più indignato da quella che reputava una campagna di disinformazione contro Tesla. Dopo aver mollato la Santa Clara University quattro anni prima, Qazi aveva fatto della difesa online di Tesla la sua missione. Era diventato il volto più noto di una schiera di sostenitori, azionisti e fan sfegatati di Musk che, con la loro veemenza, si erano creati un ampio seguito difendendo ciò che consideravano il capro espiatorio preferito dell'industria automobilistica. Agli occhi di Qazi, i veicoli ecologici di Tesla, le tecnologie salvavita come Autopilot e Full Self-Driving – e lo stesso Elon Musk – erano costantemente nel mirino di una campagna in malafede orchestrata dai venditori allo scoperto. Così, un giorno dell'estate del 2022, Qazi decise di prendere in mano la situazione.

Se si dovesse indicare il momento esatto in cui la storia di Tesla ha iniziato a perdere credibilità, sarebbe difficile trovare un esempio migliore di quello che successe alle 14.13 (ora del Pacifico) del 9 agosto 2022.

Fu quando Qazi andò su Twitter con una richiesta semplicissima: prendere in prestito il figlio o la figlia di qualcuno per potergli lanciare addosso un'auto del peso di circa due tonnellate. Un esperimento scientifico.

«C'è qualcuno nella Bay Area che ha un bambino disposto a correre davanti alla mia auto in Full Self-Driving versione Beta per dimostrare una cosa importante?» scrisse con il suo handle @WholeMarsBlog, un account che Musk aveva usato come cassa di risonanza per anni. «Giuro che non lo investirò... (se necessario, lo disattivo)» disse, per poi aggiungere: «(è una richiesta seria)».[2]

Due giorni dopo, puntuale come un orologio, aveva il suo bambino.

Ogni giorno Dan O'Dowd abbassava la capote del suo Roadster Tesla e sfrecciava per le strade tortuose vicino a Santa Barbara, in California. Pennellava le curve con l'agile spider, percorrendo il crinale diretto verso l'oceano Pacifico. Passava davanti al parco dove un tempo giocavano i suoi figli, superava il porticciolo e le palme, per poi svoltare a sinistra verso la fontana.

«La maggior parte delle volte qualcuno si fermava accanto a me sulla strada e mi chiedeva: "Che macchina è?"»

Non avrebbero mai immaginato che l'uomo che la guidava fosse diventato il critico più accanito di Musk, un uomo che il CEO di Tesla bollava come un «pazzo fuori di testa» usando delle emoji.[3]

L'esile e a volte privo di senso dell'umorismo O'Dowd era un imprenditore tech multimilionario che di recente era diventato il peggior nemico di Qazi e del suo esercito di fanboy, dopo aver sposato anche lui una causa: rivelare i difetti nei prodotti di Musk. Era un critico spietato e una spina nel fianco degli apostoli di Tesla.

O'Dowd, collezionista e hobbista appassionato che possedeva la collezione privata di monete più grande del mondo e un cranio quasi intatto di *Tyrannosaurus rex*, era anche diventato una specie di nemesi dell'uomo più ricco del pianeta.[4] Ma non vedeva il suo conflitto con Musk come una vendetta personale. Anzi, non era sempre stato così. Il Roadster Tesla gli piaceva talmente tanto che ne aveva due. Aveva persino lavorato per Musk nel 2014, distaccando un team della sua società, Green Hills Software, perché contribuisse a sistemare il codice di Autopilot, che all'epoca era un gran pasticcio.

Ma O'Dowd non apprezzava l'enfasi che Tesla aveva iniziato a mettere sulle auto a guida autonoma, il perseguimento dell'automazione totale. Considerava il software Full Self-Driving un pericolo pubblico che andava tolto dalle strade. I fan di Tesla erano convinti di essere in procinto di evitare decine di migliaia di morti all'anno con la tecnologia salvavita del futuro; i suoi critici pensavano invece che l'azienda fosse sul punto di scatenare un massacro sulle strade, ed erano convinti di poterlo dimostrare.

Tramite la sua campagna di sensibilizzazione, il Dawn Project, O'Dowd lanciò una vigorosa crociata contro la scommessa della guida autonoma di Musk, investendo più di 10 milioni di dollari in un'operazione di ampia portata che comprendeva uno staff di quindici persone, due veicoli Tesla per i test e un'intensa attività di comunicazione che vedeva coinvolte agenzie di pubbliche relazioni e lobbisti. Il gruppo acquistò diverse pagine pubblicitarie sul *New York Times* e nel 2023 mandò in onda a Washington e in diverse altre grandi città uno spot del Super Bowl in cui si vedeva, fra le altre cose, una Tesla che investiva un manichino della taglia di un bambino.[5]

O'Dowd, che nel 2019 aveva un patrimonio netto di centinaia di milioni di dollari, vendeva sistemi di controllo che gestivano infrastrutture critiche per la sicurezza come grandi aerei di linea e jet militari.[6] Era però sempre più preoccupato per il grado in cui i sistemi essenziali per la sicurezza dipendevano dalle connessioni internet. «Mi sono detto: "Oh, mio dio, le infrastrutture civili sono diventate delle armi per il nemico".»

Anche quando era un fan di Tesla, aveva nutrito il timore di un futuro distopico in cui tutta quella connettività avrebbe potuto portare al disastro. Per esempio, un hacker che entrava nel software di Tesla e sbloccava una specie di «*God mode*», ottenendo un accesso senza restrizioni che gli avrebbe permesso di avere il controllo di tutte le Tesla negli Stati Uniti. L'hacker, dopo aver preso il controllo, avrebbe potuto ordinare a tutte le Tesla statunitensi di passare alla modalità di guida britannica. All'improvviso, le Tesla a guida autonoma avrebbero sfrecciato «a 130 chilometri orari contromano».

«Ci sarebbero milioni di morti» disse O'Dowd. «Dobbiamo essere sicuri che non sia possibile hackerarle tutte.»

Con il Dawn Project O'Dowd stava anche cercando un esempio di software pericolosamente difettoso in azione – il tipo di prodotto che avrebbe dimostrato le insidie del codice scritto male, della connettività e del rischio per il pubblico –, quando la versione Beta di Full Self-Driving gli venne praticamente servita su un piatto d'argento.

Nel 2021 Tesla aveva rilasciato le prime versioni del suo software di guida assistita progettato per operare in città e nelle vie residenziali. O'Dowd venne a sapere della nuova funzionalità e si mise a guardare video su YouTube di gente che testava il software. Quello che scoprì lo sconvolse.

«Un tizio ha fatto un video di 10 minuti in cui brucia uno stop [e] fa un sacco di altre cose pazzesche» mi ha detto O'Dowd in un'intervista del luglio 2023. «E poi dice: "Beh, sì, c'è qualche problemino". Non ci stanno con la testa.»

O'Dowd ridusse il suo focus su Tesla a una formula semplicissima. «Come faccio a convincere la gente?» si chiedeva. «Mi serve un prodotto veramente pessimo.» Poteva illustrare i rischi per le centrali elettriche e le infrastrutture pubbliche, ma non, per esempio, le conseguenze della fusione del nocciolo di un reattore.

«[Però] posso dimostrare che un'auto è [pessima] perché posso comprarne una» ha spiegato. «E chiunque può comprarsela.»

E così fece. E poi dimostrò – ripetutamente – che Tesla non riconosceva un manichino della taglia di un bambino sulla strada.

«Voglio dire, ha investito dei bambini» mi ha detto. «Cosa può esserci di peggio?»

E quindi era tutto pronto per il contro-esperimento di Qazi.

Era stata una ristrutturazione aziendale a creare il vuoto che aveva portato a quella rotta di collisione.

Gli addetti alle pubbliche relazioni di Tesla si trovavano di fronte a un compito impossibile: gestire e contrastare ogni giorno una marea di articoli e post sensazionalistici negativi, inchieste approfondite dei grandi giornali, richieste improvvise e bizzarre sulle abitudini del CEO, e allo stesso tempo sostenere in qualche modo una narrazione positiva sul costruttore di veicoli elettrici di maggior successo della storia. Dopo anni di copertura mediatica critica, culminata nell'estate degli scandali del 2018, Musk aveva ormai iniziato a considerare la stampa tradizionale – che un tempo lo aveva osannato – come una causa persa, stando a quello che mi hanno raccontato fonti interne.

Perciò le PR avevano ricevuto un ordine: non rispondere a nulla che non fosse positivo. Musk aveva l'ultima parola su tutte le comunicazioni pubbliche di Tesla: approvava personalmente comunicati stampa, blog post e dichiarazioni ufficiali. Ma l'azienda continuava a essere oggetto di critiche, cosa che mandava fuori di matto gli addetti alle pubbliche relazioni che non riuscivano a cambiare l'immagine di Tesla.

Era inevitabile che si arrivasse a un deterioramento del dibattito quotidiano, già di per sé caotico, su Tesla, l'azienda più discussa sul web.

I giornalisti specializzati in tecnologia, al pari di molti reporter che si occupano del settore delle imprese, a volte hanno rapporti ostili o conflittuali con gli addetti alle pubbliche relazioni delle aziende di cui scrivono.

Con la progressiva scomparsa delle redazioni tradizionali, le PR hanno assunto un ruolo sempre più cruciale nel veicolare la narrazione di un'azienda. Team interni hanno sfruttato la capillarità dei social media e del pubblico online, arrivando talvolta a bypassare completamente i media tradizionali. Nel 2018 il sito web Muck Ruck riferiva che c'erano circa sei PR per ogni giornalista, citando i dati dell'US Bureau of Labor Statistics.[7]

Ma lo staff della comunicazione di un'azienda poteva anche giocare un ruolo vitale per i giornalisti, accompagnandoli durante il lancio di un prodotto, dando loro informazioni su una nuova caratteristica e sulle novità aziendali, chiarendo aspetti tecnici in modo che fosse possibile tradurli in spiegazioni comprensibili ai lettori. Andava tutto a beneficio del pubblico, certo, ma al tempo stesso l'azienda era in grado di passare il messaggio nel modo desiderato. In questa situazione, la proliferazione di notizie sulla tecnologia basate sull'hype e alimentate dall'industria dei blog, dagli influencer e dai siti di nicchia a partire dagli anni Dieci del Duemila – sempre pronti a promuovere l'ultima novità sensazionale e a esaltare figure come Musk quasi fossero semidei – non avrebbe dovuto essere una sorpresa.

Ma c'era anche giornalismo serio.

Con le Big Tech, la dinamica delle interazioni su un articolo seguiva di solito uno schema ricorrente: una richiesta di commento all'azienda si trasformava in uno scambio di telefonate ed e-mail dai toni irritati, in cui un portavoce esprimeva le proprie obiezioni. Alla fine, entro il giorno della pubblicazione, l'azienda riusciva a farsi un quadro chiaro dei contenuti dell'articolo e dei commenti che sarebbero stati inclusi come replica. Le tattiche a disposizione di un portavoce aziendale per contrastare un pezzo giornalistico erano limitate: montare sterili polemiche sulla formulazione delle frasi, liquidare il pezzo come «privo di interesse» o indegno della testata, o richiedere correzioni pretestuose a pubblicazione avvenuta. A volte, ovviamente, fornivano anche informazioni utili o convincevano un giornalista ad abbandonare una pista che non avrebbe portato a nulla.

Gran parte delle sbruffonerie erano solo scena: l'azienda sapeva che i giornalisti avrebbero riportato comunque la notizia, ma lo staff delle pubbliche relazioni doveva alzare un polverone per proteggersi.

Nel bene o nel male, Tesla fece finire questa formula giù dallo scarico.

Le mie conversazioni con le PR di Tesla talvolta sfociavano in discussioni (mi piace pensare che fossero a senso unico) e in almeno un'occasione a un certo punto mi attaccarono il telefono in faccia. Queste conversazioni iniziavano in modo cordiale, ma all'improvviso sembrava che qualcuno avesse *dato una strigliata* alla persona con cui stavo parlando non appena era balenata la possibilità di un articolo negativo. Richiamavano con una serie di obiezioni che potevano anche toccare la sfera personale. Una volta, verso la fine del 2019, quando cercai di replicare insinuando che le tattiche retoriche del portavoce fossero trumpiane prima che mi venisse sbattuto giù il telefono, mi resi conto quanto Tesla fosse suscettibile a qualunque critica: l'azienda poteva distribuirle a piene mani, ma non accettarle.

Il disprezzo per i giornalisti da parte di Tesla toccava livelli da record. Era difficile ottenere qualunque commento o risposta. Le rare occasioni in cui capitava, le risposte grondavano malevolenza o arrivavano nei peggiori momenti possibili. Ricordo di aver ricevuto una chiamata nel cuore della notte prima della pubblicazione di un articolo, dopo che non avevo sentito nessuno per tutto il giorno. L'idea era quella di dare una risposta, indipendentemente dalla sua attinenza con le domande, e poi atteggiarsi a vittime quando le informazioni non erano riportate in modo accurato.

Intanto, Musk sembrava pensare che la copertura sempre più critica del *Post* avesse qualcosa a che fare con il suo proprietario... o perlomeno, voleva che l'opinione pubblica la pensasse così. (Il *Post* è del fondatore di Amazon Jeff Bezos.)

Diverse persone con cui ho parlato hanno sottolineato il fatto che Musk ne capisca assai poco di come funzionano i media. Era un brillante innovatore nel campo dei prodotti, ma la sua comprensione della comunicazione aziendale sembrava frutto di pigrizia intellettuale oppure di una deliberata ottusità. Era disposto a credere che semplici giornalisti delle grandi testate fossero stati istigati contro di lui da miliardari rivali o dai colossi petroliferi che finanziano la pubblicità. D'altra parte, non era forse concepibile che i reporter, mossi dalla volontà di far emergere la verità all'interno di istituzioni potenti e scarsamente trasparenti, concentrassero improvvisamente la loro attenzione sul CEO più famoso del mondo... a capo del gruppo automobilistico più quotato del pianeta e di un'azienda spaziale privata di primo piano?

Con il tempo, ho iniziato a simpatizzare con gli addetti alle PR che se la prendevano con me quando chiamavo con domande per un articolo. Sospettavo che se non fossero riusciti a dissuadermi dallo scrivere quello che avevo in mente, si sarebbero presi una lavata di testa da Musk.

Un ex addetto stampa mi ha raccontato che Musk aveva ridotto in lacrime almeno due dei suoi colleghi. Portava la persona in questione in una stanza e le dava una strigliata, facendola sentire orribile e incompetente.

Gli addetti alle pubbliche relazioni erano così abituati alle sfuriate di Musk che avevano messo a punto una strategia: stringersi attorno a coloro che erano gli obiettivi più probabili della sua collera. La persona con cui ho parlato mi ha raccontato che quando una volta Musk lo chiamò in una stanza per lamentarsi del lavoro di un collega, fu costretto a difenderlo davanti al CEO. Se si fosse dichiarato d'accordo con le critiche, era probabile che Musk l'avrebbe licenziato, considerando il loro lavoro inefficiente.

E invece le PR di Tesla serravano i ranghi e davano resoconti positivi al capo, il quale guardava con occhio sempre più scettico le comunicazioni ufficiali, secondo una persona informata dei fatti.

L'abbandono della comunicazione ufficiale da parte di Tesla era iniziato quando il capo del reparto PR Dave Arnold, che aveva avuto un ruolo di primo piano nell'episodio del «finanziamento garantito», aveva lasciato l'azienda nel giugno 2019. Nelle settimane precedenti all'improvvisa smobilitazione, se n'era andata anche la persona che lo aveva sostituito, la responsabile comunicazioni Keely Sulprizio.

L'azienda aveva sempre avuto un turnover insolitamente alto tra le figure che avevano rapporti col pubblico. Non c'era da stupirsi: il lavoro aveva la tendenza a prosciugare le persone.

Ma all'improvviso Tesla rimase in assoluto silenzio.

Un giorno dell'inizio del 2020, i dipendenti dell'ufficio pubbliche relazioni di Tesla furono informati all'improvviso che il loro reparto veniva smantellato. La notizia colse impreparati molti di loro.

Anche se non lo si sapeva ancora, l'impatto fu quasi immediato. Saggiai il mio solito contatto, che non rispose. Le chiamate restavano senza risposta. La cosa andò avanti per mesi.

Quando infine la notizia fu resa pubblica, il fatto che Tesla non avesse più addetti alle comunicazioni non era certo una sorpresa per i giornalisti che stavano cercando di mettersi in contatto con l'azienda da mesi senza risultato.[8] Era però una mossa stranissima per una società quotata in Borsa che dipendeva così tanto dalla percezione dell'opinione pubblica.

Senza un reparto di pubbliche relazioni, Tesla smise di interagire ufficialmente con i media tradizionali. Nessuno commentava gli articoli, né invitava i maggiori mezzi di comunicazione al lancio dei prodotti e alle presentazioni aziendali. Non c'era nemmeno più traccia del rapporto che permetteva a Tesla di raccontare la propria storia al consumatore medio.

Invece, Tesla optò per un approccio su misura per l'era di internet: costruire una camera dell'eco di notizie immancabilmente positive, alimentata da blogger e influencer online, che si erano fatti un nome e una reputazione propinando ai fanboy l'ultimissima botta di dopamina. La parola ufficiale dell'azienda sarebbe stata rimpiazzata da gente come Omar Qazi e Sawyer Merritt, un fan di Tesla che accrebbe il proprio seguito su Twitter (in seguito X) fino ad arrivare a 750.000 follower offrendo notizie e scoop relativi all'azienda.[9]

Dopo tutto, chiunque volesse tastare il polso a Tesla poteva facilmente arrivare alla pagina Twitter di Elon Musk.[10] La situazione ricordava quella dell'ufficio stampa della Casa Bianca durante l'amministrazione Trump. Certo, era possibile misurare la risposta del governo ai problemi del momento dai comunicati stampa, ma alla fine tutto era nelle mani di Trump, che avrebbe potuto modificare l'intera narrazione con una dichiarazione spontanea.

Il dipartimento delle pubbliche relazioni di Tesla era nel caos da anni, e Musk aveva iniziato a considerarlo estraneo... nello stesso modo in cui pensava che la pubblicità fosse inutile, convinto com'era che un buon prodotto si vendesse da solo. (Avrebbe chiarito questa posizione qualche anno dopo, definendo le PR nient'altro che «propaganda».)[11]

Un pomeriggio, mentre lavoravo a un articolo che parlava di come Musk riuscisse a conciliare la celebrità crescente e gli impegni che lo assorbivano, ricevetti un'e-mail da un mittente inaspettato.

Era Elon Musk.

Gli avevo mandato una richiesta particolareggiata di commenti sull'articolo, che era incentrato sulla sua routine frenetica e il trasferimento in Texas.

Quando lessi la risposta, sulle prime pensai che fosse un troll. Ricontrollai il mittente.

Tornava tutto.

«Porta i miei saluti al tuo burattinaio» aveva scritto.[12]

Quella sera, mentre gustavo il mio ramen pensai all'ironia di un megamiliardario che la risolveva a cazzotti con un'altra delle persone più ricche del pianeta.

Più di un anno dopo, Musk mandò i suoi commenti per un altro articolo, stavolta riguardo ai rapporti con le autorità incaricate della sicurezza automobilistica.

«Per la centesima volta, ti prego di portare i miei saluti al tuo burattinaio» scrisse, firmando il commento «Elon Musk».[13]

Dopodiché mandò una lettera che parlava del fatto che il *Washington Post* faceva pagare i lettori per il suo prodotto.

«Il *Washington Post* dovrebbe cambiare il suo slogan in "la democrazia muore dietro il nostro paywall". Se siete tanto preoccupati per la democrazia, smettetela di costringere la gente a pagare per (presunte) notizie importanti! Il vostro boss Besos [*sic*] può senz'altro permetterselo, anche dopo aver comprato uno yacht di supporto per il suo yacht.»[14]

La pubblicità si apre con una ripresa della Willow Springs International Raceway di Rosamond, in California, lo scenario di uno dei test più chiacchierati nella storia della sicurezza dei veicoli a motore.

«Elon Musk sostiene che il software Full Self-Driving di Tesla è "straordinario"» dice O'Dowd, citando Musk. «Ma funziona?»[15] Immediatamente dopo, una Tesla Model 3 bianca sfreccia verso un manichino delle dimensioni di un bambino con un cappellino rosso. *Sbam*. Centra in pieno il manichino, la cui testa decapitata – il berretto rosso serve ovviamente per un tocco drammatico – vola in aria. Poi l'auto si avvicina a un manichino in giacca rosa con lo stesso risultato: il manichino finisce sotto le ruote dell'auto che pesa quasi due tonnellate.

«Succede tutte le volte» dice O'Dowd mentre un manichino con una felpa grigia fa la stessa fine.

A quel punto la telecamera taglia su O'Dowd, un uomo dimesso coi capelli argentati e gli occhiali dalla montatura di metallo che potrebbe passare per un manager qualunque di medio livello.

«Sono Dan O'Dowd. Mi occupo di sicurezza. E non ho mai visto vendere un software peggiore del Full Self-Driving di Tesla. Dite al Congresso di bloccarlo.»

Sullo schermo passa il numero di telefono del Congresso USA mentre un disclaimer recita: «Pagato dal Dawn Project».

Qazi rimase profondamente turbato da quello che aveva visto. L'influencer di Tesla assistette impotente mentre la pubblicità di O'Dowd diventava virale online – avrebbe raggiunto quasi 400.000 visualizzazioni solo su YouTube – e si arrabbiò per quello che riteneva un attacco ingiustificato al software che conosceva così bene. Un video postato da un altro detrattore di Tesla, Taylor Organ, che mostrava l'esperimento ripetuto con un veicolo equipaggiato con il sistema concorrente Luminar che non falliva il test mentre una Tesla Model Y investiva in pieno il manichino, gettò altra benzina sul fuoco.[16]

Musk e i suoi fanboy avevano ingaggiato una battaglia lunga un anno contro venditori allo scoperto, critici e detrattori sulla stampa, ma in questo periodo furono gli attacchi di O'Dowd a farli arrabbiare sul serio.

Neanche O'Dowd era al di sopra delle critiche. Il sito web Electrek riferì una magagna: lo schermo centrale dell'auto rivelava che il software non era attivo.[17] O'Dowd produsse ampia documentazione per dimostrare che invece lo era, mettendo a disposizione filmati grezzi e dichiarazioni firmate da parte di chi aveva preso parte al test, dai quali si evinceva che il software era attivato.

Tramite i suoi profili YouTube e Twitter, dove è noto come WholeMarsCatalog, Qazi aveva pubblicato ore di video alla guida di Tesla in Full Self-Driving, che mostravano quasi sempre i veicoli andare via lisci con pochi interventi di sicurezza: tragitti ininterrotti per le strade tortuose e caotiche di San Francisco, per esempio, o l'intenso traffico di Los Angeles. Aveva documentato ampiamente i risultati di Tesla tramite una lente infallibilmente positiva, elogiando le svolte riuscite e l'assenza di incidenti come se le auto fossero bimbi che facevano i loro primi passi.

Adesso O'Dowd stava dicendo il contrario, definendo Full Self-Driving un pericolo pubblico. E la gente gli dava retta.

In una conversazione che ha avuto con me nell'estate del 2023, Omar Qazi non ha fatto mistero della sua strategia, che mirava a difendere Tesla contro il fuoco di fila di negatività che gli investitori e i fan liquidavano come FUD – *fear, uncertainty, and doubt* (paura, incertezza e dubbio) – benché sapessero che andava presa sul serio.

«Tesla non pubblicizza FSD e neanche fa molte PR» mi ha detto. «E poi c'è questo tizio e la sua campagna diffamatoria da 10 milioni di dollari... Noi non li abbiamo, 10 milioni di dollari. Quindi cerchiamo di renderlo il più sensazionale possibile. Diventerà virale e magari riusciremo a neutralizzare questa voce che gira secondo cui la Tesla investe i bambini postando un video per mostrare che cosa fa sul serio.»

Come minimo, avrebbe fornito una confutazione... una cosa che Tesla non stava facendo.

Qazi difese il suo esperimento, anche quando l'idea palesemente assurda finì sotto i riflettori della stampa mainstream, dove gli articoli ne sottolineavano il carattere grottesco. Poco prima del test, la polizia di San Francisco mi inviò una dichiarazione in cui sconsigliava esplicitamente il tipo di dimostrazione che Qazi intendeva portare avanti.

Qazi era più determinato che mai.

«È sicurissimo perché nell'auto ci sarà un essere umano» scrisse, prima di dichiarare di aver trovato un volontario.[18]

«Okay qualcuno si è offerto volontario... deve solo convincere la moglie» twittò.[19]

«Molti commentatori hanno suggerito che dovrei essere io a farmi investire, quindi prima farò quello» disse. «Prima proveremo con gli adulti e i manichini. Per la parte col bambino non sarà necessario essere in strada.»[20]

Mentre continuavano a fioccare le critiche, Qazi si incaponì su Twitter: «Investirò tutti i bambini che mi pare e non potrete fermarmi!!» Questa era la replica a una lettera aperta pubblicata dal sito web di tecnologia The Verge che lo sollecitava a non andare avanti. «No. Non farlo» diceva. «Sul serio, io non lo farei proprio. Non costringere un bambino a mettersi davanti alla tua scatola di metallo da 2.000 chili che viaggia a dio sa quale velocità per dimostrare qualcosa a un idiota su Twitter che ha postato qualcosa che ti ha incasinato il cervello.»[21]

Se Qazi non diede retta a The Verge, perlomeno pianificò un passo intermedio prima di fare l'esperimento con dei bambini veri. Trovò un manichino delle dimensioni giuste su Craiglist. Quando andò a prenderlo, il proprietario gli chiese se pensava di metterlo in un negozio.

«No, ho intenzione di provare a investirlo.»

Poi andò in un discount di abbigliamento per comprare dei vestiti.

Parlando con me nel 2023 ha descritto le reazioni alla sua idea: «Erano tutti agitatissimi. Per me era la cosa più normale del mondo».

Dopodiché si presentò davanti a una casa in una pittoresca via residenziale di Alameda, una città della East Bay dove abitavano i bambini veri che si erano offerti volontari per il suo esperimento.

Qazi ricorda di essere arrivato ed essere stato fatto entrare in una stanza disseminata di giocattoli e vestiti. I bambini notarono il manichino e gli abiti che aveva comprato per vestirlo e chiesero se potevano metterglieli loro. Glieli diede: una maglia turchese a maniche lunghe, pantaloni del pigiama e un cappellino da baseball.

Ecco cosa succede nel video di dieci minuti postato su YouTube e in seguito rimosso dal sito.[22]

Era venuto il momento di eseguire il test. Qazi era al volante di una Model 3 grigia in una tranquilla via residenziale con un canestro da basket alla sua destra e più avanti un minivan Honda Odyssey parcheggiato a una distanza di circa due auto. Era una giornata serena in un quartiere della California formato perlopiù da case unifamigliari a un solo piano. Il manichino, con un berretto da baseball e una maglia turchese, era posizionato in diagonale a sinistra dell'auto, che se lo sarebbe ritrovato davanti una volta che si fosse immessa nella carreggiata.

Qazi premette due volte in rapida successione la leva per inserire Autopilot, attivando i due specchietti laterali che si misero automaticamente in posizione. E poi… niente. La Tesla, vedendo il manichino sulla strada, non si mosse.

«Non va» disse Qazi.

Era venuto il momento di un secondo tentativo. Questa volta il manichino era più lontano, oltre il minivan.

Qazi inserì di nuovo Autopilot per far partire l'auto. La Tesla si immise a sinistra sulla strada, mentre una bambina con una maglia rosa camminava sul marciapiede alla sua destra. «Okay, la macchina sta andando pianissimo» disse Qazi, mentre la vettura si portava al centro della strada, a una distanza di circa due auto dal manichino.

«E si ferma. Non va avanti» disse, con l'auto ora di fronte al manichino.

Un terzo test: il manichino venne posizionato leggermente verso destra, in modo che la Tesla non lo considerasse un ostacolo. Qazi premette di nuovo due volte la leva di Autopilot. All'improvviso, lo sterzo dell'auto girò – senza che nessuno ci avesse posato le mani –

quasi del tutto verso sinistra mentre l'auto si immetteva in strada in diagonale e iniziava ad accelerare. Poi girò nuovamente verso sinistra, per correggere la traiettoria, e procedette dritta a 24 chilometri orari, sfiorando il manichino con lo specchietto destro, e poi raddrizzandosi di nuovo e toccando i 40 chilometri orari prima che Qazi disattivasse Autopilot.

La Tesla stava passando il test a pieni voti.

Dopo una serie iniziale di prove, fra cui una con un adulto in mezzo alla strada – nel punto in cui era stato posizionato il manichino – che poi attraversava la strada davanti all'auto, Qazi, che stava riprendendo l'esperimento, annunciò: «Okay, finora tutto bene. Che ne dite di provare con dei bambini veri?»

Un uomo con una sottile barba lungo la mascella e spessi occhiali dalla montatura nera si mise la cintura di sicurezza al posto del guidatore della Tesla. Tad Park si girò verso Qazi, che stava ancora riprendendo, e si presentò come manager del portafoglio di VCAR, un fondo azionario di aziende di guida autonoma. Disse di aver avuto altre esperienze con Full Self-Driving e di avere fiducia nel software.

«Mi fido del sistema al punto... che gli affiderò la vita dei miei bambini» disse. «Sono sicuro che sarà in grado di riconoscerli, e poi ci sono qui io al volante e posso frenare in qualunque momento.»

La scena successiva mostra una bambina con una maglietta rosa in mezzo alla strada, le braccia incrociate, immobile. Non la si vede in faccia.

Qazi riprendeva dal sedile del passeggero.

«Ti vede! Ti vede!» urlò Park alla figlia, distante poco più della lunghezza di due auto, cercando di rassicurarla. Poi premette la leva due volte, attivando Full Self-Driving e avvisando la Tesla di muoversi verso di lei.

All'inizio, l'auto non si mosse.

Dopo qualche istante, iniziò ad avanzare a 5 chilometri orari, percorrendo più o meno la lunghezza di un'auto, allineandosi con l'Honda Odyssey parcheggiato sul bordo della strada. Si fermò alla distanza di circa un'auto e mezzo dalla figlia di Park.

«E si è fermata» annunciò Qazi. La bambina era perfettamente al centro dello schermo dell'auto, più o meno a 5,5 metri dal paraurti anteriore. Non si era mai mossa.

Corse via dalla strada per un altro test.

Al figlio di Park, un bambino di cinque anni con la testa che arrivava più o meno all'altezza degli specchietti laterali della Tesla, era stato detto di attraversare la strada mentre l'auto si avvicinava in modalità Full Self-Driving (Beta).

Park riavviò l'auto. Mentre si avvicinava a una Toyota Prius parcheggiata, spuntò il ragazzino, con indosso una maglietta di colore vivace e quello che sembrava un cappellino da sole, e attraversò la strada. La Tesla si fermò per farlo passare, con grande cortesia.

Poi si avviò lungo la strada residenziale mentre il bambino spariva alla vista.

«Quindi vede benissimo i bambini» disse Qazi.

«Già. E lui è proprio piccolo» concordò Tad.

Alla fine, data la natura circoscritta dell'esperimento, non è chiaro cosa abbia dimostrato il test di Qazi, a parte fin dove erano disposti a spingersi i fanboy di Tesla per difendere il nome dell'azienda.

Qazi mi ha confessato che era una trovata pubblicitaria. Non dimostrava certo che il risultato di O'Dowd fosse impossibile, e aveva previsto il coinvolgimento di bambini veri. E cosa dire del rischio che qualcuno facesse esperimenti simili?

«Volevamo che diventasse virale come il video [di O'Dowd] con la sua pubblicità a pagamento» mi ha detto Qazi. «La gente scrive cose negative molto più facilmente di cose positive. Se io ripetessi: "Ehi ragazzi, stiamo per fare questo test e voglio che ne parliate", la maggior parte delle persone direbbe: "Sì, contaci". Ma se io dico: "Vogliamo provare a investire un bambino" e qualcuno vuole scrivere una storia di quanto siamo stronzi, beh ecco... Alla fine volevamo solo che la gente vedesse [...] questa non è la situazione che ha mostrato lui dove i bambini vengono investiti a destra e a manca.»

Neanche a dirlo, il video di Qazi venne rilanciato. Mentre iniziava a circolare, un giornalista della CNBC contattò YouTube per un commento. A quel punto la piattaforma rimosse il video in obbedienza alla sua politica in merito ai contenuti «dannosi e pericolosi».[23]

Quanto a Tesla e a Musk, non rilasciarono commenti sul test di Qazi, ma rivolsero la loro attenzione a O'Dowd.

Quel mese, l'azienda mandò una lettera di diffida, firmata dal vicedirettore degli affari legali Dinna Eskin, in cui chiedeva che il Dawn Project rimuovesse la pubblicità dei manichini. Citando l'articolo di Electrek secondo cui Full Self-Driving non era inserito, l'azienda sosteneva che la pubblicità rappresentava in modo erroneo il suo software.

«I cosiddetti test usano in maniera sbagliata e rappresentano in modo erroneo le capacità della tecnologia Tesla, e ignorano prove ampiamente riconosciute eseguite da agenzie indipendenti come pure le esperienze dei nostri clienti» diceva la lettera. Accusava il Dawn Project di uso «rischioso e improprio» del software. Al contrario, sosteneva Tesla, era il Dawn Project che metteva in pericolo le persone. «Le vostre azioni mettono a rischio i consumatori» si leggeva.[24]

O'Dowd non fece una piega. Investì anzi altro denaro nel progetto, che culminò nella campagna pubblicitaria del Super Bowl di febbraio, quando a un pubblico immenso venne mostrata una Tesla che decapitava un manichino della taglia di un bambino. Un anno dopo, il Dawn Project fece altre due pubblicità. La prima raccontava nei particolari un incidente orribile – accaduto solo poche settimane dopo il video in cui la Tesla decapitava i manichini – nel quale il diciassettenne Tillman Mitchell era stato investito a oltre 70 chilometri orari da una Tesla presumibilmente in Autopilot mentre stava scendendo da uno scuolabus in North Carolina, finendo in ospedale attaccato a un respiratore.[25] (L'NHTSA, tramite un portavoce, rifiutò di commentare l'incidente, dicendo che le indagini erano in corso.) L'altra mostrava le riprese di una Tesla che si infilava sotto un semirimorchio uccidendo il conducente e bruciava uno stop ignorando le luci di segnalazione, uccidendo una ragazza che era scesa da una Chevy Tahoe per guardare le stelle con il suo compagno.[26]

Rohan Patel, responsabile delle politiche Tesla a Washington, sfruttò gli articoli del *Post* sugli incidenti mortali legati ad Autopilot – che in seguito ispirarono gli spot pubblicitari – come un'opportunità per passare al contrattacco. Tesla veniva massacrata nella comunicazione pubblica.[27] La sua strategia di pubbliche relazioni, o meglio, la sua strategia di mancanza di pubbliche relazioni, cominciava a ritorcersi contro di lei. Così, Patel iniziò a reagire.

«Molte voci nei media, unite a quelle di chi non comprende i dati e le analisi reali, hanno demonizzato Tesla e l'NHTSA» scrisse in un post su X. «Qualunque sia la loro intenzione, si stanno schierando dalla parte sbagliata della storia, creando una falsa impressione per i conducenti e il pubblico.»[28]

Non faceva cenno al ruolo giocato dal suo boss nel creare una dinamica di forte contrapposizione, stile «noi contro di loro», per colpa della quale si ritrovava a doverci mettere una pezza.

Sul fronte dell'attivismo c'era O'Dowd, che si trovava in una posizione unica: aveva molti soldi e poco da perdere, sebbene i critici lo accusassero di un conflitto di interessi a causa del suo lavoro nel settore software. Lui ha sempre respinto l'accusa, sostenendo di essere mosso da preoccupazioni legate alla sicurezza stradale. Aveva un'esperienza consolidata nello sviluppo di software critici per la sicurezza, ed era disposto a metter mano al portafogli per sostenere la sua causa e ad affrontare le conseguenze derivanti dallo scontro con l'uomo più ricco del mondo.

«Perché non gli piaccio? Sono l'unica persona cui non può arrivare» mi ha detto O'Dowd parlando di Musk. «Sono l'unica persona al mondo che può contrastarlo perché ho il denaro per assoldare gli stessi eserciti di avvocati che ha lui [...] Non può distruggere le mie imprese [...] non può arrivare alla mia famiglia [...] Sono l'unico, penso, che non può toccare. Ed è questo che lo uccide.

«E vado avanti» ha aggiunto quando l'ho intervistato nel luglio 2023.

In seguito, mentre le autorità di controllo stavano sempre più addosso all'azienda e i problemi legati alla sua reputazione si accumulavano, i fanboy e gli investitori implorarono Tesla di superare l'abituale avversione per la pubblicità e le PR e di riprendere in mano la propria narrazione pubblica. Ma Musk non si scompose. Così, gli spettatori del Super Bowl avrebbero visto una marea di spot di veicoli elettrici concorrenti. L'unico accenno a Tesla arrivò da O'Dowd, le cui pubblicità criticavano aspramente il software dell'azienda e mettevano in guardia dai suoi pericoli il pubblico televisivo più numeroso dell'anno.

«Boicottate Tesla per tenere al sicuro i vostri figli» concludeva uno degli spot.[29]

8

«Hanno il governo in pugno»

Sei mesi dopo essere stato licenziato da Tesla nel febbraio 2022, John Bernal era andato a Cabo San Lucas, in Messico, per ricaricare le batterie. Bernal, un collaudatore del sistema di assistenza alla guida Tesla responsabile della valutazione delle performance del software, aveva attirato l'attenzione dei superiori quando aveva postato dei video che mostravano Full Self-Driving comportarsi in modo strano. In uno di questi video si vedeva il primo incidente documentato in cui era coinvolto il software, caricato il mese in cui venne licenziato.[1] Tesla, mi ha detto Bernal, aveva motivato il suo allontanamento accusandolo di uso improprio del software che aveva ottenuto al lavoro, che gli aveva permesso di costruirsi un seguito sul suo canale YouTube *AI Addict*, dove postava i video.

In occasione di un'intervista del luglio 2023, Bernal mi ha raccontato che un giorno, mentre era in vacanza, dopo essere stato in palestra era tornato all'armadietto e aveva visto lo schermo del cellulare illuminarsi. Aveva decine di notifiche: una marea di chiamate perse, messaggi vocali e sms dai suoi coinquilini che gli dicevano di richiamarlo.

Mentre cercava freneticamente di mettersi in contatto con uno dei suoi amici, gli era caduto l'occhio su uno dei messaggi.

«C'è qui l'FBI… chiedono di te.»

Bernal era convinto che gli stessero facendo uno scherzo.

Poi sentì la segreteria telefonica. Era l'FBI che lavorava per il dipartimento dei Trasporti. La voce all'altro capo della linea dichiarava in tono severo: «Abbiamo bisogno di parlare con te, John».

Per un attimo Bernal si chiese se non fosse il caso di restare in Messico. Le leggerezze che gli erano costate il licenziamento lo avevano fatto finire nei guai col governo?

Telefonò al suo avvocato. Con il legale in linea, richiamò l'FBI.

Quando sentì cosa volevano da lui, tirò un sospiro di sollievo.

«Oh, non sei nei guai. Stiamo indagando sul tuo ex datore di lavoro… non su di te» mi ha raccontato Bernal.

Tornò in California e in ottobre un agente dell'ufficio dell'FBI di San Francisco e un funzionario del dipartimento dei Trasporti andarono a incontrarlo a casa di sua madre, a Los Gatos.[2]

Lì gli uomini del governo federale gli fecero domande sul loro vero obiettivo: Elon Musk.

Sei anni prima, Tesla aveva rilasciato un video di marketing che delineava un piano per le ambizioni future dell'azienda… benché non fosse stato presentato in quel modo.

Iniziava con un riquadro nero. Poi sullo schermo compariva del testo bianco che dichiarava, tutto a maiuscole: «La persona al posto di guida è lì solo per motivi legali. Non fa niente. L'auto si guida da sola».[3]

Si vedeva una Tesla Model X uscire da un garage e un collaudatore salire al posto di guida. Si udivano le note iniziali di *Paint It Black* dei Rolling Stones e il SUV iniziava a muoversi agilmente per le strade di Menlo Park, in California, al ritmo incalzante del pezzo rock, con le mani del conducente sospese sopra il volante nel caso l'auto commettesse un errore. Nel tragitto la Tesla incontrava ostacoli quali semafori, piste ciclabili e svincoli.

L'auto non fece nemmeno un errore. Percorse fluidamente gli undici chilometri fino alla sede di Tesla al 3500 di Deer Creek Road a Palo Alto.

Quando arrivò, lasciò il collaudatore all'ingresso. Poi, senza nessuno alla guida, si diresse verso il parcheggio, fermandosi per lasciar passare un pedone che attraversava la strada. Infine, si parcheggiò da sola.

Per quanto riguarda le reali prestazioni in strada di Tesla, il video fu praticamente un *non sequitur*. Le auto montavano di serie il sistema di guida assistita che Tesla chiamava Autopilot, ma non guidavano certo da sole, soprattutto nelle situazioni di traffico urbano mostrate nel video *Paint It Black*. Ma quella prima dimostrazione delle capacità dell'auto rimase sullo sfondo per anni.

Tre anni dopo, Musk avrebbe promesso di mettere in circolazione un milione di robotaxi entro l'anno successivo, il 2020.[4]

Intanto, le prestazioni di Tesla in quel video sollevavano delle domande: come aveva potuto il software funzionare così bene senza l'intervento del conducente, anche se si era ancora nelle prime fasi del percorso dell'azienda verso la guida autonoma? Perché le Tesla in commercio non riuscivano a ripetere quelle performance sulla strada?

Negli anni successivi l'azienda rilasciò lentamente nuove funzionalità che accrebbero le capacità di Autopilot, ma non certo in modi che avrebbero reso le loro auto capaci di guidare da sole.

Fu solo nel 2021 che si iniziò a capire il motivo del trionfo del 2016.

Nel dicembre di quell'anno, il *New York Times* pubblicò un'inchiesta.[5]

Il quotidiano rivelava che, secondo le sue fonti, il percorso era stato mappato in anticipo, in tre dimensioni, il che significava che Tesla aveva preprogrammato potenziali ostacoli e aveva istruito l'auto su come comportarsi in quel percorso complesso, un tipo di addestramento non disponibile per l'utente normale di Autopilot. Per di più, durante le riprese l'auto era andata a sbattere, cosa che non era stata mostrata nel video finale. Nonostante la pianificazione meticolosa e la guida accuratamente coreografata, la Tesla era finita contro una recinzione metallica.

«A un certo punto durante le riprese del video, l'auto in modalità Autopilot ha urtato una barriera a lato della strada mentre si trovava ancora all'interno dei confini di Tesla, e ha dovuto essere riparata, secondo tre persone che hanno lavorato al video» riferiva il *Times*.

In seguito, il responsabile di Autopilot Ashok Elluswamy avrebbe confermato la maggior parte delle affermazioni del *Times* nel corso di una deposizione nella causa intentata dalla famiglia di Walter Huang, l'ingegnere di Apple che era rimasto ucciso quando la sua

Tesla era andata a sbattere a velocità elevata contro uno spartitraffico in cemento su un'autostrada della California.[6]

Il video di Tesla era finto, rivelò la sua testimonianza. Era una «dimostrazione delle capacità del sistema» disse, secondo la Reuters.[7] Musk non solo aveva chiesto la demo, come riferì l'agenzia di stampa: aveva supervisionato l'intera operazione, dettando perfino il testo di apertura del video, come scrisse in seguito *Bloomberg*.[8]

Quando l'FBI andò da Bernal era senz'altro al corrente di gran parte di questi retroscena. Ma volevano sapere se ci fosse dell'altro. Le false rappresentazioni di Tesla andavano oltre il video *Paint It Black*?[9]

All'inizio del 2021, quando le conseguenze della pandemia da Covid-19 gettarono nel caos la catena di approvvigionamento dei semiconduttori, Elon Musk diede un ordine agli ingegneri di Tesla: da quel momento, si doveva togliere il radar dai veicoli. La carenza di chip aveva decimato la produzione di nuove auto da parte dei gruppi automobilistici più importanti... e adesso anche Tesla ne risentiva.[10] Eliminare il radar poteva almeno rimuovere il vincolo di un componente che richiedeva grande potenza di calcolo.

Alcuni ingegneri rimasero spiazzati. Tesla stava già usando una suite hardware semplificata che si discostava dallo standard industriale perché non montava la tecnologia LiDAR, i sensori a impulso laser su cui facevano affidamento concorrenti come Waymo e Cruise. Si rivolsero a un rispettato ex dirigente della compagnia per avere un consiglio su come dissuadere Musk da quella decisione, e all'epoca ne scrissi sul *Washington Post*.

Ma Musk non diede retta agli ingegneri e tirò dritto per la sua strada, come riferii nell'articolo.[11] Era un altro esempio dell'uso delle maniere forti da parte di Musk nei confronti degli esperti del settore perché prendessero una direzione diversa, un atteggiamento che avrebbe scosso alcuni dipendenti di Tesla al punto da spingerli ad andarsene, come mi ha raccontato uno di loro. Nondimeno, nel maggio 2021 Tesla annunciò che le sue auto non avrebbero più montato il radar.[12]

Per capire l'importanza di una sofisticata suite di sensori che racchiude al suo interno ridondanze come i radar prendiamo in considerazione due scenari: in uno, un'auto sta percorrendo l'autostrada mentre piove forte; nell'altro, il sole splende in un cielo luminoso e senza nuvole.

Entrambi gli scenari possono creare problemi alle telecamere delle auto. Una goccia di pioggia può «accecare» la telecamera anteriore, impendendole di vedere, e la luce forte può produrre un effetto simile, cancellando l'immagine. Tali ostacoli possono dare adito a «falsi positivi» capaci di provocare tamponamenti a catena.

Per questo motivo, le aziende in genere equipaggiano i veicoli autonomi con diversi tipi di sensori, per garantire un certo livello di ridondanza, o quella che nel settore viene definita *sensor fusion*. Così, se la telecamera rileva un ostacolo, il computer può verificare tramite altri sensori per stabilire se il pericolo è reale.

Tuttavia, a causa dei problemi di approvvigionamento che minacciavano di impedirle di soddisfare la domanda, Tesla prese un'altra strada: sacrificare potenzialmente la completezza dell'hardware in favore di una rigidità progettuale e della semplificazione del software. Lanciò un sistema che chiamò «Tesla Vision», un approccio basato esclusivamente sulle telecamere promosso solo da Musk e dai suoi collaboratori.[13]

Era senz'altro diverso da tutto quello che l'industria aveva visto fino a quel momento.

Kevin Smith, un fan entusiasta di Tesla che era diventato uno dei beta tester di fatto di Full Self-Driving di Elon Musk, non vedeva l'ora di provare l'ultimo aggiornamento sulla strada per andare al lavoro.[14]

Era il 24 ottobre 2021. L'eccitazione del residente di Murfreesboro, in Tennessee, si trasformò presto in delusione. Non riusciva ad accedere al software.

Più o meno nello stesso momento, parlò con un altro beta tester. La voce all'altro capo della linea stava urlando: «Non usarlo! Non usarlo!»[15]

La sera prima, le Tesla che avevano ricevuto l'aggiornamento 10.3 di Full Self-Driving avevano iniziato a impazzire, frenando di colpo a velocità elevate.

Iniziarono a circolare video di auto il cui Autopilot inchiodava bruscamente mentre sfrecciavano in autostrada, in alcuni casi mandandole quasi in testacoda: un fenomeno noto come «frenata fantasma».

Il problema era così serio che Tesla fu costretta a disabilitare da remoto il sistema anticollisione e la frenata automatica d'emergenza. L'aggiornamento del software aveva messo a rischio migliaia di automobili.[16]

In qualche ora, Tesla aveva cancellato l'aggiornamento – per coloro che non lo avevano ancora scaricato – o riportato il software alla versione precedente. Nel giro di due giorni, decise di fare un richiamo formale, che presentò il 29 ottobre.[17] Era un esempio da manuale dei pericoli della nuova era delle automobili connesse: un aggiornamento da remoto poteva esporre i proprietari delle Tesla a rischi imprevisti.

Musk ammise il casino in un tweet.

«C'è qualche problema con la versione 10.3, quindi torniamo temporaneamente a 10.2» aveva scritto. «Vi prego di notare che c'è da aspettarselo con le versioni beta di un software. È impossibile testare tutte le configurazioni hardware in tutte le condizioni con il CQ [controllo qualità] interno, da qui la versione beta.»[18]

L'esperienza di Musk con la costruzione di razzi spaziali sembrava avergli insegnato il valore del fallimento: anche di quello disastroso e sotto gli occhi di tutti. E si potrebbe sostenere che i collaudatori beta erano stati informati dei rischi e avevano deciso di accettarli. L'unico problema riguardava le altre persone sulla strada che non ne erano state informate e non avevano dato alcun assenso.

La gente cominciò a chiedersi: perché quelli che non hanno accettato dovrebbero rischiare? Perché dovrebbero prendersi la responsabilità di contribuire a testare i veicoli di Tesla? Gli enti responsabili dei controlli e gli esperti di sicurezza rifletterono sulle implicazioni.

Ralph Nader – storico attivista per i diritti dei consumatori, candidato presidenziale e autore di *Unsafe at Any Speed* (un libro sui pericoli dell'auto americana, che già decenni fa denunciava il palese disprezzo dell'industria automobilistica per gli standard di sicurezza) – mi ha detto che non aveva mai visto niente di simile all'approccio di Musk. «Quando ha iniziato a farle circolare sulle autostrade pubbliche, mi sono detto: "Ma cosa sta succedendo?" "Hanno il governo in pugno." Il governo statale, il governo federale [...] Non riuscivo a crederci.»

In mancanza di regole chiare sui sistemi di guida assistita, Tesla ha visto – e ha sfruttato – un'apertura: sarebbe stato molto più difficile portar via le funzionalità di Autopilot ai consumatori paganti una volta che fossero già state nelle mani di centinaia di migliaia di utenti.

Per i proprietari di una Tesla, i problemi non erano finiti con un aggiornamento bacato che aveva dovuto essere annullato.

Nei mesi successivi, all'NHTSA arrivò un numero crescente di segnalazioni che descrivevano un fenomeno inizialmente considerato dagli utenti come isolato o circoscritto: l'auto li catapultava all'indietro di colpo, inchiodando in situazioni non pericolose, come per esempio la comparsa di un semirimorchio nella corsia opposta. In un caso, Ben Morris disse che la sua Tesla Model Y del 2021 aveva frenato di colpo in autostrada, scagliando i seggiolini vuoti dei figli sui sedili anteriori.

«Anche se ci sono stati casi di frenata fantasma con la mia Tesla Model X del 2017, il sistema basato sulla visione rilasciato nel maggio 2021 è differente come il giorno e la notte. Casi del genere capitavano tutti i giorni» ha detto al *Post* in un'e-mail.[19]

Le segnalazioni di frenate fantasma si erano impennate, arrivando a 107 nell'arco di tre mesi, in confronto alle 34 dei ventidue mesi precedenti.[20]

Si aprirono le cateratte.

All'NHTSA si accumularono le segnalazioni mentre i proprietari avevano conferma del problema illustrato in modo così marcato dall'aggiornamento dell'ottobre 2021. Nelle due settimane successive all'articolo del *Post* del febbraio 2022, l'NHTSA ricevette altri 250 rapporti di frenate fantasma nelle Tesla.

Adesso non aveva scelta. Il 26 febbraio 2022 l'NHTSA aprì un'indagine sul problema della frenata fantasma che interessava circa 416.000 veicoli.[21]

Quella settimana Musk aveva già preso di mira l'agenzia in merito a un altro richiamo, definendo l'NHTSA «guastafeste».[22]

Al momento, pareva che gli enti di controllo stessero davvero stringendo il cerchio.

Nonostante tutti i difetti, Tesla stava cavalcando l'onda del successo di Full Self-Driving sui mercati e nell'opinione pubblica.

Le persone iniziarono sempre di più ad associare Tesla – non le Big Tech tradizionali che conducevano esperimenti scientifici – alla guida autonoma.

Le aziende più importanti erano lontane anni luce dal rilascio su larga scala della loro versione dei veicoli autonomi, gli enti di controllo esitavano a intervenire in un senso o nell'altro, e nel frattempo Musk aveva un gruppo di sostenitori entusiasti pronti a testare la versione beta del suo software – a metterlo alla prova su strade vere – senza chiedere niente in cambio.

La magia era iniziata nell'ottobre 2020, quando Tesla aveva messo le funzionalità nelle mani di un gruppo selezionato di beta tester.[23] Da lì in avanti, fanboy ed entusiasti dell'ultima ora avevano chiesto a gran voce di avere accesso al software, attirati dalla grafica in stile Atari dello schermo centrale dell'auto nelle prime versioni del sistema che avrebbe cambiato il mondo. (Era difficile dire che valore aggiunto avesse la grafica accattivante dello schermo, ma le visualizzazioni che strizzavano l'occhio all'edutainment incuriosivano i passeggeri e offrivano ai beta tester un assaggio di ciò che le loro auto potevano effettivamente «vedere», sebbene queste rappresentazioni non fossero affatto complete.)

Così Tesla condusse un test di sicurezza per valutare se includere altre persone, studiando le abitudini dei guidatori e misurandole su parametri quali frenate brusche e svolte aggressive.[24]

Funzionava così: a ogni nuova versione, Tesla abbassava la soglia di sicurezza da coloro che avevano ottenuto un 100 a quelli che avevano punteggi da 99, 98 e così via.

Gli interessati praticamente guidavano sulle uova per una settimana, usando la massima prudenza possibile, evitando accelerazioni o frenate brusche, ed esitando a fare movimenti improvvisi per assicurarsi di essere accettati nel programma. Il sistema dei punteggi di sicurezza permise a Tesla di rilasciare lentamente il software a migliaia di persone con maggior fiducia di quella che avrebbe potuto garantirsi con un'operazione più ampia. Ben presto, 12.000 utenti ebbero accesso al software, un gruppo esclusivo di sostenitori che postavano video i quali mettevano il software in buona luce… per non correre il rischio di essere scaricati. Ora del 2022, Tesla aveva messo Full Self-Driving nelle mani di 400.000 utenti: un beta test sulle strade pubbliche più ampio di qualunque esperimento pilota di veicoli autonomi sulla faccia della terra.

Ciononostante, quando gli entusiasti e poi man mano anche gli altri ottennero l'accesso tanto desiderato al software, si resero conto in fretta che la guida autonoma completa era ben lontana dall'essere una realtà. Molti abbandonarono la funzionalità quasi subito, perché non facilitava in alcun modo la guida; anzi, a volte scoprivano che la complicava, perché dovevano praticamente fare da balia al loro Autopilot in addestramento per evitare che commettesse errori.

La verità era che Full Self-Driving aveva molte delle stesse capacità dei sistemi concorrenti, con molti meno paletti. E alcuni dei video usati per promuoverlo fatti da influencer come Qazi – che mostravano percorsi impeccabili in posti pittoreschi – erano una messinscena, per un verso o per l'altro, esattamente come la demo *Paint It Black* che, aveva rivelato la testimonianza di Elluswamy, era uno specchietto per le allodole.

Seduto davanti agli investigatori federali, Bernal raccontò la sua esperienza in uno dei reparti più spietati di Tesla.

Nell'autunno del 2020, Tesla stava cercando di mantenere la promessa del Full Self-Driving di Musk facendo una gran corsa. L'azienda aveva ampliato notevolmente lo staff che etichettava i dati assumendo centinaia di nuovi dipendenti – diplomati ai community college, disegnatori, aspiranti sviluppatori di videogiochi – pagati 22 dollari l'ora perché la visione di Musk diventasse realtà. All'inizio, i lavoratori si erano lasciati attirare dalla prospettiva di un ambiente tech divertente e vivace. Il secondo giorno, però, l'addestramento assunse un tono più serio.

Tesla aveva un «CEO famoso», dissero loro, e c'erano legioni di persone che volevano veder fallire l'azienda. L'opinione pubblica non deve sapere cosa succede dietro le porte chiuse, e solo Musk poteva parlare a nome di Tesla, con rare eccezioni. Autopilot era il reparto preferito di Musk ed era probabile che lo avrebbero visto, dato che passava regolarmente.

Questo era vero.

Anche se si destreggiava fra quattro aziende, Musk si ritagliava sempre del tempo per Autopilot. Considerava il software cruciale per il futuro di Tesla; l'azienda non poteva giustificare la propria quotazione di Borsa come un semplice costruttore di automobili. Musk definiva Full Self-Driving «la differenza fra una Tesla che vale un mucchio di soldi e una Tesla che vale praticamente zero».[25]

Alle file di scrivanie nell'ufficio a tre piani di San Mateo era in corso l'ardua impresa di raggiungere l'autonomia.

Definire la mansione monotona sarebbe stato un eufemismo. I lavoratori appena assunti si ritrovavano di colpo immersi in un mondo tridimensionale, coi numeri da uno a otto della tastiera che li portavano a una delle otto telecamere montate sulle Tesla. Il loro compito consisteva nell'etichettare una clip di dieci secondi. Usando i tasti freccia, si muovevano per ogni fotogramma – più di trenta al secondo – e cercavano di etichettare trecento immagini con assoluta precisione.

I dipendenti stavano seduti ore a contornare ogni oggetto identificabile entro 150 metri dal veicolo – sempre daccapo –, a volte 500 metri o più. E ciascun oggetto doveva essere etichettato in ogni singolo fotogramma anche se, poniamo, la stessa cassetta della posta compariva in ciascun fotogramma della clip.

«Probabilmente mi toccava [fare] 10.000 clic col mouse e input di tastiera perché una clip venisse approvata» raccontò Bernal.

Non ci volle molto perché i dipendenti iniziassero ad avvertire tutto il peso della promessa del Full Self-Driving. Erano pressati perché lavorassero di più, più in fretta e in maniera più efficiente, perché i manager interpretavano le promesse su Twitter di Musk come scadenze.

Intanto, il CEO sembrava guardare con sospetto la flessibilità dello smart working che molti datori di lavoro avevano consentito ai loro dipendenti dopo il Covid-19... nonostante esigesse che gli etichettatori si presentassero in ufficio. Quella paranoia si tradusse in sistemi di sorveglianza del posto di lavoro, fra cui uno chiamato HuMans che avrebbe potuto evocare parallelismi con Skynet di *Terminator* se usato in qualunque altro ambiente.[26]

Il nuovo software arrivò verso la fine del 2020 dopo l'assunzione di molti degli etichettatori di dati. Ex dipendenti di Tesla hanno raccontato di aver scoperto all'improvviso che sui loro computer girava un programma che non solo registrava l'azionamento dei tasti e i clic del mouse; metteva anche un timer sull'etichettatura delle immagini.[27]

Se il mouse non si muoveva per un determinato periodo di tempo, venivano richiamati e perfino licenziati.[28] Quando un sindacato che cercava di rappresentare i dipendenti di Tesla sollevò la questione, l'azienda ammise in un post sul blog che stava impiegando il monitoraggio del tempo. Lo faceva per «migliorare la facilità d'uso del nostro software di etichettatura», e aggiungeva che «il suo scopo è calcolare quanto ci vuole per etichettare un'immagine».[29]

Era solo questione di tempo prima che queste richieste iniziassero a presentare il conto.

«Portò a un'enorme quantità di errori» ha detto Bernal. «La gente iniziò a privilegiare la quantità alla qualità.»

Mesi dopo l'arrivo del software di sorveglianza, una delle decisioni prese d'impulso da Musk creò un'ulteriore difficoltà a quei lavoratori sotto pressione: senza più il radar, gli etichettatori di dati non avevano la possibilità di confrontare le immagini a bassa risoluzione e a volte sfocate con un'altra fonte. La granularità dell'etichettatura – il livello di dettaglio che un'immagine era in grado di fornire – era cruciale per l'intera impresa. La mancanza di un pezzo importante del contesto avrebbe potuto mandare in malora l'insieme di dati. (Tesla ha detto che i suoi veicoli senza radar hanno avuto prestazioni uguali o superiori rispetto a prima in certe misure di sicurezza. «Paragonate a veicoli equipaggiati col radar, la Model 3 e la Model Y con Tesla Vision hanno mantenuto o migliorato i livelli di sicurezza attiva negli USA e in Europa, e si comportano meglio nella frenata d'emergenza automatica in presenza di pedoni [AEB]» afferma sul suo sito web.[30] Rispondendo a un post che chiedeva conto della mancanza del radar sulle Tesla, nel 2022 Musk ha detto: «Solo il radar ad altissima risoluzione fa la differenza».)[31]

Bernal ha descritto il monologo interiore di un etichettatore e la pura e semplice follia del compito che aveva davanti.

«È un umano? Un'auto? Un pick-up... [un] cane? Cane col guinzaglio? Cane senza guinzaglio? [Cavallo?] Umano con la sella... niente cavallo?»

Per le aziende che fanno ricerca sui veicoli autonomi, San Francisco rappresenta il test definitivo: un labirinto di stradine strette in salita pieno di biciclette e pedoni, motociclisti e gente sullo skateboard che fanno lo slalom in mezzo ai furgoni e ai camion frigo nel traffico dell'ora di punta. Le auto potrebbero imbattersi nell'ultimo aggeggio futuristico su ruote scoperto dai nerd. Può capitare che ogni colle ripido e ogni quartiere abbia un clima diverso dagli altri.

Per chi cerca di dimostrare le capacità delle auto da test, Lombard Street, la celebre strada serpeggiante della città, con otto tornanti ripidi nel tratto di Russian Hill, era diventata una sorta di terreno di prova.

Ma agli inizi, le Tesla ebbero difficoltà a padroneggiarlo.

Nell'ottobre 2020, il mese in cui Tesla rese disponibile Full Self-Driving a influencer e fanboy chiave, uno youtuber noto come Tesla Raj decise di provare il software proprio lì.

Difficilmente l'esperimento sarebbe potuto andare peggio.

La Tesla bianca ebbe difficoltà con la prima curva, non rallentò mentre si avvicinava al tornante e costrinse il conducente a intervenire. Andò meglio alla seconda, ma mentre si avvicinava alla terza, fece fatica a rimanere in carreggiata e per poco non imboccò una viuzza laterale.

A un certo punto, quasi ai piedi della discesa, l'auto si fermò per circa quindici secondi mentre il conducente, Tesla Raj, osservava i messaggi di errore sullo schermo: «Sta sballando» disse.

Il video raccolse più di 100.000 visualizzazioni su YouTube e fu ripreso da blog come InsideEVs e Teslarati.

Tesla Raj disse a Teslarati che la sua auto «ha quasi completato quattro tornanti, ma non ha riconosciuto un marciapiede a causa di un vialetto di accesso nelle vicinanze».[32]

Un problema di questo tipo sarebbe stato facile da risolvere, non fosse per l'approccio allo sviluppo adottato da Tesla. Con Full Self-Driving Musk voleva non solo evitare l'hardware costoso e complicato e i vincoli imposti dagli approvvigionamenti; voleva anche che il software operasse nel modo più semplice possibile. Ciò significava che Full Self-Driving non si appoggiava alle mappe ad alta definizione usate da aziende come Waymo di Alphabet e Cruise finanziato da GM, schemi dettagliatissimi degli ambienti operativi che non solo dicevano alle auto dove aspettarsi semafori e incroci ma le informavano su caratteristiche precise quali grigliati, cordoli verniciati e vialetti d'accesso. Quei veicoli concorrenti erano confinati ad ambienti operativi mappati in anticipo dove gli sviluppatori potevano essere sicuri che non avrebbero incontrato molto di ciò che non erano stati programmati per aspettarsi.

Musk riteneva quella strategia un intralcio. Non voleva che le Tesla restassero confinate in enclave elitarie e utopie tech: una Tesla comprata a Manhattan, in Kansas, doveva essere equipaggiata per guidare da sola sia sulle strade locali che nel quartiere di Manhattan a New York.[33]

Benché molti si rendessero conto che Full Self-Driving era ancora in fase di test, errori come quello di Lombard Street tendevano ad attirare l'attenzione degli sviluppatori di Tesla responsabili del software... e dei loro manager.

Gli ingegneri si videro assegnare un nuovo compito: codificare barriere software invisibili sui vialetti d'accesso di Lombard Street, un perimetro manuale che funzionava come i divisori in gomma che separano le corsie di una pista da bowling. In quel modo, Tesla poteva evitare figuracce in futuro... consapevole dell'importanza di padroneggiare quel luogo turistico nonché terreno di prova di alto profilo.

Guardando le clip video che mostravano questo livello ulteriore di programmazione in T-Clips, l'archivio interno di Tesla, Bernal iniziò a sentirsi a disagio.

Sapeva che non era così che funzionava il software.

Il video di Lombard Street fu un caso unico in cui i difetti del sistema Full Self-Driving vennero resi pubblici durante le sue fasi iniziali. In quel periodo cruciale in cui altre aziende stavano iniziando a presentare e mettere in campo la loro tecnologia autonoma, agli influencer chiave di Tesla venne ricordato il loro ruolo quando si trattava di dimostrare le capacità del software.

«Per favore, non chiedere di essere incluso nel rilascio delle prime versioni beta per poi lamentarti» disse Musk a un beta tester che aveva osato offrire un feedback.[34]

Era l'ennesima dimostrazione della suscettibilità di Tesla alle critiche e dei limiti dell'approccio di Musk ai problemi tecnici e scientifici: a che altro serviva un beta test se non per ottenere feedback sulla base dei quali apportare dei miglioramenti?

Se Tesla voleva prendere il comando della corsa alla guida autonoma, la gente doveva vedere un software che non dava di matto in autostrada, non esitava sui tornanti né andava a sbattere contro i paletti delle piste ciclabili. Chi voleva osservare Full Self-Driving conquistare le strade, imbarcandosi in viaggi ambiziosi – e praticamente perfetti – lungo chilometri e chilometri di strade panoramiche, non aveva che l'imbarazzo della scelta fra i video sulla pagina YouTube di Omar Qazi.

I titoli parlavano da soli: «Tesla Autopilot FSD Los Angeles-Silicon Valley zero interventi».[35] «Prima guida con Tesla Full Self-Driving Beta 10.69: 35 minuti con zero interventi a San Francisco.»[36] I video di Qazi attiravano un ampio pubblico. Centinaia di migliaia di persone osservavano le meraviglie di cui era capace Full Self-Driving mentre lo guardavano guidare per centinaia di chilometri senza che fosse costretto a prestare attenzione alla strada.

Col passare del tempo, però, anche gli entusiasti iniziarono a mettere in discussione le performance del software sull'auto di Qazi, dati i difetti documentati di Full Self-Driving, la sua apparente incapacità di operare per lunghi periodi di tempo senza commettere un errore che richiedesse l'intervento del conducente. Qazi sembrava avere un'esperienza completamente diversa da quella dell'utente medio.

«Non credo tu stia mentendo o esagerando, ma la tua esperienza con FSD non è la stessa che ho io, neanche lontanamente» scrisse uno scettico. «Il che porterebbe alcune persone a pensare che tu stia esagerando.»[37]

E alla fine quelle guide – dall'account adottato entusiasticamente da Musk, dove a volte condivideva le novità sulle versioni del software – erano troppo belle per essere vere.[38]

Quando l'ho intervistato, Qazi ha ammesso di aver trovato un modo per eludere le continue interruzioni di Full Self-Driving, ma non ha voluto spiegarmi quale fosse.

Più o meno nel periodo in cui parlavo con Qazi, Kevin Smith, il fan di Tesla che in precedenza aveva avuto problemi con il suo software Full Self-Driving, postò un video sostenendo che Qazi collegasse un dispositivo alla porta OBD-II dell'auto in grado di mandare un segnale che modificava la velocità consentita nella modalità Autopilot.[39] In quel modo evitava la tendenza del software a chiedere conferma al conducente per procedere in momenti di incertezza, perché di fatto il guidatore comunicava continuamente all'auto di andare avanti. (Qazi in sostanza confermerà l'uso di quel dispositivo circa un anno dopo, quando Tesla adottò dei correttivi per ridurre la frequenza con cui sollecitava il conducente a prestare attenzione… affidandosi in misura maggiore alla telecamera interna delle vetture.)[40]

Nel dicembre 2024, Qazi mi ha confermato di aver utilizzato il dispositivo per «accedere alla rete di comunicazione interna di Tesla […] e far scorrere la rotellina» che controllava la velocità in modalità Autopilot «su e giù a intervalli regolari».

«Questo ingannava il sistema, facendogli credere che qualcuno avesse le mani sul volante» ha detto. «Non ne ho parlato troppo perché non volevo incoraggiare [la gente] a cercare di fare lo stesso. Io stavo attento ed ero pronto a intervenire, ma non volevo che altri ne abusassero.»

Qazi mi ha spiegato la sua filosofia: «Credo che utenti prudenti come me abbiano il diritto di eludere questi rischi sulla propria auto».

Bernal non era troppo stupito dal fatto che i fanboy truccassero le carte in quel modo. Ma era scoraggiante sapere che un comportamento del genere veniva adottato anche all'interno dell'azienda.

Ben presto gli enti di controllo e i responsabili della sicurezza iniziarono ad accorgersi delle conseguenze della decisione presa d'impulso da Musk.

Le Tesla si comportavano in modo imprevedibile mentre l'azienda testava sulle strade pubbliche il suo nuovo approccio basato sulla visione, che portò a un numero più alto di incidenti e incidenti solo sfiorati legati al suo sistema di guida assistita, numero mai visto prima dagli enti di controllo.[41] Il numero delle Tesla in circolazione aumentava di giorno in giorno, certo, ma ciò significava solo maggiori probabilità che si verificassero situazioni del genere; gli incidenti legati al sistema di guida assistita di Tesla superavano quelli di ogni altro gruppo automobilistico.[42] In particolare, gli enti di controllo erano allarmati da una tendenza in crescita: la propensione delle Tesla ad andare a sbattere contro veicoli fermi con le luci d'emergenza accese.[43]

Intanto, Tesla stava modificando la strategia di etichettatura, automatizzando via via la procedura mentre faticava a gestire la quantità di dati provenienti dalle sue vetture. Nel giugno 2022, l'azienda procedette a estesi licenziamenti a San Mateo, lasciando a casa più di duecento persone e chiudendo la sede, riferì *Bloomberg*.[44]

Nell'ottobre 2022, il dipartimento di Giustizia USA avviò un'indagine penale sulle affermazioni di Tesla in merito alla guida assistita. I pubblici ministeri stavano esaminando le dichiarazioni dell'azienda riguardo alla propria tecnologia, dissero delle fonti alla Reuters, cercando di stabilire se avesse «fuorviato consumatori, investitori ed enti di controllo facendo affermazioni non dimostrate».[45]

Intanto, Musk era diventato assolutamente contrario al lavoro da remoto e sembrava considerarlo un anatema per l'innovazione tecnologica. Aveva già detto che il 2022 sarebbe stato un anno di produzione e assestamento anziché di lancio di nuovi prodotti, ma gli investitori stavano cominciando a fare domande sui ritardi di Full Self-Driving e sul Cybertruck a lungo rimandato.[46]

Nel giugno 2022, Musk ordinò ai dipendenti di Tesla e di SpaceX di tornare in ufficio.

«Se non vi presentate, concluderemo che vi siete licenziati» si leggeva nella sua e-mail ai lavoratori. «Ci sono ovviamente aziende che non lo richiedono, ma quando è stata l'ultima volta che hanno lanciato un nuovo prodotto valido?» chiedeva.[47]

Poco dopo seppi che qualcuno non era disposto a sottostare al nuovo mandato e si era licenziato di propria iniziativa.

Quando Qazi chiese a Musk cosa pensasse di quelli che consideravano il lavoro in presenza un «concetto antiquato», Musk rispose: «Dovrebbero aspirare a lavorare da qualche altra parte».[48]

9
I guastafeste

Per un po', parve che nulla avrebbe potuto fermare l'abbrivio dei progetti di Elon Musk per la guida autonoma, tranne il ritmo dello sviluppo tecnologico in sé. Tesla stava mettendo in circolazione nuove funzionalità così rapidamente che nessuna autorità competente riusciva a starle dietro. Ma nel 2022, quando attivisti come Dan O'Dowd e sostenitori della sicurezza quali Ralph Nader cominciarono a criticare pubblicamente il modo in cui Musk stava passando sopra gli enti di controllo del trasporto, i funzionari di Washington iniziarono a prestare attenzione.

L'apparente indifferenza della capitale della nazione era stata un affronto per Nader e la sua alleata di lungo corso, Joan Claybrook, i quali avevano fatto pressioni per decenni allo scopo di ottenere norme migliori che regolassero i trasporti a motore, sposando la causa delle cinture di sicurezza, degli airbag e di protezioni di base che i conducenti e i passeggeri di oggi danno per scontati quando salgono sulle loro auto da milletrecento chili con le portiere rinforzate e le zone a deformazione programmata che si accartocciano come una fisarmonica. All'epoca, avevano dovuto affrontare opposizioni quasi insormontabili: amministratori delegati praticamente venerati come divinità a Detroit, con una presa salda sui media, la pubblicità e buoni alleati a Washington.

Il fatto che fossero riusciti a sconfiggere il potentissimo establishment dell'automobile – abbattendo un antagonista cocciuto e miope, avendo la meglio sulla filosofia di deregulation che permeava il governo americano – era la testimonianza di decenni di pressioni che erano state catalizzate dalla pubblicazione del celebre libro di Nader, *Unsafe at Any Speed*, pubblicato nel 1965.

Quasi mezzo secolo dopo, nel 2015, Nader, il venerato difensore dei consumatori, e Claybrook, un tempo responsabile dell'NHTSA sotto l'amministrazione Carter, ebbero l'opportunità di cambiare le cose di fronte all'ultima sfida alla sicurezza automobilistica.

I motivi erano simili a quelli del passato, anche se il nemico si era evoluto, spostandosi dagli stabilimenti di Detroit ai centri direzionali con le pareti vetrate delle aziende tech della Silicon Valley.

Nader e Claybrook erano seduti a un lungo tavolo di legno nella sala riunioni di Public Citizen, l'organizzazione non profit a difesa del consumatore fondata da Nader, nel trafficato quartiere di Dupont Circle a Washington, DC. Sul muro era appeso un dipinto di Robert F. Kennedy e dalle finestre affacciate su Twentieth Street Northwest entrava la luce del sole. Davanti a loro c'era la persona più potente per quanto riguardava i loro interessi: Mark Rosekind, il capo dell'ente federale responsabile della sicurezza automobilistica più importante del Paese sotto il presidente Barack Obama.

Nader e Claybrook espressero il loro nuovo timore al capo dell'NHTSA: i costruttori di auto e gli sviluppatori software stavano testando tecnologie sperimentali e pericolose sulle strade pubbliche, schierando veicoli autonomi e sistemi di assistenza alla guida, come Autopilot di Tesla, con pochissimo controllo da parte del governo federale.

Chiesero a Rosekind che cosa ne pensava dell'ondata di veicoli sperimentali ad alta tecnologia che circolavano sulle strade americane.

Rosekind replicò in tono pragmatico.

«Ho una risposta di due parole» disse, come mi ha raccontato Nader. «Nessun dato.»

Nader e Claybrook rimasero esterrefatti.

Nel 2016 Tesla aveva registrato una pietra miliare funesta, che avrebbe potuto mettere in pausa almeno momentaneamente le sue ambizioni di guida autonoma. In un post sul blog intitolato «Una tragica perdita», l'azienda annunciava quello che definiva «il primo incidente mortale noto nei poco meno di 210 milioni di chilometri in cui Autopilot è stato attivato».[1]

L'incidente che aveva ucciso Joshua Brown fu il primo dei tre schianti mortali in un arco di tre anni che attirarono l'attenzione sui pericoli legati all'uso di Autopilot in un momento in cui Tesla stava ponendo sempre più l'accento sulla tecnologia che – nelle sue speranze – un giorno avrebbe reso la guida autonoma una realtà.[2] La vettura di Brown non si era fermata quando si era trovata davanti un semirimorchio sulla Route 27 a Williston, in Florida. Tesla aveva spiegato che «né Autopilot né il conducente avevano visto il fianco bianco del semirimorchio sullo sfondo del cielo luminoso, e non avevano frenato».[3] In occasione dell'incidente di Brown, Musk ebbe con l'NHTSA una conversazione simile a quella che avrebbe avuto anni dopo con Sumwalt, il presidente nel National Transportation Safety Board. Sostenne la sua convinzione che l'intervento dei responsabili della sicurezza sarebbe costato delle vite. In quel caso, però, espresse un altro timore che colse in contropiede l'establishment di Washington: i venditori allo scoperto lo stavano mettendo sotto pressione. L'insinuazione era piuttosto chiara: l'intervento dell'ente responsabile della sicurezza avrebbe fatto il gioco di quelli che stavano scommettendo contro Tesla. Ma questo non era assolutamente nelle intenzioni dei funzionari. Tre anni dopo, Jeremy Banner morì in un incidente simile in maniera inquietante a Delray Beach, in Florida, e il tettuccio della sua auto venne strappato via.[4] E poi ci fu Walter Huang, l'ingegnere di Apple che si era comprato il SUV Model X come regalo di compleanno. Rimase ucciso nel marzo 2018 quando la sua Tesla in modalità Autopilot si schiantò contro uno spartitraffico in cemento sulla Highway 101 in California.

Quando l'NTSB indagò su ciascuno degli incidenti, formulò raccomandazioni simili: limitare l'uso di Autopilot alle condizioni e alle situazioni per cui era progettato, ovvero autostrade ad accesso regolamentato e visibilità generalmente buona. Alcune delle critiche più severe, nel frattempo, venivano rivolte all'NHTSA, il principale ente di regolamentazione della sicurezza automobilistica, per aver tenuto un atteggiamento di «non intervento e privo di regole in materia di sicurezza dei veicoli a guida autonoma», avrebbe riferito la Reuters.[5]

Anni prima Nader e Claybrook avevano previsto le conseguenze di un approccio permissivo alla regolamentazione dei sistemi di guida assistita: le aziende avrebbero sfruttato la zona grigia in cui si collocava il loro software, dando ai conducenti accesso a funzionalità basate sull'automazione senza superare in maniera esplicita il confine di definire ufficialmente i propri sistemi come autonomi.

Per quanto li riguardava, gli esperimenti delle aziende automobilistiche e tecnologiche con i veicoli a guida assistita sulle strade americane venivano portati avanti, e avevano conseguenze reali. La mancanza di dati sufficienti per adottare nuove regole, sospettavano, era un fatto acclarato: le aziende non avevano certo intenzione di tirar fuori il loro asset più prezioso senza essere costrette a farlo.

«Lei ha il potere di chiedere che vengano fornite delle prove, può ottenere quei dati» disse Nadar a Rosekind. Anzi, sottolineò, l'unico modo per ottenere dati sufficienti a guidare il processo decisionale a livello federale era battersi per ottenerli: altrimenti, le aziende avrebbero continuato a controllare la narrazione sulle tecnologie di guida autonoma e di assistenza alla guida.

«I dati negativi non li renderanno pubblici» disse Nadar. «Pubblicizzeranno solo quelli positivi.»

Nader e Claybrook trovavano sconcertante l'approccio morbido al problema di sicurezza automobilistica più importante del XXI secolo. Il Congresso aveva già diminuito i poteri dell'NHTSA con una combinazione di sottofinanziamenti e vincoli legali.

«Il rischio di una condanna penale è quello che spinge davvero l'industria a comportarsi bene» mi ha detto Claybrook. «Perfino Musk si metterebbe in riga.»

Ma l'NHTSA non aveva mai davvero avuto l'autorità necessaria. Tuttavia, l'agenzia poteva imporre sanzioni salate e, se necessario, rivolgersi al dipartimento di Giustizia per costringerlo ad agire contro i costruttori di automobili.[6]

Nei primi tempi della sperimentazione della guida autonoma, l'agenzia aveva promosso un approccio collaborativo, anziché antagonista: voleva prima capire e conoscere la tecnologia e poi valutare se servissero interventi a livello federale. Il contrario di quello che Nader e Claybrook avevano imparato sulla sicurezza in campo automobilistico: bisognava far vedere ai colossi del settore chi comandava.

Nel 1978 Claybrook aveva incontrato Shoichiro Toyoda, l'erede di Toyota Motor Corporation, e gli aveva detto che l'NHTSA lo avrebbe aiutato a mettere a punto un airbag se era quello che ci voleva, incontrando la decisa opposizione della classe dirigente del settore automobilistico. Era andata in Giappone con tre ingegneri per fare un appello personale all'allora vicepresidente dell'azienda, il cui mercato era in crescita negli Stati Uniti.

«Il dottor [Shoichiro] Toyoda mi disse che non sapevano come mettere a punto un airbag [...] Questa cosa mi indignò» ha detto.

Si rivolse nuovamente a Toyoda.

«Gli dissi: "Gli ingegneri dell'NHTSA glielo mostreranno"» ha ricordato. «"I miei ingegneri staranno qui per tutto il tempo che serve".»

Toyota, ovviamente, sapeva benissimo come costruire un veicolo dotato di airbag: ma l'NHTSA all'epoca aveva esperienza sufficiente per sgamare la dichiarazione di ignoranza dell'azienda, ha ricordato Claybrook.

Ora l'agenzia, ostacolata dalla cronica mancanza di fondi, era stata privata di quel tipo di sapere istituzionale... e di autorevolezza. La NHTSA aveva gradualmente spostato l'attenzione dai costruttori automobilistici ai singoli conducenti, puntando a migliorare il comportamento degli automobilisti, come evidenziato in una pubblicazione della Vanderbilt University Law School che citava l'analisi «The Invisible Driver of Policing» apparsa sulla *Stanford Law Review*.[7] Ciò aveva portato a fare affidamento sui controlli stradali pretestuosi delle forze dell'ordine per far rispettare la sicurezza automobilistica, un esempio emblematico di come «un'agenzia governativa, per raggiungere i propri obiettivi, preferisca ricorrere all'intervento della polizia invece che a regolamenti e controlli amministrativi».[8]

«Istituita insieme al dipartimento dei Trasporti nel 1970, l'NHTSA inizialmente usò la propria autorità per chiedere ai costruttori di auto di migliorare la progettazione dei veicoli» scriveva l'articolo della Vanderbilt Law School. «All'inizio degli anni Novanta, gli incidenti stradali mortali erano in aumento, insieme a quelli con feriti e al numero totale di sinistri. Tuttavia, il clima politico, aggravato dai tagli al budget, dissuase l'agenzia dal concentrarsi sull'emanazione di regolamenti per i gruppi automobilistici.»

Adesso, in netto contrasto con lo scopo per cui era stata istituita, l'NHTSA non aveva neppure l'autorevolezza necessaria a valutare in maniera appropriata un rischio sulle strade pubbliche. E a Washington, dove il clima di deregulation durava da decenni, l'amministrazione di Obama, che guardava con favore alla tecnologia, mostrava scarsa volontà politica di imporre restrizioni alla Silicon Valley.

L'opposto dell'atteggiamento adottato dall'NHTSA decenni prima.

«Ero molto aggressiva e incalzavo le aziende mettendole con le spalle al muro se si opponevano all'installazione degli airbag sulle loro auto, perché non farlo non aveva senso e basta» ha detto Claybrook. «Non ci pensavo neanche» ha detto dell'idea di un approccio cooperativo, basato sull'approfondimento dei vari problemi. «Per me la questione era: "Ho l'autorità per emanare quest'ordine, e lo faccio".»

Poco dopo l'incontro di Nader e Claybrook con Rosekind, l'NHTSA adottò un nuovo approccio nei confronti delle funzionalità di assistenza alla guida, una decisione che non aveva quasi precedenti nella storia di regolamentazione dell'agenzia. Rosekind era preoccupato per la rapidità dello sviluppo tecnologico e la possibilità che i costruttori di automobili mettessero in circolazione nuove funzionalità. Consapevole che il tempo stringeva e con il profilarsi delle elezioni del 2016, Rosekind affrontò la richiesta di nuovi standard di sicurezza da una prospettiva diversa.

Nel marzo 2016 l'NHTSA annunciò di essersi assicurata l'impegno da parte di venti case automobilistiche, inclusa Tesla, di installare la frenata automatica d'emergenza su quasi tutti i loro veicoli entro il settembre 2022.[9] La cosa fondamentale, come sottolineava una lettera firmata da Claybrook, era che l'accordo non aveva la forma di un requisito di legge. Al contrario, come affermavano Claybrook e altri firmatari, l'NHTSA si «discostava radicalmente dal processo di regolamentazione reso esecutivo dal Congresso cinquant'anni prima».[10] Il messaggio era chiaro: l'NHTSA era stata neutralizzata, resa impotente e irrilevante dalla sua incapacità di istituire norme che le industrie automobilistiche tecnologiche emergenti dovevano rispettare.

Per dirla con le parole di Claybrook, Rosekind «ha abbandonato la prerogativa del suo ufficio di emanare direttive a favore di un approccio su base volontaria».

Era in questo scenario che Tesla e Musk avevano lanciato la loro presentazione *Paint It Black* la quale promuoveva «hardware Full Self-Driving su tutte le Tesla», avviando la corsa che sarebbe durata un anno per costruire auto già dotate di guida completamente autonoma da dare direttamente in mano a migliaia di consumatori.

L'ammissione di Rosekind che l'NHTSA non aveva i dati che le servivano poteva essere giustificabile nel 2015. Ma sei anni dopo l'agenzia brancolava ancora nel buio, mentre Tesla stava installando software sempre più complessi su migliaia di nuovi veicoli senza pensarci due volte.

Nel periodo intercorso da allora l'amministrazione Trump non aveva certo fatto un favore all'agenzia, lasciandola senza un responsabile fisso. All'interno dell'NHTSA la leadership doveva vedersela con la capacità di Tesla di sfornare tecnologia, sotto forma di aggiornamenti OTA, più in fretta di quanto i funzionari potessero stare al passo, mi ha detto un dipendente dell'agenzia informato dei fatti. La strategia di Musk sfruttava lo sfasamento temporale fra il rilascio del nuovo software e i tentativi di regolamentarlo.

«Il suo modello di business è di fare le cose prima che ti becchino e ti dicano di fermarti» mi ha detto l'ex dipendente.

Nel 2021 l'NHTSA era ancora senza i dati che Rosekind aveva detto di non avere a disposizione anni prima.[11] L'NHTSA aveva esaminato più di dodici incidenti che avevano coinvolto Tesla in cui si sospettava che Autopilot fosse inserito, ma mancava un meccanismo coerente per venire a conoscenza di tali incidenti quando si verificavano.

Il dottor Steven S. Cliff, scelto dal presidente Biden per dirigere l'agenzia dopo quattro anni di inerzia sotto Trump, decise di ottenere quei dati.

Cliff, che fra le tante credenziali accademiche ha un dottorato in chimica, arrivò all'agenzia in un momento in cui venivano sollevati parecchi interrogativi sulla commercializzazione di Full Self-Driving. Le richieste dei media intasavano le caselle di posta degli addetti stampa... e fra le aziende sotto la sua supervisione Tesla era quella attorno a cui c'era più interesse.

Probabile che in parte avesse a che fare con Musk e la sua personalità ingombrante, e con l'ossessione dei media per ogni sua mossa. Ciononostante, Tesla sembrava sfruttare senza farne mistero la mancanza di regolamentazione governativa riguardo alla propria tecnologia, spronando i funzionari ad agire con la sua faccia tosta.

Un esempio chiaro che sarebbe emerso di lì a poco: programmare le sue auto perché non si fermassero completamente ai segnali di stop, una funzionalità che violava il codice della strada di diversi Stati. Era il genere di evidente infrazione delle regole che un'NHTSA più determinata avrebbe presentato come una prova schiacciante.

Cliff iniziò a rendersi conto che l'approccio di Musk ai suoi prodotti era radicato in una filosofia del laissez-faire che contava sulla responsabilità personale, affidandosi agli utenti in un modo che di fatto legava le mani agli enti di controllo, data l'assenza di leggi esplicite rilevanti per la tecnologia.

Sintetizzò la visione di Musk così: «Senti, sei un adulto. Non ho intenzione di farti da balia e ho del lavoro da fare... ovvero, produrre le cose che desideri, che vuoi o di cui hai bisogno. E mi fido del fatto che tu sia abbastanza adulto da sapere come usare quel prodotto nel modo che ritieni sicuro».

Un atteggiamento del genere trascurava di tener conto di coloro che non avevano sborsato decine di migliaia di dollari per possedere uno dei lussuosi veicoli elettrici di Tesla.

«In Tesla hanno deciso di correre questi rischi molto maggiori con la tecnologia perché hanno la sensazione che, be', uno ci arriva da solo. Potete stabilire da voi che cosa è sicuro... senza ammettere l'esistenza degli altri utenti della strada che non hanno fatto la stessa scelta» mi ha detto Cliff per un articolo del *Post*. «Se sei un pedone, [se] sei un altro veicolo sulla strada, lo sai di essere senza volerlo l'oggetto di un esperimento in corso?»[12]

Ovviamente, Tesla inzeppava i suoi veicoli di disclaimer e dichiarazioni che sembravano avere l'obiettivo di assolverla da ogni responsabilità per come gli utenti usavano il suo software. Il manuale dell'utente della Model 3 elenca le condizioni in cui Autosteer – una funzionalità chiave di Autopilot – non deve operare. Esse comprendono situazioni in cui «le strisce delle corsie sono eccessivamente sbiadite, hanno tracciature precedenti visibili, sono state modificate per dei lavori in corso, cambiano rapidamente (si dividono, si incrociano o si uniscono), oggetti o aspetti del paesaggio gettano ombre sulle delimitazioni di corsia, oppure la superficie stradale contiene giunture nella pavimentazione o altre linee molto visibili». Anche le condizioni meteo avverse possono costituire un problema, comprese circostanze in cui «la visibilità è scarsa (pioggia forte, neve, nebbia ecc.), oppure interferiscono con la funzionalità dei sensori». Pure il bel tempo può essere un ostacolo, per esempio quando «la luce forte (come quella diretta del sole) interferisce con la visione delle telecamere».[13] Le Tesla potrebbero confondersi anche se seguono il veicolo davanti troppo da vicino, bloccando la visuale delle telecamere.

Un altro potenziale ostacolo era guidare in montagna. Il problema si capisce subito: se il conducente doveva disabilitare Autopilot tutte le volte in cui non avrebbe funzionato nel modo ottimale, usare il sistema sarebbe potuto essere più una seccatura che altro.

Esisteva altresì un avvertimento cruciale riguardante il sistema Traffic-Aware Cruise Control, un'altra caratteristica della suite Autopilot, che molti utenti forse avrebbero voluto conoscere in anticipo. «Traffic-Aware Cruise Control può reagire a veicoli o oggetti che non esistono oppure non sono nella vostra corsia di marcia, facendo rallentare la Model 3 in modo non necessario o non appropriato.»[14]

Cliff non era convinto che le clausole in piccolo da sole bastassero a evitare potenziali abusi del sistema.

Fin dal primo giorno, capì che Tesla sarebbe diventata il punto centrale del suo lavoro all'NHTSA, segnando una rottura rispetto agli anni di direttori precedenti (e *ad interim*) che avevano considerato il «problema Tesla» come una semplice seccatura, tutt'al più un fenomeno marginale.

Cliff imparò presto una cosa che chiunque avesse a che fare con Tesla capiva in fretta: l'azienda operava in modo diverso da qualunque altro gruppo automobilistico sotto la sua supervisione.

Quando Biden aveva annunciato la sua nomina, aveva ricevuto lettere di sostegno da un'ampia gamma di rispettati leader dell'industria, come Bill Ford, presidente del gruppo automobilistico più leggendario d'America. Ricevette un segno di approvazione anche da parte di Tesla, benché fosse arduo leggerlo in quel modo.

Un giorno uno dei responsabili della policy aziendale, un dirigente incaricato di gestire i rapporti con Washington, gli fece una telefonata. «Voglio solo che sappia che non faremo niente per cercare di impedire la sua conferma» gli disse l'uomo.

Cliff era divertito da quella mancanza di consapevolezza: era come se l'interlocutore non si rendesse conto che le critiche pubbliche da parte di un'azienda come Tesla avrebbero potuto agevolare la sua nomina, mostrando che era il genere di leader determinato temuto dalla società di Elon Musk. In ogni caso, anche se la telefonata rimaneva entro i limiti dell'accettabile, il sottotesto sembrava suggerire che Tesla non fosse un'azienda da contrariare.

Nel frattempo, aveva già iniziato a lavorare all'NHTSA come direttore *ad interim*, con un occhio rivolto all'azienda praticamente fin dal primo giorno. A differenza dei suoi predecessori, Cliff era deciso ad andare a fondo della questione Tesla.

«Volevo davvero capire se c'era [qualcosa] oppure se i media si erano concentrati sugli incidenti delle Tesla a causa di Elon o per qualunque altra ragione» ha detto Cliff. «Credo che ciò che abbiamo scoperto fosse: "No, qualcosa c'è".»

Nel giugno 2021, l'NHTSA emanò la sua prima direttiva importante sulle funzionalità automatizzate che interessava direttamente le Tesla dotate di Autopilot: una disposizione permanente che imponeva ai costruttori di automobili e alle aziende tecnologiche di comunicare i dati sugli incidenti che vedevano coinvolti sistemi di guida autonoma e assistita sulle strade pubbliche, informando sui sinistri di maggiore entità – per esempio, quelli con morti o feriti gravi – entro un giorno.[15] Cliff voleva sapere con cosa aveva a che fare, e chiedere ai costruttori di autoveicoli e ai produttori di software di guida autonoma di consegnare i loro dati quando qualcosa andava storto sembrava il punto migliore da cui partire.

Ovviamente, sapeva che Tesla avrebbe rappresentato una quota ragguardevole dei dati raccolti. Ma non stava cercando di prendere di mira un'azienda in particolare. Voleva semplicemente risolvere il problema che Rosekind aveva individuato sei anni prima.

«Non avevamo i dati, perciò la questione era: "Dove li prendo?"» mi ha detto Cliff. «Li voglio alla svelta. E come faccio? [...] Be', potresti emanare un ordine e poi lo rivolgi a queste aziende.»

Cliff si era fatto un'idea di cosa avrebbero potuto rivelare i dati per quanto riguardava un costruttore di automobili in particolare, ma non voleva lasciarsi condizionare dai pregiudizi.

Tesla non ebbe altra scelta che obbedire o rischiare multe che potevano toccare i 100 milioni di dollari e una segnalazione al dipartimento della Giustizia.[16]

Anche quando i dati iniziarono ad arrivare alla sua agenzia, Cliff non avrebbe potuto prevedere cosa sarebbe venuto a sapere nei mesi successivi in merito all'esperimento che si stava conducendo sulle strade: Tesla stava programmando i suoi veicoli per infrangere la legge. I problemi gli si presentarono quando l'NHTSA analizzò certi aspetti della versione beta di Full Self-Driving.[17]

Mentre il software di Tesla diventava più sofisticato per raggiungere l'obiettivo della «guida autonoma» voluto da Musk, l'azienda era incappata in un problema che interessava tutto il settore: i computer non guidavano come avrebbero fatto gli esseri umani. Le auto potevano essere programmate per seguire delle istruzioni, ma era molto più difficile programmarle perché avessero buonsenso. I residenti della Silicon Valley che avevano visto le auto a guida autonoma si erano imbattuti ripetutamente in questo fenomeno: veicoli che esitavano, guidando come «anziani» o affrontando le curve a scatti come se seguissero una serie di raggi vettori che continuavano a cambiare direzione anziché manovrare nel modo che per un conducente umano era naturale.[18]

Tesla decise di risolvere questo problema consentendo ai conducenti di selezionare tre stili di guida: «rilassata», «media» o «decisa».[19]

La modalità «rilassata» era già nota ai possessori di una Tesla, che non volevano far stare male i passeggeri a causa delle brusche accelerazioni dell'auto: offriva una partenza più morbida evitando scatti improvvisi. Questa modalità manteneva anche una maggiore distanza di sicurezza dai veicoli che precedevano e limitava i cambi di corsia.

«Decisa», al contrario, era uno stile di «guida con più urgenza», per dirla con le parole di Tesla.[20] Ovviamente, l'azienda non stava suggerendo che gli utenti dovessero programmare l'auto in modalità «decisa» per poi tornare al loro cruciverba.

Un disclaimer chiaro e sintetico copriva la responsabilità di Tesla in tale ambito: «Full Self-Driving (Beta) è una funzionalità che richiede supervisione attiva. Tenete sempre le mani sul volante, prestate attenzione alle condizioni della strada e del traffico, e siate pronti a intervenire immediatamente in ogni momento. Il mancato rispetto di queste istruzioni potrebbe provocare danni, ferite gravi o morte. È vostra responsabilità familiarizzare con i limiti di Full Self-Driving (Beta) e con le situazioni in cui potrebbe non funzionare come previsto».[21]

Ma l'implicazione della modalità «decisa» era chiara: l'auto guidata dal computer incerta ed esitante non avrebbe più tradito la sua mancanza di sicurezza circolando sulle strade: una Tesla in modalità «decisa» si sarebbe comportata più come una persona in ritardo per un appuntamento nel traffico di Los Angeles.

Tesla aggiunse addirittura una funzione che avrebbe detto all'auto di non fermarsi completamente agli stop, trattando la segnaletica agli incroci come un semplice suggerimento.

Il blog InsideEVs riportò la descrizione delle modalità «media» e «decisa».[22] Nel primo caso, una Tesla avrebbe tenuto «una distanza di sicurezza media e avrebbe potuto limitarsi a rallentare agli stop» (fu l'ultima parte ad attirare l'attenzione degli enti di controllo). La modalità «decisa» si spingeva anche oltre: in questo caso, una Tesla avrebbe «mantenuto una distanza di sicurezza minore, eseguito cambiamenti di corsia più frequenti, non avrebbe superato le strisce continue e avrebbe potuto solo rallentare agli stop».[23]

Tesla aveva offerto all'NHTSA su un piatto d'argento la scusa per intervenire: quella pratica di guida era codificata come infrazione stradale. Davanti alle prove del fatto che Tesla stava programmando le sue auto perché violassero il codice della strada, l'agenzia di Cliff non ebbe altra scelta che intervenire.

A quel punto, all'inizio del 2022, le questioni di sicurezza che interessavano Tesla stavano diventando così comuni che l'ente di controllo teneva riunioni settimanali per fare il punto sulle diverse indagini sull'azienda. Una riguardava la frequenza con cui le Tesla andavano a sbattere contro veicoli con le frecce d'emergenza accese, e un'altra analizzava la possibilità per il conducente di giocare a videogiochi sul grande schermo dell'auto mentre era alla guida, valutando «il potenziale di distrazione» di una funzionalità che un tempo era limitata ai veicoli parcheggiati.[24]

Fu durante una di queste riunioni regolari nei giorni di lavoro ibrido post pandemia, quando i funzionari e il personale addetto a far rispettare le norme dell'NHTSA si vedevano su Zoom, che saltò fuori una nuova questione urgente: le Tesla venivano programmate per superare i segnali di stop come se manco ci fossero.

La sfacciataggine di programmare delle auto perché violassero la legge lasciò allibiti i dirigenti.

«Come, scusa? pensammo tutti» ha ricordato Cliff.

Il suo team verificò che la notizia fosse vera, e fu indetta una riunione con gli avvocati per parlare delle leggi interessate e stabilire come affrontare il problema. La teoria legale che stava dietro la decisione di perseguire Tesla era piuttosto semplice.

«Non conosco nessuno Stato in cui è permesso» disse al *Post* Russ Martin, responsabile delle relazioni politiche e governative dell'NHTSA.[25]

Tesla poteva anche aver programmato i suoi veicoli per comportarsi come conducenti umani, ma nel farlo stava introducendo quello che l'NHTSA reputava un rischio di collisione. Le auto potevano attraversare un incrocio a una velocità di 9 chilometri orari quando avrebbero invece dovuto fermarsi completamente.[26]

L'NHTSA e Tesla si videro due volte in gennaio per parlare del problema, permettendo ai funzionari di prendere più informazioni e stabilire come poteva essere risolto.[27] E l'agenzia di Cliff in definitiva suggerì che la presenza di quella funzionalità doveva portare a un richiamo delle vetture. L'azienda non era nelle condizioni di avanzare obiezioni ragionevoli e accettò di farlo. Cionondimeno, Tesla sembrò difendere la sua decisione di programmare le vetture in modo che potessero non fermarsi agli stop: nel richiamo, fece notare che l'azienda «non era al corrente di collisioni, feriti o morti collegati a quella funzionalità», la quale specificava che per intraprendere la manovra un veicolo doveva avvicinarsi a uno stop senza «auto in movimento [...] pedoni o ciclisti [...] nei pressi dell'incrocio».[28]

Tesla accettò di fare un richiamo il 20 gennaio 2022, decidendo di affrontare il problema con un aggiornamento software per circa 50.000 veicoli.[29] (La cosa rimase impressa a Musk. «Prima la sicurezza, poi la comodità» disse a un cliente il quale chiedeva che alle Tesla fosse consentito «di infrangere la legge ai segnali di stop» nel luglio 2024. «Cose come non fermarsi agli stop sono tecnicamente illegali, perciò l'NHTSA è intervenuta, anche se il 99 per cento della gente lo fa» scrisse.[30] Sarà anche così, ma gli enti di controllo non potevano permettere che le funzionalità automatizzate rispettassero il codice della strada a casaccio: i computer non dovevano forse contribuire a rendere le strade più sicure, anche obbedendo alle regole meglio degli esseri umani?)

Non sarebbe stata la prima volta che Tesla veniva ridotta all'obbedienza da un meccanismo che divenne lo strumento decisivo dell'NHTSA per rimettere in riga un costruttore di automobili che giocava sporco.

Alla fine l'NHTSA decise che il meccanismo migliore per arginare gli eccessi di Tesla fossero i richiami, per come era strutturata l'autorità dell'agenzia. Dopo il suo arrivo, Cliff aveva cercato di capire meglio gli strumenti a sua disposizione, e mi ha detto che ben presto si era reso conto del potere dell'autorità di richiamo.

Non era la regolamentazione proattiva e ampia che volevano Nader, e perfino alcuni esponenti politici. E i richiami difficilmente avrebbero modificato la strada verso l'automazione imboccata dall'industria automobilistica. Bisogna riconoscere a Cliff che anche lui era scettico al riguardo: e se la tecnologia avesse finito davvero per salvare delle vite? Ma capì che i richiami potevano perlomeno aiutare il governo a porre un freno a sviluppi che mettevano in pericolo i cittadini.

«Si possono raccogliere dati, regolamentare, far rispettare le leggi, oppure è possibile far pesare la propria posizione, per così dire» osservò Cliff. Un'agenzia sorella, l'NTSB, l'investigatore federale di più alto livello, tendeva a usare la propria posizione per costringere all'obbedienza, data la mancanza di autorità normativa. L'NHTSA era azzoppata dalla necessità di lunghi tempi tecnici per raccogliere i dati, dalla mancanza della volontà politica di applicare nuove norme e dall'enorme carico di lavoro che pesava su chi doveva far rispettare le leggi, cosa che a volte portava a un atteggiamento puramente reattivo.

Era qui che entravano in gioco i richiami.

«Lo strumento dei richiami era molto potente» mi ha detto Cliff. «Quando ha formulato la legge nazionale sulla sicurezza dei trasporti, il Congresso sapeva che non c'era modo di prevedere tutti i problemi che potevano nascere. Ecco da dove veniva l'autorità del richiamo.»

Gli effetti di questo strumento furono micidiali per la velocità di sviluppo di Tesla, che per anni aveva colto impreparati gli enti di controllo.

Mentre Tesla riversava nelle strade pubbliche pericoli e rischi inediti a velocità sostenuta, l'NHTSA aveva trovato un modo per riportare l'azienda coi piedi per terra.

Cinque giorni dopo aver rampognato pubblicamente Tesla per la funzionalità che prevedeva di non fermarsi allo stop, l'NHTSA annunciò un altro richiamo. L'agenzia era venuta a sapere che a volte le auto dotate di software di guida assistita non emettevano l'allarme per ricordare ai passeggeri di allacciarsi le cinture di sicurezza, una complicazione dovuta al fatto che le auto erano sempre connesse. Tesla spiegò che «il cicalino della cintura di sicurezza del guidatore potrebbe non resettarsi dopo aver dato un avviso, e potrebbe non suonare al successivo riavvio del veicolo», un problema che secondo l'NHTSA andava contro i regolamenti federali sui veicoli a motore.[31] (Tesla affermò di aver rimediato al problema rilasciando un aggiornamento OTA «che corregge l'errore del software», rendendo i veicoli conformi alla normativa.)

Il 2 febbraio, il giorno dopo la notifica sul cicalino delle cinture di sicurezza, l'NHTSA segnalò un nuovo problema, annunciando che alcuni modelli di Tesla venivano richiamati perché i parabrezza non si sbrinavano nel modo corretto.

Come mi spiegò un funzionario all'epoca, il difetto del parabrezza era un esempio di come l'NHTSA trovava il modo di usare la propria autorità in accordo ai regolamenti federali per parlare di questioni che a volte interessavano i proprietari sotto altri aspetti.[32]

Il nucleo della faccenda era il seguente: i proprietari delle Tesla tremavano di freddo all'interno delle loro auto. Il 12 gennaio, meno di un mese prima del richiamo, il sito web Electrek aveva pubblicato un articolo spiegando che le nuove pompe di calore installate facevano fatica a riscaldare l'abitacolo delle auto quando le temperature scendevano sotto lo zero.[33]

Era un problema che l'azienda sosteneva di aver risolto con un aggiornamento software un anno prima, riferiva Electrek. Adesso però sul sito campeggiava il titolo: «I proprietari delle Tesla stanno di nuovo gelando a temperature estreme perché alcune pompe di calore funzionano male».

Quindi non era una coincidenza che l'NHTSA citasse la pompa di calore annunciando un richiamo di quasi 27.000 Tesla meno di un mese dopo, spiegando che un «errore del software può provocare l'apertura non intenzionale di una valvola della pompa di calore che intrappola il refrigerante nell'evaporatore, portando alla diminuzione della capacità di sbrinamento».[34] Per una coincidenza, il problema implicava una violazione delle norme federali che richiedono di disappannare e sbrinare il parabrezza, consentendo ai funzionari di chiedere che venisse sistemato. Tesla intervenne di nuovo tramite un aggiornamento OTA, così disse.

Come se tre richiami nel giro di una settimana non bastassero – di più, per alcuni modelli, di quelli che erano stati fatti durante tutta l'amministrazione Trump – quel venerdì l'NHTSA pubblicò un altro annuncio: stavano per essere richiamate più di 578.000 Tesla. Il problema era una funzionalità chiamata «Boombox».[35]

Una delle preoccupazioni con i primi veicoli alimentati a batteria era che la gente non li sentiva arrivare, il che si era rivelato un problema per i pedoni. Una direttiva federale istituita nel 2016 imponeva un «allarme sonoro» alle velocità più basse, quando il rumore degli pneumatici e il fruscio dello spostamento d'aria non sono sufficienti per segnalare l'arrivo di un veicolo.[36] Manco a dirlo, Tesla non si sarebbe limitata a equipaggiare le sue auto con avvisi sonori per rispettare le norme federali. Troppo ragionevole... e *noioso*.

A partire dal 2020, aveva dotato i suoi veicoli della funzionalità Boombox, che consentiva ai proprietari di far sentire rumori all'esterno, quali per esempio la musichetta del furgone dei gelati, rumori di scorregge o rutti prolungati, tutto solo premendo il clacson.[37]

Un vero spasso.

L'unico problema era che quei suoni bizzarri potevano sovrastare un avviso acustico ai pedoni, e un passante avrebbe potuto non associarli immediatamente a un veicolo in arrivo, cosa che violava la norma federale che imponeva in primo luogo la presenza dell'altoparlante esterno.[38]

Tesla fu costretta a rilasciare un aggiornamento OTA che richiedeva che la macchina fosse in modalità parcheggio prima che fosse possibile attivare i suoni Boombox.

Musk era rimasto stranamente in silenzio mentre venivano decretati quattro richiami in otto giorni. Ci volle la domanda di un utente di Twitter per stanarlo.

Il 12 febbraio, rispondendo a un post che chiedeva perché Tesla avesse richiamato Boombox, Musk disse: «Ci hanno costretti a farlo i guastafeste (sigh)».[39]

Cliff considerava il nuovo nomignolo dato all'agenzia motivo di vanto, un segno del fatto che il suo approccio stava funzionando.

Nonostante le critiche da parte degli attivisti, l'approccio collaborativo di Rosekind diede i suoi frutti. Verso la fine del 2023, tutti i costruttori di automobili che si erano impegnati a installare la frenata automatica d'emergenza (AEB) sulla grande maggioranza dei loro modelli lo avevano fatto, e alcuni di loro – vale a dire, Tesla – avevano raggiunto l'obiettivo ben prima dell'iniziale scadenza del 2022.[40] Il progresso culminò nel 2024, con l'annuncio da parte dell'NHTSA che l'AEB doveva essere di serie sui veicoli passeggeri entro il 2029.[41] L'accordo del 2016 con i costruttori di automobili conteneva una tacita ammissione: «L'NHTSA calcola che l'accordo renderà l'AEB di serie sulle auto tre anni prima di quanto non farebbe il normale processo di regolamentazione».[42] Non è che fosse impossibile; piuttosto, c'era una questione di volontà politica e istituzionale di affrontare il problema dei rischi per la sicurezza.

Ralph Nader vide la seccatura che stava diventando Tesla, i richiami e le indagini frequenti, e ciò che considerava una possibile carneficina sulle strade pubbliche provocata da Full Self-Driving. Decise di intervenire. Il 10 agosto 2022 rilasciò una dichiarazione pubblica chiedendo l'intervento degli enti di controllo.

«La massiccia immissione sul mercato della tecnologia cosiddetta Full Self-Driving di Tesla è una delle azioni più pericolose e irresponsabili compiute da un gruppo automobilistico da decenni a questa parte» disse Nader. «Il nostro Paese non dovrebbe permettere a un software difettoso, che Tesla stessa avverte potrebbe fare la "cosa sbagliata nel momento peggiore", di percorrere le stesse strade su cui camminano i bambini che vanno a scuola. Insieme dobbiamo mandare un messaggio urgente alle persone preposte ai controlli perché gli americani non divengano manichini da test per un'azienda potente e di alto profilo e il suo CEO. Nessuno è al di sopra delle leggi che regolano l'omicidio colposo.»[43]

10

Il prezzo di comprare Twitter

ANCHE se Washington la teneva sotto stretta osservazione, verso la fine del 2021 Tesla stava andando alla grande. Nel novembre di quell'anno, le azioni toccarono un picco storico di 400 dollari, portando il valore dell'azienda a oltre 1.000 miliardi. Investitori come Ross Gerber avrebbero dovuto essere felici di vedere il loro famoso CEO raddoppiare il suo impegno per la storia di successo più strabiliante del XXI secolo nel settore automobilistico, ma Elon Musk aveva altre idee.

Nelle prime settimane del 2022, Musk – fresco di liquidità dopo aver venduto miliardi di dollari di azioni di Tesla per pagare un'ingente imposta fiscale – iniziò una campagna aggressiva per acquistare quote di Twitter.[1] Sulle prime, lo fece senza troppa fanfara, comprandone poche ogni giorno a prezzi che andavano dai 32 ai 40 dollari. Ma dopo quarantatré transazioni a partire dal 31 gennaio, Musk cominciò ad accumulare una quantità notevole di azioni del social media che secondo lui deteneva un grosso potere nel pensiero globale, come rivelavano le sue interazioni col proprio circolo.

«Dato che Twitter funge di fatto da piazza pubblica, non aderire ai principi della libertà di parola indebolisce la democrazia. Cosa bisognerebbe fare?» chiese il 26 marzo, il giorno dopo un sondaggio che aveva lanciato su Twitter nel quale il 70 per cento dei partecipanti aveva detto di credere che la piattaforma non rispettasse i principi della libertà di parola.[2]

«Le conseguenze di questo sondaggio saranno importanti. Per favore, votate con attenzione» aveva scritto il 25 marzo.[3]

Adesso stava facendo una domanda ulteriore: «Serve un'altra piattaforma?»[4]

Fu solo il 4 aprile che fu chiaro dove stava andando a parare. Secondo un documento presentato alla SEC, Musk adesso deteneva quote sufficienti per essere l'azionista più importante dell'azienda. La sua quota di oltre il 9 per cento significava che faceva sul serio: era sufficiente per garantirgli un posto nel consiglio di amministrazione, come minimo, ma dal modo in cui ne parlava era chiaro che il suo coinvolgimento probabilmente non si sarebbe fermato lì.[5]

Mentre le voci dell'investimento di Musk iniziavano a circolare, sembrava inevitabile concludere che avesse intenzione di comprare Twitter. Ma non lo avrebbe fatto da solo.

Nella Silicon Valley, la voce secondo cui il CEO di Tesla aveva in mente di comprare il social media si diffuse in fretta. Sarebbe stata niente di meno che una prima storica: un'acquisizione praticamente finanziata dal crowdfunding della piattaforma che dominava la comunicazione online – su temi come i media, lo sport, la tecnologia, la politica, il gossip e altro ancora – oltre che un'opportunità per investire in un servizio estremamente popolare, già al culmine della sua maturità, ma con il potenziale di crescita tipico di una startup.

Tuttavia, il costo di una mossa del genere stava diventando chiaro. Twitter veniva scambiata a circa 40 dollari per azione, e adesso che il coinvolgimento di Musk era di dominio pubblico, il prezzo era destinato a salire. Se voleva andare avanti, avrebbe dovuto cedere parte delle sue notevoli partecipazioni in Tesla in cambio dell'azienda di social media popolare e di alto profilo, ma a malapena solvente e cronicamente gestita male. Gli investitori e gli analisti esterni avevano un'unica domanda: perché?

«È come dare via il caviale per comprare un hot dog da un chiosco in strada a New York», così la descrisse l'analista della Wedbush Securities Dan Ives al *Washington Post*.[6]

Sembrava esserci una sola spiegazione per l'offerta: Musk stava comprando influenza. Ma anche in quel caso, perché incoraggiare il coinvolgimento di così tanti partner che sicuramente avrebbero voluto recuperare l'investimento?

Tuttavia, i partner di Musk nell'accordo non vedevano il rischio, a giudicare dal simbolo del dollaro che gli lampeggiava negli occhi. Erano convinti che il loro denaro fosse al sicuro con l'uomo che mandava razzi nello spazio e aveva reso l'auto elettrica un *must have*. Numerosi gruppi ci videro un'opportunità: gli ideologi politici della destra avrebbero potuto imporre la loro agenda a uno strumento decisivo nella formazione del pensiero pubblico, il circolo ristretto di amici e investitori di Musk avrebbe potuto trarre vantaggio dalla sua storia di successo nel generare profitti, regimi stranieri oppressivi avrebbero potuto detenere un'influenza cruciale sulle sue decisioni e infine un gruppo di investitori retail che si stava consolidando in fretta e che considerava Musk un eroe, o uno strumento utile, videro un'opportunità di ricavare un profitto dall'impresa. Era un'occasione per investire nel suo impero.[7]

All'apice della fama e della ricchezza di Elon Musk, la saga di Twitter rivelò chiaramente – e direttamente – il suo potere davanti al mondo.

Poteva alzare miliardi con un semplice messaggio.

«Sei interessato a partecipare all'offerta Twitter?» scrisse a Larry Ellison, il cofondatore di Oracle che Musk considerava un caro amico.

«Sì» rispose Ellison «certo», seguito dal pollice insù.

«Perfetto» rispose Musk.[8]

Un miliardo se l'era portato a casa.

Musk fece lo stesso con il cofondatore di LinkedIn Reid Hoffman, un contatto dei giorni di PayPal, che era partner della società di venture capital Greylock. Gli spiegò che avrebbe avuto priorità nell'accordo come «amico» e che i soldi del capitale di rischio sarebbero stati benaccetti.[9]

Il Technoking era in azione. Vecchi amici e conoscenti spuntarono dal nulla con le loro richieste: Musk avrebbe preso in considerazione la loro candidatura a CEO? Potevano avere un posto nel consiglio d'amministrazione o magari una posizione come consulenti? Stava cercando ingegneri? Si inchinò perfino un principe saudita: Alwaleed bin Talal Al Saud – inizialmente scettico, convinto che il prezzo di 54,20 dollari per azione fosse troppo basso – lottò per «restare» nella società, aggiungendo la partecipazione di 1,9 miliardi sua e della Kingdom Holding Company per diventare il secondo azionista.[10]

Altri adularono il loro nuovo leader.

«Quando inizio, capo?» diceva un messaggio arrivato dopo l'annuncio dell'accordo.[11] Proveniva da una persona cui Musk aveva chiesto di fare il consulente strategico. Semmai, i messaggi rivelati durante le successive udienze in tribunale mostravano fino a che punto la congrega della Silicon Valley, ansiosa di assicurarsi investimenti redditizi, influenza o tutt'e due le cose, conoscesse il valore di ingraziarsi il maschio alfa del branco. L'adulazione era così smaccata che siti come TechCrunch fecero una carrellata dei messaggi «più servili» della collezione.[12]

Musk era anche diventato improvvisamente una cassa di risonanza per idee su quali nuove direzioni avrebbe potuto prendere Twitter.

Due consulenti chiave volevano che trasferisse la sede lontano da San Francisco, che a destra era diventata il simbolo di una città malgovernata dai democratici. Per il momento, Musk era disposto a dare una chance a San Francisco, una città che lo aveva portato alle vette del successo.

Nel frattempo, i conservatori gli facevano pressioni perché ripristinasse immediatamente l'account bandito dell'ex presidente Donald Trump.

Musk affermò di essere consapevole che un Twitter di destra era una strategia di business fallimentare.

«Ovviamente Twitter non verrà trasformato in un qualche manicomio di destra» scrisse all'ex collaboratore di Clinton Michael Kives, il ben introdotto cofondatore della società di investimenti K5 Global. «Miriamo a essere il più inclusivi possibile. A fare la cosa giusta per la maggioranza degli americani.»[13]

Musk aveva una risposta per tutti, dimostrando il suo fascino populista.

Consulenti ideologicamente motivati come David Sacks, il membro della «PayPal Mafia» di Musk che ebbe un ruolo nella coscienza politica della sua acquisizione di Twitter, poteva realizzare i suoi sogni di salvare Twitter dall'influenza del management di sinistra, lavoratori caduti in disgrazia della Silicon Valley potevano rivolgersi all'amico Musk per una seconda opportunità, altri potevano semplicemente fare investimenti promettenti, mentre altri ancora potevano scommettere su di lui per realizzare la loro visione di una piazza pubblica.

Alcuni si sarebbero uniti a Musk semplicemente per il gusto di farlo.

«Spero PROPRIO che tu prenda Twitter» scrisse Joe Rogan, il popolarissimo podcaster che si ritrovò a gravitare sempre più nella cerchia di Musk. «Se lo fai, dovremmo dare una festa pazzesca.» Musk rispose con una emoji: «100».[14]

Gli investitori di Twitter non erano certo un blocco monolitico. Non erano solo titani del settore tecnologico come Ellison che volevano partecipare. Società di venture capital della Silicon Valley quali Andreessen Horowitz e Sequoia Capital erano pronte a contribuire, come pure il sito di trading di criptovaluta Binance, fondato in Cina. A unirsi ad Alwaleed e alla Kingdom Holding Company fu il Qatar Investment Authority, che contribuì all'offerta con più di 2 miliardi di dollari di investimenti esteri. Anche Jack Dorsey, cofondatore ed ex CEO di Twitter, avrebbe sborsato circa un miliardo.[15]

Per tutti coloro che volevano essere della partita, indipendentemente da quanto fossero vicini a Musk o da quanto fosse rilevante la loro partecipazione all'accordo, partecipare all'investimento iniziava nello stesso modo: con la firma di un accordo di riservatezza, uno strumento che Musk aveva iniziato a usare in modo standard via via che acquisiva un profilo sempre più alto, impugnato dai suoi banchieri di Morgan Stanley per assicurarsi il silenzio di tutte le parti coinvolte nella transazione.

Ellison aveva parlato in privato con Musk e all'inizio di maggio stava iniziando a capire che forma avrebbe preso un investimento in un Twitter guidato da Musk. Al prezzo di uno o due miliardi, avrebbe affidato a Musk il controllo totale della società. Musk sarebbe entrato, almeno temporaneamente, come AD di Twitter.

Al pari di altri investitori, Ellison non avrebbe avuto alcun potere diretto sulle decisioni interne né il diritto di sedere nel consiglio d'amministrazione di un Twitter non quotato in Borsa.

Ma in cambio del suo denaro, Musk stava promettendo un rendimento elevato dell'investimento, ottenuto tramite una combinazione di taglio dei costi e monetizzazione aggressiva. L'obiettivo era replicare i successi di Tesla, dove aveva affidato a team di ingegneri di prim'ordine la risoluzione di problemi complessi, eliminando al contempo le inefficienze strutturali che considerava un ostacolo alla missione di creare una piattaforma per la «libertà di espressione».

Era questo l'accordo che scatenò una vera e propria frenesia in tutta la Silicon Valley, che si estese alle banche d'investimento di New York, all'economia petrolifera araba, al mondo delle criptovalute, e persino all'industria musicale, dove il team di Musk aveva ottenuto finanziamenti dal magnate discografico Sean «Diddy» Combs.[16]

Benché Musk sia spesso considerato la persona più ricca del pianeta, il suo patrimonio ha notoriamente poca liquidità, vale a dire che è vincolato nelle azioni delle sue aziende, ossia Tesla, di cui all'epoca dell'offerta su Twitter deteneva circa il 20 per cento.[17] Ogni vendita di quelle azioni aveva il potenziale di erodere la fiducia degli investitori, il che significa che Musk non poteva convertire facilmente il suo portafoglio in soldi da spendere.

Prendiamo per esempio l'ammontare più rilevante di liquidità finito nei forzieri di Musk in questo periodo: la vendita di azioni per un valore di oltre 15 miliardi di dollari nel 2021 in vista del pagamento di un'imposta astronomica.

Il *Wall Street Journal* raccontò nei particolari l'impatto sulle quotazioni Tesla di una serie di vendite iniziate quando Musk aveva lanciato il sondaggio relativo all'acquisizione di Twitter.

«Le azioni di Tesla sono crollate dopo che il signor Musk ha iniziato a vendere il mese scorso» scrisse il *Journal*. «Il titolo, che mercoledì ha chiuso a +7,49 per cento a 1.008,87 dollari, è sceso di più del 17 per cento dal giorno in cui il signor Musk ha lanciato il sondaggio su Twitter.»[18]

In altre parole (e in mancanza di termini migliori), Musk era a corto di liquidi, e la suddivisione dei suoi beni non è cambiata molto mentre scrivo, anche se il suo patrimonio è lievitato.

E questo senza contare i prestiti. Nascosto in mezzo ai documenti finanziari di Tesla c'è un dettaglio insolito: una dichiarazione che probabilmente non sarebbe accettabile per la maggior parte dei CEO aziendali, ma che per Musk era una clausola di routine.

«Non siamo parte di questi prestiti, che sono parzialmente garantiti da pegni su una parte delle azioni ordinarie di Tesla attualmente possedute dal signor Musk» diceva il documento. «Se il prezzo delle azioni ordinarie dovesse scendere in maniera sostanziale, il signor Musk potrebbe essere costretto da uno o più istituti bancari a vendere quote di Tesla per soddisfare i suoi obblighi debitori nel caso non potesse farlo con altri mezzi. Ognuna di queste vendite potrebbe provocare l'ulteriore ribasso delle azioni ordinarie.»[19]

Musk aveva dato in garanzia enormi quantità del suo pacchetto Tesla – a volte più della metà – per ottenere i prestiti.[20] Ciò legava il suo destino all'andamento in Borsa dell'azienda in più di un senso e lo mise in difficoltà quando si trattò di attingere al suo «gioiello della corona» per rendere possibile l'acquisizione di Twitter, come mi ha detto un analista cui mi sono rivolto per scrivere un articolo del *Post*.

Era un circolo vizioso: tutte le volte che Musk metteva i soldi di Tesla in Twitter, rischiava di erodere la fiducia degli investitori, e potenzialmente far diminuire il prezzo delle azioni. Se le quote di Tesla scendevano oltre una certa soglia, i banchieri sarebbero potuti intervenire, chiedendogli di vendere azioni – o magari darne altre a copertura – per garantire i prestiti. Più Tesla veniva data in garanzia, o più il suo destino era legato a Twitter, più ragioni avevano gli investitori di chiedersi se la valutazione astronomica dell'azienda di veicoli elettrici fosse giustificata.

Musk stava facendo un gioco pericoloso. Fu qui che entrarono in scena amici e collaboratori di lunga data, i quali misero a disposizione grandi somme di denaro, decine o centinaia di milioni, perfino miliardi, per pagare il conto. I suoi banchieri di Morgan Stanley Michael Grimes e Kate Claassen si occupavano del lavoro pesante mentre Musk corteggiava gli investitori al telefono.

Con tutti quei soldi che gli piovevano addosso, Musk doveva mettere dei paletti da qualche parte. Quando Michael Grimes sollevò l'argomento di un potenziale investimento di Sam Bankman-Fried, il fondatore della criptovaluta FTW oggi in disgrazia, Musk diede una risposta preveggente.

«Sam ha davvero 3 miliardi di liquidi?» chiese.[21]

* * *

Nei primi mesi del 2022, Musk aveva accumulato azioni di Twitter comprate a circa 35 dollari, che alla fine valevano attorno al 9 per cento della società. Ma volendosi muovere in fretta, nell'aprile 2022 propose un prezzo finale molto al di sopra della quotazione di mercato, quella che chiamò la sua «migliore e ultima offerta», che era anche un riferimento alla marijuana: 54,20 dollari ad azione.[22]

Insistette che la sua offerta era più che equa.

«Non ho intenzione di mercanteggiare» disse all'allora presidente di Twitter, secondo un documento della SEC. «Questa è la mia ultima parola.»[23]

La sua offerta di 54,20 era un «prezzo alto e i vostri azionisti ne saranno entusiasti» disse al telefono, anche se avrebbe dovuto riconsiderare la sua posizione come azionista se fosse stata respinta. «Non è una minaccia, semplicemente non è un buon investimento senza i cambiamenti che è necessario fare.»

Musk stava dicendo che non era sufficiente avere influenza su Twitter con una partecipazione di minoranza, anche se bastava a garantirsi un posto nel consiglio d'amministrazione; doveva essere lui al comando.

Un documento inviato alla SEC il 20 aprile, reso pubblico il giorno seguente, delineava il piano di Musk per l'acquisizione di Twitter a quel prezzo. Musk aveva ottenuto un finanziamento di 13 miliardi di dollari da Morgan Stanley e da altre banche, oltre a un prestito a margine di 12,5 miliardi garantito dal suo patrimonio personale. Complessivamente, si trattava di oltre 25 miliardi di dollari di indebitamento per finanziare l'operazione.[24]

La quota rimanente, secondo il documento, sarebbe stata coperta da Musk tramite un impegno di capitale proprio. Musk avrebbe destinato circa 21 miliardi di dollari di fondi personali – ricavati principalmente dalla vendita di azioni Tesla – all'acquisto di Twitter.

Per Musk, noto per la riluttanza a spendere e per aver bivaccato sui divani degli amici in momenti cruciali della sua vita, un impegno finanziario di questa portata era una sfida non da poco. Ma pare che la ricerca della «libertà di espressione» ne valesse la pena.[25]

Musk stava in sostanza dando a Twitter una cambiale con la quale affermava che aveva il resto dei soldi, e che potevano procedere a una transazione su quella base. Alla chiusura dell'accordo, avrebbe dovuto sborsare più di 21 miliardi di dollari... o il suo equivalente in azioni.[26]

Musk era immensamente ricco da qualunque punto di vista, e il suo comportamento nel finanziare l'acquisizione di Twitter mostrava come somme di quell'entità potessero generare fortune di per sé. Stava accumulando azioni di Twitter da settimane, ma ritardandone la comunicazione – che sarebbe stata d'obbligo il 14 marzo, quando era diventato proprietario del 5 per cento della società – ne trasse vantaggio acquistando le quote a un prezzo inferiore di quello che probabilmente avrebbe pagato se il suo coinvolgimento fosse stato di pubblico dominio. Il *Post* calcolò quanto gli aveva fruttato quella mossa: 156 milioni di dollari.[27]

Come scrisse il quotidiano: «Dopo la comunicazione, il prezzo delle azioni Twitter è salito di circa il 30 per cento e adesso ha superato i 50 dollari».

«Ignorava o era a conoscenza del fatto che stava violando le leggi del mercato azionario?» si era chiesto David Kass, un professore di economia dell'Università del Maryland, proseguiva l'articolo.

In maggio il *Wall Street Journal* riferì che la SEC stava indagando su Musk per quel ritardo nella comunicazione che potrebbe avergli fatto risparmiare 150 milioni di dollari, in una vicenda che deve essere ancora risolta nel momento in cui scrivo, all'inizio del 2025.[28] Nel dicembre 2024, Musk ha pubblicamente attaccato il tentativo della SEC di raggiungere un accordo sul caso – che riguardava una possibile frode borsistica – pubblicando una lettera in cui il suo avvocato ipotizzava motivazioni politiche dietro l'indagine.[29]

Mentre cercava sostenitori per Twitter, Musk passò dalla modalità imbonitore a quella di uomo d'affari decisamente sul pezzo, trasformando le conversazioni informali sull'interesse teorico della sua offerta per Twitter in investimenti concreti. Jared Birchall, che gestiva il suo patrimonio di famiglia, avrebbe contattato chiunque fosse interessato ad andare avanti con i dettagli dei passi successivi. Dopo ulteriori verifiche, i banchieri di Morgan Stanley entravano in azione distribuendo accordi di riservatezza, mentre le parti ricevevano informazioni confidenziali quali proiezioni di fatturato per il Twitter di Musk e finalizzavano il loro impegno.

Musk era impressionato dalla macchina che si era messa in moto. «Il team di Morgan Stanley è davvero eccellente, e non dico certe cose a cuor leggero» scrisse a Reid Hoffman il 28 aprile.[30]

I risultati dell'aggressiva ricerca di finanziamenti di Musk non tardarono ad arrivare: un documento istituzionale reso pubblico il 5 maggio rivelava il potere della sua rete e il soft power che aveva anche nei confronti degli avversari. Musk elencava nei particolari oltre 7 miliardi di finanziamenti da varie fonti, compreso il fondo sovrano del Qatar, il suo amico Ellison, Binance e le società di venture capital della Silicon Valley Andreessen Horowitz e Sequoia Capital.[31]

Ottenere l'impegno del principe saudita Alwaleed bin Talal Al Saud fu un colpo da maestro, data la storia pregressa di Musk con il regno dell'Arabia Saudita: le trattative che lo avevano portato a dichiarare falsamente che aveva un «finanziamento garantito» per privatizzare Tesla e la messa in discussione dell'offerta per Twitter da parte del principe Alwaleed, che era sfociata in un alterco pubblico.[32]

«Non credo che l'offerta di @elonmusk ($54,20) si avvicini al valore intrinseco di @Twitter date le sue prospettive di crescita» diceva un post sull'account del principe il 14 aprile. «Essendo uno dei maggiori & più vecchi azionisti di Twitter, @Kingdom_KHC & io respingiamo quest'offerta.»[33]

Musk aveva due domande per il principe di una nazione che di recente era stata implicata nell'assassinio e nello smembramento del giornalista Jamal Khashoggi.

«Che quota di Twitter possiede il Regno, direttamente & indirettamente?» chiese Musk quello stesso giorno. «Quali sono le posizioni del Regno sulla libertà di espressione giornalistica?»[34]

Un importante collaboratore di Musk, Omead Afshar, rimase spiazzato dalla veemenza dell'intervento del principe, secondo messaggi resi pubblici durante un'udienza di tribunale.

«Chi lo sapeva che un principe dell'Arabia Saudita avesse tanta influenza e così tante cose da dire a proposito di Twitter» scrisse Afshar il 15 aprile.[35]

Eppure, nel giro di qualche settimana, i due nemici erano inspiegabilmente alleati in un'acquisizione di Twitter con successivo delisting. In un'intervista del 2024 Alwaleed mi ha detto che aveva semplicemente obiettato al prezzo proposto da Musk, convinto che fosse troppo basso.[36] Ha negato di aver ricevuto, in cambio della sua partecipazione all'accordo, qualsiasi privilegio o potere decisionale sulla piattaforma, come per esempio la possibilità di influenzarne i contenuti politici.

Questa nuova infusione di capitale, che praticamente toglieva di mezzo ogni dubbio in merito alla serietà di Musk, gli avrebbe permesso di ridurre della metà il suo prestito a margine, forse il rischio più grosso dell'operazione. Ovviamente, gli accordi sui finanziamenti sollevavano questioni importanti: a che genere di dati privati avrebbe avuto accesso un regime oppressivo come l'Arabia Saudita in cambio della partecipazione dei suoi investitori? Il regime qatarino avrebbe avuto accesso ai dati personali degli utenti di Twitter, e la Cina avrebbe potuto fare pressioni su Binance perché rivelasse informazioni riservate?

Il 5 maggio, un post del principe Alwaleed mostrava quanto efficacemente Musk fosse riuscito ad avere ragione di un avversario… o forse il contrario, visto quanto poco si sapeva delle clausole che ne avevano garantito la partecipazione.

«È magnifico essere in contatto con te, mio "nuovo" amico @elonmusk» si leggeva nel post sul feed Twitter del principe, completo di una emoji per la stretta di mano messo a mo' di conclusione amichevole sulla discussione precedente. «Credo che sarai un leader eccellente perché @Twitter maturi & massimizzi il suo grande potenziale.»[37]

Quando le azioni Tesla subirono ripetuti ribassi nei giorni successivi all'acquisizione di Twitter, Musk sembrò finalmente rendersi conto del rischio… e del pericolo che correva il suo impero.

Le azioni Tesla persero quasi il 30 per cento del loro valore fra il giorno in cui l'investimento in Twitter fu reso pubblico e il periodo di metà maggio in cui Musk e il suo team stavano freneticamente mettendo insieme i finanziamenti necessari all'acquisizione.[38] Solo sei mesi dopo il picco di oltre 400 dollari del novembre 2021, Tesla adesso era scambiata attorno ai 250 dollari.

Musk doveva fare qualcosa per tranquillizzare gli investitori, se non voleva che la sua principale fonte di ricchezza andasse a gambe all'aria.

Nei giorni precedenti all'acquisizione, Musk aveva promesso di eliminare un importante motivo di scontento su Twitter: i botnet e gli account fasulli che diffondevano truffe di criptovalute e altre porcherie online. Era un obiettivo condivisibile, una perenne spina nel fianco degli utenti, anche se l'esperienza di Musk come utente di alto profilo poteva essere stata ben peggio.

«Se la nostra offerta per Twitter avrà successo, sconfiggeremo gli spambot o moriremo nel tentativo!» twittò il 21 aprile.[39]

Qualche giorno prima, scambiava messaggi con Jason Calacanis, un investitore della Silicon Valley di cui era diventato amico. Calacanis gli aveva fatto notare la facilità con cui poteva risolvere il problema.

«Potresti eliminare botnet e spam senza difficoltà e rendere il servizio più attraente per molti più utenti» scrisse il 14 aprile Calacanis, che ha rifiutato di farsi intervistare per questo libro. «Rimuovere botnet e spam è molto meno complicato di quello che sta facendo Tesla con la guida autonoma» aggiunse.[40]

L'interazione metteva in evidenza il bizzarro impulso dei collaboratori di Musk di blandirlo per raggiungere i loro obiettivi, un aspetto che lui senz'altro riconosceva ma cui difficilmente si sottraeva. La cosa si mostrò nel modo più eclatante in un messaggio dell'annunciatrice della CBS Gayle King che corteggiava Musk per ottenere un'intervista.

«ELON!» scrisse quello stesso giorno. «Stai comprando Twitter o facendo un'offerta per comprare Twitter» continuò. «Caspita! Ora, non pensi che dovremmo sederci faccia a faccia, questa per dirla coi ragazzini è una roba "che spacca", non so come facciano gli azionisti a non capirlo [...] come ho detto, sei di un'altra categoria [...]»[41]

Musk mise un bel «Mi piace» a questo messaggio.

Fare appello al suo ego non era una cattiva mossa: la strategia era così efficace che perfino gli enti di controllo l'avevano usata in passato, come la volta in cui avevano cercato di convincerlo ad apportare una modifica fondamentale per risolvere il problema delle batterie che prendevano fuoco quando il telaio delle Tesla veniva bucato dai detriti della strada.

«Cioè, davvero non riesci a risolverlo?» aveva chiesto un funzionario dell'NHTSA, spingendo Musk a tornare con una soluzione il giorno successivo.[42]

Ma Twitter insistette ripetutamente che gli spam non erano un problema così grave come lo faceva sembrare Musk, e forse non aveva tutti i torti. L'impressione dall'interno era che l'esperienza di Musk sulla piattaforma, un utente famoso e potente con decine di milioni di fan devoti, fosse completamente diversa da quella del twittatore medio. Le sue risposte erano bersagliate da truffe di phishing di criptovalute che cercavano di sfruttare l'enorme traffico che generava e cogliere gli utenti con la guardia abbassata, magari con account che impersonavano lo stesso Musk.

Il 2 maggio, una settimana dopo l'annuncio dell'intenzione di comprare il sito, Twitter rese pubblica un'indagine interna secondo cui gli account spam erano meno del 5 per cento degli utenti attivi quotidianamente.[43]

Non era certo quello che vedeva lui.

Non bastava che Musk venisse criticato da più parti per voler trasformare un investimento minore in un'offerta per l'acquisizione di Twitter e mettere a repentaglio Tesla, che stava passando un brutto quarto d'ora sui mercati azionari. L'indice Dow Jones aveva subito un crollo nelle settimane precedenti, dimostrando che l'offerta di Musk era eccessiva e inopportuna.

Adesso il management di Twitter gli stava mentendo?

Doveva fare qualcosa.

Davanti al rapporto di Twitter su spam e bot, trovò la risposta che gli serviva.

«Accordo su Twitter temporaneamente sospeso in attesa dei dettagli a sostegno del calcolo che gli account spam/fake rappresentano davvero meno del 5 per cento degli utenti» twittò il 13 maggio, mandando in caduta libera le azioni di Twitter e lasciando quelle di Tesla relativamente inalterate.[44]

Il tempismo giocava a suo favore. Date le circostanze dell'annuncio – un mercato in ribasso, estreme pressioni sulle azioni Tesla e la percezione sempre più diffusa che Musk stesse offrendo troppo –

pochi pensarono al problema degli spam e dei bot come al mero incidente di percorso che aveva presentato Musk. Il tweet sembrava un potenziale exit plan, una scusa per tirarsi indietro.

Ma lui disse che stava ancora cercando di concludere l'accordo.

«Ancora impegnato nell'acquisizione» twittò due ore dopo.[45]

«Sembrerà davvero stupido se molli e dimostri che gli altri (me incl) avevano ragione a dire che non facevi sul serio e stavi cercando un modo per sfilarti» diceva una risposta.[46]

Dietro le quinte, un gruppo di investitori e attori potenti della Silicon Valley stavano cercando di capire come collocarsi in un accordo in cui avevano poco interesse a entrare. Il giorno prima, un'e-mail di Calacanis era arrivata in diverse caselle della Valley. Il messaggio, etichettato RISERVATO, aveva come oggetto «Interesse per Twitter».

«Stiamo raccogliendo interesse per investire in Twitter, con il piano di Elon Musk di privatizzarlo» diceva.[47] «Se siete interessati a investire, per favore compilate il modulo in allegato: stiamo dando la priorità a soggetti qualificati.»[48] L'ultima frase si riferiva in sostanza a investitori di grosso calibro.

Calacanis era alla guida di una società veicolo (SPV, *special purpose vehicle*), un'entità creata per sostenere l'offerta di Musk su Twitter, che avrebbe messo insieme l'impegno di un gruppo di ricchi investitori con un contributo minimo di 250.000 dollari ciascuno per avere una partecipazione collettiva nell'acquisizione del social media.

Nella Silicon Valley queste SPV stavano spuntando come funghi mentre investitori singoli con poca influenza su Musk videro un modo per fare soldi e aggiudicarsi una partecipazione nell'acquisizione del secolo.

Sembrava un imbroglio, se mai ce n'era stato uno. Data la storia deludente di Twitter come venditore di pubblicità – il motore chiave dei profitti dei social media – il vantaggio economico non era immediatamente chiaro. Stavano semplicemente usando a proprio vantaggio la vicinanza a Musk?

A metà maggio, mentre Calacanis pubblicizzava il suo nuovo veicolo di investimento, Musk sembrò sgamare un potenziale opportunista.

«Ma com'è che proponi un SPV a casaccio» scrisse a Calacanis il 12 maggio, secondo messaggi resi noti in udienze di tribunale. «Non va bene.»[49]

Calacanis si affrettò a rispondere che aveva alzato più di 100 milioni di dollari di investimenti.

«Volevo solo sostenere la cosa» disse.

«Morgan Stanley e Jared [Birchall] pensano che tu stia usando la nostra amicizia in modo scorretto» rispose Musk. «Fa sembrare che io sia disperato. Per favore smettila.»

«Volevo solo dare una mano» ribatté Calacanis.

«Morgan Stanley e Jared sono molto scocciati» disse Musk.

Poco dopo, Calacanis disse di aver chiarito la cosa con Birchall, e Musk mise un «like» al messaggio, accantonando momentaneamente le obiezioni.

Però aveva ragione a pensare che le azioni di Calacanis e altri aspiranti investitori lo avevano fatto sembrare disperato in un momento in cui proprio non ne aveva bisogno, dati gli impegni che si era messo in tasca. Agli occhi di un osservatore neutrale, pareva che Musk stesse raschiando il fondo del barile per ottenere finanziamenti. Non era una coincidenza che all'improvviso nella Silicon Valley ci fosse un'epidemia di gole profonde e corressero voci incontrollate di nuovi investimenti.

Nel giro di qualche giorno, mentre mi informavo sugli ultimi sviluppi relativi all'accordo, venni a sapere di una nuova SPV che era riuscita a ottenere informazioni riservate sull'offerta di Musk.

Stonks, una startup di crowdfunding, stava valutando l'interesse degli investitori nell'affare Twitter. Era un modo con cui attori più piccoli, forse quelli che non soddisfacevano i criteri per essere considerati «soggetti qualificati», potevano aggiudicarsi una fetta del Twitter di Musk. E stava attirando interesse: la startup, una piattaforma che serviva a far incontrare le parti interessate, riuscì a mettere insieme investitori per un valore di 20 milioni di dollari, anche se si affrettò a precisare che non si erano impegnati formalmente per quella somma.[50]

Per me, però, l'aspetto più rilevante era che la startup aveva ottenuto informazioni riservate sulle proiezioni finanziarie di Musk per

Twitter una volta gestito come una società privata. I dati mostravano che il suo team si aspettava di generare 16,8 miliardi di dollari dalla pubblicità entro il quinto anno: una crescita straordinaria rispetto ai 5 miliardi di dollari di fatturato che Twitter aveva registrato l'anno prima. Stonks era al corrente anche dei piani di ristrutturazione per il sito: Musk, disse, aveva in mente di ridurre «organico e costi in un'organizzazione sovradimensionata», rafforzando al tempo stesso il settore pubblicitario e ponendo l'accento sui piani di sottoscrizione, i pagamenti e la creator economy. Soprattutto, emergeva l'obiettivo di triplicare il fatturato nell'arco di cinque anni.[51]

Nel mio articolo di fine maggio sul pitch deck di Stonks, come lo chiamavo io, scoprii un altro dettaglio cruciale: Musk aveva aumentato il suo impegno di capitale nell'acquisizione di Twitter a 33 miliardi di dollari, azzerando il prestito a margine, come avrebbe confermato un successivo documento finanziario.[52]

Tutto questo da un pitch deck che includeva un disclaimer degno della serie tv *Silicon Valley*.

«Non c'è niente di certo: anche se Stonks è ovviamente una fan di Elon, potreste comunque perdere tutto se YOLO su questo investimento» annunciava, usando l'acronimo del detto «*you only live once*», si vive una volta sola.

Per ciascuno degli investitori in capitale di Musk, c'erano la promessa di prestigio e influenza, i vantaggi della vicinanza all'imprenditore più famoso al mondo e, se tutto fosse andato bene, forse anche un ritorno economico. Ma per alcuni eletti, c'era un beneficio aggiuntivo.

Ogni investitore di Musk aveva sottoscritto un accordo riservato con le sue banche, che delineava i termini dell'impegno. Venni a sapere che tali accordi includevano una clausola per i grandi investitori: quelli che superavano la soglia dei 250 milioni di dollari avrebbero ottenuto diritto di accesso alle informazioni nella nuova società, il che significava che avrebbero potuto vedere dati finanziari riservati e altri materiali non pubblici. Era una magra consolazione per impegni finanziari come quelli di Larry Ellison. Dopo aver parlato con altri investitori, sapevo che il ritorno economico era la motivazione principale per la maggior parte di loro.

Tuttavia, non sembrava un caso che tre soggetti con legami

esteri avessero investito somme superiori ai 250 milioni di dollari: Binance 500 milioni; una consociata del fondo sovrano del Qatar 375 milioni; il principe saudita Alwaleed e la società di holding di cui era presidente quasi 2 miliardi di dollari.[53]

C'era un altro dettaglio rilevante, citato in un articolo del *Post* del novembre 2022: il governo USA sosteneva che funzionari sauditi avevano precedentemente richiesto informazioni personali sugli utenti di Twitter.[54] Adesso un principe saudita aveva comprato per sé e per il Regno l'accesso ai dati di Twitter privatizzato, senza dover fare altro che convertire la sua attuale partecipazione nel nuovo progetto gestito da Musk. In una conversazione con me, Alwaleed ha detto di aver avuto le stesse informazioni accessibili agli altri investitori e di agire per motivazioni puramente economiche.[55]

11
Exit plan

ELON Musk stava iniziando ad avere i sudori freddi. Il compito di levare dall'impaccio la persona più ricca del pianeta ricadde su Parag Agrawal, l'uomo che era diventato CEO di Twitter appena sei mesi prima.[1]

Agrawal era stato strappato dal relativo anonimato della Silicon Valley dall'amministratore delegato storico di Twitter, Jack Dorsey, per guidare l'azienda durante la transizione dal fondatore a un successore scelto personalmente. Ma anche all'interno di Twitter, Agrawal non era molto conosciuto: era un ingegnere e tecnico esperto cui mancava la reputazione da bambino prodigio di un Mark Zuckerberg o il ruolo di fidato sostituto di Tim Cook. Era considerato un leader di transizione che avrebbe potuto prendere le redini di un Twitter ormai maturo… rassegnato alla performance finanziaria fiacca sotto la leadership part-time di Dorsey.[2] Poteva portare la necessaria dose di stabilità, restando però fedele alla visione di quelli cui doveva rispondere.[3]

Agrawal era, per dirla con le parole di un articolo del *Washington Post*, «relativamente poco controverso».[4]

Il 16 maggio, dopo l'annuncio di Musk che l'accordo era «in sospeso»,[5] Agrawal provò a ragionare con lui. A quel punto, il loro rapporto non era esattamente tutto rose e fiori. Solo un mese prima Musk con un messaggio aveva messo in discussione l'etica professionale di Agrawal e aveva promesso di fare un'offerta per privatizzare Twitter, anziché prendere un posto nel consiglio di amministrazione. Stavolta, Agrawal si mise in contatto con Musk alla vecchia maniera, su Twitter.

«Parliamo dello spam. E facciamolo con l'aiuto di dati, fatti e contesto» twittò.[6] «Primo, permettimi di dire l'ovvio: lo spam rovina l'esperienza delle persone reali su Twitter, e quindi può danneggiare il nostro business. In tal senso, siamo fortemente incentivati a individuare e rimuovere quanto più spam possibile, ogni giorno. Chiunque dica il contrario, si sbaglia e basta» aggiunse.[7]

In una conversazione di quindici tweet, Agrawal spiegò perché lo spam non era facile da distinguere dai post autentici e il modo in cui si erano evolute le tattiche degli utenti con intenti malevoli.[8] Fece notare le strategie sempre più sofisticate di coloro che usavano Twitter per montare campagne truffaldine e precisò che Twitter sospende più di mezzo milione di account spam al giorno. Agrawal proseguiva spiegando che non credeva che i metodi di Twitter per individuare lo spam e i bot potessero essere gestiti all'esterno: per esempio, da una parte terza, qualcuno che avrebbe potuto verificare l'operato di Twitter. Nel suo complesso, il messaggio era che Twitter aveva il problema sotto controllo, con il vantaggio di dati interni che solo l'azienda poteva avere, e che stava portando avanti il compito al meglio delle sue capacità… anche se i suoi metodi non erano perfetti.

La risposta di Musk fu sintetica: l'emoji della cacca.[9] Ottenne più di 50.000 like, molti di più di qualunque tweet delle discussioni di Agrawal. (Lasciamo perdere la clausola di non denigrazione inserita da Musk nella sua offerta per comprare Twitter.)[10]

«E allora come fanno gli inserzionisti a sapere che cosa stanno pagando?» twittò Musk qualche minuto dopo. «Questo è fondamentale per la salute finanziaria di Twitter.»[11]

I dipendenti di Twitter parvero prendere sul personale le lamentele di Musk sulla diffusione di spam e bot. L'azienda aveva un team dedicato alla lotta agli abusi sulla piattaforma che rispondeva a Yoel Roth, responsabile della *site integrity* e promosso quello stesso mese a responsabile Trust & Safety. Il loro compito era garantire che le conversazioni su Twitter fossero organiche e condotte da utenti reali anziché un inferno di disinformazione, propaganda e account falsi alimentato dai bot. Senza contare le attività coordinate e sponsorizzate da governi ostili per manipolare il dibattito pubblico, una minaccia costante per la piattaforma.

Nel dipingere Twitter come ostaggio dei bot, Musk stava dando un'immagine del sito che in sostanza negava i risultati di quel lavoro massacrante.

Era vero, tuttavia, che Twitter stava diventando un posto diverso rispetto all'oasi naturale di microaggiornamenti sul mondo, le vite dei follower, gli sport e la politica che era stato all'inizio.

Le conversazioni su Twitter erano cambiate… e la loro qualità sembrava peggiorata. Una presentazione interna resa pubblica dalla Reuters mostrava che Twitter contava solo due aree di crescita importanti: le criptovalute e il materiale NSFW (*not safe for work*, un acronimo associato a contenuti sessualmente espliciti), oltre allo stile di animazione giapponese conosciuto come anime.[12] I capisaldi tradizionali del social come le notizie dal mondo, l'intrattenimento e la politica liberal erano in declino, come lo era un altro topic che in precedenza aveva indicato la salute della piattaforma: le Kardashian.

Gli attuali utenti più attivi sul sito, così suggeriva la presentazione, erano probabilmente intenti a postare l'ultimo ciclo di espansioni e contrazioni del Bitcoin o a fare ipotesi sul prossimo crollo delle criptovalute. Nonostante il nuovo interesse improvviso e promettente da parte degli operatori di valute decentralizzate, c'era un evidente problema: questi cluster, diceva la presentazione, tendevano a essere «infestati di spam».

Se Musk aveva voluto un sito che rappresentasse il polso del discorso pubblico, cogliendo l'ampia gamma di argomenti che abbracciavano gli eventi quotidiani, forse era arrivato tardi.

I dipendenti della piattaforma – al contrario di quello che succedeva nel mondo più ampio dei media e della tecnologia – non liquidarono la questione dello spam come un espediente neanche troppo velato per tirarsi fuori da un cattivo affare, anche se molti condividevano questa impressione. Twitter aveva analizzato ampiamente le interazioni con Musk, uno dei suoi utenti più influenti, che stimolava un coinvolgimento che non aveva eguali in nessun altro account della piattaforma. Non sorprende, quindi, che ai dipendenti fosse stato affidato il compito di indagare a fondo se lo scetticismo di Musk fosse giustificato.

Una possibile spiegazione si impose su tutte le altre: lo spam e i bot *erano* un problema su Twitter, avvertito più acutamente da utenti influenti con il seguito di Elon Musk, il quale aveva commesso l'errore cruciale di considerare la sua esperienza rappresentativa di quella dell'utente medio. Musk stava proiettando la sua esperienza con Twitter sul resto della base utenti.

Nell'aprile 2022, mentre il pubblico stava ancora assimilando la notizia dell'investimento iniziale di Musk in Twitter, lui denunciò gli «account truffa legati alle criptovalute che Twitter continua a mostrare come utenti "reali" nel feed di tutti».[13]

Il problema non era nuovo. Già oltre due anni prima della sua offerta per Twitter, nel febbraio 2020, si era lamentato dell'improvvisa esplosione di spam.

«Il livello di truffe legate alle crypto su Twitter sta raggiungendo picchi mai visti» scrisse. «Non va bene.»[14]

Anche allora – ben prima che il presidente Trump venisse bandito dalla piattaforma e che la sospensione di Babylon Bee scatenasse una crisi che solo Musk poteva risolvere – aveva dichiarato che lo spam era un problema con profonde implicazioni sia per gli utenti del sito che per la società più in generale.

«Segnalateli subito! Le reti di troll/bot su Twitter sono un problema *grave* perché distorcono il dibattito pubblico & fregano gli utenti» postò nel 2020. «Sarebbe già un grosso miglioramento ridimensionare automaticamente la loro visibilità in base alla probabilità che stiano manipolando il sistema.»[15]

Il problema era che Musk aveva un'esperienza unica su Twitter: le risposte ai suoi post erano zeppe di truffe crypto, account falsi ed eserciti di bot che cercavano di sfruttare gli utenti vulnerabili passando al setaccio chi gli rispondeva... alcuni dei quali volevano disperatamente attirare l'attenzione del loro eroe. Musk si trovava al punto d'incontro di una miriade di sottoculture internet: non solo i fanatici di Tesla e gli appassionati di spazio, ma anche una criptovaluta che ha come mascotte lo Shiba Inu (Dogecoin) e un gruppo di nicchia di promotori delle crypto convinti che Musk fosse il fondatore del Bitcoin, per citarne alcune. Era facile capire come avesse concluso che la piattaforma fosse un ricettacolo di spam e bot.

«Ricordo che nel mio team pensavamo che avesse un'esperienza personale unica sulla piattaforma» mi ha detto all'epoca un ex dipendente di Twitter.[16]

La questione era se quell'esperienza fosse reale anche per chi non aveva decine di milioni di follower o un impero industriale il cui valore rivaleggiava con quello del PIL di molti Paesi.

Fino a quel momento l'immagine di Musk come di un genio era stata inscalfibile. Non era difficile capire perché: quante persone possedevano le sue conoscenze e una piattaforma pubblica per poter mettere in dubbio il suo approccio alla fabbricazione di auto e alla scienza missilistica, e in più un successo senza pari?

Ma la saga dello spam e dei bot offrì un indizio sul processo di pensiero di Musk in merito a un problema che decine di ricercatori studiavano regolarmente e di cui milioni di utenti del web facevano esperienza quotidiana.

Per chiunque avesse il sospetto che Musk, pur essendo un genio, potesse nascondere una pigrizia intellettuale o addirittura un'ostilità aperta verso il sapere specialistico, la polemica in atto sulle truffe legate alle criptovalute offriva quelle che sembravano prove concrete.

Gli esperti di dati potevano anche approfondire i temi sollevati da Musk, ma lui non ricambiava l'attenzione ai dettagli, la capacità di vedere le sfumature, la preferenza per i metodi rigorosi. Il giorno in cui annunciò che l'offerta era «in sospeso», Musk disse ai suoi seguaci su Twitter che avrebbe condotto un proprio test per andare a fondo della questione se gli account spam e bot fossero meno del 5 per cento degli utenti totali.

«Per scoprirlo, il mio team eseguirà un campionamento casuale di 100 follower di @Twitter» scrisse, aggiungendo: «Invito altri a ripetere lo stesso processo e a vedere cosa scoprono».[17]

Una delle risposte gettava ulteriore luce su questa metodologia palesemente grossolana.

«Come fai a stabilire che è casuale?» chiese un fan. «Come li selezioni?»[18]

«Ignora i primi 1.000 follower, poi prendine uno ogni dieci» rispose l'uomo più ricco del pianeta. «Sono aperto a idee migliori.»[19]

Musk – un uomo con risorse praticamente illimitate a disposizione e accesso ai migliori ingegneri e data scientist – si stava rivolgendo a sconosciuti su Twitter per risolvere i suoi problemi.

«Se proviamo insieme a calcolare la percentuale di bot/utenti duplicati, potremmo ottenere una risposta valida con il contributo di tutti» aggiunse in un altro tweet.[20]

Twitter non era del tutto innocente. I suoi numeri si basavano su calcoli grossolani e dati privati cui il pubblico non aveva accesso; al punto che Agrawal aveva detto che un'analisi esterna sarebbe stata quasi impossibile.[21]

Ma i dipendenti erano sicurissimi che accusandoli di aver sottostimato spam e bot Musk fosse fuori strada.

Settimane dopo l'annuncio dell'offerta, alla sede di Twitter le discussioni si erano spostate dallo scetticismo riguardo alle reali intenzioni di Musk alla pura e semplice incredulità davanti al suo approccio pigro all'analisi.

Quella reazione rifletteva uno schema ricorrente: Musk era considerato un pensatore brillante, un genio. Ma quando si addentrava nella specifica area di competenza di qualcuno, l'interessato iniziava a rendersi conto che forse non ci prendeva poi così tanto. Era successo in misura minore in Tesla e nelle interazioni con i funzionari della sicurezza dei trasporti, era stato sotto gli occhi di tutti con la vicenda dei soccorsi alla grotta thailandese e del Covid-19. E adesso stava succedendo con Twitter.

I dipendenti della piattaforma sospettavano sempre più fortemente che l'ignoranza dei meccanismi interni del sito facesse parte di una strategia più ampia, un piano per sfilarsi dall'affare.

Più e più volte, le dichiarazioni pubbliche provocatorie di Musk hanno finito per rivelare il suo autentico modo di pensare. Può essere spudorato, insensibile, aggressivo e infantile, ma difficilmente gli si può rimproverare di nascondere i suoi veri sentimenti su un argomento.

Nonostante tutte le ricerche sullo spam e i bot fatte internamente, le quali avevano scoperto che i timori di Musk sugli account fake erano fondati – anche se derivavano solo dalla sua esperienza –, i dipendenti non riuscivano a togliersi dalla testa che stesse giocando una partita a scacchi multidimensionale con cui mirava a sfilarsi dall'offerta.

* * *

In realtà, potevano essere vere entrambe le cose: Musk aveva un sospetto basato su un errore di ragionamento e poi dedicava una quantità significativa di denaro e risorse umane per dimostrarlo.

Dietro le quinte, secondo una persona informata dei fatti, i legali di Musk avevano ingaggiato dei ricercatori per analizzare i dati effettivi legati ai suoi sospetti, uno sforzo che andava ben oltre il campionamento di un centinaio di account casuali. Tuttavia, già all'inizio di giugno, questa impresa si era scontrata con il primo grande ostacolo: Twitter sembrava improvvisamente riluttante a condividere un set di dati – dati che in condizioni normali potevano essere acquistati da circa una ventina di aziende – in grado di chiarire le sue affermazioni sullo spam.[22]

Lo stallo sull'accesso ai dati sollevò non solo la domanda su cosa avesse da nascondere Twitter, ma mise anche in forse la chiusura dell'accordo.

Una lettera degli avvocati di Musk del 6 giugno lo chiariva senza mezzi termini, affermando che Musk avrebbe davvero potuto recedere dall'accordo da 44 miliardi di dollari.[23] L'argomento di Twitter era debole, visto che quei dati erano stati ampiamente accessibili, anche a coloro che non avevano in mente di spendere decine di miliardi per comprare il sito. Ma c'era il legittimo timore che consegnarli al team di Musk potesse esporli ad attacchi in malafede – e distorcere le cifre – da parte di qualcuno che era già arrivato alle sue conclusioni e non aveva intenzione di chiudere l'accordo.

Ma i legali di Musk furono irremovibili: i dati dovevano essere resi disponibili.

«Se Twitter è sicuro delle sue stime sull'entità dello spam, il signor Musk non comprende la riluttanza dell'azienda a consentirgli di valutare in modo indipendente quelle stime» diceva la lettera del 6 giugno. «Si tratta di una chiara violazione materiale degli obblighi di Twitter in base all'accordo di acquisizione e il signor Musk si riserva tutti i diritti che ne derivano, incluso quello di non concludere la transazione e di rescindere l'accordo.»[24]

Funzionò. L'8 giugno, il *Post* riferì che Twitter intendeva accogliere la richiesta di Musk relativa al *firehose* (il flusso dati grezzo), fornendo oltre 500 milioni di tweet giornalieri, con l'obiettivo di ottemperare alla richiesta entro pochi giorni.[25]

Mentre le trattative su Twitter andavano avanti senza nessuna decisione chiara, i banchieri che erano stati in contatto regolare con Musk smisero di avere notizie da parte dei suoi collaboratori. E non avevano fretta di riprendere le discussioni.

Sembrava che Musk stesse iniziando a rendersi conto dell'enormità dell'errore da 44 miliardi di dollari che aveva appena commesso.

Musk si era assicurato finanziamenti per miliardi di dollari a sostegno dell'operazione, ottenendo impegni da collaboratori storici e investitori chiave, sostenitori incondizionati della sua visione. Tuttavia, istituzioni minori erano entrate in trattativa quando l'operazione sembrava molto più promettente. Ora che Musk esprimeva dubbi e il mercato aveva parlato chiaramente, il sostegno di alcuni investitori istituzionali parve incrinarsi.

Il team di Musk, nel frattempo, faticava a conciliare l'enorme massa di dati ricevuta da Twitter con le dichiarazioni pubbliche dell'azienda su spam e bot. Più i suoi analisti scavavano nel *firehose*, più la loro fiducia nelle dichiarazioni di Twitter diminuiva... e più elementi probatori acquisivano per costruire un caso legale. Twitter aveva sostenuto che un'analisi esterna del problema di spam e bot fosse impossibile; il team di Musk ora possedeva i dati interni necessari per sostenere la propria tesi.

Musk rivelò queste preoccupazioni durante una conferenza tech a Miami, l'All-In Summit organizzato da Calacanis e da un gruppo di podcaster.[26]

«Si configura una dichiarazione inesatta di assenza di effetti sfavorevoli se, dopo aver ripetutamente affermato che meno del 5 per cento degli account sono falsi o spam, la cifra reale risulta essere quattro o cinque volte superiore» dichiarò Musk.[27]

Questo legalese accuratamente scelto (che in sostanza si riferisce a un impedimento di tale natura da consentire la rescissione del contratto) non equivaleva a un semplice «grosso casino», ma faceva riferimento a una clausola contrattuale specifica inserita nel contratto di acquisizione firmato da Twitter e Musk al momento dell'accordo. Il contratto prevedeva una penale da un miliardo, anche se le conseguenze legali e finanziarie di Musk sarebbero potute essere molto più gravi se si fosse tirato indietro.[28] Basta pensare al danno inflitto al brand di Twitter da quando Musk aveva iniziato a bisticciare online coi suoi dirigenti.[29]

Però poteva legittimamente tirarsi indietro, dal punto di vista contrattuale, nel caso di violazione della clausola sull'«assenza di effetti sfavorevoli» (si noti la somiglianza con la «dichiarazione inesatta di assenza di effetti sfavorevoli» di cui aveva parlato Musk).

Se, per esempio, il valore della società fosse stato materialmente diverso da quello che Twitter aveva rappresentato al momento dell'accordo – se, poniamo, la sua base pubblicitaria fosse stata significativamente inferiore rispetto a quello che Musk era stato indotto a credere a causa del numero di utenti gonfiato – avrebbe potuto avere una via d'uscita.[30]

Il 7 luglio arrivò una notizia bomba: il team di Musk aveva concluso in via definitiva che non ci si poteva fidare dei numeri di Twitter, il che metteva in forse l'accordo. Sul *Washington Post* campeggiava il titolo infausto: «L'accordo di Elon Musk per comprare Twitter è a rischio», accompagnato dalla dicitura «esclusivo».[31]

La notizia scatenò una frenesia nel mondo finanziario e tecnologico. All'improvviso i media, le piattaforme tech e le istituzioni finanziarie di primo piano si ritrovavano a dover fare i conti con un imminente scioglimento dell'accordo: un voltafaccia di proporzioni epiche.

Mezzi d'informazione quali il sito di tecnologia The Verge, il sito di gaming IGN, il *Deseret News* dello Utah, il sito politico di destra Daily Wire, il *Daily Mail* e il prestigioso *New York Times* pubblicarono articoli sulle potenziali implicazioni.

«Pare probabile che Elon Musk possa sfilarsi dall'acquisizione di Twitter» scrisse The Verge.[32] «L'offerta da 44 miliardi di Musk per Twitter sta per implodere?» si chiedeva il *Deseret News*.[33]

Il giorno dopo il *New York Times* pubblicò l'inchiesta, che si apriva con la dichiarazione di cattivo augurio secondo cui «Elon Musk potrebbe essere di fronte alla prossima tappa del suo viaggio per acquisire Twitter: il tribunale», con un titolo che annunciava: «Twitter è pronto a una battaglia legale per costringere Elon Musk a comprare la società».[34]

Alcuni giornalisti criticarono lo scoop del *Post*, sostenendo che il giornale aveva dato notizie non verificate in merito alle affermazioni di Musk secondo cui i calcoli di Twitter erano fasulli.[35] A mio parere, non era la sostanza delle conclusioni del suo team sul problema dello spam di Twitter a essere cruciale in quel momento – tali affermazioni sarebbero state presto discusse in tribunale –, era il loro effetto sull'accordo. Le ventiquattr'ore successive avrebbero stabilito se il nostro scoop era un altro sviluppo di poco conto del botta e risposta ingestibile e francamente irritante o il momento in cui l'accordo sarebbe saltato in via definitiva.

Com'è ovvio, non c'era stata nessuna svolta improvvisa: lo scetticismo era aumentato gradualmente nel corso delle settimane precedenti. Il team di Musk aveva esaminato le informazioni del flusso di dati di Twitter e si era detto poco convinto. Twitter aveva dichiarato una base di 238 milioni di utenti attivi quotidiani monetizzabili, riferendosi all'insieme che poteva vedere e interagire con gli annunci pubblicitari… in altre parole, esseri umani. Ma quella cifra in realtà era più vicina ai 170 milioni, sostenne il team di Musk. E la maggior parte degli annunci erano visibili a un sottoinsieme di utenti che in confronto era piccolissimo: neanche 16 milioni, meno del 7 per cento della cifra che Twitter sosteneva costituisse la sua base pubblicitaria.[36]

Si stavano preparando per una lunga e complessa battaglia legale.

Venerdì 8 luglio, Musk inviò una nuova comunicazione alla SEC.

La frase che mandava all'aria l'accordo non poteva certo definirsi poesia: «L'8 luglio 2022, i consulenti dello scrivente hanno mandato una lettera a Twitter (per conto dello scrivente) notificando formalmente che lo scrivente rescinde l'accordo di acquisizione».[37]

E con questo, una transazione da 44 miliardi di dollari, una delle operazioni tech più grosse della storia, era sfumata.

Una lettera del team di Musk snocciolava un lungo elenco di accuse: aver fatto ostruzionismo davanti alla richiesta dei dati, fornito «informazioni incomplete», ignorato le loro sollecitazioni e, infine, non essere riusciti a conciliare le stime di Twitter sullo spam e sugli account bot con i risultati ottenuti dai suoi ricercatori.

«Il signor Musk rescinde l'accordo di acquisizione perché Twitter ha materialmente violato una molteplicità di clausole di detto accordo, ha dato rappresentazioni false e fuorvianti sulle quali il signor Musk aveva fatto affidamento accettando di entrare nell'accordo ed è probabile che si configurerà una violazione della clausola di assenza di effetti sfavorevoli (formulazione contenuta nell'accordo di fusione)» si leggeva nella lettera.[38]

Musk stava dicendo senza mezzi termini che voleva uscire dall'accordo con un taglio netto.

Ma Twitter non aveva intenzione di rendergli le cose facili. I dirigenti della società avevano visto il proprio nome trascinato nel fango, la quotazione di mercato di Twitter veniva messa in dubbio e un'acquisizione da 44 miliardi di dollari da parte di un demagogo del tech farneticante sembrava di colpo il modo migliore per andare avanti. I ruoli si erano invertiti: il consiglio di amministrazione di Twitter che aveva adottato una *poison pill* per resistere al tentativo di scalata di Musk, adesso era disposto a fargli guerra per costringerlo a comprare il sito.[39]

Il presidente del consiglio di amministrazione di Twitter, Bret Taylor, chiarì dove la battaglia avrebbe condotto tutte le parti coinvolte.

«Il consiglio di amministrazione di Twitter è impegnato a concludere la transazione al prezzo e ai termini concordati con il signor Musk e prevede di intentare un'azione legale per far rispettare l'accordo di acquisizione» twittò quel pomeriggio. «Confidiamo nel fatto che vinceremo alla Court of Chancery del Delaware.»[40]

Twitter ci mise solo un fine settimana per sferrare il colpo successivo, un documento legale di 241 pagine, passato alla storia per la sua spietata valutazione delle montagne russe che Musk aveva imposto ai dirigenti di Twitter nei tre mesi precedenti.

«Nell'aprile 2022, Elon Musk ha firmato un accordo di acquisizione vincolante con Twitter, promettendo di fare del proprio meglio per portarlo a effetto. Adesso, meno di tre mesi dopo, Musk si rifiuta di tener fede ai suoi impegni perché l'accordo che ha firmato non soddisfa più i suoi interessi personali.»[41] La bordata d'apertura gettava le basi per una valutazione ostile del comportamento di Musk.

«Dopo aver montato uno spettacolo pubblico per mettere in gioco Twitter e aver proposto e poi firmato un accordo di acquisizione con clausole favorevoli al venditore, Musk a quanto pare crede che – a differenza di chiunque sia soggetto alla legge del Delaware che regola i contratti – sia libero di cambiare idea, umiliare l'azienda, interferire con la sua operatività, distruggerne il valore di mercato e recedere» proseguiva il documento.

La causa grondava praticamente disprezzo per il possibile proprietario di Twitter, lasciando intendere che non era più possibile una soluzione amichevole.[42]

Inoltre, non faceva mistero delle ragioni per cui Musk voleva tirarsi indietro… perlomeno agli occhi dei dirigenti della società. Il valore di Borsa era crollato e la ricchezza di Musk era diminuita di oltre 100 miliardi dalle vette del novembre 2021, affermava il documento, citando il *Wall Street Journal*.

«Quindi Musk vuole tirarsi indietro.» La «strategia di uscita» di Musk era «un modello di ipocrisia» e «malafede». Doveva essere costretto a concludere l'accordo.[43]

La vita di Lauren Pringle stava per cambiare. La neolaureata della Facoltà di giurisprudenza della University of Pennsylvania si era trasferita di recente per diventare caporedattrice di una piccola testata del Delaware, il *Chancery Daily*. Nonostante le dimensioni ridotte, la pubblicazione superava ampiamente le aspettative, impegnandosi con rigore a documentare ogni avvenimento di un tribunale poco conosciuto ma influente, operante in un piccolo Stato. Per settimane, Pringle aveva monitorato il drammatico evolversi della vicenda legata all'acquisizione di Twitter, consapevole che con ogni probabilità il caso sarebbe stato dibattuto proprio nel tribunale di cui lei registrava meticolosamente ogni attività.

Ma il 12 luglio ebbe la certezza di dover affrontare la pila alta più di trenta centimetri di documenti legali e altre scartoffie assortite che si era accumulata sul ripiano in vetro della sua scrivania. La battaglia aziendale del secolo era approdata alla Court of Chancery del Delaware.

Ricorda di aver pensato: Questo è il mio Super Bowl.

* * *

All'inizio di agosto stavo seguendo una nuova linea d'indagine sullo spam e i bot di Twitter quando nella casella dell'e-mail arrivò un messaggio da un indirizzo che non conoscevo. Allegato c'era un documento protetto.[44]

La domanda riconvenzionale di Musk contro Twitter, che era arrivata nella mia casella, era fitta di dati; comprendeva anche un'argomentazione chiara in merito alle motivazioni dell'avversario. Twitter stava giocando una «partita a nascondino da mesi nel tentativo di prendere tempo prima che i collaboratori di Musk capissero la verità».

Le dichiarazioni finanziarie della società, si leggeva nel documento, «contengono numerose inesattezze o omissioni che distorcono il valore di Twitter e hanno indotto le parti di Musk ad accettare di acquistarla a un prezzo gonfiato. La citazione di Twitter, piena di attacchi personali a Musk e volgare retorica rivolta più ai media che a questo tribunale, non è altro che un tentativo di distogliere l'attenzione da dette inesattezze».

Musk accusava Twitter di aver mandato fuori strada la SEC con le sue dichiarazioni finanziarie... di aver propinato alla massima autorità regolatrice del mercato stime ottimistiche della sua base utenti monetizzabile. I dipendenti di Twitter avevano colto nel segno con la loro valutazione schietta delle accuse di Musk su spam e bot: in sostanza, Musk stava accusando Twitter di truffa.

«Più Twitter eludeva anche semplici domande, più le parti di Musk maturavano il sospetto che Twitter li avesse ingannati» asseriva la domanda riconvenzionale.

Il team di Musk precisava i calcoli che avevano fatto: la percentuale di account idonei a ricevere pubblicità era molto più bassa di quanto Twitter aveva dichiarato. E, in termini relativi, coloro che vedevano la maggior parte degli annunci erano praticamente una sparuta minoranza.

«Le limitate informazioni venute alla luce dimostrano che le dichiarazioni di Twitter in merito al numero di account fake o spam sono false» diceva il documento. «L'analisi preliminare delle parti di Musk ha chiarito perché Twitter abbia fatto ostruzionismo: Twitter non voleva che le parti di Musk (o il mercato) scoprissero che aveva fuorviato gli investitori riguardo al suo "indicatore chiave". Con il lungo mercato rialzista ormai agli sgoccioli e la "marea che si ritirava", Twitter sapeva che fornire alle parti di Musk i dati richiesti avrebbe rivelato che la società aveva "nuotato nuda".» Con tanto di metafora presa a prestito da Warren Buffett.

Le basi erano gettate.

Il compito di venire a capo di questo epico dramma aziendale ricadde sulla cancelliera della Chancery Court del Delaware Kathaleen McCormick, di nomina relativamente fresca ma già rispettata in aula per le sue sentenze chiare e i ragionamenti solidi. Non ci volle molto per capire che McCormick, un'energica laureata di Harvard che si era specializzata in giurisprudenza alla Notre Dame, avrebbe avuto poca pazienza per le pagliacciate che Musk e i suoi legali avrebbero potuto portare in tribunale. Era nota per l'approccio meticoloso, l'imparzialità e i commenti acuti e talora taglienti.

Pringle, caporedattrice del *Chancery Daily*, anche lei laureata in legge, pensava che McCormick fosse la persona perfetta per quell'incarico. McCormick, che aveva lavorato per un'organizzazione di assistenza legale prima di passare alla pratica privata, aveva sgobbato sodo per arrivare dov'era.[45] Non cercava le luci della ribalta, ma neanche le rifuggiva. McCormick aveva le capacità per gestire un caso di tale portata e la lungimiranza di capire che le sue sentenze sarebbero state oggetto di ampia diffusione, richiedendo quindi chiarezza e accessibilità per un pubblico generalista. Un aspetto che valorizzava pienamente le sue qualità.

La sua caratteristica distintiva era lo stile di scrittura, lontano anni luce dal legalese ampolloso tipico delle farraginose decisioni dei tribunali. Le sue frasi erano lineari, con i verbi alla forma attiva e analogie cristalline. Pringle ammirava in McCormick la precisione e l'attenzione ai dettagli.

McCormick, sosteneva, sapeva cogliere il segnale in mezzo alle interferenze, una competenza cruciale in un tribunale di equity, così come lo era un acuto senso del giusto e dello sbagliato.

Nessuno poteva immaginare che a Washington si stesse intanto preparando un evento destinato a sconvolgere il caso ancor prima che iniziasse.

12

Àncora di salvezza

La mattina del 23 agosto 2022 Elon Musk sembrava di buonumore, anche se aveva motivi in abbondanza per non esserlo. Lui e i suoi collaboratori avevano preso ripetute batoste dai mercati, dai media e dalla Chancery Court del Delaware. Nei primi giorni del processo, la pazienza della cancelliera Kathaleen McCormick era stata messa a dura prova da un team legale le cui argomentazioni fino a quel momento non si erano dimostrate stringenti.

Era iniziato tutto con quello che era sembrato un tentativo di bloccare il procedimento, una *fishing expedition*, ossia una richiesta di informazioni generalizzata e indiscriminata: i legali di Musk volevano passare i sette mesi successivi a raccogliere dati rilevanti e oltre cinquanta deposizioni in vista del processo. McCormick si offese all'insinuazione che il suo tribunale non fosse in grado di risolvere il contenzioso più in fretta. La richiesta dei legali di Musk di fissare l'udienza a febbraio 2023, disse McCormick, «non tiene conto della capacità di questa corte di accelerare l'istruttoria. Il differimento, inoltre, esporrebbe i venditori e Twitter a un danno irreparabile».[1]

Le risposte taglienti di McCormick dallo scranno erano rivelatrici dell'ardua impresa che Musk aveva davanti per sfilarsi dall'accordo con Twitter. Doveva convincere il tribunale che era stata violata la clausola di assenza di effetti sfavorevoli: in sostanza, che le circostanze erano cambiate così tanto da quando aveva accettato l'accordo – forse sulla base delle sue nuove affermazioni in merito a spam e bot – che il valore di Twitter era crollato.

La prima decisione importante di McCormick fu concedere a

Twitter la tempistica accelerata che voleva – un'udienza fissata per ottobre – mettendo in difficoltà il team di Musk a pochi giorni dal processo.

Ma gli avvocati non avevano bisogno che le risposte caustiche di McCormick ricordassero loro che non avevano grandi chance. L'avevano già capito: il caso di Musk era morto sul nascere.

Quella mattina di agosto, però, Musk si era visto offrire un'àncora di salvezza.

La CNN e il *Washington Post* avevano rivelato che un *whistleblower* – o gola profonda che dir si voglia –, Peiter «Mudge» Zatko, era andato dagli enti di controllo federali sostenendo che Twitter aveva nascosto «enormi carenze» nelle pratiche di sicurezza informatica e nella lotta allo spam. Il reclamo arrivò anche al Congresso.[2]

Zatko era l'ex capo della sicurezza informatica di Twitter. Parte delle sue dichiarazioni riguardava nello specifico le affermazioni fatte da Musk riguardo allo spam e ai bot. Accusò gli ex datori di lavoro di «aver mentito sui bot a Elon Musk» e sostenne che Twitter non era incentivato a calcolare il numero reale di bot e account spam sulla sua piattaforma.[3] Zatko aveva raccolto un elenco di accuse che si rivelarono del tutto devastanti, non solo per il processo, ma per Twitter stesso.

In sostanza, Zatko accusava Twitter di aver ingannato per anni le autorità federali in merito alle proprie misure di sicurezza e privacy, oltre ad aver fuorviato il consiglio di amministrazione sulle azioni intraprese per conformarsi ai requisiti della Federal Trade Commission (FTC). Contestava inoltre all'azienda una serie di illeciti, tra cui frode e la presentazione di dichiarazioni finanziarie materialmente inesatte. La denuncia sosteneva che i documenti di fusione con Musk redatti da Twitter contenevano «dichiarazioni fraudolente», basate, per esempio, sulle affermazioni dell'azienda di rispettare le leggi vigenti e di non presentare vulnerabilità informatiche tali da costituire «effetti sfavorevoli».[4]

Una notizia bomba. Finalmente sembrava che il vento fosse girato a favore di Musk.

Le ricadute su Twitter furono immediate, come spiegato nelle argomentazioni legali di Musk poco dopo. La quotazione della piattaforma era calata di oltre il 7 per cento quando «gli investitori hanno appreso dei gravi rischi passati sotto silenzio» che mettevano in forse l'accordo, e la commissione giustizia del Senato si affrettò a fissare un'udienza per sentire la testimonianza di Musk.[5]

«Si percepiva il cambiamento d'atmosfera del team di Musk» ha detto Pringle, la quale ha osservato che «spesso era possibile intuire come si sentisse Musk su qualunque cosa».

Il caso Mudge, in cui Musk sfruttò la fuga di informazioni interne di Twitter non verificate, illustrava una particolare ironia dell'uomo. In quanto capo di Tesla, non aveva mostrato tolleranza per le gole profonde. Chi era sospettato di rivelare timori riguardo all'azienda veniva licenziato o sottoposto a tentativi ben documentati di rovinargli la vita, come nel caso di un ex dipendente di nome Martin Tripp.[6]

All'improvviso, Musk aveva cambiato musica.

Alle 8.52 ora del Pacifico, twittò una scena del cartone animato *Pinocchio*, con il Grillo parlante che pronunciava la frase «fai un fischio»[7] (un chiaro riferimento a *whistleblower*, che letteralmente significa «chi soffia nel fischietto»).

«Quando sei nei guai e non sai che cosa far» continuava la canzone «fa' una fischiatina. E la coscienza al fianco tuo sarà.»[8]

Il sottotesto era ovvio, ma Musk fugò ogni dubbio postando uno screenshot delle scoperte del *Washington Post* su Twitter. Lasciamo perdere l'ironia del fatto che – secondo un ex membro della sua cerchia ristretta – era convinto che contro di lui fosse in atto un complotto dei media tradizionali, alimentato da fattori quali i ricavi pubblicitari di Big Oil. Adesso stava condividendo uno screenshot con la testata del *Washington Post* in cima alla pagina compreso il famoso slogan del quotidiano «Democracy Dies in Darkness», la democrazia muore dove regna l'oscurità.[9]

Gli interessava in particolare un passaggio di uno degli articoli, il quale rivelava che Twitter aveva un calcolo interno di ciò che veniva chiamata «diffusione dello spam», che non aveva reso pubblico.

«Perciò la diffusione dello spam *era* condivisa con il consiglio di amministrazione, ma il consiglio di amministrazione ha deciso di non rivelarla all'opinione pubblica...» scrisse.[10]

Il team di Musk era impaziente di presentare le nuove prove in tribunale, e usarle per sostenere la propria richiesta di rimandare il processo. Colsero l'occasione al volo, facendo appello alle accuse della gola profonda e argomentando che Twitter andava costretto a rivelare dati particolareggiati sui propri conteggi dello spam e dei bot.[11] Il giorno dopo, McCormick accolse la richiesta di accesso a ulteriori dati, definendola tuttavia «assurdamente ampia».[12]

Agli inizi di settembre, con l'udienza di ottobre ormai alle porte, i legali si presentarono alla Chancery Court del Delaware per sottoporre due ulteriori richieste alla giudice McCormick: modificare la riconvenzionale includendo le rivelazioni di Mudge e ottenere un rinvio del processo.[13]

Avanzarono una nuova argomentazione: Musk non avrebbe potuto scoprire le informazioni rivelate da Zatko nel corso di una normale due diligence, poiché Twitter aveva cercato di occultarle intenzionalmente. (Una critica ricorrente all'approccio di Musk nell'acquisizione di Twitter era che, nella fretta di chiudere l'affare a condizioni favorevoli, avesse di fatto rinunciato alla due diligence. Il suo team, però, sosteneva di averla comunque condotta, per esempio chiedendo a Twitter di specificare il «debito tecnologico» e la «strategia per i data center».[14] Tuttavia, secondo la nuova riconvenzionale di Musk, l'azienda non era stata collaborativa in merito alle accuse di Mudge.)

McCormick non mostrò alcuna indulgenza verso le tesi degli avvocati e replicò con una delle sue tipiche frecciate. «Non lo sapremo mai, vero?» commentò. «Perché la diligenza non c'è stata.»[15]

McCormick aveva già espresso la propria contrarietà con i legali di Musk in merito a quelle che sembravano lacune nei messaggi esibiti come prove nella cosiddetta *discovery*, il meccanismo per cui una parte può venire a conoscenza del materiale raccolto dall'altra, per poter mettere a punto un'adeguata strategia dibattimentale. In un caso, una conversazione non sembrava fluire naturalmente al messaggio seguente.

«Nell'ipotesi che la risposta di Musk non sia stata telepatica» scrisse McCormick, sembrava mancare, e costituiva una lacuna nella documentazione.[16]

Le argomentazioni legali di Musk erano un guazzabuglio in continuo cambiamento – si appigliavano a un elemento probatorio per poi abbandonarlo a favore di un altro –, ma questa strategia, per quanto caotica, era preferibile alla mancanza di una fondatezza giuridica sufficiente a sostenere la posizione del suo team. Tuttavia, la condotta poco professionale degli avvocati di Musk stava mettendo a dura prova la pazienza di McCormick. In un'occasione, li ammonì per aver modificato l'ampiezza di una richiesta di *discovery* relativa alle comunicazioni interne di Twitter.

«In questo processo per direttissima, non c'è tempo per dire "stavamo scherzando"» scrisse McCormick.[17]

Dopo quell'udienza all'inizio di settembre, McCormick accolse parzialmente le richieste di ambo le parti sulle questioni chiave. Il team di Musk poteva modificare la riconvenzionale per includere le accuse di Zatko, ma il processo sarebbe iniziato alla data prevista del 17 ottobre, di lì a poco più di un mese.

L'esito del processo continuava a sembrare incerto nonostante quella che pareva una svolta fondamentale a favore di Musk. Ricostruire il numero reale di account spam e bot su Twitter sarebbe stato comunque un calcolo impreciso. E anche se l'affermazione di Mudge secondo cui Twitter aveva mentito a Musk si fosse rivelata vera, rimaneva ancora la questione se le azioni della piattaforma fossero sufficientemente gravi da mandare a picco il valore dell'azienda di per sé.

Qualcuno non era convinto. Nel mezzo dell'ondata di copertura mediatica data alle accuse di Mudge – le quali erano dominate dalle implicazioni per l'affaire Musk-Twitter, cosa che forse esasperava chi vi vedeva una rivelazione con enormi implicazioni per la sicurezza informatica – spuntò un coro di voci scettiche, secondo cui quelle rivelazioni avrebbero fatto poco per spostare l'ago della bilancia.

«Il *whistleblower* di Twitter non è di molto aiuto nel caso di Elon Musk» titolava un articolo su *Bloomberg*, che faceva riferimento alle opinioni dell'editorialista Matt Levine, il quale aveva spesso riportato coi piedi per terra il team di Musk durante la vicenda.[18] L'argomentazione di Levine,[19] integrata da una discussione su Twitter della docente di diritto Ann Lipton della Tulane University, era che Musk poteva certamente intentare una causa sui problemi sollevati da Mudge... però sarebbe stata una nuova causa.[20] Levine sosteneva che le affermazioni di Mudge confutavano esplicitamente l'argomentazione avanzata da Musk secondo cui i numeri di Twitter erano accurati ma il modo di calcolarli sbagliato.

La cosa non era di grande aiuto a Musk, secondo la valutazione di Lipton.

La misurazione degli utenti attivi di Twitter, definita un «sistema inventato per gonfiare i compensi dei dirigenti», non costituiva «una base valida per recedere dall'accordo, purché le informazioni effettivamente divulgate da Twitter fossero accurate» scrisse.[21]

Quando l'ho intervistata, Lipton mi ha detto di aver immediatamente riconosciuto le affermazioni del *whistleblower* per quello che erano.

«Non era un problema legato a violazioni finanziarie o normative. Era più un problema della serie "Twitter, stai gestendo male il tuo business"» ha dichiarato. «Poiché lui l'ha presentato come un problema di trasparenza informativa, questo ha fornito a Musk il pretesto per aggrapparvisi.»

Twitter aveva commesso una serie di errori madornali, ma bastava per recedere dall'accordo? Levine, al pari di Lipton, non ne era convinto.

«Se Twitter ha gestito male la sicurezza dei dati utente, ha violato la legge (fra cui in particolare il suo accordo del 2011 con l'FDT relativo ai dati degli utenti)? La documentazione presentata da Twitter alle autorità era fuorviante perché non rivelava le falle nella sicurezza? Quando è saltato fuori tutto, ha provocato un "effetto sfavorevole" sul business di Twitter tale da consentire a Musk di recedere dall'accordo? Bah, non lo so» scrisse. «Anche se queste affermazioni sono vere, e anche se sono prova di truffa o effetto sfavorevole, non dimostrano nulla di ciò di cui Musk si lamenta.»[22]

Ma perfino questa ambiguità era comunque un passo avanti per il travagliato caso di Musk.

Pochi credevano che se la sarebbe cavata senza sborsare almeno un miliardo di dollari (e probabilmente di più). Ma con le rivelazioni di Mudge, aveva perlomeno la prospettiva di un esito meno sfavorevole, mentre prima si trovava di fronte a una sconfitta certa. Pringle sapeva che Musk avrebbe tentato di sfruttare le nuove accuse come leva negoziale.

«La vicenda era solo marginalmente collegata alle questioni legali effettive [tanto che] era abbastanza chiaro fin da subito che non avrebbe avuto alcun impatto sul caso» ha detto. «Ma era altrettanto evidente che Musk avrebbe sfruttato tutti i mezzi legali a sua disposizione per cercare di usarlo come distrazione.»

Dopodiché arrivò un fuoco di fila di giustificazioni legali per recedere dall'accordo.

«Sembrava uno di quegli approcci in cui si spara nel mucchio per capire se si riesce a colpire qualcosa» ha osservato Pringle.

Era il genere di strategia di cui Levine aveva parlato nella sua analisi delle affermazioni di Mudge.

«Musk dovrebbe mandare a Twitter una nuova lettera di recesso dicendo: "Lasciamo perdere la faccenda dei bot, adesso recedo dall'accordo per via delle criticità relative alla sicurezza"» scrisse Levine. «Però potrebbe farlo, perché no. Non è vincolato alle scuse che ha già accampato: se la gente continua a trovargli nuove giustificazioni per sfilarsi dall'accordo, può provare anche queste. Magari una funzionerà.»

Neanche a farlo apposta, fu esattamente la tattica adottata dal team di Musk. Il 29 agosto, scrisse *Bloomberg*, Musk presentò una nuova lettera di recesso. «Il 23 agosto 2022 il *Washington Post* ha pubblicato un articolo su un *whistleblower* [in cui Peiter Zatko] accusa Twitter di negligenza su larga scala – una cosa nota ai dirigenti della piattaforma, compreso Parag Agrawal – che avrà probabilmente gravi conseguenze per il suo business» diceva.[23]

Proseguiva affermando, fra le altre cose, che Twitter non ottemperava agli obblighi verso l'FTC derivanti dalla sentenza consensuale del 2011, e aveva «acconsentito a richieste avanzate dal governo indiano», tutte questioni sollevate dalla denuncia di Mudge.[24]

Ciò non era nemmeno realmente necessario, sosteneva il team di Musk, perché aveva rescisso il contratto un mese prima… ma il tribunale deve esserne informato in ogni caso. Questa nuova base per rescindere il contratto non è più giustificata della precedente, perché farebbe sembrare che le affermazioni di Musk su spam e bot siano una scusa abborracciata per sfilarsi, mentre nel frattempo è emerso un motivo reale.

«Benché le parti di Musk credano che questa notifica di recesso non sia legalmente necessaria per rescindere l'accordo di fusione visto che lo hanno già rescisso in modo valido in forza della lettera di recesso dell'8 luglio, le parti di Musk presentano questa notifica aggiuntiva nel caso in cui la notifica dell'8 luglio sia giudicata nulla per qualunque motivo» si leggeva.

La strategia del «tutto per tutto» di Musk non era ancora finita. Qualche giorno dopo, il 9 settembre, il suo team presentò una nuova lettera di recesso dall'accordo, introducendo un ulteriore nuovo argomento.[25]

Questa volta, sostennero che Twitter aveva violato il contratto con Musk erogando un indennizzo di fine rapporto a Zatko (che in seguito sarebbe emerso come *whistleblower*) dopo la stipula dell'accordo. Una clausola del contratto vietava effettivamente a Twitter di concedere tali indennizzi, a meno che non rientrassero «nell'ordinaria gestione aziendale, in linea con la prassi precedente».

Non si capiva in che modo il pagamento di 7,75 milioni di dollari erogato il 28 giugno a Mudge e ai suoi legali costituisse una prassi standard, benché l'affermazione del team di Musk secondo cui quella presunta violazione «non è sanabile» sembrasse altrettanto insostenibile. Musk dichiarava di essere venuto a conoscenza del pagamento solo il 3 settembre, quando Twitter aveva presentato in tribunale un documento che riportava i dettagli della buonuscita.

La nuova lettera pareva suggerire che avessero trovato qualcosa che avrebbe potuto consentirgli di recedere dall'accordo.

«Gli imputati non sono perciò tenuti a chiudere [...] e hanno un'ulteriore base per recedere dall'accordo di fusione nel caso in cui la notifica di recesso in forza della notifica dell'8 luglio e di quella del 29 agosto siano giudicate nulle per qualunque motivo [...] Per fugare ogni dubbio, tali basi sono in aggiunta alle, e non al posto delle, basi per il recesso identificate nella notifica di recesso dell'8 luglio e nella notifica di recesso del 29 agosto.»

A questo punto, le notifiche di recesso continuavano ad arrivare una dietro l'altra.

«Quando si è arrivati alla terza lettera di recesso, ormai sapeva di disperazione» mi ha detto Pringle, la caporedattrice del *Chancery Daily*.

Il team di Musk presentò formalmente la riconvenzionale aggiornata – che comprendeva le accuse di Mudge – il 15 settembre. Conteneva ampie accuse al sito che Musk aveva sperato di acquisire.

Come riferì la CNN, citando la riconvenzionale, le parti di Musk asserivano che le affermazioni di Mudge «hanno rivelato che le rappresentazioni ingannevoli relative all'mDAU [utenti attivi giornalieri monetizzabili] erano solo uno degli elementi di un complotto più ampio dei dirigenti di Twitter per ingannare l'opinione pubblica, i suoi investitori e il governo sulle disfunzioni al cuore della società».[26]

La nuova riconvenzionale diceva chiaramente fino a che punto le affermazioni di Mudge avessero trasformato il caso di Musk. Elencava una serie di «eventi sconvolgenti» che avevano messo in discussione non solo le affermazioni di Twitter sullo spam e i bot, ma l'integrità stessa della piattaforma. Se bisognava credere a questa nuova linea di ragionamento, Musk stava comprando merce fallata.[27]

«È superfluo sottolineare che le ultime rivelazioni rendono inequivocabilmente chiaro che le parti di Musk hanno il pieno diritto di recedere dall'accordo di fusione, per numerose ragioni, ciascuna sufficiente di per sé» si leggeva nella nuova riconvenzionale. «In sintesi, alle parti di Musk e ai molti altri investitori di Twitter è stata venduta un'azienda diversa rispetto a quella realmente esistente: una società di maggior valore, più popolare, più sicura e più conforme alle leggi vigenti» si argomentava.

È difficile immaginare una sede più adatta per quest'epica battaglia fra un colosso aziendale disperato e un magnate recalcitrante della Court of Chancery del Delaware, un'istituzione poco conosciuta, in un certo senso specializzata, che rifletteva le radici coloniali del sistema giudiziario americano ma era tagliata su misura per gestire le controversie aziendali dell'era moderna.[28] Questo era uno dei fattori chiave – insieme a un regime fiscale favorevole – che avevano spinto un numero sproporzionato di aziende a costituire la propria sede legale nel Delaware. La Court of Chancery è un tribunale di equity, non di legge, il che significa che mira a trovare una soluzione equa a tali controversie, talvolta in assenza di norme giuridiche chiare, pur nel rispetto del principio secondo cui «l'equity non interviene laddove esiste una soluzione legale adeguata».[29]

La Court of Chancery ha ampia discrezionalità per costringere ad agire le parti che si presentano al suo cospetto, una cosa che la maggior parte dei tribunali di diritto comune si astiene dal fare. In questo caso, Twitter stava chiedendole di intimare un'«azione specifica» a Musk, ossia di *compiere* l'azione di concludere l'accordo che aveva accettato comprando la piattaforma per 44 miliardi di dollari. Questa richiesta rientrava pienamente nelle competenze istituzionali della Court of Chancery.

«Si tratta di un obbligo di fare contrapposto a un obbligo di non fare» (come una sanzione pecuniaria) mi ha spiegato Pringle.

C'era un unico problema: la Court of Chancery si basava in larga misura su una nozione condivisa di giusto e sbagliato, un concetto che sembrava essersi smarrito nella società americana negli ultimi decenni, con l'affermarsi della polarizzazione politica e della stratificazione della popolazione in tante disparate camere dell'eco online. Pringle mi ha spiegato che le cause della Chancery, a differenza di quelle trattate in un tribunale di diritto comune, non si basavano sui precedenti nella stessa misura.

E c'erano dei critici, in particolare la Corte suprema del Delaware, i quali suggerivano che un modello del genere non garantiva sufficiente certezza giuridica per dirimere le controversie aziendali, mi ha detto Pringle. In ogni caso, nessuna di tali questioni si sarebbe risolta prima che venisse stabilito chi era il proprietario di Twitter.

Nell'estate e all'inizio dell'autunno del 2022, questo strano tribunale del Delaware avrebbe in sostanza fatto da arbitro in una resa dei conti complicatissima fra due parti che sembravano fare sempre più fatica a sopportarsi a vicenda.

Musk e Twitter ingaggiarono una serie di contenziosi sulla *discovery*: Twitter premeva per avere accesso alle comunicazioni private di Musk, che sembravano incomplete, e il team legale del CEO di Tesla faceva pressioni alla piattaforma di social media per avere accesso ai sistemi di misurazione interni.[30]

A un certo punto, i contrasti insanabili fra le parti spinsero il tribunale a adottare misure ulteriori: la nomina di un supervisore speciale per la fase istruttoria, incaricato di alleviare parte del carico del giudice valutando se determinati documenti soddisfacessero i requisiti per la protezione del privilegio, come le comunicazioni avvocato-cliente.[31] Questa soluzione alleggerì McCormick da un compito estremamente dispendioso in termini di tempo, evitandole di sobbarcarsi l'esame di materiali che si sarebbero potuti rivelare irrilevanti per il caso. Si trattò di un passaggio aggiuntivo – sebbene non del tutto insolito – che evidenziò quanto la *discovery* fra Twitter e Musk si fosse ormai complicata.

Oltre alle controversie legate alla fase istruttoria, il mese di settembre portò con sé una raffica di notifiche per le deposizioni giurate che coinvolgevano nomi di rilievo collegati al caso: Jack Dorsey, Parag Agrawal, Mudge.

Ma un nome spiccava su tutti gli altri: quello di Elon Musk.

Non moriva dalla voglia di testimoniare. Alla fine di settembre, riuscì a rinviare tutto a ottobre.[32]

Presto fu chiaro che Musk avrebbe preferito non doversi presentare a deporre.

Eppure, era parso che tutto fosse pronto per il processo. I giornalisti avevano prenotato i voli e le stanze d'albergo a Wilmington, Delaware, per la terza settimana di ottobre. Sapevamo che era possibile un accordo stragiudiziale appena prima dell'inizio del processo... o addirittura, diciamo, prima di una testimonianza cruciale.

Poi successe una cosa strana.

Il 4 ottobre un articolo di *Bloomberg* annunciò che Elon Musk aveva intenzione di andare avanti con l'accordo Twitter al prezzo originario di 54,20 dollari per azione.[33] Un documento presentato alla SEC confermava la notizia.

Musk era disposto a portare avanti l'accordo, a patto che il finanziamento tramite debito fosse garantito e che il processo venisse sospeso, consentendo alle parti di concludere l'operazione.[34] Twitter aveva delle riserve, soprattutto riguardo alla questione del finanziamento di Musk.

Era un altro trucco? Avrebbe dichiarato di non avere più i finanziamenti?

Cos'aveva provocato la marcia indietro? Musk stava lentamente venendo a patti con il fatto che avrebbe perso. Il suo team aveva iniziato a capire che le possibilità di vittoria erano minime, e una serie di sconfitte procedurali in aula lo avevano abbondantemente chiarito.

L'articolo di *Bloomberg* del 4 ottobre sulla marcia indietro di Musk dava conto del fatto che il team percepiva l'imminente sconfitta.

«Il team legale di Musk iniziava ad avere la sensazione che il caso non stesse andando bene, quando la giudice Kathaleen St J. McCormick si è schierata ripetutamente con Twitter nella fase istruttoria, secondo una persona informata dei fatti» diceva il pezzo.[35] Nonostante le dichiarazioni di Musk, il suo team temeva che non sarebbe stato in grado di dimostrare che le mancanze di Twitter bastassero a garantirgli la rescissione dell'accordo.

Sembrava che la mossa migliore fosse tagliare le perdite e mantenere la poca influenza che gli restava.

Ma la mossa era arrivata così all'improvviso, così inaspettata, che quelli di Twitter erano comprensibilmente scettici. I legali della società andarono in tribunale a cercare rassicurazioni. In un documento in risposta all'offerta di Musk, paragonavano l'ultimo sviluppo a una promessa del tipo: «Fidatevi, stavolta facciamo sul serio».[36]

Le parti di Musk volevano la sospensione del processo, ma Twitter – che aveva spinto per la conclusione dell'accordo – tutt'a un tratto non era pronto ad arrendersi. I ruoli si erano capovolti... un'altra volta.

Alla fine, McCormick accettò di rinviare il processo a novembre in modo che Twitter e Musk potessero chiudere l'accordo. Il team di Musk disse che sarebbe potuto avvenire entro il 28 ottobre.[37] Ma c'era una condizione, ovviamente: i miliardi di dollari del debito di finanziamento su cui Musk faceva affidamento erano ancora disponibili? I suoi legali dissero che l'idea che Musk non fosse in grado di ottenere i soldi era un'«ipotesi infondata», riferì l'Associated Press.[38]

Ma quando la giudice accettò un rinvio del processo, adesso la palla era nel campo di Musk.

«Prevediamo di chiudere la transazione a 54,20 dollari entro il 28 ottobre» disse al *Post* il portavoce di Twitter.[39]

Restava solo una questione in sospeso da risolvere: le banche erano ancora della partita? Gli impegni di capitale degli amici e dei partner di Musk restavano validi. Ma si poteva dire lo stesso del «mal di testa» da 12,5 miliardi di dollari, come lo definì *Bloomberg*, l'ingente prestito che le banche capeggiate da Morgan Stanley avevano accettato di sobbarcarsi?[40]

Musk si era assicurato l'impegno delle banche ben prima che un calo del mercato gettasse un'ombra sull'accordo, affossando la valutazione di Twitter e intaccando il suo stesso patrimonio. Non ci sarebbe stato da stupirsi se le banche si fossero tirate indietro. Il *Post* era venuto a sapere che un'azienda in trattativa per partecipare all'accordo, la Apollo Global Management, non era più della partita.[41]

Gli impegni di finanziamento ottenuti da Musk in aprile, tuttavia, lo mettevano in una posizione di vantaggio unica: si era garantito prestiti a termini che potevano non essere più disponibili. Se però avesse perso la causa, avrebbe potuto essere costretto ad acquistare Twitter con un sostegno finanziario decisamente inferiore, il che avrebbe intaccato in modo significativo il suo patrimonio netto.

Era difficile dubitare della disponibilità delle banche a mettere i soldi, dato che il loro finanziamento era stato formalizzato in una lettera di impegno e la scadenza originaria del 20 ottobre era stata posticipata all'aprile successivo, rendendo i fondi validi per un intero anno dall'annuncio dell'accordo.[42]

Non aiutava il fatto che le banche avessero mantenuto il silenzio in merito alla disponibilità del denaro. All'epoca, il *Post* cercò di mettersi in contatto diretto coi banchieri di Musk solo per essere reindirizzato al settore pubbliche relazioni, che non aveva niente da dire. Era possibilissimo che avessero bisogno di capire come mettere insieme più di 12 miliardi di dollari in tempo per la scadenza del 28 ottobre.

Le persone coinvolte nell'accordo su Twitter non erano le uniche a trattenere il fiato. Gli investitori di Tesla avevano festeggiato la possibile uscita di Musk, che prometteva di mettere fine al dissanguamento. Adesso era di nuovo in ballo.

«Molti di noi non ne possono più» mi aveva detto uno di loro nell'agosto di quell'anno. «Adoro Elon. Ma mettere vagonate di soldi in quest'avventura disgraziata... un errore da 44 miliardi.»

Adesso erano sconfortati.

Era un «incubo», mi ha detto il mio contatto quando Elon è rientrato. «Speriamo finisca alla svelta.»

Per i dipendenti di Twitter, però, l'incubo era appena iniziato.

Mentre si avvicinava la data di chiusura dell'accordo, vennero a sapere che Musk aveva detto agli investitori che aveva in mente di tagliare i dipendenti del 75 per cento, riducendo l'organico da 7.500 a circa 2.000 unità.[43] In effetti, Twitter aveva già pianificato licenziamenti massicci, e l'offerta di Musk era vista come un'«occasione d'oro» per un'azienda che comunque si prevedeva avrebbe dovuto tagliare un quarto dei dipendenti. (Musk, del resto, ammetteva ormai apertamente di star pagando una cifra eccessiva.)

Ma il licenziamento di tre quarti dei dipendenti era inimmaginabile.

«Con cosa ha intenzione di sostituirli, con l'intelligenza artificiale?» disse al *Post* un esperto di governance aziendale.[44]

Nelle chat room interne, i dipendenti di Twitter sfogavano la rabbia e la preoccupazione con l'umorismo macabro.

Il conto alla rovescia verso l'accordo continuava.

Un articolo del *Wall Street Journal* pubblicato il 21 ottobre rivelò che le banche si stavano muovendo con cautela, tenendosi stretto il prestito anziché venderlo in un mercato in ribasso. Era già significativo che stessero facendo dei piani al riguardo.[45]

La mattina del 26 ottobre, Elon Musk si presentò alla sede di Twitter a San Francisco trascinandosi dietro un pesante lavandino di porcellana. Il messaggio non era difficile da capire. Vestito tutto di nero con una maglietta a maniche corte, postò un tweet con nove secondi di video: «Dentro la sede di Twitter... fatevene una ragione!»[46] Il meme giocava sul doppio significato della frase «*Let that sink in*», che può voler dire anche «fate entrare questo lavandino» (quello che trasportava). Musk cambiò la sua bio del profilo di Twitter, autoproclamandosi «Chief Twit», con un altro gioco di parole: «idiota capo».[47] L'ingresso pubblico di Musk nella sede di Twitter e l'accoglienza calorosa da parte dei dipendenti praticamente dissiparono le ultime incognite procedurali sulla finalizzazione dell'accordo.

Passò la giornata in riunioni con i dirigenti di Twitter. Non gli stavano certo riservando un'accoglienza da eroe, ma nemmeno era visto come un conquistatore. Nonostante tutte le controversie che la sua immagine aveva suscitato, Musk aveva mantenuto il fascino per i lavoratori tech della Silicon Valley, persino quelli che sarebbero stati sacrificati a causa dei suoi piani per l'azienda.

A un certo punto, come postò il suo biografo Walter Isaacson, Musk tenne corte fra i dipendenti di Twitter e si fece vedere circondato da una folla di persone al bar aziendale.[48]

I canali Slack di Twitter si animarono di nuovo mentre i dipendenti postavano video di Musk che faceva il giro degli uffici, e a un certo punto dichiarava: «È un bell'ufficio».[49]

In un'altra clip, riferì il *Post*, Musk era circondato da circa venticinque persone che gli facevano domande... domande pressanti, tipo: aveva davvero intenzione di licenziare il 75 per cento dello staff?

Musk disse di no.[50]

Mentre l'istruttoria volgeva al termine, Lauren Pringle, caporedattrice di *Chancery Daily*, era diventata una vera e propria star dei social media... almeno nell'ambito degli influencer legali. Aveva trasformato il suo modesto seguito su Twitter in una community di circa 20.000 utenti, che includeva big player della Silicon Valley, giornalisti specializzati, i migliori giuristi del Paese e, soprattutto, molti dipendenti di Twitter.

La risoluzione rapida della causa, senza nemmeno arrivare al processo, lasciò però un vuoto... un epilogo deludente per una battaglia che fino a quel momento aveva tenuto tutti col fiato sospeso.

Erano tutti sfiniti. Anche gli avvocati delle due parti non ne potevano più. I protagonisti della vicenda erano esausti per il continuo tira e molla, e perfino la giudice McCormick si era chiamata fuori da una complessa controversia istruttoria, nominando una terza persona. Anche i giornalisti che seguivano il caso andavano avanti a forza d'inerzia.

Poi, con un colpo di scena, tutto si risolse. All'improvviso, Pringle si ritrovò a dover affrontare il «dopo». Il ritmo quotidiano degli aggiornamenti giudiziari le parve d'un tratto insignificante.

«Non restava più niente» mi ha confessato durante l'intervista.

«Dopo la fine del caso, c'era solo un vuoto totale… Sapevo di aver fatto qualcosa prima, ma cos'era? Dovevo ripartire da zero.»

Intanto, nell'elenco delle cause a ruolo di McCormick si profilava all'orizzonte un altro processo: quello che avrebbe deciso il destino del pacchetto retributivo del 2018 legato a Tesla. Anche se in quel momento quasi nessuno ne intuì la portata – si pensava solo che Musk si fosse cacciato in un disastro finanziario –, la svolta che lo portò all'acquisto di Twitter si sarebbe rivelata uno degli sviluppi più significativi non solo dell'era digitale, ma anche del panorama culturale e mediatico del XXI secolo. In un contesto di polarizzazione estrema e divisioni politiche incancrenite, Musk stava per vedersi consegnare le chiavi di quello che si può considerare lo strumento di comunicazione politica più influente che esista.

13

«Voglio solo che Twitter torni a essere divertente»

L'ERA Musk a Twitter iniziò con una raffica di licenziamenti.

Alle 15.50 del 27 ottobre, Vijaya Gadde, la responsabile del settore legale, politico e fiduciario di Twitter, firmò ufficialmente il documento che portava a compimento la fusione. A Musk ci vollero circa dieci minuti per mandare a effetto il suo primo ordine: puliamo casa.[1]

Nel giro di qualche minuto, quattro dirigenti di alto livello ricevettero un'e-mail da un membro dell'ufficio privato di Musk. Il CEO Parag Agrawal, il responsabile dell'ufficio finanziario Ned Segal, il direttore degli affari legali Sean Edgett, e Gadde – la responsabile della strategia di moderazione dei contenuti che aveva appena reso effettivo l'accordo – erano stati licenziati.[2]

Edgett era in sede, e la sicurezza di Musk ricevette l'ordine di scortarlo fuori dell'edificio.[3] Gadde scoprì di non avere più accesso ai sistemi aziendali.[4]

Musk andò su Twitter alle 20.49 e postò una concisa conferma dell'acquisizione sulla piattaforma di cui adesso era proprietario: «L'uccellino è libero».[5]

Il venerdì, il giorno dopo che Musk ne aveva preso il controllo, alla sede in stile art déco al 1355 di Market Street si presentò un numero insolitamente alto di dipendenti intenzionati a farsi vedere di persona da un management che aveva espresso la propria contrarietà al lavoro da remoto e al vecchio regime che li aveva assunti. Le stampanti ronzavano, sputando fogli ricoperti di codice sorgente.[6] Nella concitazione di quelle ore, le chat interne di Twitter si zittirono: i dipendenti, terrorizzati, evitavano di scrivere qualsiasi cosa potesse offrire un pretesto per licenziarli.

Quello stesso giorno sui calendari di alcuni ingegneri comparve un messaggio criptico: dovevano tenersi pronti a rendere conto del lavoro svolto negli ultimi 30-60 giorni. «Preparatevi a mostrare il codice sviluppato di recente» si leggeva nell'invito. «Assicuratevi di averlo a portata di mano per farlo vedere a Elon.»[7]

Musk non si era ancora presentato ai dipendenti da quando era diventato il proprietario di Twitter.

Guidati dal suo avvocato personale Alex Spiro, i fidati consiglieri di Musk si riunirono nella *war room*, una sala conferenze con un lungo tavolo di legno grezzo, il centro nevralgico delle operazioni al primo piano, a godersi il bottino. Circondati da cibo portato dal catering, caffè del bar e bottiglie di vetro trasparente di acqua Voss, misero a punto i piani per dimezzare l'azienda. La stanza asettica era disseminata di giocattoli: c'era anche il figlio di due anni di Musk.[8]

Spiro era una scelta bizzarra per guidare un'azienda di social media, anche *ad interim*. Era un avvocato delle celebrità che si era fatto un nome difendendo giocatori dell'NBA e rapper come Meek Mill e Jay-Z e aveva poca dimestichezza con un ambiente notoriamente rilassato come quello di Twitter.

Non era certo un buon segno per le migliaia di dipendenti della società che l'avvocato personale del CEO di SpaceX e di Tesla stesse prendendo decisioni chiave sul modo in cui Twitter doveva funzionare. Come se non bastasse, i programmatori scoprirono che il loro lavoro veniva passato al vaglio come non era mai successo. Dopo che ebbero fornito il codice come richiesto, un gruppo di ingegneri di Tesla selezionati personalmente, le star del team di Autopilot, iniziarono ad analizzarlo.[9] Ai manager di alto livello era stato detto di classificare i sottoposti in base al valore per il loro team. Di lì a poco, nella directory interna di Twitter iniziarono a comparire nomi inaspettati. Gli investitori David Sacks e Jason Calacanis erano elencati come ingegneri del software, indice del fatto che Musk stava distribuendo incarichi ai fedelissimi.[10]

Mentre Musk portava in Twitter collaboratori fidati di aziende come Tesla, Neuralink e The Boring Company, un ex impiegato mi ha detto che non aveva mai visto niente del genere.

«Ma non ce l'hanno un lavoro?» ricordava di aver pensato. «Non sembra giusto che vengano da un'altra azienda e abbiano un'autorità simile.»

C'era stato almeno un segnale che Musk avrebbe potuto porgere un ramoscello d'olivo ai dipendenti della società. Durante l'acquisizione si era incontrato con Vijaya Gadde per parlare del futuro di Twitter, e Gadde aveva detto ai suoi che era stato un confronto produttivo, riferì il *Post*.[11]

Ma l'immediato licenziamento dei dirigenti di prima linea quando aveva appena acquisito la società spazzò via ogni speranza di collaborazione.

Musk era abituato a gestire aziende in crisi – gli intoppi di produzione della Model 3, per fare un esempio, in un momento in cui era in gioco la sopravvivenza di Tesla – e la situazione a Twitter era paragonabile. Ma forse l'unica vera differenza rispetto al modo in cui aveva agito in passato fu che parve completamente insensibile al costo dei tagli al personale per i lavoratori… e alle reazioni che avrebbero potuto scatenare. Si era già mostrato incline a «licenziamenti indiscriminati».[12] Adesso era a capo della riorganizzazione di un'intera azienda.

I consulenti di Musk vedevano Twitter come un'organizzazione appesantita che poteva funzionare con una frazione del suo personale; raccomandarono che la forza lavoro venisse ridotta da circa 7.500 a 2.000 dipendenti, con la presenza di circa 50 ingegneri di prim'ordine dedicati ai progetti importanti. Consideravano il personale addetto alle politiche pubbliche, alla comunicazione e al marketing come non essenziale alla funzione principale del sito.

I tentativi di Musk di formare una squadra di talenti proseguirono per settimane, fra ripetuti tagli al personale, un ultimatum e una revisione del codice a notte fonda che costrinse i lavoratori da remoto a volare a San Francisco, con la valigia in mano, nel tentativo di ingraziarsi il nuovo capo.

Quell'estate, quando era stata avviata l'acquisizione di Twitter, il team di Musk aveva esposto agli investitori il suo piano per ristrutturare l'azienda. Una frase in particolare saltava all'occhio: «Ridimensionare la base dei costi mediante l'ottimizzazione del personale in tutti i ruoli (~ 2.100 dipendenti) e la razionalizzazione di infrastrutture, patrimonio immobiliare, marketing, contratti/consulenze» e altro ancora.

Un altro caposaldo del piano era altrettanto decisivo: «Rendere Twitter degno di fiducia e trasparente».

Nel quadro dirigenziale di Twitter successivo alla chiusura dell'acquisizione compariva un unico membro la cui carica non era ancora stata stabilita.

«Elon Musk

«Responsabile [ ]»

Il 1° novembre, mentre il team guidato da Spiro finalizzava i piani di licenziamento, Elon Musk era solo un rettangolo in una schermata di Zoom, che cercava di calmare un gruppo di attivisti di New York i quali costituivano un ponte essenziale per ottenere la fiducia degli inserzionisti di Twitter.[13]

Musk partecipava a una videochiamata con gli attivisti per i diritti civili nel tentativo di assicurare a un pubblico scettico che la sua visione per la piattaforma non si sarebbe rivelata un disastro per i loro programmi.

Musk, che aveva in previsione di incontrare gli inserzionisti di lì a qualche giorno, era seduto sullo sfondo virtuale dello skyline di New York, da cui spuntava l'Empire State Building.

Rashad Robinson, presidente dell'organizzazione per la giustizia razziale Color of Change, mi ha raccontato che Musk era comparso con indosso una T-shirt nera e una catenina d'oro, con l'aria stanca e un po' trasandata, come se avesse passato lunghi giorni difficili.

Per anni, attivisti dei diritti civili fra cui il presidente della National Association for the Advancement of Colored People (NAACP) Derrick Johnson avevano denunciato i danni della disinformazione e dei discorsi d'odio online incontrollati a qualunque dirigente dei social media disposto ad ascoltare.[14] Erano consapevoli dei potenziali effetti di rete delle trappole algoritmiche e delle camere dell'eco digitali. Dylann Roof, l'autore della strage nella chiesa di Charleston, aveva consumato in modo sistematico una valanga di disinformazione online carica d'odio prima di compiere l'omicidio di nove fedeli afroamericani nel 2015.[15]

Ma quando i preoccupati leader di gruppi quali l'NAACP e la Anti-Defamation League si ritrovarono su Zoom per sentire cos'aveva da dire, Musk offrì loro un semplice mantra per riassumere i suoi piani in merito all'ultima acquisizione.[16]

«Voglio solo che Twitter torni a essere divertente» disse, secondo quanto mi ha riferito Robinson, ripetendo la frase almeno due volte.

In un certo senso, era tipico di Musk: un tentativo di prendere le distanze da qualsivoglia ideologia politica.

Per i presenti alla call, le conseguenze di tutto il divertimento stavano diventando rapidamente chiare. Solo pochi giorni dopo aver preso il controllo del social media più influente del pianeta al prezzo di 44 miliardi di dollari, Musk lo mise in crisi. L'acquisizione aveva scatenato immediatamente un picco di *hate speech* sulla piattaforma, e l'improvviso licenziamento di dirigenti chiave aveva minato la fiducia nella strategia di moderazione dei contenuti dell'azienda.[17] Ma forse il colpo peggiore fu un banale errore dello stesso Musk.

La mattina della domenica successiva all'acquisizione, Musk decise di condividere un link del *Santa Monica Observer*, un giornale complottista di destra che aveva diffuso una notizia falsa relativa a una brutale aggressione ai danni di Paul Pelosi, il marito di Nancy Pelosi, all'epoca speaker della Camera dei rappresentanti. Paul, ottantadue anni, era stato aggredito da un intruso armato di martello che l'aveva colpito alla testa, facendolo finire all'ospedale con una frattura cranica.[18] A neanche settantadue ore dall'acquisizione di Twitter, Musk decise di usare il social media per condividere la teoria squinternata del *Santa Monica Observer* secondo cui l'incidente era frutto di un incontro finito male con un prostituto.[19]

«Esiste una piccolissima possibilità che questa storia sia un po' più complessa di quanto sembri» scrisse Musk il 30 ottobre in risposta a Hillary Clinton, nel pieno delle manifestazioni di sostegno a Paul Pelosi. Nel tweet, allegò l'articolo che metteva in dubbio la versione ufficiale dei fatti, avvalendosi di fonti inoppugnabili come IMHO, *In My Humble Opinion*, secondo il mio modesto parere.[20]

Quando cancellò il tweet era ormai troppo tardi. Perfino investitori di Musk come Ross Gerber erano furenti. «Non puoi essere il presidente di Twitter e non sapere che quel giornale dice stronzate» mi ha detto Gerber. «La gente mi telefonava. Prova a pensare in quanti stavano chiamando lui!»

Era anche per questo che Musk era finito in un faccia a faccia virtuale con persone come Robinson, nel tentativo di calmare i loro timori che Twitter diventasse una sentina d'odio. Non gli credevano. Tanto per cominciare, le argomentazioni di Musk erano deboli, mi ha detto Robinson, come uno che cerca di convincerti che «gestire una cucina durante l'ora di punta a New York è facile, e solo perché in fondo lui cucina sempre per i suoi amici».

Non si trattò di un incidente isolato. I dati del Network Contagion Research Institute hanno rivelato che l'uso del termine razzista che comincia per N su Twitter era aumentato di quasi il 500 per cento nelle ore successive all'acquisizione di Musk,[21] e un articolo di *Bloomberg* riferiva che Twitter aveva limitato internamente l'accesso agli strumenti di moderazione dei contenuti.[22]

Per Robinson, l'atteggiamento di Musk incarnava una convinzione diffusa: le istanze collettive dei leader per i diritti civili erano legittime, Musk era dalla loro parte e risolvere quei problemi non sarebbe stato un dramma. Pur giudicandolo complessivamente conciliante e disponibile, Robinson ricorda che sembrava prendere gli impegni con una certa disinvoltura.

A Twitter, intanto, le richieste pressanti di Musk perché le nuove iniziative procedessero a ritmo sostenuto pesavano sugli ingegneri, molti dei quali non sapevano ancora quale fosse esattamente la loro posizione e sentivano la necessità di dare prova di sé. Musk aveva incaricato gli ingegneri chiave e i responsabili di prodotto di approntare una nuova versione di Twitter Blue, il nuovo servizio che permetteva di ottenere la famosa «spunta blu» pagando un abbonamento. Musk considerava gli abbonamenti una fonte di entrate decisiva per un sito con le caratteristiche irresistibili di Twitter. Forse era il momento particolarmente confuso, ma un esperto di tecnologia del calibro di Musk avrebbe dovuto capire qual era il problema; gli utenti non volevano pagare per funzionalità che prima erano gratis.

Gli ingegneri misero da parte i loro dubbi e si ritrovarono a lavorare dodici ore al giorno compreso il fine settimana per soddisfare le richieste del nuovo capo.

Forse la manifestazione più evidente della nuova cultura aziendale improntata sul lavoro frenetico si ebbe quando un dipendente postò la foto della sua capa, Esther Crawford, responsabile del marketing di prodotto, in un sacco a pelo argentato con una mascherina per gli occhi mentre dormiva sul pavimento dell'ufficio.[23] Musk aveva ricordato più volte che nel periodo più critico delle difficoltà legate alla produzione della Model 3 aveva dormito nello stabilimento Tesla.

Adesso Crawford stava facendo quel sacrificio per il nuovo capo, in un modo che molti interpretarono come teatrale.

«Quando il tuo team lavora senza sosta per rispettare le scadenze, a volte #DormiDoveLavori» scrisse Crawford in un tweet che divenne rapidamente virale, mentre gli utenti deridevano il suo atteggiamento di voler fare colpo a tutti i costi e l'adesione apparentemente sincera alla missione di Musk.[24] Crawford non era certo la «cattiva» della storia, ma il suo messaggio era arrivato nel momento di massima tensione, con i licenziamenti imminenti che alimentavano lo sdegno.

«Visto che alcuni stanno perdendo la testa, chiarisco: affrontare sfide difficili richiede sacrifici (tempo, energia ecc.)» scrisse in una serie di tweet. «È passata meno di una settimana da una transizione aziendale & culturale enorme. Le persone stanno dando il massimo in ogni reparto.»[25]

Per molti dipendenti di Twitter il duro lavoro non sarebbe comunque bastato, indipendentemente dall'impegno. Ma Crawford aveva avuto l'idea giusta.

Il metodo di Musk per spremere al massimo i dipendenti era decisamente vecchio stampo, costellato di elementi che oggi di solito verrebbero derisi come mera apparenza, alcuni dei quali in aperto contrasto con l'etica di un'azienda che offriva benefit come «un giorno di riposo» mensile.[26] Ai dipendenti si richiedeva di lavorare fino a tarda sera, fare turni lunghissimi in presenza e dimostrare il proprio impegno attraverso la passione per la sfida, imitando Musk nella sua ossessiva concentrazione su un grande problema da risolvere. In Tesla e SpaceX, i dipendenti erano motivati da obiettivi epici: rendere autonome le auto o portare l'uomo su Marte. Ci si aspettava che trovassero metodi innovativi e inesplorati, rifiutando se necessario gli approcci tradizionali. Ma in un'azienda in cui i lavoratori erano costantemente in tensione, diffidenti verso il management e non allineati alla visione, Musk pretendeva che i dipendenti stipendiati mostrassero lo stesso livello di urgenza.

I risultati di un approccio del genere avrebbero parlato da soli.

Il giovedì successivo all'ingresso in azienda di Musk, Twitter mandò un'e-mail a tutti i dipendenti.

Qualche giorno prima, sembrava ancora che i tagli al personale sarebbero stati meno pesanti del previsto. Col persistere del silenzio e della mancanza di informazioni, gli scettici iniziavano a chiedersi se non dovessero rivalutare Musk. Definì «falsa» la notizia del *New York Times* sul potenziale licenziamento di dipendenti prima della scadenza del 1° novembre per la maturazione delle stock option.[27]

Parlando ai dipendenti di Twitter poco prima di acquisire l'azienda, aveva liquidato un articolo secondo cui pianificava di lasciare a casa il 75 per cento della forza lavoro, dicendo loro che non aveva nessuna intenzione di fare una cosa del genere.[28]

Il lunedì successivo all'acquisizione, il *Post* scrisse che la prima tornata di licenziamenti avrebbe interessato circa un quarto dell'azienda.[29] Martedì arrivò e passò. Poi mercoledì. Ora di giovedì, i dipendenti aspettavano l'inevitabile da una settimana.

All'improvviso le loro caselle di posta si illuminarono tutte insieme.

«Team» esordiva il messaggio.

Eccoci al dunque.

«Nel tentativo di mettere Twitter sulla giusta strada, affronteremo venerdì il difficile processo di riduzione del nostro organico a livello globale. Riconosciamo che questo avrà ripercussioni su numerose persone che hanno contribuito in modo significativo a Twitter, ma tale decisione è purtroppo necessaria per garantire il futuro dell'azienda.» L'e-mail continuava: «Entro le 9.00 PST di venerdì 4 novembre, tutti riceveranno una comunicazione personale con oggetto: "Il tuo ruolo in Twitter". Vi invitiamo a controllare la posta, inclusa la cartella dello spam».[30]

I dipendenti che sarebbero stati tenuti avrebbero ricevuto una notifica attraverso l'e-mail interna. Quelli licenziati avrebbero ricevuto un messaggio nella casella di posta personale.

Ecco come Musk si presentava alla sua nuova società. Il messaggio, la prima comunicazione ufficiale di Musk al suo nuovo personale, era firmato: «Twitter».

I leader dei diritti civili rimasero piacevolmente stupiti quando Musk accettò le proposte che avevano avanzato, fra cui:[31]

- Twitter non avrebbe rispristinato gli account cancellati per aver violato le sue regole fino a dopo le imminenti elezioni di metà mandato, il che significava che Trump – bandito dopo la sommossa al Campidoglio del 6 gennaio 2021 – non avrebbe riavuto indietro immediatamente il suo account;
- Twitter avrebbe adottato un processo trasparente per ripristinare account in precedenza banditi;
- Twitter si sarebbe impegnato a «combattere l'odio & le molestie», per dirla con Musk, anche istituendo un consiglio di moderazione dei contenuti cui avrebbero fatto parte gruppi per i diritti civili e persone con «opinioni ampiamente divergenti»; mirava a proteggere coloro che «hanno a che fare con la violenza alimentata dall'odio»;
- Twitter avrebbe continuato ad applicare le politiche di integrità elettorale attualmente in vigore;
- sarebbe stato ripristinato l'accesso agli strumenti di moderazione dei contenuti a coloro che ne erano stati esclusi.[32]

Musk aveva anche accettato di twittare l'evento, ma quando le ore passarono senza che succedesse niente, Rashad Robinson di Color of Change cominciò a sentire puzza di bruciato. Gli era capitato più di una volta che un CEO promettesse delle cose per poi sparire di colpo.

«Quando uscimmo da quell'incontro e non fu twittato niente, pensai: Non è interessato» mi ha detto. «Ho condotto abbastanza campagne pubblicitarie e boicottaggi da sapere che c'è una finestra in cui la gente presta attenzione. E le aziende e i CEO tentano spesso di rallentarti, creando situazioni in cui tu non dici niente, loro non dicono niente, ma traggono vantaggio dal silenzio.»

Perciò Robinson rimase sbalordito quando si svegliò intorno alle 4.30 del mattino ET (il fuso orario della costa orientale degli Stati Uniti) e scoprì che Musk aveva twittato poco dopo mezzanotte, elencando i gruppi che aveva incontrato e precisando che «Twitter continuerà a combattere l'odio & le molestie & a far applicare le proprie politiche di integrità delle elezioni», aggiungendo l'elenco delle proposte.[33]

Mentre le sue notifiche impazzivano per essere state taggate da Musk, Robinson tornò a letto... sollevato, perlomeno, che i termini adesso fossero stati resi pubblici.

Giovedì sera alcuni dipendenti scoprirono di non avere più accesso agli strumenti di comunicazione interna. Centinaia di loro si svegliarono venerdì mattina per scoprire di non poter più accedere all'e-mail, a Slack e ad altre applicazioni aziendali.

La portata dei tagli al personale era un segnale del fatto che le rassicurazioni di Musk non erano state altro che parole di facciata.

Venerdì mattina i gruppi per i diritti civili stavano facendo appello per un boicottaggio. Marchi fra cui General Motors, General Mills e Volkswagen congelarono la pubblicità su Twitter. Oltre ai gruppi per i diritti civili, quella settimana Musk aveva incontrato dirigenti di WPP, una potente agenzia pubblicitaria la cui influenza poteva spostare centinaia di milioni di dollari di inserzioni. Anche quel tentativo era fallito.[34]

«È immorale, pericoloso ed estremamente dannoso per la nostra democrazia che un inserzionista finanzi una piattaforma che alimenta l'odio online, il negazionismo elettorale e le teorie del complotto» dichiarò in un comunicato Derrick Johnson, presidente della NAACP, che aveva incontrato Musk nei giorni precedenti.[35]

Robinson mi ha detto che Musk non aveva intenzione di agire.

«Si è limitato a venire al telefono e a dirci cose che non era davvero disposto a fare. Gli ingranaggi erano già in movimento mentre parlava con noi. Non fai tagli di quella portata senza che il processo sia già avviato.»

Musk era costernato. Aveva fatto del suo meglio per conciliarsi con gli attivisti, assecondando le loro richieste e perfino coinvolgendoli direttamente nell'organizzazione. Adesso però prendevano di mira apertamente la sua azienda.

«Twitter ha avuto un enorme calo nel fatturato, a causa delle pressioni esercitate sugli inserzionisti dai gruppi di attivisti, anche se nulla è cambiato nella moderazione dei contenuti e abbiamo fatto tutto ciò che potevamo per accontentarli» twittò quella mattina. «Da non credere! Stanno cercando di distruggere la libertà d'espressione in America.»[36]

Adesso dovevano pagare.

«È arrivato il momento di smetterla di compiacere gli attivisti perché non si fermeranno davanti a niente pur di danneggiare Twitter, indipendentemente da quello che fai» scrisse un commentatore di destra nelle risposte a Musk.[37]

«Hai ragione» disse Musk.[38]

Venerdì Twitter chiuse gli uffici, per paura di eventuali sabotaggi da parte dei dipendenti lasciati a casa.[39] Di conseguenza, neppure chi si era salvato poté fare un salto in ufficio per salutare i colleghi che se ne andavano.

Su Slack, l'app di messaggistica aziendale, i dipendenti guardarono con orrore i loro colleghi cadere come mosche.[40] I gruppi interni si riempirono di emoji di saluto e cuori blu mentre i lavoratori licenziati informavano i colleghi del loro destino.[41] Twitter fu sommersa da un'ondata di sconcerto e l'hashtag #TwitterLayoffs (LicenziamentiTwitter) divenne il trend principale negli Stati Uniti, mentre #LoveWhereWeWorked (AmavamoDoveLavoravamo) si trasformò nel motto d'addio dei dipendenti costretti a lasciare l'azienda.[42] I licenziamenti furono gestiti con scarsa considerazione per le circostanze personali dei lavoratori... e, come avrebbe dimostrato il tempo, anche per la stabilità operativa di Twitter stesso. Tra gli esuberi, come riportò il *Washington Post*, c'erano una responsabile marketing all'ottavo mese di gravidanza, un direttore creativo con oltre dieci anni di anzianità e l'ex vicepresidente dell'area ingegneria, che aveva promesso di aiutare i colleghi in difficoltà.[43] Lo stesso Musk ammise in seguito di aver forse esagerato con i tagli. «I momenti critici richiedono decisioni drastiche» dichiarò a CNBC nel 2023. «È indubbio che alcune delle persone licenziate probabilmente avrebbero dovuto restare [...] Non sto dicendo che chi è stato lasciato a casa fosse incompetente o qualcosa del genere. Ma con informazioni limitate, dovevamo ridurre i costi del personale e le altre spese almeno fino ad andare in pari.»[44]

Quelli che rimasero non ricevettero subito la rassicurazione promessa. Così restarono seduti davanti al computer, facendo il refresh dell'e-mail, in attesa di conoscere il loro destino. Finalmente, ore dopo che erano iniziati i licenziamenti, ricevettero un messaggio con cui venivano informati di essere stati risparmiati. Scritta di nuovo con la voce di Dio, firmata «Twitter», l'e-mail informava lo staff di quello che aveva tenuto occupato il loro capo nei giorni precedenti.

«La settimana scorsa, Elon ha incontrato una serie di dipendenti, clienti, soci, policy maker e utenti di Twitter» diceva. «Non vede l'ora di comunicare a tutti la sua visione per l'azienda.»[45]

Dopo aver licenziato metà del personale, Musk era pronto per presentarsi ufficialmente. Il 9 novembre, alle 23.39, mandò l'e-mail seguente:[46] «Spiacente se è la mia prima e-mail all'intera azienda, ma non c'è modo di indorare la pillola» diceva. «Francamente, il quadro economico è preoccupante, soprattutto per aziende come la nostra che dipendono così tanto dagli inserzionisti in un clima economico difficile [...] Senza entrate pubblicitarie significative, c'è una buona possibilità che Twitter non sopravviverà all'imminente regressione economica.»[47]

Il morale era già basso. Adesso Musk stava dando la versione di Twitter del «discorso sul malessere» del presidente Jimmy Carter. E sebbene fosse realistico sulle sfide da affrontare – molte delle quali preesistenti al suo arrivo – tentare di coalizzare i dipendenti per risolvere i problemi economici dell'azienda poteva rivelarsi un'impresa quasi impossibile, vista la sua posizione di uomo tra i più ricchi del pianeta.

La richiesta successiva sarebbe stata ancora più ardua da far passare.

«A partire da oggi (giovedì), a tutti è richiesta la presenza in ufficio per un minimo di 40 ore a settimana» proseguiva il messaggio. «Ovviamente, se siete fisicamente impossibilitati a recarvi in ufficio o avete obblighi personali che ve lo impediscono, la vostra assenza sarà comprensibile.»

I dipendenti che si erano persi l'e-mail mandata poco prima di mezzanotte si svegliarono la mattina dopo ridotti a uno straccio e si precipitarono in sede. Non volevano dare al management alcuna scusa per attirare l'attenzione su di sé in quella che ipotizzavano sarebbe stata un'altra tornata di licenziamenti.

Intanto, il prodotto simbolo di Musk era pronto.

Musk aveva preso di mira le spunte blu di Twitter, ma non era chiaro se le sue critiche riguardassero il sistema di verifica in sé – concepito non come simbolo di notorietà, ma come garanzia di autenticità – oppure le persone che le possedevano.

Ciò nonostante, iniziò a bollare le spunte come un sistema «da nobili e plebei».[48]

La sua soluzione? Garantire a chiunque l'accesso all'ambita spunta blu… in cambio di soli 8 dollari al mese. Musk aveva intenzione di sottrarre la spunta blu alle grinfie delle élite dei media, delle celebrità e degli snob ossessionati dallo status e mettere il «potere nelle mani del popolo!»[49]

Il problema era che Musk aveva appena licenziato molti dei dipendenti responsabili del lancio dei nuovi prodotti su Twitter, per non parlare di un team dedicato alla mitigazione dei rischi, la cui importanza sarebbe emersa in tutta la sua evidenza di lì a poco.

Promise un diluvio di nuove funzionalità per chi era disposto a pagare. Soprattutto, coloro che avessero sottoscritto la versione di Twitter proposta da Musk avrebbero visto i propri tweet in cima alle risposte e il proprio nome in primo piano nelle ricerche altrui.[50]

Ma poco dopo il lancio delle nuove funzionalità quel mercoledì, fu chiaro che qualcosa era andato storto. Twitter fu improvvisamente inondata di account falsi,[51] che prendevano di mira politici, personaggi famosi e figure pubbliche, perfino lo stesso Musk. Qualcuno creò un profilo fake sostenendo di essere la star del basket LeBron James che chiedeva di essere venduto a un'altra squadra.

Ma forse il colpo peggiore arrivò quando un account che affermava di essere l'azienda farmaceutica Eli Lilly dichiarò in tono trionfante: «Siamo felici di annunciare che l'insulina adesso è gratis!»[52]

Il tweet falso provocò il panico nell'azienda vera, riferì il *Post*, mentre i dirigenti si affannavano a smentire. Il tweet rimase online più di sei ore: i dipendenti di Twitter che avrebbero dovuto cancellarlo erano stati licenziati. Il colosso farmaceutico da 330 miliardi di dollari, con un budget pubblicitario di centinaia di milioni, alla fine sospese gli investimenti sulla piattaforma in seguito a quell'incidente, per colpa del quale aveva perso oltre 15 miliardi di valore.

I dipendenti di Twitter non sapevano come reagire all'improvvisa ondata di profili fake. Il team di Musk aveva lanciato in fretta e furia le spunte blu senza verificare se fossero compatibili con gli strumenti di moderazione di Twitter. Perciò a volte nemmeno i dipendenti di Twitter erano in grado di distinguere gli account fake da quelli reali.

Bisognava fare qualcosa. Se la fiducia nel marchio già prima era in bilico, adesso era sul punto di svanire del tutto.

Il 10 novembre, il giorno dopo il lancio della funzionalità voluta da Musk, Twitter fece marcia indietro, dicendo ai dipendenti che la sospendeva per «facilitare la soluzione del problema degli account falsi».[53]

Il primo lancio di prodotto di Musk a Twitter era stato un assoluto disastro.

Quello stesso giorno, i lavoratori si affrettarono ad andare alla prima riunione generale di Musk coi suoi. I canali Slack interni pullulavano di domande per il nuovo boss: «Qual è il motivo? Lavorare sodo per non essere licenziati?» diceva uno dei messaggi.

Il tema caldo del giorno era la politica del lavoro da remoto di Twitter, e Musk non era dell'umore di mettersi a discutere. Cosa succedeva se un dipendente decideva di non presentarsi in sede?

«Dimissioni accettate» disse Musk.[54]

Musk, visibilmente turbato dall'entità degli errori commessi nella prima settimana, fece appello alla sua vasta esperienza nella guida di società tech, anche se non si trattava di realtà legate ai social media. Per esempio, mentre venivano sollevate questioni relative alla privacy, Musk fece notare che Tesla vantava competenze consolidate in quel settore. Tutti i veicoli Tesla sono connessi e dotati di telecamere per una mappatura completa dell'ambiente circostante, spiegò, ma l'azienda si impegna a fondo per assicurarsi che non registrino più del dovuto: le riprese dell'ultimo chilometro dei percorsi, per esempio, non vengono conservate come il resto dei dati del viaggio, per evitare di rivelare dati sensibili come l'indirizzo di casa o le destinazioni frequenti.[55]

Il messaggio più ampio era che i problemi di Twitter non erano una novità per Musk, il che riecheggiava le sue rassicurazioni ai gruppi per i diritti civili. Robinson, presidente di Color of Change, ha descritto così il suo atteggiamento: «Ehi, ragazzi, non c'è nessun problema, dai».

Ma al minimo accenno di contrarietà ai suoi progetti, il comportamento di Musk poteva virare di centottanta gradi.

Alcuni ex dipendenti hanno ricordato una riunione plenaria tenutasi all'inizio dell'era Musk, durante la quale un ingegnere sollevò dubbi sulla volontà del CEO di trasformare Twitter in una suite onnicomprensiva di servizi – pagamenti, abbonamenti, social media –, un contenitore universale ribattezzato da Musk «X, l'app per tutto».[56] La domanda era: come avrebbe fatto Twitter a realizzare un simile progetto, visto che tutti i concorrenti che ci avevano provato non ci erano riusciti? Il modello integrato aveva funzionato in Cina, dove WeChat domina incontrastato, ma la visione di Musk – un'app unica per ogni esigenza – non aveva ancora attecchito negli Stati Uniti, dove le leggi antitrust avevano preso sempre più di mira le grandi piattaforme digitali.

«Non lo sa che un sacco di concorrenti ci hanno provato?» chiese l'ingegnere, secondo la ricostruzione di un ex dipendente. «Non ha funzionato.»

Musk sospirò.

«Ho già risposto alla domanda» disse, secondo quanto mi ha

riferito la persona con cui ho parlato. «Perché me lo stai chiedendo? Funzionerà.»

Fece cenno che si passasse alla domanda successiva.

«Si credeva sempre il più furbo di tutti» ha detto l'ex dipendente. «Era sicurissimo delle sue opinioni. Non dava l'impressione che fosse disposto o in grado di accettare un'obiezione e cambiare idea.»

14

«Benvenuti al livello 2 dell'inferno»

Una sera tardi poco dopo l'ingresso di Musk in Twitter, Yoel Roth, il responsabile Trust & Safety del sito, si alzò dalla sua scrivania alla sede di San Francisco dove lavorava da sette anni per andare a prendere qualcosa da mangiare. Roth si sedette su un divanetto del secondo piano e si mise a esaminare un insieme di dati sulla sicurezza per i bambini, come gli aveva chiesto Musk.

Gli si avvicinò Antonio Gracias, uno dei collaboratori più stretti di Musk.

«Che cosa stai facendo?» gli chiese.

Roth rispose che stava raccogliendo dati sulla sicurezza per i bambini.

«Perché lo stai facendo?» volle sapere Gracias.

«Perché è una cosa che solleva preoccupazioni» disse Roth, preso alla sprovvista dall'interrogatorio.

«Chi ti ha detto di farlo? [...] Perché lo stai facendo?» insistette Gracias.

Roth rispose.

Gracias rimase in silenzio.

«Be'... perché lo stai facendo *qui*?»

Il tono di Gracias era così sprezzante che Roth decise di spostarsi da un'altra parte. Aveva solo cercato di tirare il fiato mentre lavorava per ottemperare agli ordini del boss ben oltre l'orario d'ufficio, e non capiva perché dovesse giustificarsi con uno strano uomo che non ricopriva alcun ruolo ufficiale in azienda.

Gracias, che aveva fatto inorridire Jérôme Guillen in Tesla con i suoi commenti sugli operai della fabbrica, aveva appena assunto un ruolo importante in Twitter come vice di Musk: gestiva questioni finanziarie, tagli alle spese e licenziamenti. Il suo atteggiamento nei confronti del responsabile Trust & Safety del sito incarnava quello che i dipendenti di Twitter temevano nei loro nuovi capi.

Perciò non rimasero stupiti quando a mezzanotte in punto del 16 novembre arrivò un'e-mail. Aveva un oggetto criptico: «Un bivio».

Mi suonò il telefono alle 00.24.

«Elon ha appena mandato un'e-mail a tutta l'azienda dandoci un ultimatum tramite un modulo di Google» mi disse la persona all'altro capo della linea.

Nei giorni precedenti, Twitter aveva subito un'emorragia di inserzionisti e aveva tagliato i dipendenti, alienandosi utenti di spicco con cambiamenti indiscriminati miranti a monetizzare la piattaforma.

In quel clima di tensioni interne, Yoel Roth stava meditando di licenziarsi. Uno dei motivi principali di queste riflessioni erano i timori per la propria incolumità personale. Nel suo ruolo di responsabile della moderazione dei contenuti, Roth era stato oggetto di violenti attacchi online, comprese minacce fisiche. I responsabili della sicurezza di Twitter avevano quindi deciso di assegnargli un servizio di sorveglianza permanente davanti alla sua casa a El Cerrito.

All'improvviso, però, Alex Spiro aveva cattive notizie: Twitter sospendeva il servizio di sorveglianza, per via dei tagli alle spese, gli spiegò l'avvocato di Musk. Ma cercò di tranquillizzarlo.

«Ho clienti molto più famosi di te» disse, stando a una persona informata dei fatti. «Andrà tutto bene.»

Non esattamente rassicurante.

Quel giovedì, Musk tenne la sua prima riunione plenaria con il personale in quello che fu giudicato un esordio disastroso, di fronte a un'azienda che non aveva ancora digerito il nuovo proprietario.

A peggiorare le cose, in quello stesso momento Yoel Roth, che aveva conservato il posto di responsabile Trust & Safety della piattaforma – un segno promettente di continuità per gli inserzionisti –, si licenziò all'improvviso. Fece sì che l'e-mail con cui rassegnava le dimissioni arrivasse nella casella di Musk mentre lui parlava ai dipendenti, in modo che non avesse il tempo di reagire subito.

La scelta del momento aveva anche un altro vantaggio: Roth poté lasciare l'edificio senza essere scortato fuori dalla sicurezza.

Ma le dimissioni di Roth scatenarono una crisi.

D'un tratto iniziarono ad arrivare messaggi – da Jared Birchall e Alex Shapiro – che cercavano di convincerlo a rimanere.

Roth parlò al telefono per quasi un'ora con Birchall, che tentò senza successo di persuaderlo a fare marcia indietro, sollevando, fra le altre cose, il tema della retribuzione. Ovviamente Musk era ancora impegnato nella sua presentazione ai dipendenti.

Ma attorno alle 15.00, mentre lo staff di Twitter cercava di farsi una ragione delle novità emerse dalla plenaria, Roth ricevette un messaggio su Signal.

Era Musk.

«Hai un momento per parlare?» gli chiedeva. «Significherebbe molto se prendessi in considerazione di rimanere in Twitter.»

Il veterano di Twitter, con sette anni di esperienza alle spalle, aveva pianificato con cura ogni dettaglio delle dimissioni, perfino come smorzare le tensioni. Consapevole dei rischi di inimicarsi Musk, scelse di sottolineare i motivi chiave alla base della sua scelta, incentrando il messaggio sui rischi professionali e le ripercussioni personali, anziché accusare la nuova leadership dell'azienda.

Rispose a Musk circa due ore dopo. «Ti chiamo fra poco» rispose Musk.

La telefonata arrivò alle 17.22.

«Significherebbe molto per me se restassi» disse Musk. «Penso davvero che stiamo facendo un lavoro importante [...] C'è qualcosa che ti convincerebbe a cambiare idea?»

Roth aveva fatto da ponte tra il Twitter di Musk e quello del passato. Senza di lui, venivano meno sia il bagaglio di esperienza aziendale sia la determinazione necessaria per individuare e correggere un potenziale errore catastrofico. Il team Trust & Safety, responsabile della moderazione dei contenuti sulla piattaforma, aveva già segnalato – fra le altre cose – le potenziali conseguenze disastrose di un lancio frettoloso del nuovo Twitter Blue voluto da Musk.

Ma quando i loro avvertimenti erano rimasti inascoltati, alcuni dei dipendenti risparmiati dalla scure dei tagli avevano iniziato a dubitare dell'utilità di restare.

Dopo che Musk non aveva dato loro retta, il lancio del nuovo prodotto era stato una débâcle su quasi tutti i fronti: non solo a causa della marea di account fake, ma anche da un punto di vista meramente economico. Solo circa 150.000 utenti avevano scelto di pagare per Twitter Blue, un misero 0,06 per cento della base utenti dell'azienda, una cifra equivalente a 14,4 milioni di dollari di fatturato annuo.[1]

«Puntiamo a rilanciare Blue Verified il 29 novembre per assicurarci che sia a prova di bomba» aveva twittato quel pomeriggio, prima di mandare l'e-mail di mezzanotte allo staff di Twitter.[2]

Nella telefonata Roth spiegò a Musk che Twitter Blue era stato determinante nella sua scelta di andarsene. La corsa folle a lanciare nuovi prodotti sta «bruciando» il valore del marchio Twitter, disse. Il servizio a pagamento, lanciato in fretta e furia, aveva fallito su tutti i fronti previsti, compromettendo la sua reputazione e credibilità professionale.

I licenziamenti e l'ordine di tornare a lavorare in presenza, intanto, avevano inferto un colpo durissimo al morale dei dipendenti, tanto che Roth si trovava a gestire un team avvilito e ridotto all'osso, con vuoti critici in ruoli chiave. Twitter, d'altra parte, oscillava tra due obiettivi inconciliabili: snellirsi, tagliare i costi e ridurre il personale, e al contempo lanciare nuovi prodotti ambiziosi. Roth comprendeva il bisogno pressante di liquidità, ma quella strategia contraddittoria gli appariva priva di logica.

Musk si arrese.

«Capisco» disse. «Vorrei che restassi ma comprendo la tua decisione.»

«Grazie. Apprezzo che tu mi abbia ascoltato» rispose Roth. «Sappi che ti auguro il successo, e auguro il successo a Twitter.»

«Grazie» disse Musk, e mise giù.

* * *

Nei giorni bui del marzo 2020, quando la pandemia da Covid-19 aveva imposto il lockdown su gran parte della Bay Area, ero in una zona tranquilla di San Francisco, ai margini del quartiere Outer Mission, per ritirare un computer da gaming che avevo comprato su Craiglist. Il venditore e io chiacchierammo un po', e lui disse che lavorava a Twitter. Ci scambiammo i numeri di telefono.

Due anni dopo, mi ritrovai a fissare un messaggio proveniente da quel numero, anche se non riuscivo a ricordare chi fosse.

In genere, sarebbe stata un'ora strana per ricevere un messaggio di lavoro, ma nei giorni convulsi del novembre 2022, seppi subito che piega avrebbe preso la conversazione.

«Allora... notizie grosse su Twitter» disse il mio interlocutore.

Il Chief Twit, gli va riconosciuto, non menò il can per l'aia.

«Per costruire un Twitter 2.0 rivoluzionario e avere successo in un mondo sempre più competitivo, dovremo essere estremamente spietati. Questo significherà lavorare molte ore a ritmi serrati. Solo i risultati eccezionali saranno considerati sufficienti» scrisse Musk nell'e-mail del 16 novembre. «Twitter sarà inoltre molto più guidato dall'ingegneria. Il design e il marketing del prodotto resteranno cruciali e risponderanno direttamente a me, ma chi scrive un codice eccellente costituirà la gran parte del team e avrà la maggiore influenza. Twitter, nel suo DNA, è un'azienda di software e server. Per questo ritengo la scelta logica.»[3]

Era la seconda parte dell'e-mail che mi spinse a chiedermi se non mi stessero facendo uno scherzo.

«Se siete sicuri di voler fare parte del nuovo Twitter, per favore cliccate "sì" sul link sotto» scrisse Musk, allegando il link a un modulo di Google. «Chiunque non lo avrà fatto entro le 17 ET di domani (giovedì) riceverà tre mesi di preavviso» continuava il messaggio. «Qualunque decisione prendiate, grazie per il vostro impegno per il successo di Twitter. Elon.»

L'e-mail era chiarissima. Musk stava dando un ultimatum mirante a consolidare il suo potere all'interno dell'azienda, sbarazzandosi di piantagrane e presunti passacarte e, c'è da credere, tagliando le perdite. E stava surrettiziamente licenziando centinaia di persone.

I dipendenti di Twitter avevano iniziato sporadicamente a parlare della stravagante e-mail di mezzanotte su Slack. Molti sostenevano con forza che non avrebbero firmato.

«Chiunque firmi rinuncia all'equilibrio lavoro-vita privata» mi ha detto il dipendente. «Come se non ce lo avesse già portato via. Della serie "benvenuti al livello 2 dell'inferno" [...] il morale in ufficio è sotto i tacchi.»

Questo prima che migliaia di persone si svegliassero per scoprire che il loro capo chiedeva loro di impegnarsi per un Twitter «estremamente spietato» o andarsene.

Alle otto del mattino dell'indomani i dipendenti di Twitter stavano elaborando la notizia in massa.

«Mi sono appena alzato» mi ha detto uno di loro. «Ho visto l'e-mail e sono felicissimo di sapere che ho l'opzione di andarmene. Non ho alcuna intenzione di dare il mio contributo al Twitter spietato.»

Il sentimento era diffuso.

I dipendenti di Twitter si chiedevano giustamente: cosa ne ricavavano loro? Cosa stava offrendo Musk in cambio dell'impegno a restare e giurare fedeltà al nuovo regime?

Ma emerse un gruppo vincolato dalle circostanze. Certo, c'erano le mosche bianche... carrieristi o l'isolato fedelissimo di Musk. Ma i veri ostaggi erano i dipendenti stranieri, ingegneri del software con visti legati al contratto di lavoro, che si ritrovarono improvvisamente in trappola.

Se non avessero firmato il giuramento di fedeltà, avrebbero perso il posto e si sarebbero ritrovati su un volo di ritorno per l'India o la Cina. Quelli costretti a restare costituivano una fetta consistente del personale, che rimase sistematicamente senza voce in confronto alla decisa opposizione – attraverso stampa, social media e condanne pubbliche – che le azioni di Musk suscitarono nel resto della forza lavoro.

Giovedì, quando ci si aspettava la loro risposta, i dipendenti di Twitter stavano chiarendo senza possibilità di dubbio come la pensavano. Secondo diverse stime, più di mille lavoratori scelsero di non firmare, una cifra più alta del previsto. Musk fu spinto a fare delle concessioni: ritirò l'ordine di lavorare in presenza e fece perfino dei piani per chiedere ad alcuni di ripensarci.[4]

Intanto i canali interni di Slack si riempirono di emoji del saluto militare, il simbolo non ufficiale della resistenza di Twitter. Sul social media ricomparve l'hashtag #LoveWhereWeWorked.[5] Questa volta, i dipendenti postarono i saluti liberamente: che cos'avevano da perdere?

In cima ai tweet di tendenza comparve l'hashtag #RIPTwitter (riposa in pace, Twitter) mentre gli utenti si preparavano alle inevitabili ricadute: bug, crash temporanei e poi estese interruzioni che avrebbero reso inutilizzabile il sito.

Se il team di Musk non fosse intervenuto, Twitter sarebbe sprofondato nel caos. Team chiave, essenziali al funzionamento della piattaforma, furono falcidiati, con solo uno o due dipendenti, a volte nessuno, lasciati a gestire sistemi fondamentali.

«Continuerà ad andare avanti per inerzia finché non si schianterà contro qualcosa, e a quel punto si fermerà» disse un ex dipendente secondo il *Post*.[6]

Per un sito con pochi dipendenti chiave a capo di funzioni critiche, la prognosi era infausta.

«Qualunque errore nel codice e nelle operazioni adesso è letale» disse un ex ingegnere che se n'era appena andato dall'azienda.[7]

Musk aveva mandato una serie frenetica di e-mail nel tentativo di salvare la faccia, alcune delle quali finirono nelle caselle di posta di quelli che si erano rifiutati di firmare l'accordo.[8]

Nel frattempo stava cercando di mettere insieme il suo team di ingegneri brillanti fra coloro che erano rimasti. Ordinò ai dipendenti che «scrivono davvero il software» di partecipare a una riunione per rivedere il codice insieme a lui. Coloro che non erano in ufficio avrebbero dovuto andarci e ci si aspettava che chi era fuori città – per esempio, in vacanza – comprasse il biglietto di ritorno. Tutto questo incarnava perfettamente quel tipo di approccio improvvisato e avventato che non sarebbe mai stato tollerato da parte di un dipendente di livello inferiore. A un certo punto, per esempio, Musk spedì un'e-mail chiedendo agli sviluppatori di inviare screenshot del codice su cui stavano lavorando. Poi seguì un secondo messaggio in cui imponeva di presentarsi di persona alla sede di Twitter, a meno di emergenze o impedimenti fisici. Nel giro di pochi minuti, arrivò una terza richiesta: raggiungere San Francisco in aereo. Alla fine, una quarta e-mail fece retromarcia, dichiarando l'obbligo non più necessario, come riportato dal *Washington Post*.[9]

Una foto postata su Twitter mostrava Musk insieme agli ingegneri del software all'una del mattino, con lui che proclamava: «Appena usciti dalla revisione del codice alla sede di Twitter». In un altro scatto che li ritraeva in tuta da ginnastica e cappellino da baseball, seduti a un tavolo d'ufficio come i partecipanti a un *hackathon* a tarda notte, i dipendenti facevano il segno della pace e il pollice insù.

Quello che la foto non mostrava erano le orde di altri lavoratori, molti dei quali stranieri legati al permesso di soggiorno, che avevano preso voli notturni per andare a incontrare Musk sabato mattina, quando aveva promesso di essere lì.

Un ex dipendente ha raccontato di averli visti arrivare al nono piano con i trolley il mattino presto, chiaramente disperati e pronti a tutto per tenersi il lavoro. Musk però non si fece vedere.

«Quella gente aspettò tutto il giorno un tizio che aveva detto loro di presentarsi e poi non si fece vedere» mi ha detto l'ex dipendente.

Il doppio ruolo di Musk come CEO di Tesla e di Twitter – e l'aperto scambio di risorse fra un'azienda e l'altra – emerse chiaramente quella settimana, quando comparve davanti alla Chancery Court del Delaware per difendere il pacchetto da 56 miliardi di dollari che aveva ricevuto dal consiglio di amministrazione di Tesla anni prima, dopo che gli azionisti avevano intentato causa contestando che il sistema di compensi fosse viziato.[10]

Fra coloro che intervennero in sua difesa c'era l'ex membro del consiglio di amministrazione di Tesla Antonio Gracias, il cui ruolo attuale a Twitter evidenziava una verità fondamentale del mondo Musk.[11] L'obbligo fiduciario di Musk poteva anche essere agli azionisti Tesla; per quanto riguardava le persone di un certo livello, non c'era una chiara linea di confine fra aziende private o quotate in Borsa, fra consiglio e dirigenza, fra ambito degli affari e sfera personale. E Musk considerava Gracias un buon amico.

Adesso, al processo degli azionisti Tesla, Musk stava difendendo il suo ruolo come CEO di un'altra azienda, Twitter. E con le azioni di Tesla che ancora risentivano dell'acquisizione da 44 miliardi di dollari del social media, stava parlando a un pubblico diverso da quello cui si era rivolto per la maggior parte delle due settimane precedenti: azionisti Tesla furenti.

Era pronto a tranquillizzarli e, quando gli venne domandato, ammise apertamente che i dipendenti di Tesla stavano facendo del lavoro a Twitter.[12]

«C'è un iniziale picco di attività post acquisizione necessarie per riorganizzare l'azienda» disse Musk in tribunale, secondo la Reuters. «Ma poi prevedo di ridurre il mio impegno a Twitter.»[13]

Lo staff di Tesla in Twitter stava lavorando lì su base «volontaria», dopo l'«orario d'ufficio», un «impegno minore», disse Musk, secondo quanto riferito dal *Washington Post*.[14]

L'intesa suscitò perplessità fra i critici, gli investitori e almeno un funzionario del governo.[15] E i loro timori erano fondati: gli investitori erano furiosi con Musk per aver interrotto lo slancio travolgente di Tesla con quella distrazione legata a Twitter, priva di qualunque vantaggio percepibile.

«Siamo letteralmente nella parte migliore della storia dell'azienda e veniamo messi al tappeto da Twitter» mi avrebbe detto in seguito l'investitore Ross Gerber.[16]

All'improvviso, la senatrice Elizabeth Warren (democratica) si mise a fare domande per conto degli azionisti contrariati. In una lettera alla presidente del consiglio di amministrazione di Tesla Robyn Denholm, Warren sollevò il tema delle «risorse di Tesla che il signor Musk sta dirottando in Twitter», citando un servizio di CNBC secondo cui Musk aveva portato a lavorare alla piattaforma oltre 50 dipendenti Tesla, la maggior parte del team di Autopilot.[17]

La lettera di Warren parlava di «appropriazione indebita di risorse di Tesla» e metteva in dubbio l'affermazione di Musk secondo cui il lavoro a Twitter era solo una «cosa volontaria». Un altro articolo di CNBC citava un dipendente di Tesla: «La maggior parte di noi riteneva che fosse impossibile declinare una richiesta diretta di Musk senza dover affrontare in seguito valutazioni negative delle performance o altre conseguenze».[18]

Qualche giorno prima, Warren aveva chiesto pubblicamente delle modifiche alla tassazione per arginare miliardari «parassiti» come Musk. (In seguito Musk avrebbe detto che nel 2021[19] aveva pagato più di 11 miliardi di dollari di tasse e «versato più imposte sul reddito di chiunque altro nella storia nel 2021 e lo avrebbe fatto di nuovo nel 2022».)[20]

«La prego, non mi aizzi contro il management, senatrice Karen» disse, con un riferimento al meme Karen, usato per criticare gli atteggiamenti presuntuosi di donne ricche ma ignoranti, e aggiungendo una emoji delle mani giunte in preghiera.[21]

Poco dopo l'acquisizione di Twitter e circa due settimane prima delle dimissioni, Yoel Roth ricevette un messaggio da un dipendente di Tesla. Non era insolito per lui parlare con i lavoratori di Tesla, che stavano gestendo le procedure di sicurezza di Twitter durante la transizione. Ma la richiesta di quella sera si spingeva un po' troppo oltre: gli veniva ordinato di ripristinare l'account di Babylon Bee.[22]

Il Bee, che si definiva un sito di «satira giornalistica cristiana», era stato sospeso nel 2022 dopo aver dichiarato «uomo dell'anno» l'assistente segretaria per la salute di Biden Rachel Levine, una donna transgender.

Il tweet di Bee che rilanciava il suo articolo violava le politiche di Twitter sul misgendering e al sito era stato chiesto di cancellarlo per poter riottenere l'account, ma i capi si erano rifiutati di farlo.[23]

La sospensione aveva attirato l'attenzione – e la collera – di Musk nei giorni immediatamente precedenti al suo investimento iniziale nella piattaforma. Era il grido di battaglia in base al quale l'ex moglie Talulah Riley aveva spinto Musk a comprare Twitter.

Adesso che Musk era al timone della piattaforma, un dipendente di Tesla stava ordinando al responsabile Trust & Safety di Twitter di ripristinare quell'account e un altro: quello dello psicologo Jordan Peterson, che era stato bandito dopo essersi riferito all'attore Elliot

Page con il nome che aveva prima della transizione. Il tweet di Peterson aveva denunciato che l'asportazione dei seni di Page era opera di un «medico criminale».[24]

Di lì a poco Roth era a un incontro con l'avvocato di Musk, Alex Spiro, nella sala riunioni del primo piano, dove sollevò la questione.

«Non capisco perché sia una violazione» disse Spiro, osservando che il tweet di Bee era satirico, mi ha detto una persona informata dei fatti. Era una questione riguardo a cui le persone ragionevoli potevano non essere d'accordo.

Ma Roth fece subito notare a Spiro la politica di Twitter, che proibiva esplicitamente comportamenti del genere. Spiegò perché fare eccezioni individuali alle regole poteva costituire un problema – dal punto di vista della coerenza – a meno di non rivedere del tutto le politiche.

Una decisione che Spiro non aveva il potere di prendere.

«Dobbiamo parlarne con Elon» disse Spiro, secondo la persona che mi ha riferito la vicenda.

Circa un'ora dopo, Spiro e Roth erano in una cucina a ferro di cavallo al primo piano di Twitter. Quando arrivò Musk, Roth gli disse che gli era stato chiesto di ripristinare l'account bandito, e spiegò rapidamente perché avrebbe rappresentato un problema, data la politica di Twitter sul misgendering.

Musk suggerì una soluzione.

«Che ne dici di un perdono presidenziale?» disse, secondo una persona informata dei fatti. «Un perdono presidenziale è previsto dalla Costituzione. Non posso semplicemente accordare un perdono presidenziale?»

Roth temeva che un'eccezione avrebbe potuto scatenare la reazione degli utenti ed erodere la fiducia, a causa dell'incoerenza nell'applicazione delle politiche di Twitter. Lo fece presente a Musk.

Allora perché non consentire a chiunque di postare quel genere di contenuti? Avrebbe rappresentato un cambiamento di politica, disse Roth. Musk seguì il ragionamento.

I tweet in questione non erano «belli», ma non potevano essere paragonati a «bastoni e pietre» (quelli del proverbio, bastoni e pietre mi possono anche spezzare le ossa...), riferendosi alle minacce violente. Le regole avrebbero dovuto riflettere quella differenza.

Roth concordò che dovessero esserci differenze tra i vari tipi di contenuti inappropriati.

Musk propose di introdurre punizioni, fra cui limitazioni nelle ricerche in modo da evitare che tweet controversi comparissero nelle timeline degli utenti, il genere di restrizioni alla visibilità che lo stesso Roth aveva promosso.

Si dissero tutti d'accordo e poco dopo Musk fu chiamato altrove.

Ma venerdì 18 novembre, quando Roth se n'era andato e il mondo assisteva al tracollo di Twitter, Musk annunciò a sorpresa il ripristino di due account banditi: Babylon Bee e Jordan Peterson, oltre a quello dell'attrice comica Kathy Griffin, che era stata bandita dopo aver cambiato nome e foto del profilo per farli sembrare quelli di Musk, violando le regole della piattaforma in merito alla parodia.[25]

«Adesso la politica di Twitter è libertà di parola, ma non libertà di diffusione» disse Musk. «Tweet negativi, visibilità e monetizzazione ridotte al minimo, quindi niente pubblicità o ricavi per Twitter.»

Durante l'acquisizione di Twitter da parte di Musk, a dir poco tumultuosa e caotica, ci furono numerosi momenti in cui vennero messe in discussione le sue doti imprenditoriali, lo stile gestionale e la visione strategica. Ma ora, con la palese cattiva gestione di Twitter sotto gli occhi di tutti, a essere contestate erano anche le sue capacità intellettive. Elon Musk conosceva davvero quello di cui stava parlando?

Fu questa domanda a spingere Ian Brown a un confronto con la persona più ricca del mondo durante una chat audio in diretta, in un momento teso del dicembre 2022.

Brown probabilmente non si aspettava di sentirsi dare dell'imbecille e del somaro, o di essere liquidato come un signor nessuno. Ma quando l'ex dipendente di Twitter fece a Musk una semplice domanda, un mese di fallimenti nelle politiche e di umiliazioni pubbliche stava finalmente presentando il conto.

Accadde sugli Spazi di Twitter, la funzionalità audio in diretta che Musk stava rapidamente trasformando nel fiore all'occhiello dell'app, dove migliaia di utenti potevano unirsi a una conversazione libera anche con la persona più ricca del mondo. In questo Spazio, Musk e molte altre celebrità di primo piano, politici e figure influenti iniziarono a rispondere alle domande. Musk interagiva direttamente con gli ascoltatori, sebbene gli interventi fossero selezionati dal moderatore, che aveva il potere di buttarli fuori se necessario.

Musk sosteneva con insistenza che il codice base di Twitter – il software su cui si regge l'intero sito – avesse bisogno di essere completamente riscritto. Il seguente scambio avvenne durante la stessa sessione degli Spazi.

Brown, che aveva ricoperto un ruolo dirigenziale a Twitter nel campo dell'ingegneria software, voleva capire cosa sapesse davvero Musk del codice della piattaforma.

«Francamente, credo che se si vuole davvero una velocità elevata delle funzionalità, dovremo riscrivere tutto quanto e basta» disse Musk, secondo una clip audio dell'intervista postata sul sito che oggi si chiama X.[26]

«Aspetta un attimo, sul serio, una riscrittura totale, è questa la tua soluzione per aumentare la velocità?» intervenne Brown, lasciando intendere che l'idea di Musk difficilmente avrebbe reso le cose più efficienti.

Il moderatore dello spazio, uno sviluppatore software di nome George Hotz, che si era aggiudicato un breve stage a Twitter sotto Musk, pose la domanda in termini semplici: «Rivoluzione o riforma?»

«Puoi provare a sistemare lo stack folle che c'è adesso o riscriverlo» disse Musk.

Brown non era convinto che Musk sapesse cosa significasse una cosa del genere.

«Quando dici stack folle, che cosa intendi? Spiegati meglio» disse.

Musk iniziò ad agitarsi. Non aveva previsto un interrogatorio.

«Andiamo, amico, avanti» disse Brown mentre in sottofondo si sentivano delle risate.

«Chi... chi sei?» ribatté Musk.

«Che significa chi sono?» rispose Brown, mentre Hotz chiedeva di comportarsi in modo civile. «Sei responsabile dei server e della programmazione, di tutto quanto. Quindi, cos'è lo stack, Elon? Andiamo, amico. Fammi capire. Com'è lo stack in questo momento? Cosa c'è di tanto folle? Cos'ha di tanto anormale in confronto a qualunque altro sistema su larga scala del pianeta? Spiegamelo.»

«Fantastico» ribatté Musk. «Caspita. Sei un somaro [...] Che imbecille.»[27]

Sullo sfondo delle frustrazioni di Musk c'erano un mese e mezzo di fallimenti su quasi tutti i fronti. Nella fase precedente alla sua sfortunata acquisizione, Musk aveva posto la famosa domanda: «Twitter sta morendo?»[28] Adesso sembrava che potesse succedere davvero. Gli errori commessi nelle sue prime settimane al comando – quando qualche svista sarebbe stata comprensibile – furono tra i più dirompenti della sua carriera tecnologica e accaddero in rapida successione: la sospensione dell'account che tracciava la posizione del suo jet privato, l'espulsione dei giornalisti che avevano riportato quella figuraccia, e l'introduzione di una politica che vietava la promozione di siti di social media esterni, un tentativo di indebolire la concorrenza che gli si ritorse rapidamente contro quando un competitor lanciò una piattaforma rivale. Alla fine, Musk avrebbe accettato di dimettersi da CEO di Twitter.

Era iniziato tutto a metà novembre, mentre le forze moderatrici scomparivano gradualmente dalla cerchia di Musk.

Le dimissioni di Yoel Roth e di centinaia di altri dipendenti dopo l'ultimatum avevano rafforzato il potere di Musk e impresso un'accelerazione alla trasformazione di Twitter in un regno feudale. All'improvviso, le decisioni che un tempo erano frutto di un processo deliberativo – fosse quello di un consiglio di amministrazione o di un gruppo di dirigenti – furono messe nelle mani di un comitato formato da una sola persona. Era sempre più isolato e ossessionato da varie teorie del complotto nel suo ufficio al nono piano, convinto che il management passato di Twitter fosse incompetente, addirittura in modo criminale, e che l'unica soluzione fosse lavare i panni sporchi in pubblico.

Di colpo, le priorità alla sede di Twitter in Market Street cambiarono. Gli alleati di Musk adesso erano incaricati di setacciare i sistemi interni in cerca di illeciti, quali per esempio indicazioni che la piattaforma fosse un'organizzazione schierata a sinistra e al servizio del governo statunitense; che i dipendenti fossero ostili a Musk; che la dirigenza precedente, compreso il responsabile Trust & Safety, avesse permesso la diffusione di materiale pedopornografico sulla piattaforma.[29] Questa *fishing expedition* culminò in ciò che Musk definì i «Twitter Files», un archivio di documenti sulla «repressione della libertà di parola», motivato da una rimostranza di lunga data riguardo alla limitazione imposta da Twitter alla diffusione di un articolo del *New York Post* sul contenuto del portatile di Hunter Biden, figlio del candidato presidenziale dell'epoca.[30]

«L'opinione pubblica ha il diritto di sapere che cos'è successo davvero...» scrisse Musk il 28 novembre.[31]

Gli investitori volevano che Musk si concentrasse sull'obiettivo di fare soldi, vendere pubblicità, promuovere gli abbonamenti e apportare gli ambiziosi cambiamenti al prodotto che aveva promesso. Convinti che Musk avesse il potenziale per rendere Twitter rivoluzionario come Tesla e SpaceX, non erano per niente contenti di vederlo trasformarsi in un pezzo da museo.

Volevano un ritorno del loro investimento.

Nel frattempo, Twitter stava diventando l'ultima espressione della propensione di Musk a mettere al comando sodali e fedelissimi, gente che aveva difficoltà a dire di no e non metteva in discussione la sua mancanza di competenze tecniche o di esperienza coi social media. Fu più o meno in questo periodo che nella Silicon Valley qualcuno iniziò a ritenere Musk un ciarlatano, un imprenditore di successo che si atteggiava a genio ingegneristico.

All'interno dell'azienda, un'improbabile cricca di consulenti metteva a punto drastiche riduzioni del budget, prendendo di mira e tagliando spese su cui nessuno aveva mai pensato di risparmiare prima. Fra detti consulenti c'erano il suo amico Antonio Gracias, come anche Steve Davis, presidente della Boring Company, l'azienda di Musk che costruiva tunnel e infrastrutture, un imprenditore che in precedenza era stato proprietario di un bar e di un locale che vendeva yogurt a Washington, DC.[32]

Le richieste fondamentali iniziarono improvvisamente a fluire attraverso Davis, che si era trasformato nell'esecutore dei desideri di Musk e nel «macellaio capo». La strategia non poteva certo dirsi sofisticata. Twitter avrebbe deciso il proprio budget in autonomia – e al diavolo le fatture – e qualunque cosa non potesse permettersi (o non avesse pianificato di coprire) semplicemente non l'avrebbe pagata, come illustrò un'inchiesta del *New York Times*.[33] La giustificazione interna di questa linea di pensiero era che Musk non era responsabile degli impegni presi sotto la gestione precedente. Per prima cosa, ordinò tagli alle infrastrutture per un miliardo di dollari, secondo la Reuters[34] – una cifra equivalente a un quinto del fatturato del 2021 –, il che significava che i data center e i servizi incaricati di far funzionare il sito erano improvvisamente passibili di essere smantellati. Musk non avrebbe perso tempo. Intanto, come riferì il *New York Times*, Twitter smise di pagare l'affitto degli uffici di San Francisco e delle sedi sparse per il mondo.[35]

Quando inserzionisti chiave quali Apple ritirarono le loro campagne da Twitter e le idee di nuovi prodotti come Twitter Blue si rivelarono un flop, la piattaforma cominciò a bruciare soldi a ritmo sostenuto.[36] Intanto era iniziato il conto alla rovescia per il primo pagamento degli interessi sul debito di Musk, con rate trimestrali per un ammontare di circa un miliardo di dollari all'anno.[37]

Ma in quel periodo, Musk rivolse la propria attenzione a un altro aspetto: la vendetta.

L'autoproclamatosi «Chief Twit» occupava un ufficio al nono piano, una sala riunioni poco utilizzata dove era al riparo delle critiche; protetto da yesman; e, soprattutto, lontano dai dipendenti che lo consideravano con crescente disprezzo. Coloro che erano giudicati privi della necessaria energia «spietata» – gente pragmatica che aveva firmato il patto ma non ci credeva – erano guardati con sospetto.

Un dirigente di alto livello mi ha raccontato la bizzarra sequenza di eventi che si era verificata quando era stato chiamato al nono piano per vedere Musk.

A coloro che stavano per incontrare Musk veniva consigliato di seguire un rigido protocollo. Innanzitutto, dovevano aspettare in un'area di attesa situata nell'ampia sala riunioni che occupava. Lì potevano passare minuti o ore prima che fossero convocati nell'ufficio: tutto dipendeva dall'umore del capo. Una volta dentro, veniva detto loro di lasciare che Musk concludesse qualsiasi cosa stesse facendo prima di iniziare la discussione o la riunione. E dovevano ricordarsi di lasciare che Musk parlasse per primo.

Il dirigente mi ha detto di aver aspettato circa novanta minuti. Quando finalmente fu ammesso nell'ufficio, scoprì che il capo di

Twitter era occupato con quello che sembrava un video di YouTube sul cellulare.

Seguirono dieci minuti di silenzio teso.

Alla fine Musk riemerse e disse: «Cosa stai facendo?» Seguirono un breve aggiornamento e dei convenevoli. L'aggiornamento fu piuttosto povero di dettagli.

D'un tratto, Musk disse: «Grazie», strinse la mano al dirigente e si rimise a guardare il video.

In mezzo al caos scatenato a San Francisco dalla transizione al management di Musk, il team di sicurezza informatica con base a New York voleva informare il nuovo capo di come stavano le cose per quanto li riguardava.

Twitter era vincolato da un *consent decree* dell'FTC (un accordo approvato da un tribunale per risolvere dispute legali in merito a privacy e sicurezza dei dati) decennale, che regolava la gestione dei dati utente, istituito in seguito agli attacchi hacker subiti da account di alto profilo durante l'amministrazione Obama, incluso quello dello stesso presidente. Musk doveva comprendere le rigide norme alle quali Twitter era tenuto ad attenersi.[38]

Così venne fissato un incontro con Musk negli uffici di San Francisco. I tagli al budget stavano già colpendo duramente New York: chissà com'era alla sede all'altro capo del Paese. A New York era impossibile non accorgersi dell'austerità: niente più Red Bull e M&M's a disposizione. Le tazze di Twitter furono sostituite da bicchieri di carta. Poco dopo, sparì perfino il caffè.

Forse più decisiva della scomparsa degli snack, era la fuga di cervelli che aveva iniziato ad affliggere il personale a tutti i livelli. Di nuovo, la questione di salvaguardare il bagaglio di esperienza aziendale era di primaria importanza. Il team di Musk doveva capire con cosa aveva a che fare per quanto riguardava l'FTC.

Quando andarono a parlare con Musk, i dipendenti responsabili della sicurezza lo trovarono socievole e rassicurante: dava l'impressione di avere tutto sotto controllo.

Il capo dell'ufficio della sicurezza informatica di Twitter, Alan Rosa, si premurò di sottolineare l'importanza del *consent decree*.

«Vedi, quest'ordine che abbiamo firmato è un po' aggressivo» disse a Musk. «Non è il solito accordo standard.»

«Sì» rispose Musk, secondo una persona informata dei fatti. «So tutto. Ne sono al corrente.»

La riunione si concluse in modo amichevole: Musk pareva capire l'importanza di ottemperare e sembrava sapere di cosa si stava parlando, anche se fu un po' parco di dettagli come al solito.

Ma nel giro di qualche minuto, uno dei collaboratori di Musk mandò un'e-mail che fece notare ad almeno uno dei dirigenti che Musk forse non padroneggiava appieno l'ordine dell'FTC.

Poteva per favore inoltrare una copia del *consent decree* non appena aveva un minuto?

Alla fine di novembre Musk andò su Twitter per promuovere l'ultimo risultato dell'azienda sotto la sua guida: non una funzionalità o un prodotto nuovi, ma l'archivio di documenti di cui parlava come di una bomba, una rivelazione senza possibilità di equivoco della stretta interconnessione fra Big Data e governo, che avevano interessi coincidenti nel reprimere la libertà di parola su basi di parte.

«I Twitter Files sulla repressione della libertà di parola presto verranno pubblicati sullo stesso Twitter. Il pubblico ha il diritto di sapere che cos'è successo davvero» scrisse.[39]

La prima tranche sarebbe arrivata nel giro di pochi giorni: era quella che riguardava l'agitazione interna a Twitter suscitata dalla storia del portatile di Biden uscita sul *New York Post* e la decisione di limitarne la diffusione. C'era solo un problema: le prove si rivelarono largamente deludenti per molti dei sostenitori di Musk, perfino i conservatori più fanatici.[40] I documenti, per esempio, non riuscivano a dimostrare che Twitter avesse agito nell'interesse del governo o di esponenti democratici, come avevano insinuato personalità di destra. Invece, rivelarono il processo interno di Twitter per gestire le richieste di moderazione dei contenuti da parte di funzionari politici... inclusi la Casa Bianca di Trump e la campagna di Biden. Il giornalista che pubblicò i documenti, Matt Taibbi, scrisse: «Entrambi i partiti avevano accesso a questi strumenti».[41] Tuttavia, aggiungeva: «Questo sistema non era equilibrato. Si basava su contatti personali. Dato che Twitter era ed è composto in maggioranza da persone di un solo orientamento politico, la sinistra (be', i democratici) aveva a disposizione più canali e più modi per presentare reclami rispetto alla destra».[42]

Vedere il processo in atto era interessante, un'affascinante occhiata dietro le quinte su una piattaforma di social media con ampia influenza. Eppure, da più parti si pensava che i Twitter Files non fossero andati abbastanza in profondità.

Nel frattempo, il personale di sicurezza incaricato di analizzare i log aziendali aveva scoperto una serie di manovre opportunistiche molto più estese. I collaboratori esterni nominati da Musk avevano setacciato vecchie e-mail alla ricerca di materiale compromettente. A questo gruppo operante in segreto era stato affidato il compito di identificare i dipendenti di Twitter che criticavano apertamente Musk o esprimevano giudizi negativi sul nuovo leader.

La situazione esplose un pomeriggio di dicembre, quando Musk inviò un ordine insolito a un addetto del reparto IT, Alex Stillings: concedere a un estraneo l'accesso illimitato ai sistemi interni di Twitter.

«Alex, concedi a Bari accesso totale a tutto ciò che riguarda Twitter» scrisse via Signal in un messaggio che mi sono procurato. «Nessuna restrizione.»[43]

La richiesta rivelava quanto Musk avesse ormai abbandonato ogni cautela. In sostanza intendeva inserire nell'azienda l'ex editorialista del *New York Times* Bari Weiss, conferendole gli stessi privilegi di un dirigente: accesso a e-mail, messaggi interni, dati utente riservati e documenti.

Nel reparto IT drizzarono le antenne, per dirla con un eufemismo: i dipendenti rimasero sgomenti nello scoprire l'ampiezza dell'indagine indiscriminata voluta da Musk. Erano riluttanti a concedere le autorizzazioni richieste.

I loro timori non avevano niente a che fare con la politica. Conoscevano benissimo il *consent decree* federale che regolava la protezione dei dati utente riservati della piattaforma. Musk non era ancora riuscito neanche a guadagnarsi la loro fiducia come CEO: senz'altro non erano disposti a infrangere la legge per lui.

«Quei tizi hanno fatto danni spaventosi» mi ha detto in seguito un ex dipendente parlando del circolo ristretto di collaboratori di

Musk. «In sostanza fanno i prepotenti per ottenere il livello massimo di privilegi e accedere a quei dati. L'unica cosa che stanno facendo è una caccia alle streghe per conto di Elon, in modo da scoprire gente che parla [di lui] e licenziarla.»[44]

Venne fuori che le loro esitazioni e la rapida reazione finirono per risparmiare a Musk l'ennesimo mal di testa.

Una lettera al Congresso repubblicano della presidente dell'FTC Lina Khan raccontava che le cose erano andate esattamente come me le avevano descritte all'epoca. «Addetti alla sicurezza di lunga data di Twitter sono intervenuti e hanno messo in campo misure per mitigare il rischio» diceva la lettera, secondo il *Washington Post*. «L'indagine dell'FTC ha confermato che i dipendenti avevano ragione a essere preoccupati, dato che il nuovo CEO di Twitter aveva ordinato loro di intraprendere azioni in violazione della direttiva dell'FTC.»[45]

Lo stesso mese dell'indagine indiscriminata dei Twitter Files, l'avvocato di Musk, Alex Spiro, lasciò Twitter. Fra Spiro e Musk non correva buon sangue. La frustrazione di Musk verso Spiro era cresciuta in mezzo a una serie di polemiche alimentate da un tizio persuasivo con una spiccata propensione al rischio. Musk aveva contestato la decisione iniziale di Spiro di mantenere in un ruolo di rilievo sui Twitter Files il vicedirettore degli affari legali di Twitter, James A. Baker, un ex avvocato dell'FBI. Dopo aver scoperto il suo ruolo nella revisione dei documenti e nel vagliare la pubblicazione di un archivio destinato a rivelare una vasta cospirazione governativa, Musk decise di licenziare Baker, come riportò il *New York Times*.[46] (Baker e Rosa, il responsabile della sicurezza informatica, furono licenziati a poche ore di distanza l'uno dall'altro quel dicembre.)

Spiro sarebbe rientrato nelle grazie di Musk a tempo debito, in gennaio, mentre si avvicinava un processo chiave relativo a Tesla.

La filosofia della «libertà di parola» che aveva guidato la decisione iniziale di Musk di acquisire Twitter era sempre più in contrasto con il suo desiderio di controllare i discorsi sulla piattaforma. Il sospetto che quell'impegno per la libertà di espressione non fosse a prova di bomba venne confermato da alcune decisioni successive, quali per esempio la cancellazione di un accordo con il conduttore televisivo Don Lemon dopo un'intervista dai toni accesi.[47] Furono in molti a notare che Lemon era solo l'ultimo giornalista attirato dalle promesse dell'uomo che si definiva un «assolutista della libertà di parola» per poi essere scaricato in malo modo.

Ma al momento dell'acquisizione di Twitter, molti erano disposti a credergli sulla parola. Musk dichiarava che l'adesione a quella filosofia era stata esemplificata in un tweet del 6 novembre in cui aveva scritto: «Il mio impegno verso la libertà di espressione si estende fino a non bandire l'account che ha tracciato il mio aereo, anche se è un rischio diretto per la mia sicurezza personale».[48]

Gli ci volle poco più di un mese per violare apertamente quell'impegno, una macchia indelebile sulle sue pretese di paladino della libertà di espressione più assoluta.

Il 14 dicembre, Jack Sweeney, una matricola dell'università della Central Florida, si svegliò e scoprì che il suo popolare account Twitter @ElonJet era stato bandito.[49]

L'account, che raccoglieva e organizzava dati pubblici per postare in tempo reale l'ubicazione del Gulfstream di Musk, aveva centinaia di migliaia di follower, cosa che sollevava timori – molti legittimi – sul dossieraggio e la sicurezza di figure pubbliche di alto profilo.

Adesso era stato cancellato da internet perché «violava le regole di Twitter».[50]

I retroscena della sospensione furono presto chiari. Quella sera, mentre crescevano le reazioni negative alla decisione ad hoc di Musk, lui postò un tweet per spiegare perché lo aveva fatto… accusando senza fondamento Sweeney di aver contribuito a un tentativo di stalking di lui e del figlio minore.

«Ieri sera, un'auto su cui c'era il piccolo X [Æ A-Xii] a LA è stata seguita da uno stalker pazzo (che pensava fossi io), che poi ha bloccato l'auto ed è salito sul cofano» scrisse. «Sarà intrapresa un'azione legale contro Sweeney & le organizzazioni che hanno contribuito a minacciare la mia famiglia.»[51]

Musk non diede seguito all'azione legale, mi ha detto Sweeney nel dicembre 2024.

Sulla scia dell'incidente, nel quale – stando a un articolo di giornale – un membro della squadra della sicurezza di Musk affrontò un presunto stalker in una stazione di servizio di South Pasadena, in California, Musk rivolse la sua attenzione ai reporter che si erano occupati della sospensione dell'account della persona che tracciava il suo jet.[52]

Di lì a poco alcuni giornalisti, reporter di alto profilo con un largo seguito, subirono lo stesso destino di Sweeney: banditi da Twitter senza possibilità di appello. Fra loro c'era il mio collega Drew Harwell: nel postare una discussione sulla vicenda, Harwell aveva taggato @ElonJet, cosa che a quanto pareva adesso era un peccato mortale... perlomeno agli occhi di Twitter.[53] I dipendenti di Twitter scoprirono presto che la loro piattaforma veniva usata per le vendette personali del CEO. Uno dei miei colleghi e io scoprimmo che le sospensioni erano taggate con etichette che le definivano, in un caso, «ordini di Elon» e in altri «ordini di Ella», la nuova responsabile Trust & Safety, Ella Irwin.[54]

Due tweet di Musk fugarono ogni dubbio riguardo a chi c'era dietro la decisione di buttar fuori Harwell e gli altri giornalisti.

«Le stesse regole sul dossieraggio si applicano ai "giornalisti" come a chiunque altro» scrisse, riferendosi al fatto di postare l'ubicazione di una persona in tempo reale, una cosa che i giornalisti non avevano fatto.[55] In certi casi i reporter, come Harwell, avevano linkato all'account ora sospeso @ElonJet.[56]

Musk a quanto pareva aveva una visione diversa degli eventi.

«Hanno postato la mia posizione esatta, in sostanza dando le coordinate per un assassinio, in (evidente) diretta violazione delle regole di servizio di Twitter» disse Musk.[57]

Il *Washington Post* in seguito rivelò che la polizia non vedeva un legame fra l'account che tracciava il jet e il presunto stalker.[58] Sweeney e i giornalisti erano comunque stati presi come capro espiatorio.

Alla fine, Twitter, unica fra le piattaforme, promulgò una politica che classificava l'attività di Sweeney come dossieraggio, il che significava che non poteva postare la posizione del jet di Musk in tempo reale, ma doveva farlo con un giorno di ritardo... il che rese concorrenti come Instagram e Mastodon le nuove fonti di informazioni rilevanti su dov'era Musk. I giornalisti vennero riammessi, a condizione che cancellassero i tweet incriminati.[59]

Twitter stava iniziando a sembrare meno utile. Perfino alcuni alleati di Musk non vedevano di buon occhio la strada imboccata con le sue decisioni ad hoc.

Anche giornalisti amichevoli come Bari Weiss, che di recente aveva parlato delle sue scoperte con i Twitter Files in una serie di discussioni,[60] ruppe con Musk sul tema dei bandi arbitrari e sottolineò l'incoerenza delle sue posizioni,[61] attirandosi l'ira del boss.[62]

«Se qualcuno avesse fatto casino con il mio bambino o la mia famiglia, sono sicura che anch'io avrei cambiato le regole e bandito l'account del jet» postò. «Ma il mese scorso hai detto che lo lasciavi per dimostrare il tuo impegno verso la libertà di espressione. Quindi, non ha senso che le persone siano perplesse?»[63] (Più di un anno dopo, il suo collega che seguiva i Twitter Files Matt Taibbi avrebbe ammesso che Musk «si è rivelato molto deludente sul tema della libertà di parola».)[64]

Ma per coloro che obiettavano alle politiche arbitrarie di Musk su quali post fossero accettabili, l'ultimo chiodo sulla bara doveva ancora arrivare.

Il 18 dicembre, Elon Musk si godette la finale dei mondiali di calcio in compagnia di Jared Kushner e del CEO della Qatar Investment Authority, un azionista di Twitter. Lo stesso giorno, il social media emanò a sorpresa una nuova politica: la «promozione gratuita» dei siti di altri social media non era più consentita; gli utenti non potevano più fare affidamento su Twitter per pubblicizzare alternative come Facebook, Instagram o Truth Social, che era stato cofondato dall'ex presidente Donald Trump.[65] La policy, emanata mentre concorrenti proibiti come Mastodon e Post stavano guadagnando popolarità, suscitò un'immediata reazione negativa.[66] La gente aveva sopportato le decisioni stravaganti di Musk per mesi, ma per gli utenti più in vista del sito – perfino quelli che lo avevano sostenuto accanitamente – si era spinto troppo oltre. La politica violava non solo l'impegno preso per la libertà di parola, ma anche i principi elementari dell'internet aperto.

Twitter, con la nuova policy voluta da Musk, stava erigendo un firewall fra sé e altre reti di social media. Fioccarono le critiche, non solo dalla solita cricca di odiatori di Musk, ma anche da figure della

Silicon Valley che erano state dalla sua parte. Paul Graham, programmatore e autore con un popolare handle di Twitter, promosse il suo account Mastodon e di lì a poco venne sospeso, il che sollevò un'altra ondata di critiche.

«È l'ultima goccia» scrisse Graham, linkando la nuova policy di Twitter prima che il suo account venisse sospeso.[67]

Intanto George Hotz, lo sviluppatore che era stato assunto per uno stage in Twitter, twittò un link al suo account Instagram.

«Se è vietato dirlo, non è un posto dove voglio più stare. È ben lontano dalla libertà di parola» scrisse.[68]

La nuova policy attirò l'attenzione anche di Edward Snowden, il famoso *whistleblower* dell'NSA, l'Agenzia per la sicurezza nazionale, fra i massimi sostenitori della trasparenza e di un'internet libera.

«È una cattiva policy e dovrebbe essere annullata» scrisse.[69]

In mezzo all'infuriare delle critiche, Musk delineò il suo pensiero in una serie di tweet.

«Twitter dovrebbe essere facile da usare, ma basta continua pubblicità dei concorrenti. Nessun editore tradizionale lo ammette e neppure lo farà Twitter» scrisse.[70] «Condividere occasionalmente i link va bene, ma basta pubblicità gratuita dei concorrenti, che è una totale assurdità» aggiunse.[71]

Adesso però il solito fuoco di fila di critiche alle azioni di Musk stava prendendo piede fra il pubblico generalista. Gli utenti di Twitter erano in aperta rivolta.

Musk scrisse una rapida successione di tweet nel tentativo di calmare le acque.

«L'account di Paul verrà ripristinato a breve» scrisse alle 18.15 ET, annullando la sospensione di un handle che aveva pubblicizzato un social concorrente.[72]

Poi fece una cosa che faceva di rado: si scusò.

«In futuro, ci sarà una votazione per i cambiamenti importanti nella policy. Chiedo scusa. Non succederà più» disse alle 18.17.[73]

Quella sera sembrava di umore cupo. Tre minuti dopo, fece una dichiarazione severa, la più forte da quando aveva acquisito il sito che non voleva comprare per 44 miliardi di dollari che non aveva. Le decisioni impulsive stavano infine presentandogli il conto. Il tweet lo avrebbe chiarito senza ombra di dubbio.

«Dovrei dimettermi da capo di Twitter?» scrisse alle 18.20. «Mi atterrò al risultato di questo sondaggio.»[74]

Musk si rivolgeva sempre più spesso a un metodo non scientifico – il sondaggio su Twitter, una consultazione informale tra gli utenti del social media – per orientare le sue scelte. I sondaggi avevano svolto un ruolo in diverse decisioni di alto profilo: se ripristinare l'account dell'ex presidente Donald Trump;[75] se ripristinare migliaia di altri account banditi;[76] addirittura (un anno prima) se vendere il 10 per cento delle sue azioni Tesla[77] per far fronte al pagamento di un'ingente imposta,[78] che gli aveva messo a disposizione un bel po' di liquidità nei mesi precedenti all'offerta su Twitter. In teoria, il metodo era a prova di bomba. Anche se qualunque utente poteva votare nei sondaggi, era più probabile che comparissero nella timeline di coloro che seguivano Musk o gli erano vicini. Ciò significava che il suo seguito sterminato produceva un gruppo autoselezionato di leccapiedi in grado di leggere fra le righe e fornire a Musk il risultato desiderato.

E in generale, i sondaggi andavano sempre nel modo sperato. Prendiamo per esempio la questione di vendere le azioni. La formulazione della domanda indirizzava al risultato voluto: «Recentemente si è molto discusso delle plusvalenze non realizzate come strumento di elusione fiscale, quindi propongo di vendere il 10 per cento delle mie azioni Tesla» scrisse,[79] e in un tweet postato in seguito aggiunse: «Mi atterrò ai risultati di questo sondaggio, in qualunque modo vada».[80]

I 3,5 milioni di partecipanti votarono a favore della vendita con un margine di circa il 16 per cento (58 a 42).

L'unico problema era che quando Musk vendette una parte delle sue quote solo pochi giorni dopo, un documento rivelò che la vendita di azioni per un valore di oltre un miliardo era stata pianificata in anticipo, il che suggeriva che stava usando la cassa di risonanza di Twitter come un ballon d'essai per decisioni già prese.[81] Il sondaggio serviva solo ad assicurarsi la conferma pubblica o forse, nel caso di Tesla, per ammorbidire i contraccolpi nei mercati borsistici.

Ma a metà dicembre, mentre le mosse di Musk diventavano sempre più stravaganti e impopolari, perfino i suoi sondaggi preconfezionati si rivoltarono contro di lui. Per esempio, gli utenti votarono con un ampio margine (59 a 41) a favore del ripristino degli account dei giornalisti che Musk aveva sospeso dopo il presunto incidente di stalking.[82]

Musk reagì nel suo modo tipico, offendendoli mentre li riammetteva al sito.

«Il popolo si è espresso» scrisse il 16 dicembre. «La sospensione degli account di quelli che hanno dossierato la mia posizione verrà revocata immediatamente.»[83]

Dopo aver lanciato il sondaggio sulle eventuali dimissioni da CEO, Musk cadde in un insolito e inquietante silenzio. Il sondaggio su Twitter della durata di dodici ore raccolse in media oltre un milione di voti all'ora, restituendo in tempo reale il sentimento dell'opinione pubblica mentre diventava virale, diffondendosi anche tra gli utenti che in precedenza non avevano avuto motivo di interagire con i contenuti di Musk.

Ora avevano voce in capitolo per decidere se il CEO che aveva provocato così tanti danni sulla piattaforma negli ultimi giorni dovesse rimanere al comando.

«Coloro che desiderano il potere sono quelli che meno se lo meritano» scrisse Musk mentre il sondaggio era in corso.[84]

E gli utenti votarono in massa: la consultazione raccolse milioni di voti, in totale oltre 17,5.

Lunedì mattina si ebbe il risultato, anche se non era stato in forse neanche per un attimo. Gli utenti avevano votato in maggioranza schiacciante per le dimissioni: il 57,5 per cento contro il 42,5 per cento, con un margine di 15 punti.

Adesso gli occhi di tutti erano puntati su Musk.

Ma il CEO di Twitter, un utente prolifico della piattaforma che a volte postava più tweet all'ora, era sparito. I mercati apprezzarono ciò che videro quella mattina: Tesla, che aveva sofferto in seguito all'acquisizione di Twitter, era risalita leggermente alla notizia che Musk avrebbe potuto dimettersi.[85]

Tuttavia, mentre le ore passavano e Musk non si faceva sentire, il futuro di Twitter non era più chiaro di quando aveva lanciato il sondaggio. Qualcuno avanzò una spiegazione semplice: Musk stava tornando in aereo dal Qatar, dove aveva assistito alla finale dei mondiali di calcio, e non aveva una connessione internet stabile. La scusa sarebbe stata molto più credibile se non fosse stato lui il pioniere dell'internet via Starlink fornito alle prime linee del fronte nella guerra in Ucraina.[86] All'epoca teneva perfino chat audio dal suo aereo sugli Spazi di Twitter.

No, era semplicemente rimasto in silenzio, se sconvolto dai risultati o incapace di farsi venire in mente una risposta appropriata non è dato sapere.

Riemerse finalmente alle 18.27 ET, circa dodici ore dopo la conclusione del sondaggio.[87] Ma non per riconoscere i risultati. Al contrario, era finalmente pronto a mettere in dubbio l'affidabilità dei sondaggi su Twitter come strumento decisionale. Prima rispose: «Interessante» a una discussione la quale asseriva che la consultazione era stata infestata da «bot del deep state» che avevano votato contro di lui.[88]

Meno di quindici minuti dopo, Musk twittò di nuovo: stavolta per concordare apertamente con un utente il quale suggeriva che Twitter dovesse limitare i sondaggi legati alla policy agli utenti paganti.[89]

Ci mise fino al giorno dopo per riconoscere i risultati senza tentennamenti.

«Darò le dimissioni da CEO non appena trovo qualcuno così imbecille da prendere il mio posto!» scrisse alle 20.20 ET del 20 dicembre, esattamente due giorni e due ore dopo aver messo il proprio destino nelle mani degli utenti di Twitter. «Dopodiché, guiderò solo i team del software & dei server.»[90]

Ma Musk non era certo pentito. Fu in quel periodo che prese una decisione impulsiva, potenzialmente più rischiosa di qualsiasi errore precedente, scommettendo sulla capacità di Twitter di reggere ai suoi tagli aggressivi ai costi. È diventato un meme ricorrente quello per cui Musk ha licenziato tre quarti dei dipendenti, eppure il sito ha continuato a funzionare. Ma chi lo ripete ignora deliberatamente le reali condizioni di Twitter dopo l'acquisizione. La piattaforma fu paralizzata da interruzioni – gravi crash causati da piccole modifiche al codice – e ostacolata da problemi alle funzioni chiave. Twitter non è stato all'altezza quando eventi globali di portata storica hanno avuto bisogno della piattaforma.[91]

Nei giorni successivi, Musk ordinò che il data center più grande del sito venisse chiuso. Il suo biografo Walter Isaacson ha raccontato i particolari dell'operazione, nella quale ai dirigenti di Twitter fu chiesto di spostare i server a Portland per risparmiare 100 milioni di dollari all'anno. Musk era insoddisfatto della tempistica prevista di sei-nove mesi.[92]

Mise assieme alla bell'e meglio una squadra raffazzonata che avrebbe spostato i server nel corso delle imminenti vacanze di Natale, usando un semirimorchio, furgoni da trasloco e localizzatori AirTags di Apple per tracciare le attrezzature.

Come ha spiegato Isaacson: «Gli altri impiegati nella struttura li osservavano con stupore misto a orrore. Musk e la sua squadra di ribelli spingevano i server senza metterli dentro casse o avvolgerli in materiale protettivo, usando poi delle cinghie comprate in negozio per assicurarli nel furgone».[93]

Musk si sarebbe pentito dello smantellamento del data center, poiché Twitter diventò sempre più sensibile anche ai più piccoli cambiamenti, creando un ambiente «fragile» – come lo definì lo stesso Musk – e soggetto a frequenti interruzioni.[94] (Uno di questi blackout si verificò tre giorni dopo Natale.)[95] Uno degli episodi più emblematici, sottolineato da Isaacson, fu il disastro della diretta streaming su Twitter per il lancio della campagna presidenziale di Ron DeSantis,[96] all'epoca candidato favorito di Musk. Durante l'evento, Musk faticò a mantenere una conversazione con il politico, che venne disconnesso a causa di un evidente sovraccarico dei server della piattaforma.

«Bene, vorrei dare il benvenuto al governatore DeSantis per il...» esordì Musk, poi il suo audio si interruppe, come ho scritto sul *Post*. «È un peccato; non è mai successo niente di simile.» In sottofondo, una voce commentò: «C'è troppa gente».[97]

«Col senno di poi, la completa chiusura di Sacramento è stata un errore» ha ammesso Musk con Isaacson. Gli avevano detto che c'era ridondanza nei loro data center. Ciò che non gli avevano detto era che c'erano 70.000 punti in cui il codice indirizzava esplicitamente al data center di Sacramento; in altre parole, ampie porzioni dei dati del codice di Twitter erano programmate specificamente per appoggiarsi al data center che lui aveva smantellato. «E oggi c'è ancora roba che non funziona per questo.»[98]

Mentre Musk continuava a diffondere teorie del complotto sugli ex dirigenti di Twitter, alcuni di loro dovettero vedersela con le ripercussioni reali sulla loro vita delle molestie online che aveva fomentato.

Yoel Roth, l'ex responsabile Trust & Safety, adesso viveva col marito, un assistente sociale, in un appartamento temporaneo a Oakland: avevano messo il contenuto della loro casa in un deposito in attesa che la situazione si calmasse.

Ma in gennaio, decisero di mettere in vendita la casa in stile Craftsman di El Cerrito. Le accuse che Musk e i suoi follower stavano alimentando sulla visione e l'approccio di Roth alla moderazione dei contenuti, invelenite dai Twitter Files, avevano praticamente reso impossibile a Roth e al suo compagno sentirsi a loro agio a vivere lì. Nei suoi messaggi diretti di Twitter e nell'e-mail Roth riceveva minacce da molestatori online che avevano scoperto dove abitava.

Lui e il marito dissero che vendevano a causa di timori per la loro incolumità, il che fece scappare almeno due potenziali acquirenti. Alla fine, la casa che avevano acquistato e ristrutturato anni prima – il loro bene più prezioso, in cui avevano investito tutti i risparmi di Roth – fu ceduta a un prezzo inferiore al suo reale valore di mercato.

Se le voci di una morte imminente di Twitter erano esagerate, i problemi di malfunzionamento durante i momenti di picco di domanda senz'altro continuarono a ripresentarsi.

Durante le elezioni presidenziali del 2024, Musk ospitò uno spazio con l'ex presidente Donald Trump, il candidato che aveva appoggiato, pochi minuti dopo un tentativo di assassinarlo avvenuto in estate. Nonostante avessero avuto due anni per risolvere i difetti, si verificò una replica quasi esatta del pasticcio dell'annuncio di

DeSantis quando i server di X non ressero e l'inizio dell'intervista dovette essere rimandato.

Questa volta, Musk diede la colpa dei problemi tecnici a un «esteso attacco DDoS», riferendosi a un tipo di azione mirata a tirare giù il sito da parte di hacker o spammer, annunciando, dopo che l'evento era cominciato, che l'attacco aveva saturato «tutte le linee dati».[99] Non fornì prove della sua affermazione. Tornò a una discussione sulla libertà di parola.

«Come dimostra questo attacco, c'è un sacco di opposizione al fatto che le persone ascoltino quello che il presidente Trump ha da dire» asserì.

Con centinaia di persone in ascolto, Trump parve prendere il crash dei server di X come un segno positivo, congratulandosi con Musk per «aver infranto tutti i record di cui si abbia traccia».

15

«Elon Musk può fare quello che gli pare e non affrontare le conseguenze?»

Nel gennaio 2023, Elon Musk era seduto davanti a una giuria in un'aula di tribunale di San Francisco.

La situazione che aveva portato tutti lì era nota. Si trattava del primo giorno di testimonianza di Musk nel processo federale intentato dagli azionisti sul tweet del 2018 riguardante il «finanziamento garantito». Dal mio punto di osservazione nei posti riservati alla stampa, di fronte a Musk, vidi un uomo in difficoltà, forse stanco di dover parlare di quell'argomento; era pallido come un cencio.

Non aiutava che si agitasse sulla sedia lamentandosi di avere mal di schiena.

«Stanotte ho avuto problemi a dormire, così purtroppo non sono al mio meglio» disse dal banco dei testimoni.

Era noto che avesse dormito alla fabbrica di Tesla in periodi particolarmente difficili. A quanto pareva la situazione di Twitter era così critica che dormiva per terra anche lì.[1]

Ciononostante, le assurde sistemazioni per la notte del miliardario ad alcuni sembravano una sceneggiata. In quel periodo, stando a una persona informata dei fatti, l'amico miliardario di Musk Larry Elison lo aveva invitato a stare nella sua dimora di Pacific Heights, un paradiso tutto a vetrate con una vista spettacolare sulla Bay Area e il Golden Gate, che sorgeva a poca distanza dalla sede di Twitter.

«Larry gli ha offerto casa sua» mi ha raccontato il testimone, dicendogli: «Senti, ma perché dormire per terra in Twitter se puoi fare dieci minuti di macchina, e chiedere al tuo autista di fare dieci minuti di strada?»

«È più che altro una posa [...] cioè, hai un'auto, un autista e tre guardie del corpo, sali in macchina, puoi stare al telefono, messaggiare, quello che ti pare, non perdi neanche un minuto. Vai a casa e dormi in un letto come si deve.»

Ma forse il rifiuto di dormire comodo faceva parte della strategia. Musk si presentò come un testimone convincente, quasi simpatico, mentre parlava della sua vita: da quando era emigrato in Canada a quando si era fatto il mazzo all'università, accumulando debiti, fino ai sogni con SpaceX. In una stanza piena di avvocati boriosi, l'uomo più ricco del mondo sembrava uno qualunque.

Il momento in cui risultò più persuasivo fu quando il suo avvocato Alex Spiro gli chiese com'era stata la sua infanzia.

Musk rimase zitto un attimo. Tutto quello che riuscì a tirar fuori fu una risposta di due parole. «Non bella.»

«Non credo che qualche frase basterebbe a descriverla» aggiunse.

Mi sentii male per lui. Ecco un uomo che aveva passato l'infanzia a essere bullizzato e che non sarebbe mai riuscito a liberarsi di quell'esperienza. Riusciva ancora a convincerti di essere preso di mira... solo che adesso il bullo dei giardinetti era il sistema.

Tutto il pubblico in aula era pietrificato.

I processi possono essere una menata e i testimoni, soprattutto gli esperti, possono andare avanti per ore facendo pochi sforzi per tenere desto l'interesse della giuria. Non successe così con Musk. Era spiritoso, affascinante e a tratti perfino divertente.

Fu l'avvocato dell'accusa, un tipo taciturno, a suscitare l'ilarità maggiore di tutto il processo quando si riferì a Musk chiamandolo «signor Tweet», cosa che definì un «lapsus freudiano».[2]

Musk colse la palla al balzo.

«Signor Tweet» ammise, era «probabilmente una descrizione accurata». (Poco dopo cambiò il suo nome utente di Twitter in «Mr Tweet».)

Dal banco dei testimoni Musk sembrò anche capace di trasformare praticamente qualunque cosa in una storia credibile. Valeva anche per l'affermazione del 2018, cui si riferì chiamandolo «il famigerato tweet», il motivo per cui erano tutti in quell'aula di tribunale.[3] Se ricordate, Musk aveva twittato: «Sto pensando di privatizzare Tesla a 420$. Finanziamento garantito». Le quotazioni di Tesla erano schizzate in alto di quasi l'11 per cento, quando il prezzo gonfiato cui accennava pareva d'un tratto a portata di mano, prima che l'affermazione venisse smentita... spingendo la SEC ad accusare Musk di frode.[4]

In tribunale, tuttavia, Musk si mostrò disinvolto riguardo all'intera vicenda.

«Solo perché twitto qualcosa non vuol dire che la gente debba crederci o agire di conseguenza» sostenne.

«Elon Musk può fare quello che gli pare e non affrontare le conseguenze?»

Era questa la domanda che l'avvocato Nicholas Porritt aveva in mente mentre si rivolgeva alla giuria nell'aula del tribunale federale di San Francisco.

«Stiamo parlando di regole» disse Porritt ai giurati. «Stiamo parlando di applicare le regole a miliardari come Elon Musk.»[5]

Quasi cinque anni dopo, il reato di Musk nella vicenda del «finanziamento assicurato» quasi impallidiva alla luce delle indiscrezioni che si era lasciato sfuggire in seguito. Fra le persone più colpite dalle ricadute c'erano investitori di Wall Street e venditori allo scoperto, non esattamente personaggi che attiravano simpatia. Però era chiaro che Musk aveva fatto qualcosa di sbagliato – da cazzone, in realtà – e quell'errore gli era costato decine di migliaia di dollari e la posizione di presidente del consiglio di amministrazione di Tesla. Il giudice Edward Chen aveva già sentenziato che l'affermazione di Musk sul «finanziamento garantito» non era vera.[6] La questione aperta era se gli investitori avessero fatto affidamento su quell'affermazione per effettuare operazioni di trading e se essa fosse stata rilevante per i movimenti del mercato che avevano causato loro delle perdite.

Il querelante Timothy Fries testimoniò di aver perso 5.000 dollari nella frenesia che ne era seguita, acquistando azioni Tesla con la convinzione che presto sarebbero salite di valore perché pensava che l'azienda sarebbe uscita dalla Borsa. Alla fine aveva venduto le sue cinquanta azioni – comprate a 370 dollari l'una – in perdita, riferì il *Wall Street Journal*.[7]

«Penso di aver perso del denaro a causa di un'affermazione fuorviante» disse secondo il mio articolo del *Washington Post* che riportava la sua testimonianza.[8]

Glen Littleton, il principale ricorrente nonché capofila della class action, sostenne di aver subito perdite ben più ingenti: oltre 3,5 milioni di dollari. Tuttavia, a differenza della scommessa più contenuta di Fries, le perdite di Littleton sembravano essere il risultato di un errore di calcolo in un'operazione complessa che coinvolgeva somme enormi. Littleton, argomentò Spiro, stava «scommettendo». Le prove lo confermavano: aveva inviato un'e-mail al suo broker definendo il tweet di Musk una «voce», affermando – secondo le dichiarazioni conclusive di Spiro – di aver «sentito questa voce del "Sto valutando"» e di aver basato su di essa le operazioni di trading.

Spiro descrisse la situazione come una «scommessa sul forse sì/forse no».[9]

Per il modo in cui l'investimento di Littleton era concepito, il settantunenne ci avrebbe guadagnato se Tesla avesse superato i 420 dollari per azione che Musk aveva detto di essersi assicurato, secondo *Fortune*.[10] Ma si era capito che non sarebbe successo nel breve periodo e Littleton era stato costretto a vendere.

Littleton dava l'impressione di essere un tizio ricco sfondato, e Musk e il suo avvocato dipinsero lui e i suoi colleghi come i cattivi della storia. Fu qui che entrò in gioco l'ultimo elemento ad alto potenziale polemico: i venditori allo scoperto, trader che adottavano una strategia opposta a quella di Littleton, scommettendo che Tesla non avrebbe raggiunto l'obiettivo di 420 dollari. Musk e Spiro riuscirono a presentare questi ricorrenti come persone che avrebbero tratto vantaggio dal fallimento di Tesla. Musk, all'epoca l'uomo più ricco del pianeta, aveva abilmente tratteggiato una dinamica da Davide contro Golia, in cui, paradossalmente, era lui a vestire i panni di Davide.

«Un branco di squali di Wall Street voleva che Tesla morisse di una brutta morte» disse Musk alla giuria. «Credo che la vendita allo scoperto dovrebbe essere resa illegale. Per come la vedo io, è un mezzo con cui la gentaglia di Wall Street ruba i soldi agli investitori. Non va bene.»[11]

Anche Spiro tirò in ballo i venditori allo scoperto nella sua dichiarazione conclusiva.

«Le persone che scommettevano contro Tesla, vendendo allo scoperto i suoi titoli, vogliono che accadano cose negative all'azienda» dichiarò. «Chiunque l'abbia fatto – chiunque abbia *shortato* Tesla – in quel periodo non se l'è cavata certo bene.»[12]

Nel gennaio 2023, quasi cinque anni dopo il tweet che aveva sollevato dubbi in merito alla sua leadership di Tesla – solo uno di una serie di scandali che minacciavano di togliergli il ruolo in azienda –, l'imprenditore miliardario fu assolto una volta per tutte. Musk fu dichiarato non colpevole: la giuria non si lasciò convincere dall'argomentazione dell'accusa secondo cui il tweet sul «finanziamento garantito» era stato determinante per le perdite degli investitori.

Dopo la sentenza, i legali dell'accusa si abbracciarono, seduti in un silenzio quasi funebre.

Quando ho parlato con lui, Porritt era abbattuto. È un uomo serio, orgoglioso della sua preparazione.

«Siamo delusi» mi ha detto. «Non credo che sia il genere di comportamento che ci si aspetta dal CEO di una grande azienda quotata in Borsa [...] Penso che abbiamo presentato un caso valido, nel modo migliore possibile.

«Immagino che lui sia soddisfatto» ha aggiunto.

Lo era.

«Grazie al cielo, il buonsenso ha prevalso!» twittò Musk. «Sono molto contento del parere unanime della giuria che mi ha giudicato innocente nel caso della privatizzazione di Tesla a 420.»[13]

Spiro, il suo avvocato, disse semplicemente: «La giuria ha fatto la cosa giusta».[14]

Musk mise un like su un tweet che definiva Spiro – l'uomo che lo aveva aiutato a vincere la causa per diffamazione legata al «pedo» e adesso quella relativa al «finanziamento garantito» – un'«assoluta leggenda».[15] Come riferito dal *Post*: «Continua una serie di verdetti a favore di Musk, dalla causa degli azionisti sull'acquisto da parte di

Tesla dell'azienda produttrice di energia solare Solar City, all'epoca in difficoltà finanziarie, a quella per diffamazione per aver definito "pedofilo" un soccorritore della grotta in Thailandia».[16]

Dopo il processo, i giornalisti parlarono con uno dei giurati, che spiegò il risultato di due ore di deliberazione. «In molte occasioni le argomentazioni mi sono parse scoordinate» dichiarò, riferendosi alle accuse rivolte a Musk. Il giurato elogiò i «testimoni estremamente persuasivi» presentati dalla difesa di Musk, tra cui Antonio Gracias, membro storico del consiglio di amministrazione di Tesla, il quale affermò che i post di Musk erano stati pubblicati per garantire la massima trasparenza verso gli azionisti.[17]

Alla fine, concluse il giurato, le tesi dell'accusa contro Musk semplicemente «non hanno retto».[18]

Un giorno, verso la fine del processo, ero seduto nel corridoio fuori dall'aula aspettando che comparisse Musk. Le porte si spalancarono e Musk, fiancheggiato da diverse guardie del corpo, uscì a passo sostenuto. I nostri occhi si incontrarono per un attimo, poi lui distolse lo sguardo e fissò dritto davanti a sé.

Avevo una domanda. Nei giorni precedenti Musk aveva lucchettato il suo account Twitter nel tentativo di «capire se vedete i miei tweet privati più di quelli pubblici».[19] Come avrebbero illustrato gli eventi delle settimane successive, Musk sembrava preoccupato dalla visibilità del suo account Twitter.

«Signor Musk» dissi «perché ha reso privato il suo account Twitter?»

Prima che potesse rispondere, vidi un uomo agitare una mano verso di me. Uno dei tizi della sicurezza di Musk stava facendo il gesto di cucirsi le labbra come per zittirmi.

Musk e i suoi proseguirono lungo il corridoio e sparirono alla vista. A prescindere da quanto potesse essere persuasivo sul banco dei testimoni, fuori dall'aula di tribunale Elon Musk era Elon Musk: l'uomo più ricco del pianeta. Un uomo che aveva bisogno di farsi accompagnare dal suo entourage per andare al cesso.

* * *

In quel periodo ci furono numerosi casi giudiziari e processi che avrebbero potuto far capire in che modo Musk gestisse l'ondata di attenzione pubblica rivolta al suo impero, compresa la varietà di querelanti eccessivamente zelanti, litigiosi e – il suo bersaglio preferito – promotori di class action. Particolarmente istruttivo, in questo senso, fu il processo federale intentato dagli azionisti per il tweet sul «finanziamento garantito», che offrì uno sguardo su come fosse riuscito a sfuggire alla serie di conseguenze derivanti da una delle sue azioni pubbliche più controverse, quantomeno fra le meno difendibili.

Si è scoperto che la risposta alla domanda di Porritt – «Elon Musk può fare quello che gli pare e non affrontare le conseguenze?» – era ovvia.

La causa dibattuta a San Francisco era un processo federale con giuria che coinvolgeva azionisti i quali si ritenevano lesi dal comportamento di Musk riguardo al suo bene più grande e importante, Tesla. I querelanti avevano affermato che le dichiarazioni false del CEO erano costate loro milioni di dollari.[20] Per Musk si trattava di una questione profondamente personale – una questione di orgoglio – e coinvolgeva molti dei suoi alleati più stretti. Il processo si svolse mentre Musk era nel pieno della caotica acquisizione di Twitter e lui stesso ammise che probabilmente non era al massimo della forma. Tuttavia, durante la testimonianza si presentò come una figura vulnerabile, imperfetta e umana, lamentando di avere dolori alla schiena e di essere schiacciato dal peso degli impegni legati a Twitter.

Forse imbaldanzito dalla vittoria legale nel caso del «finanziamento garantito», nelle settimane seguenti si comportò in modo ancora più imprevedibile.

Il sito web Platformer riferì che Musk aveva promosso i suoi tweet in cima ai feed di Twitter dopo essere rimasto deluso dalle cifre del suo engagement durante il Super Bowl.[21] «Sì, Elon Musk ha creato un sistema speciale per mostrare tutti i suoi tweet in cima ai feed» strillava il titolo. Un'analisi del *Washington Post* confermava la notizia, spiegando che i tweet di Musk erano scesi a una media di 137 milioni di visualizzazioni al giorno, prima di schizzare verso i circa 400 milioni «dopo che i suoi post sono stati spinti artificiosamente».[22]

La notizia mise Musk sulla difensiva. Screditò l'articolo del *Post* e di altri mezzi d'informazione,[23] ascrivendo il problema a un malfunzionamento del software.[24]

Ma gli esempi del fatto che Musk usava Twitter come veicolo dei propri interessi non mancavano: dal bando dei giornalisti che avevano postato informazioni sull'account che tracciava il suo jet privato, alla rimozione dei segni di spunta blu di verifica ai suoi avversari nei media come parte dell'iniziativa commerciale per far pagare agli utenti 8 dollari al mese per quel privilegio, alla repressione dell'ondata di account fake. Scoprii inoltre che quest'ultima azione fu intrapresa solo dopo che ai dipendenti erano stati mostrati esempi di utenti che si spacciavano per Musk.[25]

Musk sembrava modellare l'esperienza utente sulla piattaforma in base alle proprie preferenze personali, perdendo al contempo di vista gli interessi delle sue aziende. Durante una conference call trimestrale sugli utili, come riportato dal *Washington Post*, gli fu chiesto se i suoi espliciti tweet politici potessero danneggiare il marchio Tesla.[26] Per tutta risposta, attirò l'attenzione sul numero dei suoi follower su Twitter.

«Lasciatemi controllare il mio account Twitter. Dunque, ho 127 milioni di follower» disse. «Continuano ad aumentare piuttosto rapidamente. Il che suggerisce che sono ragionevolmente popolare.»[27]

Poi rincarò la dose, evidenziando cosa può accadere quando il leader aziendale più influente del mondo finisce prigioniero di una bolla di filtraggio da lui stesso creata.

«Forse non sono popolare [presso] qualcuno, ma per quanto riguarda la grande maggioranza delle persone, il conteggio dei miei follower parla da solo» disse.

(Un anno dopo, Musk avrebbe mostrato di nuovo la sua inclinazione a sopravvalutare l'engagement di Twitter quando Don Lemon gli chiese conto delle sue affermazioni infondate secondo cui le iniziative di diversità, equity e inclusione erano responsabili dell'abbassamento degli standard di sicurezza nell'industria aeronautica. «Ha detto più volte che non c'è prova di un abbassamento degli standard... e guardi le repliche che mostrano tutte le prove che ci sono» disse, mentre Lemon obiettava che le risposte dei social media non erano la stessa cosa delle prove.)[28]

Erano passati quasi due mesi da quando Musk aveva promesso di nominare un CEO in pianta stabile. Su Twitter, postava battute.

Twittò una foto del suo Shiba Inu, Floki, seduto a una scrivania davanti a un portatile in miniatura e a un foglio che riportava il titolo appena ricevuto. «Il nuovo CEO di Twitter è straordinario» scrisse il giorno di San Valentino.[29]

L'impegno continuato di comandare un social media stava costando un prezzo anche in altri ambiti. Le conseguenze per Tesla, il cui destino aveva legato a Twitter, erano concrete. Mentre gli azionisti gli facevano pressioni, Musk disse che la ricerca della figura giusta avrebbe potuto durare fino alla fine dell'anno.[30]

A giudicare dalla situazione, i suoi investitori non avevano tutto quel tempo. La valutazione di Tesla – e la ricchezza netta di Musk – aveva raggiunto l'apice verso la fine del 2021, quando la spesa dei consumatori post lockdown era aumentata e la domanda dei veicoli Tesla era schizzata alle stelle. All'epoca Musk valeva più di 300 miliardi di dollari.[31] Ci era riuscito davvero: aveva trasformato Tesla da una startup automobilistica – più simile a un'officina sperimentale per appassionati che a una corporation quotata in Borsa – a un gigante della tecnologia da 1.000 miliardi di dollari che avanzava inarrestabile.

Quello che successe dopo fu un bagno di sangue degno di un guinness dei primati... letteralmente: Musk entrò infatti nel Guinness per la più grossa perdita di patrimonio personale mai registrata.[32]

Dall'altra parte dello zenith di Musk c'erano nuovi timori relativi all'inflazione, alla scarsità mondiale di chip, e agli effetti della guerra in Ucraina. Questi trend offrivano una spiegazione almeno parziale del perché all'inizio di marzo la valutazione di Tesla ricominciò a scendere verso la terra... benché fosse ancora nella stratosfera.

Ma una volta che iniziò a comprare azioni di Twitter, il calo fu brusco. Il diagramma della performance di Tesla fra il picco di Musk e la débâcle di Twitter circa un anno dopo potrebbe competere con la catena montuosa più impervia. La caduta fu praticamente verticale.

È impossibile esagerare quanto il mercato abbia detestato quello che Musk stava facendo, anche tenuto conto di altri fattori quali le preoccupazioni sulla tenuta della domanda.[33]

La valutazione di Tesla non era solo ridotta della metà: alla fine, l'azienda era scambiata a circa un quarto rispetto a poco più di un anno prima.

C'era solo un uomo che poteva fermare l'emorragia, e evidentemente dormiva su un divano al sesto piano della sede di Twitter.[34] Lo stesso piano, aveva scritto *Forbes*, dove la conversione di alcuni spazi ufficio in vere camere da letto aveva spinto i funzionari di San Francisco a indagare su potenziali violazioni delle norme abitative.[35]

Al comando c'era il suo cane, continuava a sostenere Musk a quasi due mesi dall'annuncio iniziale.

«Ho fatto un passo indietro» disse a un giornalista della BBC, come ho scritto sul *Post*. «Glielo ripeto, non sono il CEO di Twitter. Il CEO di Twitter è il mio cane.» Ripeté il concetto per sottolinearlo. «Ho detto che avrei nominato un nuovo CEO di Twitter, e l'ho fatto: è il mio cane.»[36]

Wall Street non abboccò. Dite quel che volete del mercato, non punirebbe mai un cane in quel modo.

A maggio, era finalmente pronto a nominare un nuovo CEO. Correvano voci da mesi sui potenziali candidati. Tutte le volte che si parlava di qualcuno, però, sembrava che le sue chance si volatilizzassero nel momento stesso in cui il suo nome trapelava ai media.

Stavolta, tuttavia, l'informazione veniva direttamente da Musk.

«Felice di annunciarvi che ho assunto un nuovo CEO per X/Twitter. Inizierà fra ~ 6 settimane!» scrisse. «Il mio ruolo passerà a presidente esecutivo e CTO, con la supervisione delle aree prodotto, software e dell'infrastruttura di sistema.»[37]

Linda Yaccarino, la donna che avrebbe preso il suo posto, era per alcuni aspetti diversa da qualsiasi candidato Musk avesse mai nominato per un ruolo così prestigioso e, per altri, la persona ideale per la posizione. Esperta dirigente pubblicitaria di NBCUniversal, Yaccarino era esattamente ciò di cui Twitter aveva bisogno per risollevare le proprie sorti: una figura in grado di ristabilire la fiducia con la base di inserzionisti decimata dell'azienda e fungere da antidoto alla personalità fumantina di Musk. Ma come molte delle scelte di Musk, non aveva abbastanza forza, per esempio, per costringerlo a mollare la presa o contenerne gli eccessi. Questa dinamica di potere conflittuale sarebbe diventata cruciale nei mesi successivi. Yaccarino era stata assunta per svolgere un compito fondamentale: ristabilire la fiducia (e quindi i ricavi) di Twitter. Ma Musk sarebbe riuscito a tenere sotto controllo il suo comportamento provocatorio abbastanza a lungo da permetterglielo?

Musk annunciò ufficialmente la nomina della nuova CEO il giorno successivo.

«Ovviamente, la presenza di Linda mi permetterà di dedicare più tempo a Tesla, che è esattamente quello che farò!» scrisse in un altro tweet.[38]

Mentre annunciava la nuova CEO, disse anche un'altra cosa che colse tutti di sorpresa.

«Non vedo l'ora di lavorare con Linda per trasformare questa piattaforma in X, l'app per tutto.»[39]

Musk mantenne la promessa a luglio, cambiando ufficialmente il nome della piattaforma in una sola lettera, quella che lo aveva affascinato praticamente per tutta la sua carriera, l'ultimo atto delle sue imprese tecnologiche. Era una mossa imprenditoriale che sollevava delle perplessità. Nonostante tutti i guai economici, la forza del marchio di Twitter era innegabile: quel nome onnipresente evocava una sfumatura di blu unica, la sua inconfondibile icona con l'uccellino. Aveva anche introdotto nuovi termini: nessuno doveva più spiegare che un «tweet» non era un cinguettio. (Per contro, gli articoli di giornale avrebbero dovuto riferirsi a un tweet con la perifrasi ingombrante «un post su X, il sito un tempo noto come Twitter».)

Non stava forse danneggiando ulteriormente il valore del brand dell'azienda?

«Twitter è stata acquisita dalla X Corp per garantire libertà di parola e come accelerante per X, l'app per tutto. Non si tratta semplicemente di un'azienda che cambia nome ma che fa la stessa cosa» scrisse in un post su X, il sito in precedenza noto come Twitter. «Il nome Twitter non ha senso in quel contesto, quindi dobbiamo dire addio all'uccellino.»[40]

E aveva una risposta per gli scettici.

«X diventerà il brand di maggior valore del pianeta. Segnatevi le mie parole» scrisse.[41]

Per sottolineare senza tema di equivoci il nuovo nome, l'azienda montò sul tetto della sede di San Francisco una gigantesca X lampeggiante, una specie di batsegnale che incombeva sulle vie cittadine, con effetti collaterali tipo disturbare il sonno delle persone anziane, come abbiamo detto nell'introduzione.

All'inizio, mi ha detto Christopher J. Beale, un giornalista sulla quarantina che aveva osservato lo show di luci dal balcone del suo appartamento al dodicesimo piano, l'insegna «sembrava un'idea grandiosa». Ma cominciò a rendersi conto che era un problema quando la luce proveniente dal nuovo logo inondò di un accecante bagliore bianco il soggiorno mentre cercava di guardare la tv alle 22.30. Si trasferì in camera da letto, dove la luce si infilava tra le fessure delle veneziane.

Beale si mise a filmare il logo dal suo balcone.

L'ultimo monumento alla decadenza tech si mise a pulsare, poi a emettere luce stroboscopica. L'appartamento di Beale iniziò a sembrare il Mid-Market, il nightclub più in voga del quartiere.

L'apparente mancanza di permessi aveva spinto San Francisco a indagare sulla questione. L'insegna fu tirata giù qualche giorno più tardi, dopo aver suscitato una marea di lamentele, comprese «preoccupazioni per la sua stabilità strutturale e l'illuminazione» riferì l'Associated Press.[42]

16
Autopilot ridimensionato

Erano passati quasi cinque anni da quando Walter Huang era rimasto ucciso in un incidente con la sua Tesla in Autopilot mentre guidava diretto al lavoro sulla Highway 101. Nel frattempo, nel 2021, l'NHTSA aveva iniziato a chiedere ai fabbricanti di automobili come Tesla di comunicare rapidamente qualunque sinistro serio che coinvolgesse i loro sistemi di assistenza alla guida.

L'ex direttore dell'NHTSA Steve Cliff aveva un presentimento su cosa sarebbe successo quando l'agenzia avesse iniziato a chiedere quelle informazioni. Ma non ne era sicuro. Nel 2022, i dati erano arrivati, e i risultati erano inequivocabili: le Tesla costituivano un rischio unico sulle strade, con centinaia di incidenti, cifre che superavano di gran lunga i gruppi automobilistici tradizionali che avevano adottato un approccio più cauto con le loro funzionalità di guida assistita.[1]

Nel 2023, le Tesla in modalità Autopilot erano ormai state coinvolte in 736 incidenti noti a partire dal 2019, molti più di qualunque altro gruppo automotive, fra cui tante delle note marche tedesche, giapponesi e americane sotto osservazione. C'erano stati 17 sinistri mortali e 5 con feriti gravi, riferì il *Post*.[2]

L'NHTSA era stata intralciata dal timore di ostacolare un'innovazione che potenzialmente avrebbe salvato delle vite umane, lasciata a se stessa nel caos politico di Washington e azzoppata dalla mancanza di dati.

Ma alla fine di quell'anno, l'agenzia avrebbe finalmente intrapreso azioni senza precedenti per arginare Tesla. Era il genere di intervento su larga scala che funzionari come Jennifer Homendy e Robert Sumwalt avevano inseguito per anni mentre assistevano alle conseguenze degli esperimenti di Tesla.[3]

Nel 2023 era arrivato il Cybertruck, ma la promessa di un robotaxi doveva ancora concretizzarsi.

Musk aveva passato anni a dire ai proprietari delle Tesla che le loro auto erano sostanzialmente in grado di guidarsi da sole.[4] A un certo punto, loro avevano iniziato a crederci.

La dinamica fu illustrata drammaticamente quel marzo su un'autostrada rurale del North Carolina in un incidente che rivelò l'ennesimo pericolo dell'esperimento sulla guida autonoma in corso sulle strade pubbliche. A quanto pare un uomo di nome Howard Yee aveva messo dei pesi sullo sterzo della sua Tesla Model Y nel tentativo di eludere le cosiddette seccature: gli avvisi con cui Autopilot ricordava agli utenti di tenere le mani sul volante. Idealmente, l'auto di Yee avrebbe dovuto viaggiare da sola a 72 chilometri orari, sentendo che le sue mani erano sul volante e assistendolo senza intervenire fastidiosamente come una babysitter della sicurezza. Era la strada del futuro.[5]

L'unico problema era che quel pomeriggio Tillman Mitchell, diciassette anni, stava tornando da scuola nello stesso momento. Il ragazzo scese dall'autobus – che aveva il segnalatore di fermata e le luci di emergenza lampeggianti – e finì per essere investito dall'auto di Yee che arrivava di gran carriera. Mitchell fu scaraventato sul parabrezza prima di volare in avanti e atterrare a faccia in giù sulla strada.

La prozia descrisse senza mezzi termini la gravità dell'incidente che aveva fatto finire Mitchell in ospedale attaccato a un respiratore, con fratture al collo e a una gamba.

«Se fosse stato un bambino più piccolo» mi ha detto «sarebbe morto.»[6]

L'incidente evidenziava in un colpo solo molte delle criticità dell'approccio di Tesla ad Autopilot: la difficoltà delle auto a riconoscere veicoli fermi con luci di emergenza lampeggianti, una fetta di clienti indotta a un pericoloso senso di sicurezza, e i rischi di un'azienda che, essendo soggetta a scarsi controlli, aveva trasformato il mondo reale in un campo di prova a cielo aperto per una tecnologia non ancora matura.

Mi colpì l'ironia del fatto che l'incidente si fosse verificato su una strada rurale a migliaia di chilometri – all'altro capo del Paese – da dove gli ingegneri di Tesla stavano sviluppando la loro tecnologia, al riparo dalle conseguenze. Il fatto che fosse accaduto solo poche settimane dopo la pubblicità di Dan O'Dowd durante il Super Bowl, e non molto tempo dopo l'esperimento di Omar Qazi con bambini veri sulla traiettoria della sua Tesla in modalità Full Self-Driving, era triste e basta.

Per Steven Cliff, l'NHTSA doveva essere metodica: i suoi test dovevano essere a prova di bomba e incontestabili. Era essenziale anche garantirsi la collaborazione di Tesla, se non si voleva che un intervento vitale per la sicurezza si impantanasse in battaglie legali, un portato del sistema di richiami sul quale l'agenzia basava gran parte della propria autorità.

A Tesla, che non rinunciava mai all'occasione di uno scontro, dovevano essere presentate prove così inoppugnabili da spingerla a ritenere che non sarebbe valsa la pena contestarle.

Alla fine, disse Cliff, l'NHTSA aveva un caso solido basato su oltre due anni di dati. Tesla aveva dimostrato di essere diversa dagli altri costruttori di automobili e dalle aziende che usavano tecnologie per la guida assistita. I concorrenti si muovevano in un ambito tale per cui le loro auto avevano elevati livelli di controllo accompagnati da livelli altrettanto elevati di monitoraggio del conducente. La loro tecnologia era problematica da usare al di fuori dei contesti e delle condizioni per cui era progettata.

Autopilot no. Molti degli incidenti mortali accadevano nel traffico a raso, un ambiente ben diverso dalle autostrade ad accesso regolamentato per cui le funzionalità erano progettate. I proprietari usavano l'assistenza alla guida sulle strade urbane, a volte con conseguenze mortali.[7]

«Tesla ha messo a punto un sistema così comodo che spinge il conducente a pensare che il veicolo si stia davvero guidando da solo» mi ha detto Cliff nel dicembre 2023. «Non è così.»

Cosa rendeva il sistema Tesla tanto speciale?

«Il sistema Tesla è unico nel senso che ha un livello elevato di controllo sul mezzo, e un livello basso [di] monitoraggio del conducente» mi ha spiegato Cliff.

Evidentemente, era una combinazione disastrosa.

Per anni i media avevano riportato casi in cui le Tesla erano andate a sbattere contro oggetti fermi o comunque di grandi dimensioni a velocità elevata, con conseguenze orribili: auto ridotte ad ammassi di metallo a malapena riconoscibili, tettucci strappati via dopo essere passati sotto un semirimorchio, veicoli carbonizzati dopo che la batteria aveva preso fuoco.[8] Lo schema tendeva a essere lo stesso: un conducente distratto – che si pensava stesse giocando a un giochino sul telefono, in un caso, che stesse guardando un video, in un altro – mentre il loro veicolo sfrecciava sulla strada a velocità che potevano arrivare a oltre 110 chilometri orari.

In dicembre, il *Post* pubblicò un articolo che documentava 8 sinistri mortali in cui era coinvolto Autopilot, avvenuti su strade per cui il software non era progettato.[9] Qualche giorno dopo, l'NHTSA annunciò il richiamo delle Tesla più ampio di sempre, che era in parte un tentativo di rispondere proprio al problema sollevato dal pezzo del *Post*.[10] L'agenzia, che stava indagando da due anni sui ripetuti incidenti delle Tesla in modalità Autopilot con veicoli fermi in situazioni d'emergenza, aveva presentato i suoi risultati all'azienda in una serie di incontri carichi di tensione che erano iniziati due mesi prima.

«In quegli incontri, Tesla "non ha concordato" con le analisi di sicurezza dell'agenzia, ma ha proposto diversi aggiornamenti "over-the-air" del software per assicurarsi che i conducenti che inseriscono Autopilot tengano gli occhi sulla strada» scrisse il *Post*.[11]

Per gli enti di controllo federali fu un colpaccio: un richiamo volontario che avrebbe cambiato il comportamento di oltre 2 milioni di veicoli circolanti. Tesla stava richiamando quasi ogni vettura che aveva fabbricato.

A differenza di un richiamo standard, in cui il proprietario deve portare il veicolo dal concessionario per la manutenzione, Tesla poteva usare la sua capacità software di aggiornare la flotta da remoto: un vantaggio che altri grandi gruppi automobilistici erano stati lenti a adottare. Questa comodità spinse alcuni a sminuire la portata di ciò che era successo. Rohan Patel, responsabile delle politiche pubbliche di Tesla, lo definì un «miglioramento», come se l'idea si fosse materializzata dal nulla.[12] (In realtà, Tesla si era rifiutata per anni di apportare quel miglioramento.) Il problema di inquadrarlo in quel modo era che negava il coinvolgimento delle agenzie federali nell'ottenere che l'azienda si adeguasse. Controllare ripetutamente i compiti a casa di Tesla per assicurarsi che stesse rispettando i regolamenti federali era un'impresa che richiedeva un grosso investimento di risorse, una situazione molto diversa dal modello di autocertificazione che ci si aspettava dai costruttori di automobili.

E anche se la natura dell'intervento era stata ampia e plateale, la soluzione sembrava blanda: aggiungeva «controlli e avvisi» per assicurarsi che i conducenti prestassero attenzione mentre usavano Autopilot, «controlli aggiuntivi» quando inserivano il software all'esterno degli ambienti per cui era progettato, quali autostrade ad accesso regolamentato, e la sospensione della funzionalità Autosteer per coloro che se ne infischiavano delle regole e non riuscivano a «dimostrare un atteggiamento di guida responsabile, coerente e continuativo».[13] In altre parole, l'intervento comprendeva una manciata di misure di buonsenso che Tesla si era rifiutata di aggiungere finché non era stata costretta a farlo da prove inconfutabili relative alle prestazioni del software.

I correttivi erano ben lontani dall'essere perfetti. Per esempio, adesso che il monitoraggio del conducente si era rivelato insufficiente, i funzionari di Washington non si fidavano del fatto che l'azienda trovasse la soluzione per conto suo, come prescriveva il modello del richiamo volontario. E quando un editorialista del *Washington Post* testò l'aggiornamento del software, che comprendeva gli avvisi e i messaggi aggiuntivi, la sua Tesla bruciò due stop.[14]

Eppure, i fan dell'azienda stavano già avvertendo gli effetti dei cambiamenti. Il *Wall Street Journal* riferì che i conducenti erano irritati dalle continue seccature che miravano ad avvertirli se non prestavano attenzione, ma che loro sostenevano fossero fuori controllo.

Uno di loro lo descrisse con una sintesi efficace: «Non credevo che la mia macchina si sarebbe messa a fare la prepotente fino a questo punto».[15]

17

Il Technoking è nudo

Chi controllava davvero Tesla?

Nel gennaio 2024, la cancelliera Kathaleen McCormick della Court of Chancery del Delaware si accingeva una volta per tutte a rispondere a questa domanda da 56 miliardi di dollari.

Sei anni dopo che Musk era stato lautamente ricompensato con il pacchetto retributivo più generoso mai registrato – superiore perfino al record precedente, il pacchetto retributivo del 2012 dello stesso Musk –, McCormick aveva il compito di decidere la questione più cruciale che continuava a incombere sul suo impero.

Se Musk aveva controllato Tesla e sfruttato i suoi rapporti con i membri del consiglio di amministrazione che gli dovevano dei favori o avevano altri conflitti di interesse per garantirsi un pacchetto retributivo da record, tenendo all'oscuro gli azionisti della portata della propria influenza, l'intero pacchetto sarebbe potuto essere a rischio. Un modo di procedere iniquo – per esempio, supervisionato da un CEO che esercitava un controllo dittatoriale – avrebbe assestato un colpo mortale al lauto compenso di Musk.

Quanto alla domanda centrale – Musk era davvero al comando? – McCormick descrisse la posta in gioco.

«Questa decisione osa "arrivare là dove nessun uomo è mai giunto prima"» scrisse.[1]

Le prove erano schiaccianti. La giudice elencò una serie di fattori che giocavano contro Musk, dalla descrizione fatta dai dipendenti che ne parlavano come di un «tiranno» – uno che «licenzia la gente "se gli gira"» – al coinvolgimento diretto in questioni finanziarie e operative dove, per esempio, «nessuno in Tesla poteva esaminare il suo account e-mail senza permesso tranne che in presenza di obblighi legali», al titolo che si era attribuito nel 2021 «senza prima consultarsi con il consiglio di amministrazione»: Technoking, «una posizione che lo paragonava a un monarca».[2]

«In effetti, la valanga di prove a questo punto è talmente soverchiante che è una faticaccia perfino metterla per iscritto» osservò McCormick.

Musk era al comando.

E il suo consiglio di amministrazione aveva chiaramente un conflitto di interessi. Agli azionisti non era stato offerto un resoconto equo di tali conflitti, che avrebbe consentito loro di prendere parte a una «votazione informata», l'altro modo per garantire l'equità del processo.

McCormick descrisse i difetti dell'operazione con piglio ironico.

«Nell'analisi finale, Musk ha avviato un processo di guida autonoma, ricalibrando la velocità e la direzione lungo la strada nel modo che riteneva adatto» scrisse.

Non restava che il verdetto.

«Il ricorrente ha diritto all'annullamento.»

Tradotto: l'enorme compenso da 56 miliardi di dollari non era più valido. Lo strumento che gli aveva permesso alcune delle sue scommesse più ambiziose – usare le quote Tesla per farsi dare dei prestiti, vendere miliardi di azioni per comprare Twitter, sempre con la certezza di altri pacchetti in arrivo – poteva volatilizzarsi.

Per aggiungere la beffa al danno, la persona che aveva preso questa decisione era la stessa che aveva presieduto il caso relativo all'acquisizione di Twitter, occasione in cui Musk aveva strapagato 44 miliardi di dollari per un social media davanti alla prospettiva certa di una sconfitta in aula.

Elon Musk era furente.

«Non stabilite mai la sede della vostra azienda nello Stato del Delaware» scrisse su X, il primo di una serie di post che potrebbero essere tranquillamente interpretati come una crisi di nervi, se fossero stati scritti da chiunque altro.[3]

Non ci volle molto perché rivolgesse la sua attenzione a McCormick. «Ha fatto più danni al Delaware di qualunque altro giudice della storia moderna» scrisse.[4]

Ai suoi occhi quella decisione era oltraggiosa: aveva scelto di non prendere uno stipendio, e adesso veniva punito per quella decisione.

«Il giudice del Delaware che ha annullato ingiustamente il mio compenso guadagna letteralmente più di me» fece notare.[5]

I fanboy di Tesla condividevano la sua rabbia.

Musk aveva raggiunto tutti gli ambiziosi obiettivi previsti dal piano di compensazione – che sostituiva lo stipendio – superando difficoltà che alcuni ritenevano insormontabili. E ora veniva penalizzato per questo?

Il verdetto alimentò settimane di risentimento su X. Alla fine, Musk prese la stessa decisione che aveva preso in occasione delle chiusure del Covid-19: fare i bagagli e trasferirsi in un altro Stato.

Fece ricorso alla sua solita strategia: un sondaggio su Twitter. Chiese se Tesla doveva trasferire la sede legale dove adesso c'erano gli uffici principali.

Nella consultazione, l'87 per cento di oltre un milione di votanti rispose che sì, Tesla avrebbe dovuto trasferire la sede legale in Texas.[6]

«Il voto pubblico è inequivocabilmente a favore del Texas!» scrisse Musk. «Tesla procederà immediatamente a tenere una votazione degli azionisti per trasferire la sede legale in Texas.»[7]

Poco dopo annunciò che SpaceX aveva trasferito la sede in Texas.[8] Intanto, spostò Neuralink in Nevada, come riportato dai media.[9]

Alexandra Merz, un'azionista di Tesla che aveva raccolto un seguito di migliaia di follower con l'handle TeslaBoomerMama, promosse il sostegno a una nuova votazione degli azionisti che avrebbe restituito a Musk il pacchetto retributivo che gli era stato portato via.[10] I fan online chiedevano che gli fossero dati i miliardi che era convinto gli fossero dovuti. Musk ringraziò personalmente Merz[11] mentre la proposta passava con una maggioranza schiacciante, insieme a un'altra che chiedeva il trasferimento della sede legale di Tesla dal Delaware al Texas.[12]

La votazione degli azionisti non poteva ribaltare la decisione, che restava nelle mani di McCormick. Ma mandava un messaggio chiaro. Il sostegno a Musk era solido, e il prezzo di sconfiggerlo era spesso controproducente: non accettava di aver perso. Invece, prendeva la palla e andava a casa, dove si sentiva apprezzato. Alla fine dell'anno, McCormick aveva emesso un nuovo giudizio alla luce del voto degli azionisti, ribadendo la sua decisione precedente. Il team dell'imputato «ha escogitato argomentazioni creative sul tema della ratifica» scrisse McCormick, ma «non sussiste alcun presupposto procedurale per ribaltare l'esito di una decisione sfavorevole sulla base di prove prodotte dopo la conclusione del processo».[13]

McCormick condannò Tesla al pagamento di 345 milioni di dollari in spese legali – liquidabili in azioni Tesla o in contanti – a favore della parte ricorrente. Gli avvocati dei ricorrenti espressero la speranza che la cosa si chiudesse lì ma, se così non fosse stato, dissero: «Siamo impazienti di avere il privilegio di difendere le opinioni meditate e fondate in appello alla Corte Suprema del Delaware».[14]

Tesla ricorse in appello. E Musk fece fuoco e fiamme, bollando McCormick come un'«attivista».[15]

Tutto sommato, il tweet più costoso della carriera di Musk potrebbe non essere stato quello del «finanziamento garantito».

Il 15 novembre 2023, qualche settimana dopo i terrificanti eventi del 7 ottobre, Elon decise ancora una volta di rispondere a un tweet che avanzava un'interpretazione squinternata degli avvenimenti: evidentemente, le conseguenze di aver diffuso teorie del complotto relative all'aggressione a Paul Pelosi due anni prima non gli avevano insegnato niente.

Quel pomeriggio, andò su X per rispondere a un'affermazione infondata secondo cui «le comunità ebraiche hanno promosso lo stesso identico tipo di dialettica dell'odio contro i bianchi che loro per primi denunciano quando è diretta verso gli ebrei».[16] Il ragionamento dell'autore del post era che gli ebrei americani – il cui orientamento politico è in genere progressista – avevano incoraggiato l'arrivo negli Stati Uniti di orde di migranti che adesso si stavano rivoltando contro di loro ed erano perciò responsabili dei crescenti attacchi antisemiti. Era un'affermazione priva di senso, per non parlare del fatto che era chiaramente un argomento fantoccio rivolto alle folle di manifestanti filo-palestinesi che si erano mobilitati dopo la massiccia offensiva militare israeliana che aveva ucciso decine di migliaia di persone a Gaza.

Musk la sposò in pieno.

«Hai detto la verità» scrisse rispondendo al tweet.[17]

Rincarò la dose meno di due ore dopo, ampliando il ragionamento iniziale.

«L'ADL [Anti-Defamation League] attacca ingiustamente la maggior parte dell'Occidente, nonostante la maggior parte dell'Occidente sostenga il popolo ebreo e Israele» scrisse. «Questo perché non possono, per i loro stessi principi, criticare i gruppi minoritari che rappresentano il loro pericolo principale. Non è giusto e deve finire.»[18]

Qualche minuto dopo, in mezzo alla rabbia crescente per i suoi commenti, cercò di chiarire la propria posizione.

«[Avete] ragione a dire che non si applica a tutte le comunità ebraiche, ma nemmeno si limita all'ADL» scrisse in risposta a un post che obiettava al suo uso di generalizzazioni.[19]

Musk stava tentando di rimediare, ma era troppo tardi. Molti stavano ancora cercando di digerire l'orrore dell'attacco del 7 ottobre a Israele e le devastazioni dell'invasione di terra a Gaza, mentre le istituzioni si muovevano con cautela tramite dichiarazioni trattenute e misurate.

Musk giocava seguendo altre regole.

Il giorno dopo il suo tweet antisemita, l'organizzazione non profit Media Matters postò un rapporto secondo cui gli annunci di aziende di primo piano come Apple e IBM erano comparsi accanto a contenuti filonazisti su X.[20] Molti utenti erano indignati per il post di Musk e adesso la situazione stava per precipitare. A questo punto, potete immaginare il seguito: Apple, IBM e Disney furono tra i maggiori inserzionisti che ritirarono la pubblicità dalla piattaforma.[21]

Musk non riuscì a nascondere il disgusto. Bollò Media Matters come «il male».[22] X negò con forza le affermazioni, sostenendo che il test di Media Matters fosse stato manipolato per produrre il risultato desiderato... e che in quasi tutti i casi, gli utenti veri non avevano visto pubblicità accanto al contenuto offensivo in questione. Poco dopo, i legali di X annunciarono una causa, che Media Matters denunciò come «inconsistente».[23]

Ma ormai la frittata era fatta.

Ross Gerber lesse i commenti di Musk inorridito, mentre gli investitori si affrettavano a togliere i loro soldi da Tesla.

«Ha insultato moltissimi dei miei clienti» disse.

Su X, si scagliò contro Musk... che aveva appoggiato in tanti dei processi e degli scandali, che aveva sostenuto anche durante l'acquisizione malaccorta di Twitter. Adesso basta.

«Ci vuole una vita per costruirsi una reputazione, e un giorno per distruggerla» scrisse Gerber.[24] Quanto all'investire in Tesla, «la festa, almeno per ora, sembra avviarsi alla fine».[25]

Musk lo bloccò poco dopo.

Dentro di sé, Gerber sapeva di non poter più ragionare con Musk.

«Diventano troppo famosi, pensano di essere troppo intelligenti, e smettono di ascoltare le persone che li hanno aiutati per dieci anni» mi ha detto Gerber in occasione di un'intervista nel gennaio 2024. «Scusa se non vengo a baciarti il culo. Sono un tuo pari.»

In privato, fece pressioni su Yaccarino perché Musk sbloccasse i suoi messaggi diretti su X. Yaccarino non se ne occupò. Si preoccupò invece di placare Gerber... mostrandogli che le posizioni estreme di Musk talvolta la costringevano a mettersi sulla difensiva, a rimediare alle azioni del proprietario.

L'Anti-Defamation League, disse Yaccarino in un messaggio privato a Gerber, «è una delle migliori». Ben lontana dall'affermazione di Musk secondo cui «l'ADL attacca ingiustamente la maggior parte dell'Occidente»[26] e dovrebbe essere ribattezzata la «Lega *per* la diffamazione».[27]

Per Musk la perdita di un alleato come Gerber – un uomo che aveva regolarmente detto meraviglie di lui e di Tesla alla CNBC ed era diventato di fatto il volto pubblico di un'azienda che non aveva un ufficio PR – fu significativa.

La cosa diventò lampante quando Musk si rivolse agli investitori con richieste che avevano bisogno dello stesso sostegno di cui godeva ai tempi d'oro: quando Tesla era l'invidia del mondo tech e automobilistico, quando lui, saldo al primo posto tra gli uomini più ricchi del pianeta, sembrava infallibile agli occhi degli investitori... prima di rischiare tutto con Twitter. È ciò che successe nel gennaio 2024, quando chiese agli azionisti di Tesla il 25 per cento del controllo societario come condizione per scommettere sull'intelligenza artificiale all'interno dell'azienda.

«Non sono a mio agio nel far diventare Tesla leader nel settore AI & robotica senza avere il controllo del ~ 25 per cento dei voti» scrisse. «A meno che non sia così, preferisco costruire questo tipo di prodotti al di fuori dell'azienda.»[28]

Alcuni lo interpretarono come un ricatto. Musk era alla guida di Tesla prima di commettere una serie di errori spontanei e di twittare fesserie, prima di farsi prendere dall'ossessione della politica della lamentela, prima di spaccare la base di fan e di diventare una delle figure più divisive del pianeta.

«Pensiamo solo a due anni fa» mi ha detto Gerber. «Due anni fa andava tutto alla grande. Le azioni erano a 400 dollari, la vita sorrideva a Elon. Era il re del mondo.»

Ma essere il Technoking ha i suoi lati negativi.

«Siamo di fronte a uno convinto di essere Giulio Cesare, o Napoleone, che pensa di non poter sbagliare» ha detto Gerber.

Elon Musk aveva una sola risposta per gli inserzionisti che avevano abbandonato X in seguito all'ira suscitata dai suoi tweet antisemiti.[29] Avrebbe lasciato tutti ammutoliti dallo stupore.

Era furibondo per il boicottaggio pubblicitario che aveva minacciato il destino dell'azienda e, alla fine, la sua sopravvivenza. Non era pronto ad assumersene la responsabilità. «Quello che farà questo boicottaggio sarà uccidere l'azienda» avrebbe detto in seguito, quando i giornali ormai ne parlavano. «E tutto il mondo saprà che questi inserzionisti hanno ucciso l'azienda.»[30]

Quel giorno al DealBook Summit del *New York Times* era chiaramente indignato: era tornato da poco da una visita in Israele che molti avevano letto come un tentativo di fare ammenda.[31] Tutti quelli che si aspettavano che si fosse ammansito dopo quel viaggio rimasero assai delusi.

Il mezzobusto della CNBC Andrew Ross Sorkin chiese a Musk se il suo viaggio in Israele fosse da interpretare come una «visita di scuse», citando la reazione degli inserzionisti. Musk fugò immediatamente qualunque dubbio al riguardo.[32]

«C'è qualcuno che ha intenzione di ricattarmi con la pubblicità, con i soldi?» esordì, in tono sempre più concitato a ogni parola.

Si girò verso il pubblico in modo che nessuno potesse fraintendere le parole che stavano per uscirgli di bocca.

«Andatevene affanculo.»

Fra gli astanti scese il silenzio, a parte qualche risatina nervosa. Era impossibile immaginare cosa stesse pensando in quel momento l'esperta dirigente pubblicitaria Linda Yaccarino.

«Ma...» intervenne Sorkin.

Musk lo interruppe, alzando le braccia e gesticolando mentre scandiva le parole per sottolinearle.

«Andatevene. A. Fare. In. Culo.»

Musk twittava mentre il suo impero bruciava. Le prime settimane del 2024 postò senza tregua sugli «immigrati illegali» e denunciò la cultura woke in ogni sua forma. Pareva assuefatto alle critiche e ai contraccolpi sul titolo Tesla, che era in caduta libera, minacciando lo stesso patrimonio che aveva usato per spingere le sue ambizioni di salvare il pianeta. Quel comportamento si attirò la rabbia anche dei suoi fan più appassionati. Non poteva accelerare la transizione all'energia rinnovabile se diventava un parafulmine politico: sarebbe stato solo l'ennesima personalità polarizzatrice e divisiva dell'arena geopolitica, un demagogo.

La cosa non gli interessava.

La quotazione di X era già finita giù dallo scarico, circa un quarto di quello che Musk l'aveva pagata, secondo alcune stime.[33] Tesla era crollata di quasi il 30 per cento dall'inizio dell'anno, bruciando decine di miliardi. Musk si era visto togliere il pacchetto retributivo da 56 miliardi, quello che lo aveva aiutato a diventare l'uomo più ricco del pianeta. Tutte le Tesla con Autopilot erano state richiamate per problemi legati alla sicurezza. Gli investitori ne avevano fin sopra i capelli delle pagliacciate di Musk che intaccavano il loro patrimonio e iniziarono a mettere in discussione la sua richiesta di maggiore controllo.[34] Come se non bastasse, i Cybertruck cominciarono ad arrugginire.[35]

Musk, intanto, passava gran parte del suo tempo a scagliarsi contro l'ondata di migranti che entrava nel Paese e contro quello che percepiva come razzismo contro i bianchi... inveendo sul social media che molti pensavano stesse gettando alle ortiche insieme alla propria reputazione. Non solo se ne fregava delle potenziali ricadute sulle sue aziende e sulla sua immagine; interpretava il plauso dei follower che si era conquistato a fatica – leccapiedi che avevano comprato le spunte blu, che lui aveva imbonito, opportunisti che avevano sfruttato il suo improvviso interesse per il loro estremismo politico – come segno di una popolarità crescente. Ricordate quando aveva detto: «Il numero dei miei follower parla da solo»?

Su un punto quasi tutti concordano: il Musk di oggi è distratto dalle attività che un tempo gli avevano guadagnato l'ammirazione globale. È motivato dal risentimento. È convinto di essere trattato ingiustamente. È ossessionato dalle stesse politiche estremiste della destra radicale, viste come contrappeso alle politiche identitarie della sinistra. È convinto di combattere una battaglia per la sopravvivenza.

Ma i segnali d'avvertimento erano presenti da tempo. Ricordiamo la reazione con il National Transportation Safety Board, quando credeva erroneamente che Tesla venisse presa di mira. Consideriamo il consiglio di amministrazione di Tesla e l'organizzazione creata dopo l'episodio del «finanziamento garantito», che avrebbero potuto essere un nuovo inizio e invece hanno trasformato un organo di controllo in un semplice strumento di approvazione automatica. Riflettiamo su come ha giustificato il lancio degli esperimenti di Autopilot e del Full Self-Driving nelle strade pubbliche. In quest'ultimo caso, gli va riconosciuto che ammise la possibilità di morti o feriti... tuttavia in qualche modo necessari per raggiungere la promessa della guida totalmente autonoma.

Secondo qualcuno, ci è voluto il cambiamento di vento politico per mettere finalmente a nudo il delirio di grandezza di Musk. Ciononostante, la domanda importante a questo punto è: chi gli ha dato questo potere assoluto su decisioni fondamentali? Ed è stato un errore non arginarlo prima che tale logica si estendesse ad altri ambiti?

«Il virus della mentalità woke va sconfitto, altrimenti niente avrà più importanza» scrisse nel 2022.[36] In effetti, qualche tempo dopo questa posizione lo spinse a scagliarsi contro una persona che era chiaramente dalla sua parte, un sostenitore della tecnologia Full Self-Driving di nome Chuck Cook, infastidito dalla sua deriva verso il risentimento politico e l'apparente mancanza di forze moderatrici attorno a lui.[37]

«Chuck si muove spinto dall'illusione che la civiltà occidentale non sia in pericolo, quando invece chiaramente lo è» scrisse. «Se l'America cade, nulla avrà più importanza, né le azioni, né le proprietà, niente di niente. Tutte le civiltà alla fine crollano, come mostra la storia, ma noi vogliamo che questa duri il più a lungo possibile.»[38]

Il trucco retorico qui era che qualsiasi comportamento, se spacciato come necessario per «salvare la civiltà», diventava moralmente accettabile. Musk riuscì a convincere un sacco di gente che qualche piccola deroga – alla correttezza, alla responsabilità personale, perfino alla sicurezza – fosse tollerabile in vista del raggiungimento di un bene superiore.

Perché qualcuno dovrebbe voler lavorare per un uomo del genere? Un ex dirigente di Tesla con cui ho parlato nell'estate del 2023 mi ha spiegato in sintesi il suo fascino. «Quando Elon sale sul palco e dice: "Diventerà realtà…" che sia colonizzare Marte, oppure, come ci diceva nel 2012, 2013: "Tesla diventerà l'azienda più importante del mondo", non ha neanche un dubbio. In molti sensi è un atteggiamento contagioso.

«Per gli ingegneri è come una droga» ha spiegato. «Guardi al di là di te e ogni giorno ottieni cose che avresti giurato fossero impossibili.»

Non era molto diverso da quello che mi aveva detto uno dei collaboratori di Musk anni prima: che i suoi obiettivi erano simili a missioni religiose.

La seduzione di quell'ambiente – e le soddisfazioni immense che riserva – possono attirare le stesse persone intelligenti in una trappola, i cui effetti devastanti non sono sconosciuti ad altri settori, compreso il mio: confondere il lavoro con la sofferenza.

«Lavorare per Elon è garanzia di sofferenza» mi ha detto l'ex dirigente. Il momento per andarsene arrivava quando la sofferenza superava i vantaggi: una lezione imparata a caro prezzo da molti nel tempo, che spiega il turnover forsennato ai piani alti, tipico delle aziende in mano a Musk.

Per Musk, la missione era tutto: chi non era totalmente allineato non era che un ostacolo da spazzare via.

«E ciò significa che le persone con cui lavora a volte sono sacrificabili, a meno che non appoggino la missione senza riserve» mi ha detto l'ex dirigente.

Coloro da cui ci si poteva aspettare il tipo di dissenso altrimenti noto come responsabilità – ossia, bastian contrari, consigli di amministrazione, enti regolatori – dovevano essere aggirati o, peggio, sconfitti a ogni costo.

Restava la questione del perché. Perché Musk era così determinato a risolvere tutti i problemi di un mondo complesso, caotico e in gran parte disfunzionale? Che cosa gliene veniva in tasca?

Mentre raccoglievo le informazioni per questo libro, continuava a tornarmi in mente una conversazione del 2023 con un altro ex dipendente di Tesla, il quale mi aveva raccontato di aver cercato di ragionare con Musk sul suo progetto di colonizzare Marte, solo per scoprire che era refrattario alla logica.

«Perché andare su Marte?» gli aveva chiesto.

«Dobbiamo essere una specie multiplanetaria, così l'umanità può sopravvivere se un grosso meteorite colpisce la Terra» era stata la risposta.

A quel punto, evitando la questione del perché la «sopravvivenza della specie umana» fosse tanto importante, il collaboratore aveva ribattuto che «il tempo medio prima del prossimo grosso impatto è fra un paio di centinaia di milioni di anni». In quel contesto, non era importante andare su Marte adesso o fra ventimila anni. «E fra ventimila anni, andare su Marte sarà un gioco da ragazzi… quindi perché andarci adesso con a disposizione questa tecnologia del Duemila del tutto immatura, anziché aspettare la tecnologia degli anni Ventimila?»

Fine della conversazione. L'ex dirigente di Tesla era arrivato alla conclusione che Musk voleva essere quello che avrebbe compiuto l'impresa. Legava questa prospettiva alla personalità di Musk e ha detto che quel comportamento rientrava in uno schema.

«Si tratta sempre di salvare il mondo, qualunque altra cosa non è degna di essere presa in considerazione» mi ha spiegato.

Postfazione

ALLA metà degli anni Novanta, Elon Musk aveva circa venticinque anni, aveva fondato una startup e lavorava illegalmente con un permesso di studio per mettere online una directory in stile guida telefonica con la sua società, Zip2.[1] Un giorno, mi ha raccontato Derek Proudian quasi trent'anni dopo, in qualità di socio di uno degli investitori chiave della startup, aveva fatto un salto negli uffici di Zip2 su Cambridge Avenue per pranzare con il fondatore, che aveva già ammaliato i finanziatori con la sua ossessione per il successo.

Mentre stavano andando a pranzo, Proudian era in pensiero per le priorità dell'azienda: reclutare ingegneri per incrementare la scalabilità del prodotto, avviare la ricerca di un amministratore delegato e capitalizzare quello che riteneva potesse diventare un mercato da 10 miliardi di dollari.

Musk pensava più in grande. «Diventerà globale» disse, secondo quanto mi ha raccontato Proudian. Zip2 sarebbe «diventata l'azienda più grande di sempre».

«Sì, be', magari sarà così» aveva risposto Proudian. «Adesso però restiamo concentrati sulle Pagine Gialle. Non abbiamo molta presa con le piccole aziende.»

Musk aveva la testa altrove.

«Ho visioni più grandi» aveva detto.

Proudian aveva cercato di interloquire, sperando di riportare la conversazione nei binari.

«No… tu non capisci» lo aveva interrotto Musk. «Io sono la reincarnazione di Alessandro Magno.»

Come?

Proudian doveva riportarlo coi piedi per terra. «E se punti alla luna, ma finisci col sedere per terra?»

«Ho lo spirito del samurai» aveva dichiarato Musk. «Preferisco fare *harakiri* che fallire.»

Quel giorno, Musk vedeva come un intralcio il pensiero limitato di un pari, il suo realismo. Oggi, sembra credere che l'incompetenza a livello federale – l'abbandono della meritocrazia a favore della mediocrità – costituisca l'ostacolo fra lui e il suo obiettivo ultimo.

La campagna presidenziale del 2024 è stata una scommessa di proporzioni galattiche, forse l'unica svolta che avrebbe potuto fargli avere responsabilità maggiori di quelle che poteva offrirgli il suo impero imprenditoriale. In prossimità delle elezioni, Musk era convinto che questo nuovo nemico intralciasse le sue ambizioni di mandare l'umanità su Marte: la stessa ossessione che lo aveva portato a scommettere sull'ingente pacchetto retributivo di Tesla, che aveva evidentemente guidato la sua acquisizione di Twitter nel tentativo di sconfiggere il «virus della mentalità woke», e che era da sempre la stella polare di SpaceX.[2]

«A meno che non fermiamo il lento soffocamento provocato dall'eccesso di regolamentazione in America, non diventeremo mai una civiltà multiplanetaria» disse,[3] per poi aggiungere: «A meno che non si faccia qualcosa in merito al soffocamento dell'eccesso di regolamentazione, l'umanità non arriverà mai su Marte».[4]

E quando la polvere si era posata, Musk si era schierato col partito vincitore ed era diventato *first buddy*, l'amico più caro del presidente eletto.[5]

Nel momento in cui scrivo, Elon Musk sembra essersi assicurato il potere necessario per sfidare i burocrati e le regolamentazioni eccessive che lo stavano ostacolando. Nominando Elon Musk alla guida congiunta del nuovo dipartimento dell'Efficienza governativa (DOGE), l'amministrazione Trump pare avergli dato l'opportunità di ristrutturare il governo mettendo forse le ambizioni di Musk su una corsia preferenziale. La sua influenza su Trump – dopo aver speso quasi 275 milioni di dollari per far eleggere lui e altri repubblicani tramite un super PAC (comitato di azione politica), l'America PAC – è chiara.[6]

Pochi giorni prima dell'annuncio ufficiale della nomina, Musk aveva rilanciato l'idea di «depotenziare» le agenzie che lo avevano indagato insieme alle sue aziende, tra cui la SEC e l'FTC.[7] Adesso aveva ottenuto l'avallo della persona più potente del pianeta, che aveva delineato un piano per «tagliare le regolamentazioni superflue, ridurre le spese inutili e ristrutturare le agenzie federali», e credeva di aver ricevuto un mandato per attuarlo.[8]

L'ingresso di Musk in politica – e nella governance – è un esito prevedibile. In ogni momento della sua storia, data la portata delle scommesse che ha fatto con la sua ricchezza e il suo potere, è parso oscillare fra l'essere saldamente al comando e sul punto di essere disintegrato. Una cosa, però, rimane: è inevitabile.

Tuttavia, adesso che ha raggiunto un nuovo livello di potere, la posta in gioco è cambiata. Non è più limitato a fare scommesse temerarie con il bilancio di una delle sue aziende o i mezzi di sostentamento dei suoi dipendenti. Si accinge ad applicare il proprio pensiero alla nostra società nel suo complesso, esercitando la propria influenza sulle leggi e i regolamenti fondamentali – quali le norme sul conflitto di interessi – che ci tengono insieme. Proteggere queste convenzioni e l'ordine che mirano a imporre non è certo una sua preoccupazione – come messo in luce dai capitoli di questo libro –, soprattutto se mantenerle può sfociare nella lenta marcia verso la distruzione dell'umanità che lui è convinto sia già iniziata.

Musk e i suoi sodali hanno chiarito di non avere problemi a imporre agli americani «un periodo di austerità» a breve termine, compresi una recessione economica e un crollo dei mercati, nel perseguimento del loro obiettivo finale.[9] Uno degli alleati più stretti di Musk ha detto che il DOGE richiederà un «sacrificio collettivo».[10]

Questo lascia solo la domanda: a che scopo? A cosa serve il sacrificio collettivo, se non all'obiettivo dichiarato di Musk di portare gli esseri umani su Marte? E cosa ha fatto Musk per l'opinione pubblica nel suo insieme per guadagnarsi questo genere di lealtà dai milioni di persone cui sta chiedendo di gettarsi nell'impresa insieme a lui? Qualcuno potrebbe sostenere che i suoi risultati imprenditoriali meritano questo atto di fede, ma è comunque un potere immenso da dare a una persona che non deve rendere conto a nessuno, sotto nessun aspetto.

E se questo obiettivo dichiarato apertamente – la nobile ambizione di ampliare il raggio d'azione dell'umanità – mascherasse un altro timore?

Nel partecipare alla campagna elettorale, Musk sembrava aver intuito un pericolo. Aveva la sensazione di giocarsi il tutto per tutto. Non ha fatto mistero di quello che c'era in ballo, sia per il Paese che per lui personalmente.

«Vedo queste elezioni come un punto di svolta, un bivio nella strada del destino che è importantissimo. Sai che non sono stato politicamente attivo finora» disse al podcaster Joe Rogan. «E il motivo per cui adesso lo sono è perché credo che se non eleggiamo Trump, perderemo la democrazia in questo Paese. Perderemo il sistema bipartitico» disse, spiegando la sua teoria infondata secondo cui i democratici al potere stavano «facendo entrare clandestinamente un numero enorme» di migranti irregolari negli swing state come parte di un intricato complotto per mantenere il controllo permanente del collegio elettorale.

Nonostante tutto l'attivismo, però, Musk lasciò intendere sfacciatamente che c'era in gioco anche una questione personale.

«Se perde, sei fottuto, amico» gli disse Tucker Carlson nel corso di un'intervista dell'ottobre 2024.

«Se perde, sono fottuto» concordò Musk. «Quanti anni pensi che mi daranno? Vedrò ancora i miei figli? Non lo so.»[11]

Sarebbe dovuta essere una battuta, ma lasciava intendere quello che Musk sentiva di giocarsi. All'epoca le sue aziende – e in certi casi, lui stesso – erano sotto l'esame del dipartimento della Giustizia, della SEC, della FTC, degli enti federali di controllo dei trasporti e della Federal Communications Commission, per citarne alcuni, mentre i metodi non convenzionali di coinvolgimento degli elettori del suo PAC iniziavano già a destare perplessità.[12]

Ma, come faceva spesso, stava proiettando quelle preoccupazioni personali sull'umanità stessa, suggerendo che l'infinito labirinto di interventi normativi soffocasse il potenziale umano nel suo complesso, rallentando e interferendo con questioni che erano, in ultima analisi, esistenziali.

In effetti, la «sopravvivenza», come abbiamo detto nell'introduzione, «è il valore supremo di ogni organismo, "l'obiettivo o fine ultimo per raggiugere il quale tutti gli obiettivi intermedi sono mezzi", nonché il modello per tutti gli altri valori: "ciò che allunga la sua vita è bene, ciò che la minaccia è male"» dice la *Stanford Encyclopedia of Philosophy*, che sintetizza uno dei principi essenziali della filosofia di Ayn Rand.[13]

Quando Musk circa trent'anni prima aveva affermato di essere come Alessandro Magno, era parsa la sparata tipica di un imprenditore pieno di sé, di quelli che abbondavano nella Silicon Valley. Ma mentre si avvicinavano le elezioni, Proudian, uno dei primi power broker della Valley a riconoscere la tempra di Musk ma anche la sua ostinazione, d'un tratto ha esclamato: «Oh, merda».

Ha iniziato a vedere le sue esperienze con Elon Musk sotto una luce diversa. Strane esplosioni emotive e affermazioni spuntate dal nulla – che aveva liquidato come frutto dell'arroganza o della spavalderia di una giovinezza da disadattato – cominciavano ad assumere un nuovo significato.

«Credevo che le forze del mercato avrebbero controllato Elon» mi ha detto Proudian, aggiungendo in seguito che «non le aveva prese seriamente quando era un imprenditore di ventitré anni senza un centesimo.

«Sono molto preoccupato perché so quanto è intelligente e so quanti soldi ha e so quanto è spietato e sta succedendo tutto sotto i miei occhi.»

Dovremmo tutti prestare attenzione a questi timori. Adesso è fuori moda ammetterlo... ma i record di licenziamenti di Musk e la zelante cancellazione di principi di business un tempo normali si è estesa ben oltre il suo impero imprenditoriale.

Molti di coloro che hanno lavorato a stretto contatto con Musk ne hanno ricavato la stessa impressione di Proudian, come questo libro ha dimostrato ripetutamente: che Musk, per quanto talvolta possa sbagliarsi, è irremovibile.

Alcuni hanno perso il sonno a causa della *hybris* di Musk; altri hanno perso la vita credendo nelle promesse della sua azienda. Qualunque sia il danno causato, anche se in nome di un obiettivo superiore, resta comunque di enorme gravità. Persone sono morte fidandosi delle sue promesse tecnologiche; altre hanno visto la propria esistenza sconvolta o la carriera distrutta; altre ancora hanno rischiato la rovina finanziaria per aver creduto in lui.

Che le ultime incursioni nell'ambito politico raggiungano i suoi obiettivi dichiarati, o che il rapporto con l'amministrazione Trump si deteriori lungo il percorso, Musk ha dimostrato costantemente una predilezione per comportamenti opportunistici e un disprezzo per la limitazione dei danni collaterali nel perseguire i propri scopi, e la posta in gioco non è mai stata così alta.

Anche se il DOGE sarà un grande successo – secondo i suoi standard –, la storia mostra che difficilmente si accontenterà: continuerà a cercare più potere e responsabilità, a scommettere tutto sulla prossima «impresa visionaria». E se non lo fosse, e il suo «spirito da samurai» lo spingesse a commettere *harakiri* piuttosto che ammettere il fallimento, potrebbe benissimo portare con sé molti di noi, prima di rialzarsi e riprovarci.

Ringraziamenti

Ho un debito di gratitudine con troppe persone perché sia possibile contarle, ma farò del mio meglio per nominarle tutte.

Anzitutto, sono profondamente grato a coloro che hanno parlato con me, spesso in più di un'occasione – a volte a ore strane –, mentre raccoglievo articoli e fact-checking e li assillavo con domande perché raccontassero questa storia nella maniera più chiara possibile. L'elenco comprende quelli con cui a volte, per via della mia posizione, ho avuto rapporti conflittuali. Ammiro il fatto che apprezzino la verità… e il loro impegno a rispettarla.

Molte delle interviste sono state condotte dietro le quinte, dove le fonti hanno fornito una varietà di motivi per restare anonime: il più delle volte per poter parlare liberamente di informazioni delicate, non pubbliche o, in certi casi, per timore di ritorsioni. Un buon numero delle mie fonti ha accettato di parlare con me solo per assicurarsi che non travisassi i fatti. Ho apprezzato enormemente il loro contributo. Le fonti anonime sono state fondamentali per ricostruire le vicende interne a Tesla, le interazioni di Musk con Washington e l'acquisizione di Twitter. I capitoli su Twitter, in particolare il 14, si basano in modo sostanziale su fonti fidate che hanno parlato a condizione di rimanere anonime per poter discutere apertamente di questioni interne. Nella gran parte dei casi, a meno che non sia specificato altrimenti, le citazioni non attribuite mi sono state riferite durante le interviste o altre comunicazioni dirette.

Ho spiegato in lungo e in largo l'ostilità di Musk nei confronti della stampa, il modo in cui gli eserciti di troll online hanno sconvolto la vita delle persone e i contraccolpi che alcuni hanno subito per aver parlato. Tenendo a mente questo, prendo il contributo delle mie fonti molto seriamente. Ammiro il loro coraggio e sono infinitamente grato.

Anche le ricerche esistenti su Musk, Twitter e Tesla si sono rivelate estremamente utili. Ognuno dei libri elencati offre una panoramica esaustiva dell'argomento, sia esso Twitter, Tesla o Musk stesso:

- *Ludicrous: The Unvarnished Story of Tesla Motors* di Edward Niedermeyer
- *Elon Musk* di Walter Isaacson
- *Elon Musk. Tesla, SpaceX e la sfida per un futuro fantastico* di Ashlee Vance
- *Insane Mode: How Elon Musk's Tesla Sparked an Electric Revolution to End the Age of Oil* di Hamish McKenzie
- *La scommessa del secolo. Elon Musk e la nascita di Tesla* di Tim Higgins
- *Character Limit: How Elon Musk Destroyed Twitter* di Kate Conger e Ryan Mac
- *Battle for the Bird: Jack Dorsey, Elon Musk, and the $44 Billion Fight for Twitter's Soul* di Kurt Wagner
- *Extremely Hardcore: Inside Elon Musk's Twitter* di Zoë Schiffer

Un grazie ai reporter che coprono con determinazione Musk ogni giorno e un ringraziamento particolare ai miei colleghi e predecessori che si occupano di Tesla e hanno preso Musk sul serio fin dall'inizio: Lora Kolodny, Dana Hull, Russ Mitchell, Linette Lopez, Drew Harwell, Tim Higgins, Charley Grant, Ed Niedermeyer, Rebecca Elliott, Neal Boudette e tanti altri. Nessuno di noi avrebbe potuto prevedere dove ci avrebbe portati quell'articolo.

A Jada Chan, grazie per avermi sostenuto in ogni aspetto del libro, dall'aiutarmi a rimanere organizzato a fungere da cassa di risonanza per le idee, e per aver fatto di tutto per assicurarti che il progetto rimanesse nei binari nell'anno più importante della nostra vita. Non mi hai mai permesso di dubitare di me stesso. Non vedo l'ora di sposarti il mese prossimo.

Ai miei genitori, Sabah e Firasat Siddiqui: siete un'inesauribile fonte di ispirazione con i vostri valori, l'etica del lavoro e l'esempio che date... di generosità salda per coloro che vi circondano e impegno ferreo verso ciò che è giusto. Grazie per tutto.

Grazie a tutti coloro che hanno lavorato alla stesura e alla revisione di questo volume, con una gratitudine speciale al mio editor Tim Bartlett e a Kevin Reilly, che mi hanno guidato in ogni tappa del processo e hanno lavorato instancabili per renderlo migliore con la disposizione – e l'urgenza – giuste per il sottoscritto.

Jane Dystel ha creduto nel progetto – e in me – fin da quando le ho telefonato con la proposta. Le devo infinita gratitudine. Grazie a Reed Albergotti, Nitasha Tiku e Ed Niedermeyer per aver preso sul serio la mia idea fin dall'inizio.

Grazie ai miei colleghi del *Washington Post*, attuali ed ex, fra cui Cameron Barr, Liz Seymour, Lori Montgomery, Christina Passariello ed Evelyn Larrubia per la loro comprensione quando ho preso un'aspettativa per finire il libro e destreggiarmi fra le scadenze.

Laura Stevens è stata la caporedattrice perfetta nel momento giusto per un reporter che stava facendo la cronaca dell'ascesa di Musk. Grazie a Rachel Lerman, Trisha Thadani, Elizabeth Dwoskin, Cat Zakrzewski, Drew Harwell, Gerrit De Vynck e a tanti colleghi che mi hanno offerto appoggio e hanno arricchito la comprensione di Musk e delle sue aziende per l'opinione pubblica. Grazie anche ai miei ex caporedattori alla sede locale, Mike Semel e Victoria Benning, per avermi aiutato ad avviare la mia carriera in un'istituzione che ammiro moltissimo.

Un grazie anche a Kenneth J. Silver, Diane Dilluvio, Gabrielle Gantz, Michelle Cashman, Laura Clark, Lizz Blaise, Young Lim, Omar Chapa e Steve Wagner per il loro lavoro su questo libro. Ben Kalin, che si è occupato del fact-checking, non è stato solo una persona magnifica con cui lavorare, ma anche una presenza rassicurante ed equilibrata in un momento critico.

Faraaz Siddiqui e Zahra Fatima: grazie per avermi mostrato cosa sono determinazione, persistenza e fede nei propri valori. Grazie anche per il vostro appartamento, che è stato un secondo ufficio. Mia nonna Bushra Yousuf ha fornito incoraggiamento e preghiere (assolutamente necessarie) e Imaan Yousuf ha letto una prima stesura e mi ha offerto la sua opinione. Mio nonno Abdul Yousuf rimarrà per sempre nel mio cuore.

Mariam Quraishi mi ha offerto una guida in un settore che mi era in gran parte sconosciuto.

Grazie anche alla mia nuova famiglia: Steve e Sabrina Chin, ed Elsa Chin, perché si preoccupano sempre di come me la sto cavando e si sforzano di tirar fuori il meglio di me.

Infine, niente di questo sarebbe stato possibile senza i miei mentori e i miei insegnanti di scrittura nel corso degli anni: in particolare, Joe Starita, Scott Winter e Dean Hume. Grazie.

Note

Introduzione

[1] @elonmusk, X, 21 novembre 2023, https://x.com/elonmusk/status/7269-89224073896365.

[2] @elonmusk, X, 29 gennaio 2021, https://x.com/elonmusk/status/1355-068728128516101.

[3] «SEC: Musk's misleading statement caused significant market confusion and disruption», in CNBC, 27 settembre 2018, https://www.youtube.com/watch?-v=tNJhUTeTsa4.

[4] Joe Rogan Experience, 7 settembre 2018, https://www.youtube.com/watch?-v=ycPr5–27vSI.

[5] «Ayn Rand», in *Stanford Encyclopedia of Philosophy*, 8 giugno 2010, https://plato.stanford.edu/entries/ayn-rand/#WhatEthiWhyDoWeNeedIt.

[6] @elonmusk, X, 5 giugno 2022, https://x.com/elonmusk/status/153341-0745429413888; @elonmusk, X, 13 dicembre 2022, https://x.com/elonmusk/status/1602734819225571328.

[7] @elonmusk, X, 19 maggio 2022, https://x.com/elonmusk/status/1527-356085090545664.

[8] «Ayn Rand», in *Stanford Encyclopedia of Philosophy*, 8 giugno 2010, https://plato.stanford.edu/entries/ayn-rand/#WhatEthiWhyDoWeNeedIt.

[9] @elonmusk, X, 19 maggio 2022, https://x.com/elonmusk/status/1824-637108570521983.

[10] Faiz Siddiqui, «How auto regulators played mind games with Elon Musk», in *Washington Post*, 27 marzo 2022, https://www.washingtonpost.com/technology/2022/03/27/tesla-elon-musk-regulation/.

[11] Ashlee Vance, *Elon Musk. Tesla, SpaceX e la sfida per un futuro fantastico*, Hoepli, Milano 2017.

[12] @elonmusk, X, 15 giugno 2018, https://x.com/elonmusk/status/10076-65949044928517.

[13] Lisa Napoli, «Compaq Buys Zip2 to Enhance Altavista», in *New York Times*, 17 febbraio 1999, https://www.nytimes.com/1999/02/17/business/compaq-buys-zip2-to-enhance-altavista.html; @elonmusk, X, 2 aprile 2021, https://x.com/elonmusk/status/1378139804647313411.

[14] Sergei Klennikov, «8 Innovative Ways Elon Musk Made Money Before He Was a Billionaire», in *Money*, 8 agosto 2017, https://money.com/8-innovative-ways-elon-musk-made-money-before-he-was-a-billionaire/.

[15] Marc Fisher, Christian Davenport, Faiz Siddiqui, «Elon Musk, the Twitter deal and his quest to save "all life on Earth"», in *Washington Post*, 14 maggio 2022, https://www.washingtonpost.com/business/2022/05/14/musk-twitter-deal-legacy/.

[16] @elonmusk, X, 29 luglio 2022, https://x.com/elonmusk/status/1553-029208057810945.

[17] Faiz Siddiqui, «Tesla is like an "iPhone on wheels". And consumers are locked into its ecosystem», in *Washington Post*, 14 maggio 2021, https://www.washington-post.com/technology/2021/05/14/tesla-apple-tech/.

[18] @pkafka, X, 7 aprile 2023, https://x.com/pkafka/status/1644440081720045598.

[19] Sanj Atwal, «Elon Musk suffers worst loss of fortune in history amid "market madness"», *Guinness World Records*, 6 gennaio 2023, https://www.guinnessworld-records.com/news/2023/1/elon-musk-suffers-worst-loss-of-fortune-in-history-amid-market-madness-731988.

[20] Faiz Siddiqui, «Twitter brings Elon Musk's genius reputation crashing down to earth», in *Washington Post*, 24 dicembre 2022, https://www.washingtonpost.com/technology/2022/12/24/elon-musk-twitter-meltdown-tesla/.

[21] Kate Conger, Tiffany Hsu, Aaron Krolik, «Twitter Barred Them. What Happened When Elon Musk Brought Them Back?», in *New York Times*, 12 ottobre 2024.

[22] @elonmusk, X, 2 luglio 2020; Jacob Kastrenakes, Mia Sato, «Elon Musk tells advertisers: "Go fuck yourself"», in The Verge, 29 novembre 2023, https://www.the-verge.com/2023/11/29/23981928/elon-musk-ad-boycott-go-fuck-yourself-destroy-x.

[23] Faiz Siddiqui, «Musk's Twitter investors have lost billions in value», in *Washington Post*, 1° settembre 2024.

[24] Alexander Saeedy, Dana Mattioli, «Elon Musk's Twitter Takeover Is Now the Worst Buyout for Banks Since the Financial Crisis», in *Wall Street Journal*, 20 agosto 2024, https://www.wsj.com/tech/elon-musks-twitter-takeover-is-now-the-worst-buyout-for-banks-since-the-financial-crisis-3f4272cb.

[25] @munster_gene, X, 30 dicembre 2024, https://x.com/munster_gene/status/1873853618430087460.

[26] Tom Krisher, Bernard Condon, «Tesla sales dropped 1.1% in 2024, its first annual decline in a dozen years», in AP, 2 gennaio 2025, https://apnews.com/article/tesla-sales-2024-drop-electric-vehicles-69af17c4e606625694af8293db25b2f3.

1. La guerra di Elon Musk contro Washington

[1] Faiz Siddiqui, «Tesla 1° sued by family of Apple engineer killed in Autopilot crash», in *Washington Post*, 1° maggio 2019, https://www.washingtonpost.com/technology/2019/05/01/tesla-sued-by-family-man-killed-autopilot-crash/.

[2] «Witness Group Attachment 2-Family Response to Request for Information», Huang *et al.*, v Tesla Inc., National Transportation Safety Board, 20 marzo 2019.

[3] Accident Report, «Collision Between a Sport Utility Vehicle Operating With Partial Driving Automation and a Crash Attenuator Mountain View, California», NTSB, 23 marzo 2018, https://www.ntsb.gov/investigations/AccidentReports/Reports/HAR2001.pdf.

[4] Michael Laris, «Tesla running on "Autopilot" repeatedly veered toward the spot where Apple engineer later crashed and died, federal investigators say», in *Washington Post*, 11 febbraio 2020.

[5] Faiz Siddiqui, Trisha Thadani, «In 2018 crash, Tesla's Autopilot just followed the lane lines», in *Washington Post*, 7 aprile 2024, https://www.washingtonpost.com/technology/2024/04/07/tesla-autopilot-crash-trial/.

[6] Accident Report, 23 marzo 2018, cit.

[7] *Ibid.*

[8] *Ibid.*

[9] Tom Krisher, «11 more crash deaths are linked to automated-tech vehicles», in AP, 18 ottobre 2022, https://apnews.com/article/technology-business-traffic-government-and-politics-a16c1aba671f10a5a00ad8155867ac92.

[10] @elonmusk, X, 27 dicembre 2020, https://x.com/elonmusk/status/1343-112752512946176.

[11] «The Atlantic Meets the Pacific: Exploring the Mind of an Entrepreneur-Elon Musk & James Fallows», 11 novembre 2011, https://www.uctv.tv/shows/The-Atlantic-Meets-the-Pacific-Exploring-the-Mind-of-an-Entrepreneur-Elon-Musk-James-Fallows-22483.

[12] Marc Fisher, Christian Davenport, Faiz Siddiqui, «Elon Musk, the Twitter deal and his quest to save "all life on Earth"», in *Washington Post*, 14 maggio 2022, https://www.washingtonpost.com/business/2022/05/14/musk-twitter-deal-legacy/.

[13] Faiz Siddiqui, «How auto regulators played mind games with Elon Musk», in *Washington Post*, 27 marzo 2022, https://www.washingtonpost.com/technology/2022/03/27/tesla-elon-musk-regulation/.

[14] @elonmusk, X, 19 ottobre 2021, https://x.com/elonmusk/status/145065-3942938054656.

[15] Faiz Siddiqui, «NTSB "unhappy" with Tesla release of investigative information in fatal crash», in *Washington Post*, 1° marzo 2018, https://www.washingtonpost.com/news/dr-gridlock/wp/2018/04/01/ntsb-unhappy-with-tesla-release-of-investigative-information-in-fatal-crash/.

[16] Drew Harwell, «Elon Musk's highflying 2018: What 150,000 miles in a private jet reveal about his "excruciating" year», in *Washington Post*, 29 gennaio 2019, https://www.washingtonpost.com/business/economy/elon-musks-highflying-2018-what-150000-miles-in-a-private-jet-reveal-about-his-excruciating-year/2019/01/29/83b5604e-20ee-11e9-8b59-0a28f2191131story.html.

[17] Brian Fung, «The technology behind the Tesla crash», in *Washington Post*, 1° luglio 2016, https://www.washingtonpost.com/news/the-switch/wp/2016/07/01/the-technology-behind-the-tesla-crash-explained/.

[18] *Ibid.*

[19] Michael Laris, «No defect found in Tesla "Autopilot" system used in deadly Florida crash», *Washington Post*, 19 gennaio 2017, https://www.washingtonpost.com/local/trafficandcommuting/no-defect-found-in-tesla-autopilot-system-used-in-deadly-florida-crash/2017/01/19/36e4fa7c-de65-11e6-ad42-f3375f271c9c_story.html.

[20] Bloomberg, «The Tesla Autopilot Crash Investigation: A Timeline», in *Fortune*, 14 aprile 2018, https://fortune.com/2018/04/14/tesla-autopilot-crash-investigation-timeline/.

[21] Lauren Botchan, «Wife of Tesla crash victim speaks out: "I just want this tragedy not to happen again to another family"», in ABC News, 11 aprile 2018, https://abcnews.go.com/US/wife-tesla-crash-victim-speaks-tragedy-happen-family/story?id=54392855.

[22] Dana Hull, Ryan Beene, «A Timeline of the Tesla Autopilot Crash Investigation», in *Bloomberg*, 12 aprile 2018, https://www.bloomberg.com/news/articles/2018-04-12/a-timeline-of-the-tesla-autopilot-crash-investigation.

[23] Lora Kolodny, «Federal agency says it booted Tesla from crash probe, but Tesla says it withdrew and will complain to Congress», in CNBC, 12 aprile 2018, https://www.cnbc.com/2018/04/12/ntsb-revokes-tesla-status-as-a-party-to-crash-investigation.html.

[24] David Shepardson, «Biden to tap No. 2 official to head U.S. auto safety agency», Reuters, ottobre 20, 2021, https://www.reuters.com/business/autos-transportation/exclusive-biden-tap-no-2-official-head-us-auto-safety-agency-source-2021-10-19/.

[25] Matt McFarland, «Tesla's latest Autopilot feature is slowing down for green lights, too», in CNN Business, 28 aprile 2020, https://www.cnn.com/2020/04/27/tech/tesla-autopilot-stoplight/index.html.

[26] Fred Lambert, «Tesla Twitter tries to "cancel" Biden's NHTSA safety adviser over criticism of Autopilot / FSD Beta», in Electrek, 20 ottobre 2021, https://electrek.co/2021/10/20/tesla-twitter-tries-to-cancel-biden-nhtsa-safety-advisor-critics-autopilot-fsd/.

[27] David Shepardson, «UPDATE 1-Veoneer says Cummings to resign from board after NHTSA appointment», Reuters, 25 ottobre 2021, https://ca.finance.yahoo.com/news/1-veoneer-says-cummings-resign-171151660.html.

[28] «Missy Cummings is fighting to make sure you don't read this petition», in *Whole Mars Catalog*, 21 novembre 2021, https://wholemars.net/2021/11/21/missy-cummings-is-fighting-to-make-sure-you-dont-read-this-petition/.

[29] @elonmusk, X, 20 ottobre 2021, https://x.com/elonmusk/status/1450653942938054656.

[30] @elonmusk, X, 21 marzo 2024, https://x.com/elonmusk/status/1770669199612170277.

[31] @Safety, X, 20 marzo 2024, https://x.com/Safety/status/1770647182279921840.

[32] @elonmusk, X, 27 gennaio 2022, https://x.com/elonmusk/status/1486809727963123716.

[33] Trisha Thadani, Rachel Lerman, Imogen Piper *et al.*, «The final 11 seconds of a fatal Tesla Autopilot crash», in *Washington Post*, 6 ottobre 2023, https://www.washingtonpost.com/technology/interactive/2023/tesla-autopilot-crash-analysis/.

[34] Andrew J. Hawkins, «Tesla's "Full Self-Driving" software is starting to roll out to select customers», in The Verge, 21 ottobre 2020, https://www.theverge.com/2020/10/21/21527577/tesla-full-self-driving-autopilot-beta-software-update.

[35] Faiz Siddiqui, «How auto regulators played mind games with Elon Musk», in *Washington Post*, 27 marzo 2022, https://www.washingtonpost.com/technology/2022/03/27/tesla-elon-musk-regulation/.

[36] Faiz Siddiqui, «Tesla owners can now request "Full Self-Driving", prompting criticism from regulators and safety advocates», in *Washington Post*, 25 settembre 2021, https://www.washingtonpost.com/technology/2021/09/24/tesla-full-self-driving/.

[37] *Ibid.*

[38] @elonmusk, X, 25 settembre 2021, https://x.com/elonmusk/status/1441837997645729794; https://www.teslarati.com/tesla-fair-chance-ntsb-chief-comments/.

[39] @JenniferHomendy, X, 22 ottobre 2021, https://twitter.com/JenniferHomendy/status/1451524796689358860.

[40] Faiz Siddiqui, «NTSB chair expresses concern over Tesla "inaction" on safety recommendations in letter to Elon Musk», in *Washington Post*, 25 ottobre 2021, https://www.washingtonpost.com/technology/2021/10/25/tesla-ntsb-musk/.

2. Un «anno difficile e doloroso» e una bella ricompensa

[1] «Post-Trial Opinion», Tornetta *et al.* v. Musk *et al.*, 30 gennaio 2024, https://corpgov.law.harvard.edu/2024/02/01/tesla-musk-case-post-trial-opinion/.

[2] *Ibid.*

[3] *Ibid.*

[4] Tesla Annual Report 2017, United States Securities and Exchange Commission, 22 febbraio 2018.

[5] *Ibid.*

[6] Dan Mangan, «Judge throws out Elon Musk's $56 billion Tesla pay package», in NBC News, 30 gennaio 2024.

[7] «Post-Trial Opinion», Richard J. Tornetta *et al.* v. Elon Musk *et al.*, 30 gennaio 2024, https://corpgov.law.harvard.edu/2024/02/01/tesla-musk-case-post-trial-opinion/.

[8] @elonmusk, X, 12 ottobre 2018, https://x.com/elonmusk/status/1050812486226599936.

[9] «Post-Trial Opinion», Richard J. Tornetta *et al.* v. Elon Musk *et al.*, 30 gennaio 2024, https://corpgov.law.harvard.edu/2024/02/01/tesla-musk-case-post-trial-opinion/.

[10] Jena McGregor, «These Tesla investors want even bigger changes on its board», in *Washington Post*, 1° novembre 2018, https://www.washingtonpost.com/business/2018/11/01/these-tesla-investors-want-even-bigger-changes-its-board/.

[11] Tesla Schedule 14A Information, United States Securities and Exchange Commission, 21 marzo 2018, https://www.sec.gov/Archives/edgar/data/1318605/000119312518035345/d524719ddef14a.htm.

[12] «Post-Trial Opinion», Richard J. Tornetta *et al.* v. Elon Musk *et al.*, 30 gennaio 2024, https://courts.delaware.gov/Opinions/Download.aspx?id=359340.

[13] Alexandria Sage, Ross Kerber, «Tesla shareholders approve CEO Musk's $2.6 billion compensation plan», Reuters, 21 marzo 2018, https://www.reuters.com/article/idUSKBN1GX0C0.

[14] Lora Kolodny, «Tesla stock drops as Elon Musk gives bizarre earnings call», in CNBC, 2 maggio 2018, https://www.cnbc.com/2018/05/02/tesla-stock-drops-as-elon-musk-gives-bizarre-earnings-call.html.

[15] Mark Matousek, «Elon Musk just apologized to the analyst whose questions he called "boring" and "boneheaded" last quarter», in *Business Insider*, 1° agosto 2018, https://www.businessinsider.com/elon-musk-apologizes-to-analyst-on-tesla-q2-earnings-call-2018-8.

[16] @elonmusk, X, 4 novembre 2016, https://x.com/elonmusk/status/794578375415238656.

[17] Emily Glazer, «Elon Musk Has Used Illegal Drugs, Worrying Leaders at Tesla and SpaceX», in *Wall Street Journal*, 6 gennaio 2024, https://www.wsj.com/business/elon-musk-illegal-drugs-e826a9e1.

[18] Elon Musk, Don Lemon Show, 18 marzo 2024, https://www.youtube.com/watch?v=hhsfjBpKiTw.

[19] @elonmusk, X, 6 giugno 2017, https://x.com/elonmusk/status/872260000491593728.

[20] Lindsey Bever, «Get more sleep, Arianna tells Elon. It's not an "option", he tells her in 2:30 a.m. tweet», in *Washington Post*, 20 agosto 2018, https://www.washingtonpost.com/technology/2018/08/20/get-more-sleep-arianna-tells-elon-its-not-an-option-he-tells-her-am-tweet/.

[21] @elonmusk, X, 19 agosto 2018, https://twitter.com/elonmusk/status/1031117421038141 44.

[22] Andrew Hawkins, «Elon Musk admits at trial that he ignored pleas to stop tweeting», in The Verge, 20 gennaio 2023, https://www.theverge.com/2023/1/20/23564629/elon-musk-twitter-testimony-securities-fraud-trial.

[23] Grace Kay, Sindhu Sundar, «Read the email billionaire Ron Baron sent Elon Musk telling him to stop tweeting when angry: "Get an ice cream cone. Just don't use Twitter"», in Yahoo! Finance, 10 marzo 2023, https://www.yahoo.com/lifestyle/read-email-billionaire-ron-baron-094200707.html.

[24] In re Tesla Inc. Securities Litigation Document 639, https://cand.uscourts.gov/in-re-tesla-inc-securities-litigation/.

[25] «Saudi Arabia's sovereign fund builds $2bn Tesla stake», in *Financial Times*, 7 agosto 2018, https://www.ft.com/content/42ca6c42-a79e-11e8-926a-7342fe5e173f.

[26] *Ibid.*

[27] @elonmusk, X, 7 agosto 2018, https://x.com/elonmusk/status/1026872652290379776?lang=e n.

[28] David Gelles, James B. Stewart, Jessica Silver-Greenberg *et al.*, «Elon Musk Details "Excruciating" Personal Toll of Tesla Turmoil», in *New York Times*, 16 agosto 2018, https://www.nytimes.com/2018/08/16/business/elon-musk-interview-tesla.html.

[29] @elonmusk, X, 18 giugno 2018, https://x.com/elonmusk/status/1008-906087611883521.

[30] *Ibid.*

[31] Lora Kolodny, «Tesla production briefly halted by paint shop fire in Fremont factory», in CNBC, 5 aprile 2018, https://www.cnbc.com/2018/04/05/tesla-production-briefly-halted-by-paint-shop-fire-in-fremont-factory.html.

[32] Christian Davenport, Faiz Siddiqui, «How Elon Musk went from sleeping in the factory to being on the cusp of launching a crew into space», in *Washington Post*, 21 febbraio 2020, https://www.washingtonpost.com/technology/2020/02/21/how-elon-musk-went-sleeping-factory-being-cusp-launching-crew-into-space/.

[33] United States Securities and Exchange Commission vs. Elon Musk, Complaint, 27 settembre 2018, https://www.sec.gov/files/litigation/complaints/2018/comp-pr2018-219.pdf.

[34] *Ibid.*

[35] *Ibid.*

[36] *Ibid.*

[37] Drew Harwell, Renae Merle, «Tesla suspends share-trading after Elon Musk tweets he wants to take the carmaker private», in *Washington Post*, 7 agosto 2018, https://www.washingtonpost.com/technology/2018/08/07/teslas-elon-musk-tweets-he-wants-take-carmaker-private/.

[38] «Nasdaq 5200 Series: 5205. The Applications and Qualifications Process», Nasdaq Listing Center, 12 marzo 2009, https://listingcenter.nasdaq.com/rulebook/Nasdaq/rules/Nasdaq%205200%20Series/ten%20minutes/EQUALS/.

[39] SEC complaint.

[40] @elonmusk, X, 7 agosto 2018, https://twitter.com/elonmusk/status/1026-894228541071360.

[41] Faiz Siddiqui, «Musk, defending "Funding secured" statement, downplays impact of tweets», in *Washington Post*, 20 gennaio 2023, https://www.washingtonpost.com/technology/2023/01/20/elon-musk-tesla-trial/.

[42] @elonmusk, X, 30 gennaio 2024, https://x.com/elonmusk/status/175253-2343993323742.

[43] «Report of Investigation Pursuant to Section 21(a) of the Securities Exchange Act of 1934: Netflix, Inc., and Reed Hastings», SEC, 2 aprile 2013, https://www.sec.gov/litigation/investreport/34-69279.htm.

[44] Faiz Siddiqui, «Elon Musk found not liable in federal trial over "Funding secured" tweet», in *Washington Post*, 3 febbraio 2023, https://www.washingtonpost.com/technology/2023/02/03/elon-musk-tesla-verdict/.

[45] Dave Michaels, «SEC Probes Tesla CEO Musk's Tweets», in *Wall Street Journal*, 8 agosto 2018, https://www.wsj.com/articles/sec-has-made-inquiries-to-tesla-over-elon-musks-taking-private-tweet-1533757570.

[46] Kalman Isaacs *et al.* vs Elon Musk and Tesla, Class Action Complaint, 10 agosto 2018, https://www.classaction.org/media/isaacs-v-musk-et-al.pdf.

[47] David J. Lynch, Drew Harwell, «Saudi oil money may give Elon Musk the private Tesla of his dreams», in *Washington Post*, 13 agosto 2018, https://www.washingtonpost.com/business/economy/saudi-oil-money-may-give-elon-musk-the-private-tesla-of-his-dreams/2018/08/13/5a00a234-9f2c-11e8-83d2-70203b8d7b44_story.html.

[48] *Ibid.*

[49] Armani Sayed, «Everything We Know About the Death of Duangphet Phromthep–One of 12 Boys Rescued from a Thai Cave in 2018», in *Time*, 16 febbraio 2023, https://time.com/6256167/duangphet-phromthep-dies-thai-rescue-cave/.

[50] Drew Harwell, «Elon Musk's "pedo" attack rattles Tesla investors: "This thing is unraveling"», in *Washington Post*, 16 luglio 2018, https://www.washing-

tonpost.com/technology/2018/07/16/elon-musks-pedo-attack-rattles-tesla-investors-this-thing-is-unraveling/; @elonmusk, X, 4 luglio 2018, https://x.com/elonmusk/status/1014509856777293825.

[51] @elonmusk, X, 7 luglio 2018, https://x.com/elonmusk/status/1015657378140704768.

[52] @elonmusk, X, 9 luglio 2018, https://x.com/elonmusk/status/1016443130017505280.

[53] Muktita Suhartono, Julia Jacobs, «Elon Musk Defends His Rejected Mini-Sub Plan for Thai Cave», in *New York Times*, 10 luglio 2018, https://www.nytimes.com/2018/07/10/world/asia/elon-musk-thailand-cave-submarine.html.

[54] Helier Cheung, Tessa Wong, «The full story of Thailand's extraordinary cave rescue», BBC, 13 luglio 2018, https://www.bbc.com/news/world-asia-44791998.

[55] Jackie Wattles, «Elon Musk makes unfounded accusation against Thai cave rescuer», in CNN, 16 luglio 2018, https://money.cnn.com/2018/07/15/technology/elon-musk-thai-cave-rescue/index.html.

[56] *Ibid.*

[57] Avi Selk, «Thai cave rescuer considers suing Elon Musk over deleted "pedo" tweets», in *Wall Street Journal*, 16 luglio 2018, https://www.washingtonpost.com/news/worldviews/wp/2018/07/15/elon-musk-insisting-he-helped-in-thai-cave-rescue-calls-actual-rescuer-a-pedo/.

[58] Meagan Flynn, «Elon Musk claims "pedo guy" is actually a South African insult that doesn't mean pedophile», in *Washington Post*, 17 settembre 2019, https://www.washingtonpost.com/nation/2019/09/17/elon-musk-pedo-guy-thai-cave-rescue-lawsuit/.

[59] Helen A.S. Popkin, «Elon Musk's "Pedo Guy" Tweet Isn't Defamation, Jury Rules», in *Forbes*, 6 dicembre 2019, https://www.forbes.com/sites/helenpopkin/2019/12/06/elon-musks-pedo-guy-tweet-isnt-defamation-jury-rules/?sh=5cecf01834b0.

[60] Shweta Ganjoo, «Is Elon Musk losing it, he just called the diver who rescued 12 Thai boys pedo», in *India Today*, 16 luglio 2019, https://www.indiatoday.in/technology/news/story/is-elon-musk-losing-it-he-just-called-the-diver-who-rescued-12-thai-boys-pedo-1287286-2018-07-16.

[61] Meagan Flynn, «Elon Musk claims "pedo guy" is actually a South African insult that doesn't mean pedophile», in *Washington Post*, 17 settembre 2019, https://www.washingtonpost.com/nation/2019/09/17/elon-musk-pedo-guy-thai-cave-rescue-lawsuit/

[62] Avi Selk, «Thai cave rescuer considers suing Elon Musk over deleted "pedo" tweets», in *Washington Post*, 16 luglio 2018, https://www.washingtonpost.com/news/worldviews/wp/2018/07/15/elon-musk-insisting-he-helped-in-thai-cave-rescue-calls-actual-rescuer-a-pedo/.

[63] Grace Kay, Sindhu Sundar, «Read the email billionaire Ron Baron sent Elon Musk telling him to stop tweeting when angry: "Get an ice cream cone. Just don't use Twitter"», in *Business Insider*, 10 marzo 2023, https://www.businessinsider.com/tesla-investor-ron-baron-email-elon-musk-dont-tweet-angry-2023-3.

[64] Unsworth vs. Musk, Plaintiff's Statement of Genuine Disputes in Opposition to Defendant's Motion for Summary Judgement, 28 ottobre 2019, https://www.plainsite.org/dockets/download.html?id=285066911&z=db38aaa2.

[65] Gene Munster, «An Open Letter to Elon Musk», 17 luglio 2018, https://deepwatermgmt.com/an-open-letter-to-elon-musk/.

[66] Unsworth vs. Musk, Plaintiff's Statement of Genuine Disputes in Opposition to Defendant's Motion for Summary Judgement, 28 ottobre 2019, https://www.plainsite.org/dockets/download.html?id=285066911&z=db38aaa2.

[67] Jackie Wattles, «Lawyer: We're "finalizing" a libel lawsuit against Elon Musk over "pedo" tweet», in CNN Money, 29 agosto 2018, https://web.archive.org/web/20211010181502/https://money.cnn.com/2018/08/29/news/elon-musk-libel-lawsuit-vern-unsworth/.

[68] Ryan Mac, Mark Di Stefano, John Paczkowski, «In A New Email, Elon Musk Accused A Cave Rescuer Of Being A "Child Rapist" And Said He "Hopes" There's A Lawsuit», in *BuzzFeed News*, 4 settembre 2018, https://www.buzzfeednews.com/article/ryanmac/elon-musk-thai-cave-rescuer-accusations-buzzfeed-email.

[69] Unsworth vs. Musk, Plaintiff's Statement of Genuine Disputes in Opposition to Defendant's Motion for Summary Judgement, ottobre 28, 2019, https://www.plainsite.org/dockets/download.html?id=285066911&z=db38aaa2.

[70] *Ibid.*

[71] Mac *et al.*, «In A New Email, Elon Musk».

[72] Unsworth vs. Musk, Plaintiff's Statement of Genuine Disputes in Opposition to Defendant's Motion for Summary Judgement, 28 ottobre 2019, https://www.plainsite.org/dockets/download.html?id=285066911&z=db38aaa2.

[73] Ryan Mac, «The Cave Rescuer Suing Elon Musk Claims The Tesla CEO Fabricated Pedophilia Claims Against Him», in *BuzzFeed News*, 8 ottobre 2019, https://www.buzzfeednews.com/article/ryanmac/unsworth-reply-elon-musk-fucking-idiot.

[74] Ryan Smith, «Who Is Richard Tornetta? Thrash Metal Drummer Who Took Down Elon Musk», in *Newsweek*, 31 gennaio 2024, https://www.newsweek.com/elon-musk-lawsuit-56-billion-richard-tornetta-delaware-pay-deal-court-1865638.

[75] «Elon Musk Charged With Securities Fraud for Misleading Tweets», SEC, 1° ottobre 2018, https://www.sec.gov/newsroom/press-releases/2018-219.

[76] «Elon Musk Settles SEC Fraud Charges; Tesla Charged With and Resolves Securities Law Charge», SEC, 2 ottobre 2018, https://www.sec.gov/news/press-release/2018–226.

[77] *Ibid.*

[78] Mark Matousek, «A Tesla without Elon Musk as CEO is a good thing: Gene Munster», in *Business Insider*, 28 settembre 2018, https://www.businessinsider.com/tesla-without-elon-musk-as-ceo-would-be-good-thing-gene-munster-2018-9.

[79] *Ibid.*

[80] Christian Davenport, «NASA to launch safety review of SpaceX and Boeing after video of Elon Musk smoking pot rankled agency leaders», in *Washington Post*, 20 novembre 2018, https://www.washingtonpost.com/business/2018/11/20/nasa-launch-safety-review-spacex-boeing-after-video-elon-musk-smoking-pot-rankled-agency-leaders/.

[81] Lora Kolodny, «Robyn Denholm replaces Elon Musk as Tesla's board chair», in CNBC, 8 novembre 2018, https://www.cnbc.com/2018/11/08/robyn-denholm-will-replace-elon-musk-as-teslas-board-chair.html.

[82] Sara Salinas, «Tesla's pick for a new chairwoman is boring, but that's exactly what the company needs», in CNBC, 8 novembre 2018, https://www.cnbc.com/2018/11/08/tesla-chairwoman-robyn-denholm.hml.

[83] Elizabeth Lopatto, «If James Murdoch is the new Tesla chairman, that's bad news for Elon Musk», in The Verge, 12 ottobre 2018, https://www.theverge.com/2018/10/12/17965382/tesla-chairman-james-murdoch-board-director-rumors-elon-musk.

[84] Elon Musk, *60 Minutes*, 9 dicembre 2018.

[85] «Post-Trial Opinion», Tornetta *et al.* v. Musk *et al.*, 30 gennaio 2024, https://corpgov.law.harvard.edu/2024/02/01/tesla-musk-case-post-trial-opinion/.

[86] *Ibid.*

[87] Tim Levin, «Uber CEO: CEOs are paid too much», in *Business Insider*, 16 luglio 2021, https://www.businessinsider.com/ceo-salary-pay-uber-dara-khosrowshahi-overpaid-executive-compensation-2021-7.

[88] Emily Peck, «The fight over Apple CEO Tim Cook's $99M pay package», in *Axios*, 18 febbraio 2022, https://www.axios.com/2022/02/18/apple-tim-cook-pay-package-iss.

[89] Kirsten Grind, Emily Glazer, Rebecca Elliott *et al.*, «The Money and Drugs That Tie Elon Musk to Some Tesla Directors», in *Wall Street Journal*, 3 febbraio 2024, https://www.wsj.com/tech/elon-musk-tesla-money-drugs-board-61af9ac4.

[90] Sissi Cao, «Who is Tesla's New Chair Robyn Denholm, the Australian Woman Replacing Elon Musk?», in *The Observer*, 8 novembre 2018, https://observer.com/2018/11/robyn-denholm-elon-musk-tesla-chair/.

[91] *60 Minutes*, 9 dicembre 2018.

[92] Faiz Siddiqui, «How auto regulators played mind games with Elon Musk», in *Washington Post*, 27 marzo 2022, https://www.washingtonpost.com/technology/2022/03/27/tesla-elon-musk-regulation/.

[93] «Post-Trial Opinion», Tornetta *et al.* v. Musk *et al.*, 30 gennaio 2024, https://courts.delaware.gov/Opinions/Download.aspx?id=359340.

3. In fumo

[1] «Still on Top: Ford F-Series Retains Title of Best-Selling Truck for 46th Consecutive Year; Overall Best-Seller for 41st», Ford, 3 gennaio 2023, https://media.ford.com/content/fordmedia/fna/us/en/news/2023/01/03/ford-f-series-is-americas-best-selling-truck-and-vehicle-once-ag.html.

[2] Aaron Holmes, «People are saying the "cybergirl" who introduced Elon Musk at Tesla's Cybertruck unveiling was girlfriend Grimes–here's the evidence», in *Business Insider*, 22 novembre 2019, https://www.businessinsider.com/grimes-elon-musk-cybertruck-unveil-as-cybergirl-2019-11.

[3] «People are saying the "cybergirl" who introduced Elon Musk at Tesla's Cybertruck unveiling was girlfriend Grimes–here's the evidence», in *Business Insider*, 22 novembre 2019, https:/www.businessinsider.in/slideshows/miscellaneous/people-are-saying-the-cybergirl-who-introduced-elon-musk-at-teslas-cybertruck-unveiling-was-girlfriend-grimes-heres-the-evidence/slidelist/72192271.cms.

[4] «2014 Chevrolet Silverado Pickup debut», 13 dicembre 2012, https://www.youtube.com/watch?v=XIej-CbknYo.

[5] *Ibid.*

[6] Sean Szymkowski, «GM Banks $17,000 Profit Per Pickup On Average», in GM Authority, 10 agosto 2018, https://gmauthority.com/blog/2018/08/gm-banks-17000-profit-per-pickup-on-average/.

[7] Greg Gilmore, «Mazda Designer Von Holzhausen Bolts for Tesla», in *Autoweek*, 4 agosto 2008, https://www.autoweek.com/news/a2043726/mazda-designer-von-holzhausen-bolts-tesla/.

[8] Faiz Siddiqui, «Tesla's new "Cybertruck" promised unbreakable windows. They broke onstage», in *Washington Post*, 22 novembre 2019, https://www.washingtonpost.com/technology/2019/11/21/america-loves-pickup-trucks-can-elon-musk-win-drivers-over-with-tesla-cybertruck/.

[9] Tim Higgins, Heather Somerville, «Tesla Unveiled a Bulletproof Pickup. Then the Window Broke», in *Wall Street Journal*, 22 novembre 2019, https://www.wsj.com/articles/tesla-unveiled-a-bullet-proof-pickup-then-the-window-broke-11574444427.

[10] Naomi Tajitsu, «Tesla's cybertruck launch takes hit as "shatterproof" windows crack», Reuters, 22 novembre 2019, https://www.reuters.com/article/markets/teslas-cybertruck-launch-takes-hit-as-shatterproof-windows-crack-idUSL3N2821Y8/.

[11] Vivian Ho, «Elon Musk's net worth plunges $768m in a day after cybertruck fiasco», in *The Guardian*, 22 novembre 2019, https://www.theguardian.com/technology/2019/nov/22/elon-musk-net-worth-tesla-cybertruck.

[12] Galen Gruman, «Steve Jobs' Wi-Fi meltdown at WWDC», in *InfoWorld*, 7 giugno 2010, https://www.infoworld.com/article/2297843/steve-jobs-wi-fi-meltdown-at-wwdc.html.

[13] Helena Andrews-Dyer, «Dave Chappelle brings Elon Musk onstage at comedy show and boos abound», in *Washington Post*, 12 dicembre 2022, https://www.washingtonpost.com/arts-entertainment/2022/12/12/dave-chappelle-elon-musk-booed/; Faiz Siddiqui, «Twitter repeatedly crashes as DeSantis tries to make presidential announcement», in *Washington Post*, 24 maggio 2023, https://www.washingtonpost.com/technology/2023/05/24/elon-musk-ron-desantis-2024-twitter/.

[14] Helena Andrews-Dyer, «Dave Chappelle brings Elon Musk onstage at comedy show and boos abound», in *Washington Post*, 12 dicembre 2022, https://www.washingtonpost.com/arts-entertainment/2022/12/12/dave-chappelle-elon-musk-booed/.

[15] @elonmusk, X, 22 novembre 2019, https://twitter.com/elonmusk/status/1198090787520598016.

[16] @elonmusk, X, 24 novembre 2019, https://twitter.com/elonmusk/status/1198772995021406209.

[17] Jason Torchinsky, «Tesla's Claim That Cybertruck Can Pull "Near Infinite Mass" Is Hilarious Bullshit», in *Autopian*, 4 gennaio 2023, https://www.theautopian.com/teslas-claim-that-cybertruck-can-pull-near-infinite-mass-is-hilarious-bullshit/.

[18] Carmen Reinicke, «"Looks weird… like, really weird": Wall Street isn't sold on Tesla's new Cybertruck design. Here's what 7 analysts think about the electric pickup», in *Business Insider*, 22 novembre 2019, https://markets.businessinsider.com/news/stocks/tesla-cybertruck-analyst-reaction-live-demo-wall-street-puzzled-appearance-2019–11–1028712126.

[19] Brett Smith, «Why Tesla's weird new Cybertruck could be a hit», in CNN Business Perspectives, 29 novembre 2019, https://www.cnn.com/2019/11/29/perspectives/cybertruck-tesla-elon-musk/index.html.

[20] @elonmusk, X, 26 novembre 2019, https://x.com/elonmusk/status/1199526897887195136.

[21] Fred Lambert, «Exclusive: Tesla Cybertruck reaches 1.5 million pre-orders–Can it live up to the hype?», in Electrek, 22 novembre 2022, https://electrek.co/2022/11/22/tesla-cybertruck-million-pre-orders-live-up-to-hype/.

[22] @elonmusk, X, 3 maggio 2021, https://twitter.com/elonmusk/status/1389102532706848768.

[23] Benjamin Spillman, «It's big, loud and secretive: We got a tour of Tesla's Gigafactory and here's how it works», in *Reno Gazette-Journal*, 10 dicembre 2018, https://www.rgj.com/story/news/2018/12/10/reno-sparks-nevada-tesla-gigafactory-factory-model-3-sedan-jobs/2211115002/.

[24] *Ibid.*

[25] Kyle Field, «Tesla Model Y To Share ~76% Of Parts With Model 3, Be Built At Gigafactories», in Clean Technica, 31 gennaio 2019, https://cleantechnica.com/2019/01/31/tesla-model-y-to-share-76-of-parts-with-model-3-built-at-gigafactories/.

[26] Fred Lambert, «Tesla reduces Model Y prices, now starts below $50,000», in Electrek, 11 luglio 2020, https://electrek.co/2020/07/11/tesla-model-y-price-drop/; Fred Lambert, «Tesla Model Y roof allegedly falls off brand new car–turning it into a convertible», in Electrek, 5 ottobre 2020, https://electrek.co/2020/10/05/tesla-model-y-roof-fall-off/.

[27] Hamza Shaban, «Tesla to unveil Model Y crossover SUV march 14», in *Washington Post*, 4 marzo 2019, https://www.washingtonpost.com/technology/2019/03/04/tesla-unveil-model-y-crossover-SUV-march/.

[28] Sean O'Kane, «Elon Musk is driving Tesla's Cybertruck prototype around Los Angeles», in The Verge, 9 dicembre 2019, https://www.theverge.com/2019/12/9/21002684/elon-musk-driving-cybertruck-footage-photos-nobu; «Jay Leno's Garage», *CNBC*, maggio 23, 2020.

[29] «Tesla delays Cybertruck production due to supply chain constraints; new timeline is vague», in Electrek, 26 gennaio 2022, https://electrek.co/2022/01/26/tesla-delays-cybertruck-production-new-timeline-uncertain/.

[30] Faiz Siddiqui, «Elon Musk says Tesla will not produce a new vehicle model in 2022, renews prediction on Full Self-Driving», in *Washington Post*, 26 gennaio 2022, https://www.washingtonpost.com/technology/2022/01/26/tesla-elon-musk/.

[31] @elonmusk, X, 29 settembre 2022, https://twitter.com/elonmusk/status/1575508498430820352.

[32] Hamza Shaban, «Elon Musk: Tesla has moved from "production hell" to "delivery logistics hell"», in *Washington Post*, 17 settembre 2018, https://www.washingtonpost.com/technology/2018/09/17/elon-musk-tesla-has-moved-production-hell-delivery-logistics-hell/.

[33] Faiz Siddiqui, Rachel Lerman, «Elon Musk's role at Tesla questioned as Twitter occupies his attention», in *Washington Post*, 16 dicembre 2022, https://www.washingtonpost.com/technology/2022/12/15/elon-musk-tesla-twitter/.

[34] Tim Stevens, «Waiting for Cybertruck: Some Tesla Customers Have Lost Faith During the Long Road to Production», in *The Information*, 19 agosto 2023, https://www.theinformation.com/articles/waiting-for-cybertruck-some-tesla-customers-have-lost-faith-during-the-long-road-to-production.

[35] @MKBHD, X, 30 novembre 2023, https://x.com/MKBHD/status/1730332614039368051.

[36] Nik Berg, «World's Best-Selling Car Is the Tesla Model Y», in Hagerty, 26 gennaio 2024, https://www.hagerty.com/media/news/the-worlds-best-selling-car-is-the-tesla-model-y/.

[37] @jimfarley98, X, 12 dicembre 2023, https://x.com/jimfarley98/status/1734724833336856657.

[38] Bryan Hood, «Cybertrucks Aren't Rusting, It's "Surface Contamination", Tesla Engineer Says», in Robb Report, 22 febbraio 2024, https://robbreport.com/motors/cars/tesla-engineer-says-cybertrucks-isnt-rusting-1235519993/.

[39] Brad Anderson, «Tesla Cybertruck's "Guillotine" Panels Can Chop Off Carrots, But What About Your Fingers?», in Carscoops, 27 gennaio 2024, https://www.carscoops.com/2024/01/you-definitely-dont-want-to-get-your-finger-stuck-in-the-tesla-cybertruck-heres-why/.

[40] @aaronjcash, X, 20 aprile 2024, https://x.com/aaronjcash/status/1781734760215408922.

[41] JerryRigEverything, «How far can the CYBERTRUCK tow 11,000lbs in Freezing Weather?», YouTube, 19 gennaio 2024, https://www.youtube.com/watch?v=yku9fbkoKM; WhistlinDiesel, «WhistlinDiesel Cybertruck Durability Test #1», YouTube, 2 agosto 2024, https://www.youtube.com/watch?v=PKEJ3DyiiA; WhistlinDiesel, «Cybertruck Frames are Snapping in Half», 22 agosto 2024, https://www.youtube.com/watch?v=_scBKKHi7WQ.

[42] TechRax, «How Deep Can Tesla Cybertruck Drive in Water? - Wade Mode Test», YouTube, 20 febbraio 2024, https://www.youtube.com/watch?v=4lKAEHMvvxg.

[43] Hyunjoo Jin, Norihiko Shirouzu, Ben Klayman, «Exclusive: Tesla scraps low-cost car plans amid fierce Chinese EV competition», Reuters, 5 aprile 2024, https://www.reuters.com/business/autos-transportation/tesla-scraps-low-cost-car-plans-amid-fierce-chinese-ev-competition-2024-04-05/.

[44] @elonmusk, X, 28 febbraio 2024, https://x.com/elonmusk/status/1762716-007913652650.

4. Cosa uccide la mente

[1] Chuck Squatriglia, «Tesla's Got the Factory, Now It Needs to Fill It», in *Wired*, 28 ottobre 2010, https://www.wired.com/2010/10/teslas-got-the-factory-now-it-needs-to-fill-it/.

[2] Faiz Siddiqui, «The Bay Area ordered millions to shelter in place. Elon Musk had Tesla employees report to work anyway», in *Washington Post*, 19 marzo 2020, https://www.washingtonpost.com/technology/2020/03/18/bay-area-ordered-millions-shelter-place-elon-musk-had-tesla-employees-report-work-anyway/.

[3] David Close, «NBA suspends season after Jazz center Rudy Gobert tests positive for coronavirus», in CNN, 12 marzo 2020, https://www.cnn.com/2020/03/11/us/nba-season-suspended-spt-trnd/index.html; Sandra Gonzalez, «Tom Hanks and Rita Wilson diagnosed with coronavirus», in CNN, 12 marzo 2020.

[4] «Order of the Health Officer of the County of Alameda Directing All Individuals Living in the County to Shelter at Their Place of Residence Except That They maggio Leave to Provide or Receive Certain Essential Services or Engage in Certain Essential Activities and Work for Essential Businesses and Governmental Services; Exempting Individuals Experiencing Homelessness from the Shelter in Place Order but Urging Them to Find Shelter and Government Agencies to Provide It; Directing All Businesses and Governmental Agencies to Cease Non-Essential Operations at Physical Locations in the County; Prohibiting All Non-Essential Gatherings of Any Number of Individuals; And Ordering Cessation of All Non-Essential Travel», 16 marzo 2020, https://www.acgov.org/documents/Final-Order-to-Shelter-In-Place.pdf.

[5] «Governor Gavin Newsom Issues Stay at Home Order», 19 marzo 2020, https://www.gov.ca.gov/2020/03/19/governor-gavin-newsom-issues-stay-at-home-order/.

[6] @elonmusk, X, 14 marzo 2020, https://twitter.com/elonmusk/status/1239031946962808832.

[7] Faiz Siddiqui, «The Bay Area ordered millions to shelter in place. Elon Musk had Tesla employees report to work anyway», in *Washington Post*, 19 marzo 2020, https://www.washingtonpost.com/technology/2020/03/18/bay-area-ordered-millions-shelter-place-elon-musk-had-tesla-employees-report-work-anyway/; California Coronavirus deaths, John Hopkins University of Medicine, marzo 10, 2023, https://coronavirus.jhu.edu/region/us/california.

[8] @elonmusk, X, 12 settembre 2023, https://x.com/elonmusk/status/170176-7282509111307.

[9] Faiz Siddiqui, «Tesla to suspend operations at California factory following local intervention amid coronavirus outbreak», in *Washington Post*, 19 marzo 2020, https://www.washingtonpost.com/technology/2020/03/19/tesla-factory-closes-coronavirus/.

[10] @elonmusk, X, 12 settembre 2023, https://x.com/elonmusk/status/170176-7282509111307.

[11] @elonmusk, X, 6 marzo 2020, https://x.com/elonmusk/status/123602-9449042198528.

[12] @elonmusk, X, 19 marzo 2020, https://twitter.com/elonmusk/status/124075-8710646878208.

[13] Fred Lambert, «Elon Musk says "coronavirus panic is worse than virus itself" in email to Tesla employees», in Electrek, 17 marzo 2020, https://electrek.co/2020/03/17/elon-musk-tesla-coronavirus-panic-email/.

[14] @elonmusk, X, 16 marzo 2020, https://x.com/elonmusk/status/123965-0597906898947.

[15] @elonmusk, X, 20 marzo 2020, https://x.com/elonmusk/status/124105-4739921428480.

[16] Faiz Siddiqui, «The return of erratic Elon Musk: During coronavirus, Tesla CEO spreads misinformation and over-promises on ventilators», in *Washington Post*, 29 aprile 2020, https://www.washingtonpost.com/technology/2020/04/29/musk-tesla-coronavirus/.

[17] Reed Albergotti, Faiz Siddiqui, «Ford and GM are undertaking a warlike effort to produce ventilators. It may fall short and come too late», in *Washington Post*, 4 aprile 2020, https://www.washingtonpost.com/business/2020/04/04/ventilators-coronavirus-ford-gm/.

[18] Neal E. Boudette, «Inside Tesla's Audacious Push to Reinvent the Way Cars Are Made», in *New York Times*, 30 giugno 2018, https://www.nytimes.com/2018/06/30/business/tesla-factory-musk.html.

[19] Faiz Siddiqui, «Elon Musk launches into expletive-laden rant, calling quarantine measures "fascist"», in *Washington Post*, 29 aprile 2020, https://www.washingtonpost.com/technology/2020/04/29/tesla-earnings-2020/.

[20] Faiz Siddiqui, Josh Dawsey, «Tesla's Elon Musk receives support from Trump as he reopens factory in defiance of county order», in *Washington Post*, 12 maggio 2020, https://www.washingtonpost.com/technology/2020/05/11/musk-tesla-factory/.

[21] *Ibid.*

[22] Faiz Siddiqui, «The return of erratic Elon Musk: During coronavirus, Tesla CEO spreads misinformation and over-promises on ventilators», in *Washington Post*, 29 aprile 2020, https://www.washingtonpost.com/technology/2020/04/29/musk-tesla-coronavirus/.

[23] Lora Kolodny, «Tesla cancels plans to bring workers back to US car plant this week», in CNBC, 27 aprile 2020, https://www.cnbc.com/2020/04/27/tesla-cancels-plans-to-bring-workers-back-to-us-car-plant-this-week.html.

[24] Tesla, Inc. (TSLA) Q1 2020 Earnings Call Transcript, in The Motley Fool, 30 aprile 2020, https://www.fool.com/earnings/call-transcripts/2020/04/30/tesla-inc-tsla-q1-2020-earnings-call-transcript.aspx.

[25] *Ibid.*

[26] «Tesla Q1 2020 Earnings Call (audio)», YouTube, 29 aprile 2020, https://www.youtube.com/watch?v=vEvXfHHEdNc.

[27] @elonmusk, X, 29 aprile 2020, https://twitter.com/elonmusk/status/125538-0013488189440.

[28] @elonmusk, X, 1° maggio 2020, https://twitter.com/elonmusk/status/1256239554148724737; Anna Almendrala, «Elon Musk Buys Gene Wilder's Former House in Bel Air For $6.75 Million», in *HuffPost*, 4 novembre 2013, https://www.huffpost.com/entry/elon-musk-gene-wilder-house_n_4215105; @elonmusk, X, 1° maggio 2020, https://x.com/elonmusk/status/1256256494447636480; @elonmusk, X, 4 maggio 2020, https://x.com/elonmusk/status/12575089008-12713984.

[29] @elonmusk, X, 1° maggio 2020, https://x.com/elonmusk/status/1256239815256797184; Rachel Lerman, «Now all he needs is a throne: Elon Musk assumes title of Technoking of Tesla», in *Washington Post*, 15 marzo 2021, https://www.washingtonpost.com/technology/2021/03/15/technoking-elon-musk-tesla/.

[30] Rachel Lerman, «Elon Musk's baby name isn't just weird, it may be against California regulations», in *Washington Post*, 8 maggio 2020, https://www.washingtonpost.com/technology/2020/05/08/musk-grimes-baby-name/.

[31] @elonmusk, X, 9 maggio 2020, https://x.com/elonmusk/status/125915-9878427267072.

[32] «Identifying Critical Infrastructure During COVID-19», Cybersecurity & Infrastructure Security Agency, 19 marzo 2020, https://www.cisa.gov/topics/risk-management/coronavirus/identifying-critical-infrastructure-during-covid-19.

[33] Taryn Luna, Phil Willon, «Gov. Gavin Newsom says reopening California will begin this week amid coronavirus crisis», in *Los Angeles Times*, 4 maggio 2020, https://www.latimes.com/california/story/2020-05-04/california-reopening-coronavirus-gavin-newsom-phases-begin-retail-pickup.

[34] Matt Kawahara, «Alameda County's health officer resigning to take top state epidemiology job», in *San Francisco Chronicle*, 30 giugno 2020, https://www.sfchronicle.com/news/article/Alameda-County-s-health-officer-resigning-to-15375534.php.

[35] @elonmusk, X, 9 maggio 2020, https://twitter.com/elonmusk/status/1259162367285317633.

[36] @LorenaGonzalez, X, 9 maggio 2020, https://twitter.com/LorenaSGonzalez/status/1259287879177531392; @elonmusk, X, 10 maggio 2020, https://twitter.com/elonmusk/status/1259638112688304129.

[37] Tesla, «Getting Back to Work», 9 maggio 2020, https://www.tesla.com/blog/getting-back-work.

[38] *Ibid.*

[39] @elonmusk, X, 11 maggio 2020, https://twitter.com/elonmusk/status/1259945593805221891.

[40] Faiz Siddiqui, Josh Dawsey, «Tesla's Elon Musk receives support from Trump as he reopens factory in defiance of county order», in *Washington Post*, 12 maggio 2020, https://www.washingtonpost.com/technology/2020/05/11/musk-tesla-factory/.

[41] Julian Glover, «Elon Musk says Fremont Tesla plant restarting prod», in ABC 7 News, 11 maggio 2020, https://abc7news.com/tesla-elon-musk-fremont-factory/6172737/.

[42] Faiz Siddiqui, Josh Dawsey, «Tesla's Elon Musk receives support from Trump as he reopens factory in defiance of county order», in *Washington Post*, 12 maggio 2020, https://www.washingtonpost.com/technology/2020/05/11/musk-tesla-factory/.

[43] Faiz Siddiqui, «Tesla gave workers permission to stay home rather than risk getting covid-19. Then it sent termination notices», in *Washington Post*, 25 giugno 2020, https://www.washingtonpost.com/technology/2020/06/25/tesla-plant-firings/.

[44] *Ibid.*

[45] Faiz Siddiqui, «Hundreds of covid cases reported at Tesla plant following Musk's defiant reopening, county data shows», in *Washington Post*, 24 marzo 2021, https://www.washingtonpost.com/technology/2021/03/12/hundreds-covid-cases-reported-tesla-plant-following-musks-defiant-reopening-county-data-shows/.

[46] Faiz Siddiqui, «The return of erratic Elon Musk: During coronavirus, Tesla CEO spreads misinformation and over-promises on ventilators», in *Washington Post*, 29 aprile 2020, https://www.washingtonpost.com/technology/2020/04/29/musk-tesla-coronavirus/.

[47] Faiz Siddiqui, «Tesla fires three more, overriding guidance allowing workers to stay home during pandemic», in *Washington Post*, 1° luglio 2020, https://www.washingtonpost.com/technology/2020/07/01/tesla-plant-firings/.

[48] Faiz Siddiqui, «Hundreds of covid cases reported at Tesla plant following Musk's defiant reopening, county data shows», in *Washington Post*, 24 marzo 2021, https://www.washingtonpost.com/technology/2021/03/12/hundreds-covid-cases-reported-tesla-plant-following-musks-defiant-reopening-county-data-shows/.

[49] Sergei Klebnikov, «Tesla Is Now The World's Most Valuable Car Company With A $208 Billion Valuation», in *Forbes*, 30 giugno 2021, https://www.forbes.com/sites/sergeiklebnikov/2020/07/01/tesla-is-now-the-worlds-most-valuable-car-company-with-a-valuation-of-208-billion.

[50] Lora Kolodny, «Tesla moves Automotive president Jerome Guillen to lead trucking business», in CNBC, 15 marzo 2021, https://www.cnbc.com/2021/03/15/tesla-president-of-automotive-jerome-guillen-named-to-lead-trucking.html.

[51] Rebecca Elliott, Emily Glazer, Tim Higgins, «Elon Musk Made Unusual Request in Falling Out With Top Tesla Lieutenant», in *Wall Street Journal*, 11 novembre 2022, https://www.wsj.com/articles/elon-musk-made-an-unusual-request-in-fallout-with-a-top-lieutenant-11668140888.

[52] Tesla: Form 8-K, United States Securities and Exchange Commission, 3 giugno 2021, https://www.sec.gov/Archives/edgar/data/1318605/000156459021031976/tsla-8k_20210603.htm.

[53] Rebecca Elliott, Emily Glazer, Tim Higgins, «Elon Musk Made Unusual Request in Falling Out With Top Tesla Lieutenant», in *Wall Street Journal*, 11 novembre 2022, https://www.wsj.com/articles/elon-musk-made-an-unusual-request-in-fallout-with-a-top-lieutenant-11668140888.

5. Corsa agli armamenti

[1] Faiz Siddiqui, Greg Bensinger, «As IPO soars, can Uber and Lyft survive long enough to replace their drivers with computers?», in *Washington Post*, 29 marzo 2019, https://www.washingtonpost.com/technology/2019/03/29/even-with-ipo-billions-can-uber-lyft-survive-long-enough-replace-their-drivers-with-machines/.

[2] «Elon Musk says had once reached out to Apple for acquiring Tesla», Reuters, 22 dicembre 2020, https://www.reuters.com/article/us-apple-autos-elon-musk-idUKKBN28W2KF.

[3] Fred Lambert, «Tesla (TSLA) bonds were oversubscribed by $300 million, $1.8 billion raised for Model 3 production», in Electrek, 11 agosto 2017, https://electrek.co/2017/08/11/tesla-tsla-bonds-oversubscribed-model-3-production/; «Elon Musk says had once reached out to Apple for acquiring Tesla», Reuters, 22 dicembre 2020, https://www.reuters.com/article/us-apple-autos-elon-musk-idUKKBN28W2KF; @elonmusk, X, 30 luglio 2021, https://x.com/elonmusk/status/1421150913075503112.

[4] Brad Jones, «An Investor Wants Tesla and Uber to Merge, with Musk as CEO», in Futurism, 22 agosto 2017, https://futurism.com/an-investor-wants-tesla-and-uber-to-merge-with-musk-as-ceo.

[5] Michael J. de la Merced, Kate Conger, «Uber Is Said to Aim for I.P.O. Valuation of Up to $100 Billion», in *New York Times*, 10 aprile 2019, https://www.nytimes.com/2019/04/10/technology/uber-ipo.html; Faiz Siddiqui, «Self-driving Uber vehicle strikes and kills pedestrian», in *Washington Post*, 19 marzo 2018, https://www.washingtonpost.com/news/dr-gridlock/wp/2018/03/19/uber-halts-autonomous-vehicle-testing-after-a-pedestrian-is-struck/.

[6] Steve LeVine, «What it really costs to turn a car into a self-driving vehicle», in Quartz, 5 marzo 2017, https://qz.com/924212/what-it-really-costs-to-turn-a-car-into-a-self-driving-vehicle.

[7] Faiz Siddiqui, «Tesla floats fully self-driving cars as soon as this year. Many are worried about what that will unleash», in *Washington Post*, 17 luglio 2019, https://www.washingtonpost.com/technology/2019/07/17/tesla-floats-fully-self-driving-cars-soon-this-year-many-are-worried-about-what-that-will-unleash/.

[8] Kirsten Korosec, «Tesla plans to launch a robotaxi network in 2020», in TechCrunch, 22 aprile 2019, https://techcrunch.com/2019/04/22/tesla-plans-to-launch-a-robotaxi-network-in-2020/.

[9] Vikas Khare, Ankita Jain, «Predict the performance of driverless car through the cognitive data analysis and reliability analysis based approach», in *Advances in Electrical Engineering, Electronics and Energy*, Volume 6, 2023, https://www.sciencedirect.com/science/article/pii/S2772671123002395.

[10] @elonmusk, X, 13 gennaio 2022.

[11] Aaron Mok, «Tesla owners who just want a normal steering wheel on their Model S and Model X get their wish», in *Business Insider*, 7 gennaio 2023, https://www.businessinsider.com/tesla-offers-round-steering-wheel-option-yoke-replacement-complaints-2023-1.

[12] «Autopilot and Full Self-Driving (Supervised)», Tesla, https://www.tesla.com/support/autopilot.

[13] «Early Estimate of Motor Vehicle Traffic Fatalities in 2022», NHTSA, aprile 2023, https://crashstats.nhtsa.dot.gov/Api/Public/ViewPublication/813428.

[14] @elonmusk, X, 31 luglio 2021, https://x.com/elonmusk/status/1421573785988309002.

[15] Faiz Siddiqui, «How auto regulators played mind games with Elon Musk», in *Washington Post*, 27 marzo 2022, https://www.washingtonpost.com/technology/2022/03/27/tesla-elon-musk-regulation/.

[16] Drew Harwell, «As Elon Musk promises "full self-driving", experts worry Tesla is "using consumers as guinea pigs"», in *Washington Post*, 11 giugno 2018, https://www.washingtonpost.com/news/the-switch/wp/2018/06/11/elon-musk-promises-full-self-driving-tesla-soon-despite-autopilot-crashes/.

[17] «Part 573 Safety Recall Report», NHTSA, 15 febbraio 2023, https://static.nhtsa.gov/odi/rcl/2023/RCLRPT-23V085-3451.PDF.

[18] Peide Wang, «Research on Comparison of LiDAR and Camera in Autonomous Driving», in *Journal of Physics: Conference Series*, 2021, https://iopscience.iop.org/article/10.1088/1742-6596/2093/1/012032.

[19] @elonmusk, X, 27 marzo 2022, https://x.com/elonmusk/status/1508167534821793792.

[20] Victor Luckerson, «Steve Jobs Totally Dissed the Stylus 8 Years Before Apple Pencil», in *Time*, 10 settembre 2015, https://time.com/4029142/steve-jobs-stylus/.

[21] Faiz Siddiqui, «Tesla is putting "self-driving" in the hands of drivers amid criticism the tech is not ready», in *Washington Post*, 22 ottobre 2020, https://www.washingtonpost.com/technology/2020/10/21/tesla-self-driving/.

[22] Faiz Siddiqui, «What self-driving cars can't recognize may be a matter of life and death», in *Washington Post*, 11 novembre 2019, https://www.washingtonpost.com/technology/2019/11/11/what-self-driving-cars-cant-recognize-may-be-matter-life-death/.

[23] @Tesla_AI, X, 4 ottobre 2024, https://x.com/Tesla_AI/status/1842143130302177380.

[24] Trisha Thadani, Rachel Lerman, Imogen Piper *et al.*, «The final 11 seconds of a fatal Tesla Autopilot crash», in *Washington Post*, 6 ottobre 2023, https://www.washingtonpost.com/technology/interactive/2023/tesla-autopilot-crash-analysis/.

[25] Soo Youn, «Tesla sued for "defective" Autopilot in wrongful death suit of Florida driver who crashed into tractor trailer», in ABC News, 1° agosto 2019, https://abcnews.go.com/Technology/tesla-sued-defective-autopilot-wrongful-death-suit-florida/story?id=64706707.

[26] @elonmusk, X, 20 agosto 2019, https://twitter.com/elonmusk/status/1163903521701294081.

[27] Andrej Karpathy bio, https://karpathy.ai/.

[28] @elonmusk, X, 23 maggio 2019, https://twitter.com/elonmusk/status/1131746784315727872.

[29] @elonmusk, X, 20 agosto 2019, https://x.com/elonmusk/status/1163903521701294081.

[30] Isobel Asher Hamilton, «Tesla cars can now drive themselves to their owners with "Smart Summon" but video shows the feature wreaking havoc», in *Business Insider*, 1° ottobre 2019, https://www.businessinsider.com/teslas-smart-summon-feature-is-wreaking-havoc-2019-10.

[31] @TeslaJoy, 27 settembre 2019, https://x.com/TeslaJoy/status/117776-6546921287680.

[32] «Tesla Enhanced Summon in WalMart Traffic + CRAZY REACTION», Inside Tesla, 29 settembre 2019, https://www.youtube.com/watch?v=-dfpnL9-OpzM&t=168s.

[33] Isobel Asher Hamilton, «Tesla cars can now drive themselves to their owners with "Smart Summon" but video shows the feature wreaking havoc», in *Business Insider*, 1° ottobre 2019, https://www.businessinsider.com/teslas-smart-summon-feature-is-wreaking-havoc-2019-10.

[34] @elonmusk, X, 2 ottobre 2019, https://twitter.com/elonmusk/status/1179-520622004588544.

[35] @elonmusk, X, 12 ottobre 2019, https://twitter.com/elonmusk/status/1183-082764515414016.

[36] @elonmusk, X, 11 ottobre 2019, https://x.com/elonmusk/status/1182-823556830253056.

[37] Jameson Dow, «Tesla CEO Elon Musk talks self driving; $1,000 price increase coming Nov. 1», in Electrek, 11 ottobre 2019, https://electrek.co/2019/10/11/tesla-self-driving-price-increase-1000-november-1/.

[38] @elonmusk, X, 21 giugno 2023, https://x.com/elonmusk/status/1671703741626499075; @Tesla_AI, X, 3 settembre 2024, https://x.com/Tesla_AI/status/1830868721641939445.

[39] Michael Laris, «Tempe police release video of moments before autonomous Uber hit pedestrian», in *Washington Post*, 21 marzo 2018, https://www.washingtonpost.com/news/dr-gridlock/wp/2018/03/21/tempe-police-release-video-of-moments-before-autonomous-uber-crash/.

[40] Heather Somerville, «Homeless Arizona woman killed by Uber self-driving SUV was "like everyone's aunt"», Reuters, 20 marzo 2018, https://www.reuters.com/article/us-autos-selfdriving-uber-victim/homeless-arizona-woman-killed-by-uber-self-driving-suv-was-like-everyones-aunt-idUSKBN1GW36P.

[41] Michael Laris, «Pedestrian in self-driving Uber crash probably would have lived if braking feature hadn't been shut off, NTSB documents show», in *Washington Post*, 5 novembre 2019, https://www.washingtonpost.com/local/trafficandcommuting/pedestrian-in-self-driving-uber-collision-probably-would-have-lived-if-braking-feature-hadnt-been-shut-off-ntsb-finds/2019/11/05/7ec83b9c-ffeb-11e9-9518-1e76abc088b6story.html; Michael Laris, «U.S. oversight of self-driving cars falls short, NTSB says in review of Uber death», in *Washington Post*, 19 novembre 2019, https://www.washingtonpost.com/local/trafficandcommuting/us-oversight-of-self-driving-cars-falls-short-ntsb-says-in-review-of-uber-death/2019/11/19/6e583448-0a3f-11ea-97ac-a7ccc8dd1ebc_story.html.

[42] Daniel Wu, «A self-driving Uber killed a woman. The backup driver has pleaded guilty», in *Washington Post*, 31 luglio 2023, https://www.washingtonpost.com/nation/2023/07/31/uber-self-driving-death-guilty/.

[43] Brian Fung, «What to know about Uber's months of crises», in *Washington Post*, 21 giugno 2017, https://www.washingtonpost.com/news/the-switch/wp/2017/04/18/from-deleteuber-to-hell-a-short-history-of-ubers-recent-struggles/; Mike Isaac, «What You Need to Know About #DeleteUber», in *New York Times*, 31 gennaio 2017, https://www.nytimes.com/2017/01/31/business/delete-uber.html.

[44] Susan Fowler, «Reflecting on one very, very strange year at Uber», Susanjfowler.com, 19 febbraio 2017, https://www.susanjfowler.com/blog/2017/2/19/reflecting-on-one-very-strange-year-at-uber.

[45] Anita Balakrishman, «Here's the full 13-page report of recommendations for Uber», in CNBC, 13 giugno 2017, https://www.cnbc.com/2017/06/13/eric-holder-uber-report-full-text.html.

[46] Eric Newcomer, «In Video, Uber CEO Argues With Driver Over Falling Fares», in *Bloomberg*, 28 febbraio 2017, https://www.bloomberg.com/news/articles/2017-02-28/in-video-uber-ceo-argues-with-driver-over-falling-fares.

[47] Travis M. Andrews, Sarah Larimer, «"I must fundamentally change and grow up": Uber CEO Travis Kalanick's big apology», in *Washington Post*, 1° marzo 2017, https://www.washingtonpost.com/news/morning-mix/wp/2017/03/01/i-must-fundamentally-change-and-grow-up-uber-ceo-travis-kalanicks-big-apology/.

[48] Elizabeth Dwoskin, «Uber founder Travis Kalanick resigns as CEO amid a shareholder revolt», in *Washington Post*, 21 giugno 2017, https://www.washingtonpost.com/business/technology/2017/06/21/cecb34bc-564e-11e7-ba90-f5875b7d1876_story.html.

[49] Cade Metz, Kate Conger, «Uber, After Years of Trying, Is Handing Off Its Self-Driving Car Project», in *New York Times*, 7 dicembre 2020, https://www.nytimes.com/2020/12/07/technology/uber-self-driving-car-project.html.

[50] Alex Hern, «Uber execs including Travis Kalanick "went to escort/karaoke bar"», in *The Guardian*, 27 marzo 2017, https://www.theguardian.com/technology/2017/mar/27/uber-execs-including-travis-kalanick-went-to-escortkaraoke-bar.

[51] Faiz Siddiqui, «Tesla sells "Self-Driving" cars. Is it fraud?», in *Washington Post*, 11 luglio 2024, https://www.washingtonpost.co/technology/2024/07/11/elon-musk-tesla-full-self-driving/.

[52] «Defendants Tesla, Inc., Tesla Lease Trust, And Tesla Finance Llc's Opposition To Plaintiffs' Motion For Preliminary Injunction And Provisional Class Certification», In Re Tesla Advanced Drive Assistance Systems Litigation, United States District Court Northern District of California, Oakland Division, 5 aprile 2023, https://driveteslacanada.ca/wp-content/uploads/2023/04/https-ecf-cand-uscourts-gov-doc1-035123009755.pdf.

[53] *Ibid.*

6. «Fino alle estreme conseguenze»

[1] Faiz Siddiqui, «Tesla engaged in unfair labor practices, must reinstate fired worker and scrub Elon Musk tweet, NLRB says», in *Washington Post*, 25 marzo 2021, https://www.washingtonpost.com/technology/2021/03/25/tesla-nlrb-ruling/.

[2] Tom Krisher, «Tesla picks Texas site for second US vehicle assembly plant», in *Washington Post*, 22 luglio 2020, https://www.washingtonpost.com/climate-environment/tesla-picks-texas-site-for-second-us-vehicle-assembly-plant/2020/07/22/182379c4-cc64-11ea-99b0-8426e26d203b_story.html.

[3] @realDonaldTrump, Truth Social, 12 luglio 2022, https://truthsocial.com/@realDonaldTrump/posts/108636743295734643.

[4] @elonmusk, X, 2 luglio 2020, https://twitter.com/elonmusk/status/1278764736876773383.

[5] *Ibid.*

[6] Christian Davenport, Faiz Siddiqui, «How Elon Musk went from sleeping in the factory to being on the cusp of launching a crew into space», in *Washington Post*, 21 febbraio 2020, https://www.washingtonpost.com/technology/2020/02/21/how-elon-musk-went-sleeping-factory-being-cusp-launching-crew-into-space/.

[7] Bryan Logan, «One of Tesla's largest shareholders is urging Elon Musk to simmer down and focus after a tumultuous few weeks», in *Business Insider*, 12 luglio 2018, https://www.businessinsider.com/large-tesla-shareholder-baillie-gifford-rebukes-elon-musk-urges-him-to-focus-2018-7; Faiz Siddiqui, «Elon Musk and the SEC resolve dispute over the Tesla CEO's tweets», in *Washington Post*, 26 aprile 2019, https://www.washingtonpost.com/technology/2019/04/26/elon-musk-sec-resolve-dispute-over-teslas-ceos-tweets; Christian Davenport, Faiz Siddiqui, «How Elon

Musk went from sleeping in the factory to being on the cusp of launching a crew into space», in *Washington Post*, 21 febbraio 2020, https://www.washingtonpost.com/technology/2020/02/21/how-elon-musk-went-sleeping-factory-being-cusp-launching-crew-into-space/.

[8] Lora Kolodny, «Elon Musk found not liable in "pedo guy" defamation trial», in CNBC, 6 dicembre 2019, https://www.cnbc.com/2019/12/06/unsworth-vs-musk-pedo-guy-defamation-trial-verdict.html.

[9] Christian Davenport, Faiz Siddiqui, «How Elon Musk went from sleeping in the factory to being on the cusp of launching a crew into space», in *Washington Post*, 21 febbraio 2020, https://www.washingtonpost.com/technology/2020/02/21/how-elon-musk-went-sleeping-factory-being-cusp-launching-crew-into-space/.

[10] @elonmusk, X, 4 febbraio 2017, https://twitter.com/elonmusk/status/827928366711967745.

[11] @elonmusk, X, 25 aprile 2022, https://x.com/elonmusk/status/1518569260523659266.

[12] @elonmusk, X, 30 maggio 2022, https://x.com/elonmusk/status/1531297810758389760.

[13] @LorenaSGonzalez, X, 9 maggio 2020, https://x.com/LorenaSGonzalez/status/1259287879177531392.

[14] @GerberKawasaki, X, 10 maggio 2020, https://x.com/GerberKawasaki/status/1259469698686578690.

[15] Heather Somerville, «Elon Musk Moves to Texas, Takes Jab at Silicon Valley», in *Wall Street Journal*, 8 dicembre 2020, https://www.wsj.com/articles/elon-musk-to-discuss-teslas-banner-year-despite-pandemic-silicon-valleys-future-11607449988.

[16] @elonmusk, X, 30 dicembre 2022, https://twitter.com/elonmusk/status/1608939190548598784.

[17] @elonmusk, X, 6 aprile 2023, https://x.com/elonmusk/status/1644036581466992658.

[18] @elonmusk, X, 2 luglio 2020, https://x.com/elonmusk/status/1278764736876773383.

[19] Sinéad Baker, «Grimes told Elon Musk to turn off his phone and that she "cannot support hate" in a now-deleted tweet, after he tweeted that "pronouns suck"», in *Business Insider*, 25 luglio 2020, https://www.businessinsider.com/grimes-tells-musk-cannot-support-hate-after-he-tweets-pronouns-2020-7.

[20] *Ibid.*

[21] Jeanne Whalen, David J. Lynch, Gerry Shih, «Trump's stunning decision to escalate trade wars with China and Mexico signals a turning point for U.S. policy», in *Washington Post*, 1° giugno 2019, https://www.washingtonpost.com/business/economy/trumps-stunning-decision-to-escalate-trade-wars-with-china-and-mexico-signals-a-turning-point-for-us-policy/2019/05/31/d1e28270-83da-11e9-95a9-e2c830afe24f_story.html.

[22] «There was never any intention to bring Tesla plant to Mexico, says», in *CE Noticias Financieras English*, 16 dicembre 2020.

[23] Jason Lalljee, «Elon Musk is speaking out against government subsidies. Here's a list of the billions of dollars his businesses have received», in *Business Insider*, 15 dicembre 2021, https://www.businessinsider.com/elon-musk-list-government-subsidies-tesla-billions-spacex-solarcity-2021-12.

[24] Philip Rucker, Jenna Johnson, «Trump announces U.S. will exit Paris climate deal, sparking criticism at home and abroad», in *Washington Post*, 1° giugno 2017, https://www.washingtonpost.com/politics/trump-to-announce-us-will-exit-paris-climate-deal/2017/06/01/fbcb0196-46da-11e7-bcde-624ad94170ab_story.html.

[25] Dan Robitski, «Elon Musk Just Got Majorly Called Out for Stealing Memes», in *The Byte*, 7 maggio 2021, https://futurism.com/the-byte/elon-musk-stealing-memes.

[26] Luc Olinga, «Elon Musk Picks High-Stakes Fight with Sen. Elizabeth Warren», in *The Street*, 20 dicembre 2022, https://www.thestreet.com/technology/elon-musk-picks-high-stake-fight-with-senator-elizabeth-warren.

[27] @elonmusk, X, 28 giugno 2020, https://x.com/elonmusk/status/1277359833721655302.

[28] @elonmusk, X, 30 maggio 2022, https://x.com/elonmusk/status/1531297810758389760.

[29] @elonmusk, X, 27 luglio 2020, https://x.com/elonmusk/status/1287818109651431427.

[30] @elonmusk, X, 31 luglio 2012, https://twitter.com/elonmusk/status/230507510929440768.

[31] @elonmusk, X, 1° giugno 2020, https://x.com/elonmusk/status/1267409179339296768.

[32] Sean O'Kane, «Tesla employees are holding a Juneteenth rally at the company's California factory», in The Verge, 18 giugno 2020, https://www.theverge.com/2020/6/18/21296239/tesla-employees-juneteenth-protest-black-lives-matter-fremont-factory.

[33] Lora Kolodny, «On the morning of Juneteenth, Tesla tells employees they can take the day off unpaid», in CNBC, 19 giugno 2020, https://www.cnbc.com/2020/06/19/tesla-tells-employees-they-take-juneteenth-off-unpaid.html.

[34] *Ibid.*

[35] Olivia Rubin, Alexander Mallin, Will Steakin, «7 hours, 700 arrests, 1 year later: The Jan. 6 Capitol attack, by the numbers», in ABC News, 6 gennaio 2022, https://abc7.com/jan-6-insurrection-us-capitol-riot/11428976/.

[36] Gerrit De Vynck, Rachel Lerman, «YouTube suspends Trump, days after Twitter and Facebook», in *Washington Post*, 13 gennaio 2021, https://www.washingtonpost.com/technology/2021/01/12/trump-youtube-ban/.

[37] @elonmusk, X, 27 aprile 2020, https://x.com/elonmusk/status/1254921937714905092.

[38] Emma-Jo Morris, Gabrielle Fonrouge, «Smoking-gun email reveals how Hunter Biden introduced Ukrainian businessman to VP dad», in *New York Post*, 14 ottobre 2020, https://nypost.comp/2020/10/14/email-reveals-how-hunter-biden-introduced-ukrainian-biz-man-to-dad/.

[39] @elonmusk, X, 11 gennaio 2021, https://twitter.com/elonmusk/status/1348688644173934593.

[40] @elonmusk, X, 31 ottobre 2021, https://x.com/elonmusk/status/1454808104256737289.

[41] *Ibid.*

[42] Tesla Form 8-K, United States Securities and Exchange Commission, 15 marzo 2021, https://www.sec.gov/Archives/edgar/data/1318605/000156459021012981/tsla-8k_20210315.htm.

[43] Faiz Siddiqui, «The government helped Tesla conquer electric cars. Now it's helping Detroit, and Elon Musk isn't happy», in *Washington Post*, 15 settembre 2021, https://www.washingtonpost.com/technology/2021/09/15/tesla-biden-administration/.

[44] Josh Dawsey, Eva Dou, Faiz Siddiqui, «How Elon Musk came to endorse Donald Trump», in *Washington Post*, 29 luglio 2024, https://www.washingtonpost.com/technology/2024/07/29/musk-trump-endorsement-immigration/.

[45] Edward Ludlow, Mark Gurman, «Elon Musk Says Biden Administration Is "Biased" Against Tesla», in *Bloomberg*, 28 settembre 2021, https://www.bloomberg.com/news/articles/2021-09-28/musk-says-biden-administration-is-biased-against-tesla.

[46] @elonmusk, X, 31 ottobre 2021, https://x.com/elonmusk/status/1454926841467256835.

[47] Christian Davenport, «SpaceX makes history by launching Inspiration4, first all-civilian crew, to orbit», in *Washington Post*, 15 settembre 2021, https://www.washingtonpost.com/technology/2021/09/15/spacex-launch-civilian-flight/.

[48] @elonmusk, X, 19 settembre 2021, https://twitter.com/elonmusk/status/1439665626914635783.

[49] Nandita Bose, David Shepardson, and Raphael Satter, «Exclusive: Tesla's Musk meets top Biden officials on EVs in Washington», Reuters, 27 gennaio 2023, https://www.reuters.com/business/energy/elon-musk-meets-top-biden-admin-officials-discuss-electrification-goals-2023-01-27/.

[50] Amer Phillips, «What to know about the Texas abortion law», in *Washington Post*, 21 aprile 2022, https://www.washingtonpost.com/politics/2021/09/01/texas-abortion-law-faq/.

[51] Lora Kolodny, Kevin Breuninger, «Elon Musk declines to address Texas abortion law directly after Gov. Greg Abbott's comments», in CNBC, 2 settembre 2021, https://www.cnbc.com/2021/09/02/texas-abortion-law-elon-musk-reacts-to-gov-greg-abbotts-comments.html.

[52] @elonmusk, X, 2 settembre 2021, https://x.com/elonmusk/status/1433474893316722691.

[53] @RonWyden, X, 6 novembre 2021, https://x.com/RonWyden/status/1457110175932846080.

[54] @elonmusk, X, 7 novembre 2021, https://x.com/elonmusk/status/1457-49743847498138.

[55] «Inflation Reduction Act Guidebook», WhiteHouse.gov, https://www.whitehouse.gov/cleanenergy/inflation-reduction-act-guidebook/.

[56] «Daughter Files to Change Last Name… No Longer Wants to "Be Related" to Him», in TMZ, 20 giugno 2022, https://www.tmz.com/2022/06/20/elon-musk-daughter-name-change-transgender-court-filing/.

[57] Dawn Ennis, Pilar Menendez, «Elon Musk's Daughter Disowns Him and Files to Ditch His Name», in *Daily Beast*, 20 giugno 2022, https://www.thedailybeast.com/elon-musks-daughter-files-to-ditch-his-last-name.

[58] @elonmusk, X, 16 dicembre 2020, https://twitter.com/elonmusk/status/1339255372956176384.

[59] @jordanbpeterson, X, 22 luglio 2024, https://x.com/jordanbpeterson/status/1815427698703090085.

[60] @elonmusk, X, 22 luglio 2024, https://x.com/elonmusk/status/1815519696424161361.

[61] @vivllainous, Threads, 25 luglio 2024, https://www.threads.net/@vivllainous/post/C91xFT8yhWo.

[62] @vivllainous, Threads, 23 luglio 2024, https://www.threads.net/@vivllainous/post/C9xjMJIygVN.

[63] @elonmusk, X, 3 aprile 2022, https://x.com/elonmusk/status/1510485792296210434.

[64] Ross Kerber, Hunjoo Yin, «Tesla cut from S&P 500 ESG Index, and Elon Musk tweets his fury», Reuters, 19 maggio 2022, https://www.reuters.com/business/sustainable-business/tesla-removed-sp-500-esg-index-autopilot-discrimination-concerns-2022–05–18/; Faiz Sidduiqi, «Jury orders Tesla to pay more than $130 million in discrimination suit, which alleged racist epithets and hostile work environment», in *Washington Post*, 5 ottobre 2021, https://www.washingtonpost.com/technology/2021/10/04/tesla-discrimination-case/.

[65] «S&P Dow Jones Indices Announces April 2023 Rebalance of the S&P 500 ESG Index», S&P Dow Jones Indices, 21 aprile 2023, https://www.spglobal.com/spdji/en/documents/indexnews/announcements/20230421–1463609/1463609s&p500esgindexreview-apr-2023.pdf.

[66] @elonmusk, X, 18 maggio 2022, https://twitter.com/elonmusk/status/1526958110023245829.

[67] @elonmusk, X, 29 aprile 2023, https://x.com/elonmusk/status/1652223973739098114.

[68] @elonmusk, X, 18 maggio 2022, https://x.com/elonmusk/status/1526997132858822658.

[69] @elonmusk, X, 15 giugno 2022, https://twitter.com/elonmusk/status/1536973965394157569.

[70] @elonmusk, X, 15 giugno 2022, https://x.com/elonmusk/status/1536976484446904320.

[71] @elonmusk, X, 11 giugno 2022, https://x.com/elonmusk/status/1546679818959278081; @elonmusk, X, 11 luglio 2022, https://x.com/elonmusk/status/1546669610509799424.

[72] @elonmusk, X, 11 giugno 2022, https://x.com/elonmusk/status/1546679818959278081.

[73] @SwipeWright, X, 3 marzo 2024, https://x.com/SwipeWright/status/1764426510255948195.

[74] @elonmusk, X, 28 aprile 2022, https://twitter.com/elonmusk/status/1519852213698502656.

[75] @elonmusk, X, 12 maggio 2022, https://twitter.com/elonmusk/status/1524883482836623373.

[76] @elonmusk, X, 5 marzo 2022, https://x.com/elonmusk/status/1499976967105433600.

[77] *Ibid.*

[78] Matt Novak, «Read Elon Musk's Private Texts with Joe Rogan, Jack Dorsey, Larry Ellison, and More», in *Gizmodo*, 30 settembre 2022, https://gizmodo.com/elon-musk-texts-joe-rogan-larry-elllison-dorsey-twitter-1849600155.

[79] «Twitter Suspends The Babylon Bee», in *The Babylon Bee*, 22 marzo 2022, https://babylonbee.com/news/twitter-has-shut-down-the-bee.

[80] Dana Hull, Lisa Fleisher, «Musk's Texts Over Twitter Deal Included Ex-Wife Talulah Riley», in *Bloomberg*, 4 ottobre 2022, https://www.bloomberg.com/news/articles/2022-10-04/musk-s-texts-over-twitter-deal-included-ex-wife-talulah-riley.

[81] Will Oremus, Elizabeth Dwoskin, Sarah Ellison *et al.*, «A year later, Musk's X is tilting right. And sinking», in *Washington Post*, 27 ottobre 2023, https://www.washingtonpost.com/technology/2023/10/27/elon-musk-twitter-x-anniversary/.

7. Tesla contro i bambini

[1] @WholeMarsBlog, X, 11 agosto 2022, https://x.com/WholeMarsBlog/status/1557790148435140609.

[2] @WholeMarsBlog, X, 9 agosto 2022, https://x.com/WholeMarsBlog/status/1557112809132945408.

[3] @elonmusk, X, 25 agosto 2022, https://x.com/elonmusk/status/1562839680747388934.

[4] @RealDanODowd, X, 12 marzo 2022, https://x.com/RealDanODowd/status/1502784004927508485.

[5] Gerrit De Vynck, Faiz Siddiqui, «One of Tesla's biggest critics is funding a Super Bowl ad against it», in *Washington Post*, 11 febbraio 2023, https://www.washingtonpost.com/technology/2023/02/11/tesla-super-bowl-ad/.

[6] Gerrit De Vynck, «The tech CEO spending millions to stop Elon Musk», in *Washington Post*, 13 novembre 2022, https://www.washingtonpost.com/technology/2022/11/13/dan-odowd-challenges-tesla-musk/.

[7] Mike Schneider, «There are now more than 6 PR pros for every journalist», in *Muck Rack*, 6 settembre 2018, https://muckrack.com/blog/2018/09/06/there-are-now-more-than-6-pr-pros-for-every-journalist.

[8] Aleda Stam, «Tesla reportedly eliminates PR department», in *PRWeek*, 6 ottobre 2020, https://www.prweek.com/article/1696519/tesla-reportedly-eliminates-pr-department.

[9] @SwayerMerritt, X, https://twitter.com/SawyerMerritt.

[10] Michael Strong, «Tesla's Public Relations Team Gets the Ziggy», in *The Detroit Bureau*, 6 ottobre 2020, https://www.thedetroitbureau.com/2020/10/teslas-public-relations-team-gets-the-ziggy/.

[11] @elonmusk, X, 10 aprile 2023, https://x.com/elonmusk/status/1645565105256513540.

[12] Faiz Siddiqui, «Elon Musk moved to Texas and embraced celebrity. Can Tesla run on Autopilot?», in *Washington Post*, 23 febbraio 2021, https://www.washingtonpost.com/technology/2021/02/23/musk-tesla-texas/.

[13] Faiz Siddiqui, «How auto regulators played mind games with Elon Musk», in *Washington Post*, 27 marzo 2022, https://www.washingtonpost.com/technology/2022/03/27/tesla-elon-musk-regulation/.

[14] Simon Alvarez, «Tesla's Elon Musk slams paywalled news in recent media critique», in *Teslarati*, 28 marzo 2022, https://www.teslarati.com/tesla-elon-musk-slams-paywalled-news/.

[15] «Test Track - The Dangers of Tesla's Full Self-Driving Software», in Dan O'Dowd Media, 9 agosto 2022, https://www.youtube.com/watch?v=nHIgawTRCv8.

[16] Andrew J. Hawkins, «An open letter to the Tesla fan who wants to run over a kid to prove a point», in The Verge, 12 agosto 2022, https://www.theverge.com/2022/8/12/23302850/tesla-full-self-driving-child-crash-open-letter.

[17] Fred Lambert, «Tesla self-driving smear campaign releases "test" that fails to realize FSD never engaged», in Electrek, 10 agosto 2022, https://electrek.co/2022/08/10/tesla-self-driving-smear-campaign-releases-test-fails-1-fsd-never-engaged/.

[18] @WholeMarsBlog, X, 9 agosto 2022, https://x.com/WholeMarsBlog/status/1557134727428993024.

[19] *Ibid.*

[20] @WholeMarsBlog, X, 11 agosto 2022, https://x.com/WholeMarsBlog/status/1557790148435140609.

[21] Andrew J. Hawkins, «An open letter to the Tesla fan who wants to run over a kid to prove a point», in The Verge, 12 agosto 2022, https://www.theverge.com/2022/8/12/23302850/tesla-full-self-driving-child-crash-open-letter.

[22] @WholeMarsBlog, X, 14 agosto 2022, https://x.com/WholeMarsBlog/status/1558876752062976000.

[23] Lora Kolodny, «YouTube removes video by Tesla investors using kids in FSD Beta test», in CNBC, 19 agosto 2022, https://www.cnbc.com/2022/08/19/youtube-removes-video-by-tesla-investors-using-kids-in-fsd-beta-test.html.

[24] Faiz Siddiqui, Gerrit De Vynck, «Tesla demands removal of video of cars hitting child size mannequins», in *Washington Post*, 25 agosto 2022, https://www.washingtonpost.com/technology/2022/08/25/tesla-elon-musk-demo/.

[25] Faiz Siddiqui, Jeremy B. Merrill, «17 fatalities, 736 crashes: the shocking toll of Tesla's Autopilot», in *Washington Post*, 10 giugno 2022, https://www.washingtonpost.com/technology/2023/06/10/tesla-autopilot-crashes-elon-musk/.

[26] Trisha Thadani, Faiz Siddiqui, Rachel Lerman *et al.*, «Tesla drivers run Autopilot where it's not intended - with deadly consequences», in *Washington Post*, 10 dicembre 2023, https://www.washingtonpost.com/technology/2023/12/10/tesla-autopilot-crash/.

[27] Faiz Siddiqui, «"Boycott Tesla" ads to air during Super Bowl», in *Washington Post*, 11 febbraio 2024, https://www.washingtonpost.com/technology/2024/02/11/tesla-super-bowl-ads/.

[28] @rohanspatel, X, 13 dicembre 2023, https://x.com/rohanspatel/status/1734906088984584689.

[29] Faiz Siddiqui, «"Boycott Tesla" ads to air during Super Bowl», in *Washington Post*, 11 febbraio 2024, https://www.washingtonpost.com/technology/2024/02/11/tesla-super-bowl-ads/.

8. «Hanno il governo in pugno»

[1] Lora Kolodny, «Tesla fired an employee after he posted driverless tech reviews on YouTube», in CNBC, 17 marzo 2022, https://www.cnbc.com/2022/03/15/tesla-fired-employee-who-posted-fsd-beta-videos-as-ai-addict-on-youtube.html.

[2] Faiz Siddiqui, «Tesla sells "Self-Driving" cars. Is it fraud?», in *Washington Post*, 11 luglio 2024, https://www.washingtonpost.com/technology/2024/07/11/elon-musk-tesla-full-self-driving/.

[3] Lakshmi Varanasi, «Tesla faked a 2016 video promoting its self-driving technology, according to a senior company engineer's deposition testimony», in *Business Insider*, 17 gennaio 2023, https://www.businessinsider.com/tesla-faked-video-in-2016-promoting-self-driving-technology-report-2023-1.

[4] Rob Stumpf, «Tesla Network Promises One Million Robotaxis on the Road by 2020», in *The Drive*, 23 aprile 2019, https://www.thedrive.com/tech/27605/tesla-network-promises-one-million-robotaxis-on-the-road-by-2020.

[5] Cade Metz, Neal F. Boudette, «Inside Tesla as Elon Musk Pushed an Unflinching Vision for Self-Driving Cars», in *New York Times*, 6 dicembre 2021, https://www.nytimes.com/2021/12/06/technology/tesla-autopilot-elon-musk.html.

[6] Hyunjoo Jin, «Tesla video promoting self-driving was staged, engineer testifies», Reuters, 18 gennaio 2023, https://www.reuters.com/technology/tesla-video-promoting-self-driving-was-staged-engineer-testifies-2023–01–17/.

[7] *Ibid.*

[8] Dana Hull, Sean O'Kane, «Musk Oversaw Video That Exaggerated Tesla's Self-Driving Capabilities», in *Bloomberg*, 19 gennaio 2023, https://www.bloomberg.com/news/articles/2023–01–19/elon-musk-directed-tesla-autopilot-video-saying-car-drove-itself-tesla.

[9] «How Elon Musk knocked Tesla's "Full Self-Driving" off course», in *Washington Post*, 19 marzo 2023, https://www.washingtonpost.com/technology/2023/03/19/elon-musk-tesla-driving.

[10] «Supply chain issues and autos: When will the chip shortage end?», J.P. Morgan, 18 aprile 2023, https://www.jpmorgan.com/insights/global-research/supply-chain/chip-shortage.

[11] Faiz Siddiqui, «How Elon Musk knocked Tesla's "Full Self-Driving"», in *Washington Post*, 19 marzo 2023, https://www.washingtonpost.com/technology/2023/03/19/elon-musk-tesla-driving/.

[12] *Ibid.*

[13] «Tesla Vision Update: Replacing Ultrasonic Sensors with Tesla Vision», Tesla.com, 10 ottobre 2024, https://www.tesla.com/support/transitioning-tesla-vision.

[14] Faiz Siddiqui, «Tesla's recent Full Self-Driving update made cars go haywire. It may be the excuse regulators needed», in *Washington Post*, 11 novembre 2021, https://www.washingtonpost.com/technology/2021/11/08/tesla-regulation-elon-musk/.

[15] *Ibid.*

[16] *Ibid.*

[17] «Part 573 Safety Recall Report», NHTSA, 15 febbraio 2023, https://static.nhtsa.gov/odi/rcl/2023/RCLRPT-23V085-3451.PDF.

[18] @elonmusk, X, 24 ottobre 2021, https://twitter.com/elonmusk/status/1452-345284483235841.

[19] Faiz Siddiqui, Jeremy B. Merrill, «Tesla drivers report a surge in "phantom breaking"», in *Washington Post*, 2 febbraio 2022, https://www.washingtonpost.com/technology/2022/02/02/tesla-phantom-braking/.

[20] *Ibid.*

[21] «ODI Resume: Unexpected Brake Activation», NHTSA, 16 febbraio 2022, https://static.nhtsa.gov/odi/inv/2022/INOA-PE22002–4385.PDF.

[22] @elonmusk, X, 12 febbraio 2022, https://x.com/elonmusk/status/1492-667516275105792.

[23] Faiz Siddiqui, «Tesla is putting "self-driving" in the hands of drivers amid criticism the tech is not ready», in *Washington Post*, 22 ottobre 2020, https://www.washingtonpost.com/technology/2020/10/21/tesla-self-driving/.

[24] «Tesla tempted drivers with "insane" mode and now is tracking them to judge safety. Experts say it's ludicrous», in *Washington Post*, 10 ottobre 2021, https://www.washingtonpost.com/technology/2021/10/10/tesla-full-self-driving/.

[25] Faiz Siddiqui, «Tesla issues recall of cars with "Full Self-Driving" over crash risk», in *Washington Post*, 16 febbraio 2023, https://www.washingtonpost.com/technology/2023/02/16/tesla-full-self-driving-recall/.

[26] Grace Kay, «What it's like working at Tesla's Autopilot labeling facilities, where your keystrokes and bathroom breaks are tracked», in *Business Insider*, 3 settembre 2024, https://www.businessinsider.com/tesla-autopilot-fsd-labeling-facilities-jobs-2024–9.

[27] *Ibid.*

[28] Faiz Siddiqui, «How Elon Musk knocked Tesla's "Full Self-Driving" off course», in *Washington Post*, 19 marzo 2023, https://www.washingtonpost.com/technology/2023/03/19/elon-musk-tesla-driving/.

[29] The Tesla Team, «In Response to False Allegations», Tesla.com, 16 febbraio 2023, https://www.tesla.com/blog/in-response-false-allegations.

[30] «Tesla Vision Update: Replacing Ultrasonic Sensors with Tesla Vision», Tesla.com, https://www.tesla.com/support/transitioning-tesla-vision.

[31] @elonmusk, X, 5 febbraio 2022. https://x.com/elonmusk/status/1489-841690601041924.

[32] Simon Alvarez, «Tesla FSD beta takes on San Francisco's famed Lombard Street and its 8 hairpin turns», in *Teslarati*, 30 ottobre 2020, https://www.teslarati.com/tesla-fsd-beta-lombard-street-test-video/#googlevignette.

[33] @Tesla_AI, X, 4 ottobre 2024, https://x.com/Tesla_AI/status/1842-1431-30302177380.

[34] *Ibid.*

[35] Whole Mars Catalog, «Tesla Autopilot FSD Los Angeles to Silicon Valley Interventions», YouTube, 4 gennaio 2021, https://www.youtube.com/watch?v=XPr-sRM2cxGs.

[36] Whole Mars Catalog, «First Drive with Tesla Full Self-Driving Beta 10.69: 35 minutes with zero takeovers in San Francisco», YouTube, 21 agosto 2022, https://www.youtube.com/watch?v=jCTssX2VdKA.

[37] @ValueAnalyst1, X, 1° giugno 2023, https://twitter.com/ScottBeck68/status/1664290716669837317.

[38] @elonmusk, X, 14 giugno 2023, https://x.com/elonmusk/status/1668-877942141640704.

[39] Kevin Smith, «Omar Cheats?!? Tesla FSD Beta Chat», YouTube, 6 luglio 2023, https://www.youtube.com/watch?v=tW4S0vk-i8.

[40] @WholeMarsBlog, X, 7 giugno 2024, https://x.com/WholeMarsBlog/status/1799276775912153403.

[41] Faiz Siddiqui, «How Elon Musk knocked Tesla's "Full Self-Driving"», in *Washington Post*, 19 marzo 2023, https://www.washingtonpost.com/technology/2023/03/19/elon-musk-tesla-driving/.

[42] Faiz Siddiqui, Jeremy B. Merrill, «17 fatalities, 736 crashes: The shocking toll of Tesla's Autopilot», in *Washington Post*, 10 giugno 2023, https://www.washingtonpost.com/technology/2023/06/10/tesla-autopilot-crashes-elon-musk/.

[43] «ODI Resume: Autopilot & First Responder Scenes», NHTSA, 8 giugno 2022, https://static.nhtsa.gov/odi/inv/2022/INOA-EA22002–3184.PDF.

[44] Edward Ludlow, Dana Hull, «Tesla Cuts 200 Autopilot Workers as California Site Closes», in *Bloomberg*, 28 giugno 2022, https://www.bloomberg.com/news/articles/2022-06-28/tesla-lays-off-hundreds-of-autopilot-workers-in-latest-staff-cut.

[45] Mike Spector, Dan Levine, «Exclusive: Tesla faces U.S. criminal probe over self-driving claims», Reuters, 27 ottobre 2022, https://www.reuters.com/legal/exclusive-tesla-faces-us-criminal-probe-over-self-driving-claims-sources-2022–10–26/.

[46] Faiz Siddiqui, «Elon Musk says Tesla will not produce a new vehicle model in 2022, renews prediction on Full Self-Driving», in *Washington Post*, 26 gennaio 2022, https://www.washingtonpost.com/technology/2022/01/26/tesla-elon-musk/.

[47] Rachel Lerman, Faiz Siddiqui, Christian Davenport, «Elon Musk tells Tesla, SpaceX workers to go back to office or go away», in *Washington Post*, 1° giugno 2022, https://www.washingtonpost.com/technology/2022/06/01/elon-musk-tesla-office/.

[48] @elonmusk, X, 1° giugno 2022, https://twitter.com/elonmusk/status/1531867103854317568.

9. I guastafeste

[1] Jacob Bogage, «Tesla driver using autopilot killed in crash», in *Washington Post*, 30 giugno 2016, https://www.washingtonpost.com/news/the-switch/wp/2016/06/30/tesla-owner-killed-in-fatal-crash-while-car-was-on-autopilot/.

[2] Michael Laris, «Fatal Tesla crash tied to technology and driver failures, NTSB says», in *Washington Post*, 25 febbraio 2020, https://www.washingtonpost.com/local/trafficandcommuting/ntsb-says-driver-in-fatal-tesla-crash-was-overreliant-on-the-cars-/autopilot-system/2017/09/12/38e5f130–9730–11e7–82e4-f1076f6d6152_story.html.

[3] Jacob Bogage, «Tesla driver using autopilot killed in crash», in *Washington Post*, 30 giugno 2016, https://www.washingtonpost.com/news/the-switch/wp/2016/06/30/tesla-owner-killed-in-fatal-crash-while-car-was-on-autopilot/.

[4] Hamza Shaban, «Tesla Model 3 Autopilot was active before deadly collision, federal investigators say», in *Washington Post*, 17 maggio 2019, https://www.washingtonpost.com/technology/2019/05/17/tesla-model-autopilot-was-active-before-deadly-collision-federal-investigators-say/.

[5] David Shepardson, «Tesla and U.S. regulators strongly criticized over role of Autopilot in crash», Reuters, 25 febbraio 2020, https://www.reuters.com/article/us-tesla-crash/tesla-and-u-s-regulators-strongly-criticized-over-role-of-autopilot-in-crash-idUSKBN20J2B8/.

[6] «Standing General Order on Crash Reporting», NHTSA, aprile 2023, https://www.nhtsa.gov/laws7-regulations/standing-general-order-crash-reporting.

[7] Farhang Heydari, «The Invisible Driver of Policing», in *Stanford Law Review*, 1° marzo 2023, https://papers.ssrn.com/sol3/papers.cfm?abstract_id=4369747.

[8] Nate Luce, «How the National Highway Traffic Safety Administration Enabled Pretextual Traffic Stops», Vanderbilt Law School, 11 aprile 2024, https://law.

vanderbilt.edu/how-the-national-highway-traffic-safety-administration-enabled-pretextual-traffic-stops/.

[9] «U.S. DOT and IIHS announce historic commitment of 20 automakers to make automatic emergency braking standard on new vehicles», NHTSA, 17 marzo 2016, https://www.nhtsa.gov/press-releases/us-dot-and-iihs-announce-historic-commitment-20-automakers-make-automatic-emergency.

[10] Harvey Rosenfield, Clarence Ditlow, Joan Claybrook, «Re: January 12, 2016 Petition Requesting AEB Rulemaking», Consumer Watchdog, 23 maggio 2016, https://www.autosafety.org/wp-content/uploads/2016/01/Ltr-NHTSA-re-AEB-Petition-5-21-16-PM-FINAL.pdf.

[11] Audrey LaForest, «Steven Cliff closer to getting NHTSA back to the business of safety», in *Automotive News*, 7 febbraio 2022, https://www.autonews.com/regulation-safety/nhtsa-step-closer-naming-steven-cliff-permanent-administrator/.

[12] Trisha Thadani, Rachel Lerman, Imogen Piper *et al.*, «The final 11 seconds of a fatal Tesla Autopilot crash», in *Washington Post*, 6 ottobre 2023, https://www.washingtonpost.com/technology/interactive/2023/tesla-autopilot-crash-analysis/.

[13] «Limitations and Warnings», Tesla Model 3 Owner's Manual, https://www.tesla.com/ownersmanual/model3/en_us/GUID-E5FF5E84-6AAC-43E6-B7ED-EC1E9AEB17B7.html.

[14] *Ibid.*

[15] «NHTSA Orders Crash Reporting for Vehicles Equipped with Advanced Driver Assistance Systems and Automated Driving Systems», NHTSA, 29 giugno 2021, https://www.nhtsa.gov/press-releases/nhtsa-orders-crash-reporting-vehicles-equipped-advanced-driver-assistance-systems.

[16] Second-Amended-SGO-2021–01-2023–04–05.

[17] «Part 573 Safety Recall Report», NHTSA, 27 gennaio 2022, https://static.nhtsa.gov/odi/rcl/2022/RCLRPT-22V037-4462.PDF.

[18] Faiz Siddiqui, «Silicon Valley pioneered self-driving cars. But some of its tech-savvy residents don't want them tested in their neighborhoods», in *Washington Post*, 3 ottobre 2019, https://www.washingtonpost.com/technology/2019/10/03/silicon-valley-pioneered-self-driving-cars-some-its-tech-savvy-residents-dont-want-them-tested-their-neighborhoods/.

[19] «Full Self-Driving (Supervised)», Tesla Model Y Owner's Manual, https://www.tesla.com/ownersmanual/modely/en_us/GUID-2CB60804-9CEA-4F4B-8B04-09B991368DC5.html.

[20] *Ibid.*

[21] *Ibid.*

[22] Andrei Nedelea, «Tesla FSD Now Has Selectable Modes: Chill, Average and Assertive», in Inside EVs, 12 gennaio 2022, https://insideevs.com/news/560209/tesla-fsd-self-driving-profiles/.

[23] *Ibid.*

[24] ODI Resume: Tesla «Passenger Play», NHTSA, 21 dicembre 2021.

[25] Aaron Gregg, Faiz Siddiqui, «Tesla will recall more than 50,000 vehicles over software's "rolling-stop" feature», in *Washington Post*, 1° febbraio 2022, https://www.washingtonpost.com/business/2022/02/01/tesla-recall-rolling-stop/.

[26] Tesla NHTSA Recall No: 22V-037, https://static.nhtsa.gov/odi/rcl/2022/RCONL-22V037-8566.pdf.

[27] Part 573 Safety Recall Report, NHTSA, 15 febbraio 2023, https://static.nhtsa.gov/odi/rcl/2023/RCLRPT-23V085-3451.PDF.

[28] *Ibid.*

[29] «NHTSA letter to Tesla, Re: Vehicle May Fail to Stop at Stop Sign», 31 gennaio 2022, https://static.nhtsa.gov/odi/rcl/2022/RCAK-22V037-9109.pdf.

[30] @elonmusk, X, 2 luglio 2024, https://x.com/elonmusk/status/180832-6181453775069.

[31] «Tesla, Inc. Service Bulletin: Update Vehicle Firmware to Correct Seat Belt Chime Functionality», 2 marzo 2022, https://static.nhtsa.gov/odi/rcl/2022/RCRIT-22V045-4582.pdf.

[32] Faiz Siddiqui, «How auto regulators played mind games with Elon Musk», in *Washington Post*, 27 marzo 2022, https://www.washingtonpost.com/technology/2022/03/27/tesla-elon-musk-regulation/.

[33] Fred Lambert, «Tesla owners are again losing heat in extreme cold as some heat pumps are failing badly», in Electrek, 12 gennaio 2022, https://electrek.co/2022/01/12/tesla-owners-losing-heat-extreme-cold-heat-pumps-failing-badly/.

[34] Steven Loveday, «NHTSA Recall Clarifies Tesla Heat Pump Issue, Software Fix Coming», in Inside EVs, 9 febbraio 2022, https://insideevs.com/news/566343/tesla-heat-loss-nhtsa-solution/.

[35] David Shepardson, «Tesla recalls over 500,000 U.S. vehicles to fix pedestrian warning sounds», Reuters, 10 febbraio 2022, https://www.reuters.com/business/autos-transportation/tesla-recalls-nearly-579000-us-vehicles-over-pedestrian-warning-risk-sounds-2022-02-10/.

[36] «Federal Motor Vehicle Safety Standard No. 141, Minimum Sound Requirements for Hybrid and Electric Vehicles», NHTSA, 26 febbraio 2018, https://www.federalregister.gov/documents/2018/02/26/2018-03721/federal-motor-vehicle-safety-standard-no-141-minimum-sound-requirements-for-hybrid-and-electric.

[37] Part 573 Safety Recall Report, NHTSA, 15 febbraio 2023, https://static.nhtsa.gov/odi/rcl/2022/RCLRPT-22V063–8773.PDF.

[38] *Ibid.*

[39] @elonmusk, X, 12 febbraio 2022, https://x.com/elonmusk/status/149266-7516275105792.

[40] «Automakers fulfill autobrake pledge for light-duty vehicles», Insurance Institute for Highway Safety (IIHS), 21 dicembre 2023, https://www.iihs.org/news/detail/automakers-fulfill-autobrake-pledge-for-light-duty-vehicles.

[41] «NHTSA Finalizes Key Safety Rule to Reduce Crashes and Save Lives», NHTSA, 29 aprile 2024, https://www.nhtsa.gov/press-releases/nhtsa-fmvss-127-automatic-emergency-braking-reduce-crashes.

[42] «U.S. DOT and IIHS announce historic commitment of 20 automakers to make automatic emergency braking standard on new vehicles», NHTSA, 17 marzo 2016, https://www.nhtsa.gov/press-releases/us-dot-and-iihs-announce-historic-commitment-20-automakers-make-automatic-emergency.

[43] Statement by Ralph Nader On Tesla Full Self-Driving (FSD) technology, Nader.org, 10 agosto 2022, https://nader.org/2022/08/10/statement-by-ralph-nader-on-tesla-full-self-driving-fsd-technology/.41.

10. Il prezzo di comprare Twitter

[1] Jeremy B. Merrill, Rachel Lerman, Faiz Siddiqui, «Elon Musk sells roughly $5 billion in Tesla stock in series of whirlwind transactions», in *Washington Post*, 11 novembre 2021, https://www.washingtonpost.com/technology/2021/11/10/elon-musk-tesla-stock/?msclkid=a76a08e2b45111ecb1fa721259515fe8.

[2] @elonmusk, X, 26 marzo 2022, https://x.com/elonmusk/status/1507-777261654605828; @elonmusk, X, 25 marzo 2022, https://x.com/elonmusk/status/1507259709224632344.

[3] @elonmusk, X, 25 marzo 2022, https://x.com/elonmusk/status/150727-2763597373461.

[4] @elonmusk, X, 26 marzo 2022, https://x.com/elonmusk/status/1507777913042571267.

[5] Will Oremus, Elizabeth Dwoskin, Faiz Siddiqui *et al.*, «Elon Musk joins Twitter board, promises "significant improvements"», in *Washington Post*, 5 aprile 2022, https://www.washingtonpost.com/business/2022/04/05/elon-musk-twitter-board/.

[6] Faiz Siddiqui, Douglas MacMillan, Aaron Gregg, «Elon Musk signals with $46.5 billion he's serious about buying Twitter», in *Washington Post*, 21 aprile 2022, https://www.washingtonpost.com/business/2022/04/21/elon-musk-twitter-funding/.

[7] Faiz Siddiqui, Elizabeth Dwoskin, Reed Albergotti *et al.*, «Elon Musk lines up growing list of investors to take over Twitter», in *Washington Post*, 1° giugno 2022, https://www.washingtonpost.com/technology/2022/06/01/elon-musk-twitter-investors/.

[8] Matt Rosoff, «Here are the people who texted Elon Musk to offer advice or money for the Twitter deal», in CNBC, 30 settembre 2022, https://www.cnbc.com/2022/09/30/who-texted-elon-musk-to-get-involved-or-offer-advice-on-twitter-deal.html.

[9] Exhibit H: Elon Musk Texts, Twitter v. Elon Musk, Case No. 2022-0613-KSJM, 28 settembre 2022.

[10] Faiz Siddiqui, «Musk's Twitter investors have lost billions in value», in *Washington Post*, 1° settembre 2024, https://www.washingtonpost.com/technology/2024/09/01/musk-twitter-investors-underwater/.

[11] Exhibit H: Elon Musk Texts, Twitter v. Elon Musk, Case No. 2022-0613-KSJM, 28 settembre 2022.

[12] Amanda Silberling, Taylor Hatmaker, «Here are some of the cringiest revelations in the Elon Musk text dump», in TechCrunch, 29 settembre 2022, https://techcrunch.com/2022/09/29/elon-musk-texts-discovery-twitter/.

[13] Exhibit H: Elon Musk Texts, Twitter v. Elon Musk, Case No. 2022-0613-KSJM, 28 settembre 2022.

[14] *Ibid.*

[15] Faiz Siddiqui, «Musk's Twitter investors have lost billions in value», in *Washington Post*, 1° settembre 2024, https://www.washingtonpost.com/technology/2024/09/01/musk-twitter-investors-underwater/.

[16] Miles Klee, «Here are the people who lost millions backing Musk's Twitter takeover», in *Rolling Stone*, 22 agosto 2024, https://www.rollingstone.com/culture/culture-features/twitter-x-shareholders-court-order-diddy-jack-dorsey-1235085804/.

[17] Faiz Siddiqui, «Elon Musk is worth $270 billion. He'd buy Twitter with an IOU», in *Washington Post*, 22 aprile 2022, https://www.washingtonpost.com/technology/2022/04/22/musk-twitter-financing-tesla/.

[18] Meghan Bobrowsky, «Elon Musks's Share-Selling Spree Tops $15 Billion», in *Wall Street Journal*, 22 dicembre 2021, https://www.wsj.com/articles/elon-musks-share-selling-spree-tops-15-billion-11640229872.

[19] Tesla Form 10-K, 2021, United States Securities Exchange Commission, https://www.sec.gov/Archives/edgar/data/1318605/000095017022000796/tsla-20211231.htm.

[20] Faiz Siddiqui, «Elon Musk is worth $270 billion. He'd buy Twitter with an IOU», in *Washington Post*, 22 aprile 2022, https://www.washingtonpost.com/technology/2022/04/22/musk-twitter-financing-tesla/.

[21] Exhibit H: Elon Musk Texts, Twitter v. Elon Musk, Case No. 2022-0613-KSJM, 28 settembre 2022.

[22] Amendment No. 2 To Schedule 13d/A Under the Securities Exchange Act of 1934, United States Securities and Exchange Commission, 13 aprile 2022, https://www.sec.gov/Archives/edgar/data/1418091/000110465922045641/tm2212748d1_sc13da.htm.

[23] *Ibid.*

[24] Amendment No. 2 To Schedule 13d/A Under the Securities Exchange Act of 1934, United States Securities and Exchange Commission, 20 aprile 2022.

[25] @elonmusk, X, 24 ottobre 2022, https://x.com/elonmusk/status/1584539176997122048.

[26] Elon Musk Equity Financing Commitment letter, 25 aprile 2022, https://www.sec.gov/Archives/edgar/data/1418091/000110465922049844/tm2213189d8_ex99-j.htm.

[27] Reed Albergotti, «Elon Musk delayed filing a form and made $156 million», in *Washington Post*, 6 aprile 2022, https://www.washingtonpost.com/technology/2022/04/06/musk-twitter-sec/.

[28] Dave Michaels, «Elon Musk's Belated Disclosure of Twitter Stake Triggers Regulators' Probes», in *Wall Street Journal*, 11 maggio 2022, https://www.wsj.com/articles/elon-musks-belated-disclosure-of-twitter-stake-triggers-regulators-probes-11652303894.

[29] @elonmusk, X, 12 dicembre 2024, https://x.com/elonmusk/status/1867357433493872874.

[30] Daniel Davies, «Morning Coffee: Elon Musk's exhausted bankers contemplate bonus devastation. The Japanese bank that's hiring where others fear to tread», in *efinancialcareers*, 5 ottobre 2022, https://www.efinancialcareers.com/news/2022/10/elon-musk-twitter-bankers.

[31] Douglas MacMillan, Reed Albergotti, Taylor Telford, «Musk gets help from tech titans and a Saudi prince in Twitter bid», in *Washington Post*, 5 maggio 2022, https://www.washingtonpost.com/business/2022/05/05/musk-twitter-financing-ellison/.

[32] @Alwaleed_Talal, X, 7 ottobre 2015, https://x.com/Alwaleed_Talal/status/1514615956986757127.

[33] @Alwaleed_Talal, X, 14 aprile 2022, https://x.com/Alwaleed_Talal/status/1514615956986757127.

[34] @elonmusk, X, 14 aprile 2022, https://x.com/elonmusk/status/1514683079968931841.

[35] Exhibit H: Elon Musk Texts, Twitter v. Elon Musk, Case No. 2022-0613-KSJM, 28 settembre 2022.

[36] Faiz Siddiqui, «Musk's Twitter investors have lost billions in value», in *Washington Post*, 1° settembre 2024, https://www.washingtonpost.com/technology/2024/09/01/musk-twitter-investors-underwater/.

[37] @Alwaleed_Talal, X, 5 maggio 2022, https://x.com/Alwaleed_Talal/status/1522171641761046528.

[38] Faiz Siddiqui, Reed Albergotti, Elizabeth Dwoskin *et al.*, «Elon Musk says Twitter deal is on hold, putting bid on shaky ground», in *Washington Post*, 13 maggio 2022, https://www.washingtonpost.com/technology/2022/05/13/musk-twitter-bid/.

[39] @elonmusk, X, 21 aprile 2022, https://x.com/elonmusk/status/1517215066550116354.

[40] Amanda Silberling, «Here are some of the cringiest revelations in the Elon Musk text dump», in TechCrunch, 29 settembre 2022, https://techcrunch.com/2022/09/29/elon-musk-texts-discovery-twitter/.

[41] Exhibit H: Elon Musk Texts, Twitter v. Elon Musk, Case No. 2022-0613-KSJM, 28 settembre 2022.

[42] Faiz Siddiqui, «How auto regulators played mind games with Elon Musk», in *Washington Post*, 27 marzo 2022, https://www.washingtonpost.com/technology/2022/03/27/tesla-elon-musk-regulation/.

[43] Sheila Dang, «Twitter estimates spam, fake accounts comprise less than 5% of users–filing», Reuters, 2 maggio 2022, https://www.reuters.com/technology/twitter-estimates-spam-fake-accounts-represent-less-than-5-users-filing-2022-05-02/.

[44] @elonmusk, X, 13 maggio 2022, https://x.com/elonmusk/status/152504-9369552048129.

[45] @elonmusk, X, 13 maggio 2022, https://x.com/elonmusk/status/152508-0945274998785.

[46] @AJDelgado13, X, 13 maggio 2022, https://x.com/AJDelgado13/status/1525144109425598465?s=20.

[47] Lora Kolodny, «Start-up investor Jason Calacanis raising millions of dollars for Musk's Twitter deal», in CNBC, 12 maggio 2022, https://www.cnbc.com/2022/05/12/start-up-investor-jason-calacanis-raising-millions-for-twitter-stake.html.

[48] Exhibit H: Elon Musk Texts, Twitter v. Elon Musk, Case No. 2022-0613-KSJM, 28 settembre 2022.

[49] *Ibid.*

[50] Faiz Siddiqui, Elizabeth Dwoskin, Reed Albergotti *et al.*, «Elon Musk lines up growing list of investors to take over Twitter», in *Washington Post*, 1° giugno 2022, https://www.washingtonpost.com/technology/2022/06/01/elon-musk-twitter-investors/.

[51] *Ibid.*

[52] Tesla Amendment No. 7 To Schedule 13d, United States Securities and Exchange Commission, 24 maggio 2022, https://www.sec.gov/Archives/edgar/data/1494730/000110465922064655/tm2216931d1_sc13da.htm.

[53] Hamza Shaban, Faiz Siddiqui, «Here's who helped Elon Musk buy Twitter», in *Washington Post*, 24 dicembre 2022, https://www.washingtonpost.com/technology/2022/12/24/elon-musk-twitter-funders/.

[54] Faiz Siddiqui, Jeff Stein, Joseph Menn, «U.S. exploring whether it has authority to review Musk's Twitter deal», in *Washington Post*, 2 novembre 2022, https://www.washingtonpost.com/us-policy/2022/11/01/musk-twitter-treasury-department-review/.

[55] Faiz Siddiqui, «Musk's Twitter investors have lost billions in value», in *Washington Post*, 1° settembre 2024, https://www.washingtonpost.com/technology/2024/09/01/musk-twitter-investors-underwater/.

11. Exit plan

[1] Will Oremus, Elizabeth Dwoskin, «Twitter's new CEO is bringing an engineering background to a politics fight», in *Washington Post*, 1° dicembre 2021, https://www.washingtonpost.com/technology/2021/12/01/twitter-ceo-parag-agrawal/.

[2] Jacob Carpenter, «Was Jack Dorsey an absentee CEO by the end of his Twitter tenure? The evidence keeps pointing to "yes"», in *Fortune*, 2 settembre 2022, https://fortune.com/2022/09/02/twitter-jack-dorsey-whistleblower-poll-absent-leadership/.

[3] Will Oremus, Elizabeth Dwoskin, «Twitter's new CEO is bringing an engineering background to a politics fight», in *Washington Post*, 1° dicembre 2021, https://www.washingtonpost.com/technology/2021/12/01/twitter-ceo-parag-agrawal/.

[4] *Ibid.*

[5] @elonmusk, X, 13 maggio 2022, https://x.com/elonmusk/status/15250493-69552048129.

[6] @paraga, X, 16 maggio 2022, https://x.com/paraga/status/1526237578843672576.

[7] @paraga, X, 16 maggio 2022, https://x.com/paraga/status/1526237580638859267.

[8] @paraga, X, 16 maggio 2022, https://x.com/paraga/status/1526237581419040768.

[9] @elonmusk, X, 16 maggio 2022, https://x.com/elonmusk/status/1526-246899606601730.

[10] Rob Wile, «Musk is not supposed to disparage Twitter while trying to buy it. He's doing it anyway», in NBC News, 27 aprile 2022, https://www.nbcnews.com/business/business-news/elon-musk-slams-twitter-after-acquisition-deal-announced-rcna26244.

[11] @elonmusk, X, 16 maggio 2022, https://x.com/elonmusk/status/1526250477456965634.

[12] Sheila Dang, «Exclusive: Twitter is losing its most active users, internal documents show», Reuters, 26 ottobre 2022, https://www.reuters.com/technology/exclusive-where-did-tweeters-go-twitter-is-losing-its-most-active-users-internal-2022–10–25/.

[13] @elonmusk, X, 9 aprile 2022, https://x.com/elonmusk/status/1512802419301826575.

[14] @elonmusk, X, 1° febbraio 2020, https://x.com/elonmusk/status/1223754759921897472.

[15] @elonmusk, X, 1° febbraio 2020, https://x.com/elonmusk/status/1223756247612186625.

[16] Faiz Siddiqui, Jeremy B. Merrill, «Elon Musk reinvents Twitter for the benefit of a power user: Himself», in *Washington Post*, 16 febbraio 2023, https://www.washingtonpost.com/technology/2023/02/16/elon-musk-twitter/.

[17] @elonmusk, X, 13 maggio 2022, https://x.com/elonmusk/status/1525291586669531137.

[18] @teslaownersSV, X, 13 maggio 2022, https://x.com/teslaownersSV/status/1525292556270985223.

[19] @elonmusk, X, 13 maggio 2022, https://x.com/elonmusk/status/1525293103585718272.

[20] @elonmusk, X, 13 maggio 2022, https://x.com/elonmusk/status/1525295117489229824.

[21] @paraga, X, 16 maggio 2022, https://x.com/paraga/status/1526237589534953472.

[22] Elizabeth Dwoskin, «In reversal, Twitter plans to comply with Musk's demands for data», in *Washington Post*, 8 giugno 2022, https://www.washingtonpost.com/technology/2022/06/08/elon-musk-twitter-bot-data/.

[23] Letter from Skadden, Arps, Slate, Meagher & Flom LLP to Twitter, Inc., 6 giugno 2022, https://www.sec.gov/Archives/edgar/data/1418091/000110465922068347/tm2217761d1_ex99-o.htm.

[24] *Ibid.*

[25] Elizabeth Dwoskin, «In reversal, Twitter plans to comply with Musk's demands for data», in *Washington Post*, 8 giugno 2022, https://www.washingtonpost.com/technology/2022/06/08/elon-musk-twitter-bot-data/.

[26] Elizabeth Dwoskin, Faiz Siddiqui, «Twitter is probing Elon Musk's social circle in broad legal requests», in *Washington Post*, 1° agosto 2022, https://www.washingtonpost.com/technology/2022/08/01/musk-twitter-subpoena/.

[27] Faiz Siddiqui, Ellen Francis, Taylor Telford, «Elon Musk says deal can't "move forward" until Twitter proves bot numbers», in *Washington Post*, 17 maggio 2022, https://www.washingtonpost.com/technology/2022/05/17/elon-musk-twitter-deal-proof-bots/.

[28] Rachel Lerman, «Five reasons the Elon Musk deal to buy Twitter could still fall apart», in *Washington Post*, 28 aprile 2022, https://www.washingtonpost.com/technology/2022/04/28/elon-musk-twitter-deal-risks/.

[29] Elizabeth Dwoskin, Cat Zakrzewski, Will Oremus *et al.*, «Twitter lawyer long weighed safety, free speech. Then Musk called her out», in *Washington Post*, 10 maggio 2022, https://www.washingtonpost.com/technology/2022/05/09/twitter-lawyer-censor-musk/.

[30] Gerrit De Vynck, Faiz Siddiqui, Rachel Lerman, «Elon Musk files to back out of Twitter deal», in *Washington Post*, 8 luglio 2022, https://www.washingtonpost.com/technology/2022/07/08/musk-deal-sec/.

[31] Faiz Siddiqui, Gerrit De Vynck, «Elon Musk's deal to buy Twitter is in peril», in *Washington Post*, 7 luglio 2022, https://www.washingtonpost.com/technology/2022/07/07/elon-musk-twitter-jeopardy/.

[32] Richard Lawler, «It's looking more like Elon Musk could bail on buying Twitter», in The Verge, 7 luglio 2022, https://www.theverge.com/2022/7/7/23199137/elon-musk-twitter-spam-account-bot-data-breakup.

[33] Art Raymond, «Is Elon Musk's $44B Twitter deal about to implode?», in *Deseret News*, 8 luglio 2022, https://www.deseret.com/u-s-world/2022/7/8/23200422/is-elon-musks-44-billion-twitter-chase-about-to-implode-spam-accounts-tesla-spacex-legal-battle.

[34] Lauren Hirsch, «Twitter is ready for a legal battle to force Elon Musk to buy the company», in *New York Times*, 8 luglio 2022, https://www.nytimes.com/2022/07/08/business/musk-twitter-deal.html.

[35] Kerry Flynn, «Elon Musk's Twitter deal becomes debate topic on the platform», in *Axios*, 8 luglio 2022, https://www.axios.com/pro/media-deals/2022/07/08/elon-musk-twitter-deal-debate.

[36] Faiz Siddiqui, Elizabeth Dwoskin, «Musk's countersuit contains aggressive new claims. Twitter is rebutting them», in *Washington Post*, 4 agosto 2022, https://www.washingtonpost.com/technology/2022/08/04/elon-musk-twitter/.

[37] Tesla Amendment No. 9 To Schedule 13d, United States Securities and Exchange Commission, 8 luglio 2022, https://www.sec.gov/Archives/edgar/data/1418091/000110465922078413/tm2220599d1_sc13da.htm.

[38] Letter from Skadden, Arps, Slate, Meagher & Flom LLP to Twitter, Inc., 8 luglio 2022, https://www.sec.gov/Archives/edgar/data/1418091/000110465922078413/tm2220599d1_ex99-p.htm.

[39] Faiz Siddiqui, «Twitter adopts "poison pill" intended to thwart Elon Musk's takeover bid», in *Washington Post*, 16 aprile 2022, https://www.washingtonpost.com/technology/2022/04/15/twitter-poison-pill/.

[40] @btaylor, X, 8 luglio 2022, https://x.com/btaylor/status/1545526087089696768.

[41] Twitter v. Elon Musk, X Holdings I, Inc. and X Holdings II, Inc., Verified Final Complaint, https://www.documentcloud.org/documents/22084487-final-verified-complaint?responsive=1&title=0.

[42] Elizabeth Dwoskin, Rachel Lerman, «Twitter sues Elon Musk, setting stage for epic legal battle», in *Washington Post*, 12 luglio 2022, https://www.washingtonpost.com/technology/2022/07/12/twitter-elon-musk-lawsuit/.

[43] Twitter v. Elon Musk, X Holdings, I Inc. and X Holdings II, Inc., Verified Final Complaint, https://www.documentcloud.org/documents/22084487-final-verified-complaint?responsive=1&title=0.

[44] Faiz Siddiqui, Elizabeth Dwoskin, «Musk's countersuit contains aggressive new claims. Twitter is rebutting them», in *Washington Post*, 4 agosto 2022, https://www.washingtonpost.com/technology/2022/08/04/elon-musk-twitter/.

[45] Kevin Allen, «Chancellor Kathaleen McCormick '04 J.D. of the Delaware Court of Chancery delivers inaugural Patricia O'Hara Distinguished Lecture in Law & Business», University of Notre Dame Law School, December 8, 2022, https://law.nd.edu/news-events/news/kathaleen-mccormick-delaware-court-of-chancery-patricia-ohara-lecture-law-business/.

12. Àncora di salvezza

[1] Elizabeth Dwoskin, Gerrit De Vynck, «Judge grants Elon Musk an October court date, in early win for Twitter», in *Washington Post*, 19 luglio 2022, https://www.washingtonpost.com/technology/2022/07/19/twitter-elon-musk-trial/.

[2] Joseph Menn, Elizabeth Dwoskin, Cat Zakrzewski, «Former security chief claims Twitter buried "egregious deficiencies"», in *Washington Post*, 23 agosto 2022, https://www.washingtonpost.com/technology/interactive/2022/twitter-whistleblower-sec-spam/.

[3] Faiz Siddiqui, Elizabeth Dwoskin, Cat Zakrzewski *et al.*, «New whistleblower allegations could factor into Twitter vs. Musk trial», in *Washington Post*, 23 agosto 2022, https://www.washingtonpost.com/technology/2022/08/23/twitter-musk-trial-whistleblower/.

[4] Joseph Menn, Elizabeth Dwoskin, Cat Zakrzewski, «Former security chief claims Twitter buried "egregious deficiencies"», in *Washington Post*, August 23, 2022, https://www.washingtonpost.com/technology/interactive/2022/twitter-whistleblower-sec-spam/.

[5] *Ibid.*

[6] Matt Robinson, Zeke Faux, «When Elon Musk Tried to Destroy a Tesla Whistleblower», in *Bloomberg*, 13 marzo 2019, https://www.bloomberg.com/news/features/2019–03–13/when-elon-musk-tried-to-destroy-tesla-whistleblower-martin-tripp?embedded-checkout=true.

[7] Faiz Siddiqui, Elizabeth Dwoskin, Cat Zakrzewski *et al.*, «New whistleblower allegations could factor into Twitter vs. Musk trial», in *Washington Post*, 23 agosto 2022, https://www.washingtonpost.com/technology/2022/08/23/twitter-musk-trial-whistleblower/.

[8] *Ibid.*

[9] @elonmusk, X, 23 agosto 2022, https://x.com/elonmusk/status/1562135640598528000.

[10] *Ibid.*

[11] Faiz Siddiqui, «Judge grants Musk request for additional data in Twitter trial», in *Washington Post*, 25 agosto 2022, https://www.washingtonpost.com/technology/2022/08/25/musk-twitter-trial/.

[12] *Ibid.*

[13] Rachel Lerman, Faiz Siddiqui, «Judge will let Musk add whistleblower claims to case against Twitter», in *Washington Post*, 7 settembre 2022, https://www.washingtonpost.com/technology/2022/09/07/musk-twitter-trial-no-delay/.

[14] Twitter v. Elon Musk, *et al.*, Verified Complaint, 8 settembre 2022, https://cdn.arstechnica.net/wp-content/uploads/2022/09/public-version-of-amended-musk-counterclaims-twitter-v-musk.pdf.

[15] Rachel Lerman, Faiz Siddiqui, «Judge will let Musk add whistleblower claims to case against Twitter», in *Washington Post*, 7 settembre 2022, https://www.washingtonpost.com/technology/2022/09/07/musk-twitter-trial-no-delay/.

[16] Faiz Siddiqui, «Elon Musk's texts reveal what led to Twitter bid, before deal fell apart», in *Washington Post*, 30 settembre 2022, https://www.washingtonpost.com/technology/2022/09/30/elon-musk-texts-twitter/.

[17] Rachel Lerman, Faiz Siddiqui, «Judge will let Musk add whistleblower claims to case against Twitter», in *Washington Post*, 7 settembre 2022, https://www.washingtonpost.com/technology/2022/09/07/musk-twitter-trial-no-delay/.

[18] Jessica Karl, «The Twitter Whistleblower Doesn't Help Elon Musk's Case Much», in *Bloomberg*, 23 agosto 2022, https://www.bloomberg.com/opinion/articles/2022-08-23/twitter-whistleblower-doesn-t-help-elon-musk-s-case-much.

[19] Matt Levine, «AMC Goes APE», in *Bloomberg*, 23 agosto 2022, https://www.bloomberg.com/opinion/articles/2022-08-23/amc-goes-ape.

[20] @AnnMLipton, X, 23 agosto 2022, https://x.com/AnnMLipton/status/1562018598046121985.

[21] @AnnMLipton, X, 23 agosto 2022, https://x.com/AnnMLipton/status/1562028247298318336.

[22] Matt Levine, «AMC Goes APE», in *Bloomberg*, 23 agosto 2022, https://www.bloomberg.com/opinion/articles/2022-08-23/amc-goes-ape.

[23] «Read the Letter Elon Musk Sent to Twitter with More Reasons to Terminate His Buyout», in *Bloomberg*, 30 agosto 2022, https://www.bloomberg.com/news/arti-

cles/2022-08-30/full-text-read-elon-musk-s-aug-29-letter-to-twitter-to-terminate-deal.

[24] Letter from Skadden, Arps, Slate, Meagher & Flom LLP to Twitter, Inc., 29 agosto 2022, https://www.sec.gov/Archives/edgar/data/1494730/000110465922095765/tm2224790d1_ex99-q.htm.

[25] Letter from Skadden, Arps, Slate, Meagher & Flom LLP to Twitter, Inc., 9 settembre 2022, https://www.sec.gov/Archives/edgar/data/1418091/000110465922098972/tm2225585d1_ex99-r.htm.

[26] Clare Duffy, «Elon Musk has publicly filed updated counterclaims against Twitter based on whistleblower disclosure», in CNN Business, 15 settembre 2022, https://www.cnn.com/2022/09/15/tech/elon-musk-twitter-amended-counterclaims/index.html.

[27] Twitter v. Elon Musk *et al.*, Defendants' Verified Counterclaims, Answer, and Affirmative Defenses to Plaintiff's Verified Complaint, 29 luglio 2022.

[28] William T. Quillen, Michael Hanrahan, «A Short History of the Court of Chancery», The Widener University School of Law, 1993, https://courts.delaware.gov/chancery/history.aspx.

[29] Lewis Black, Jr., «Why Corporations Choose Delaware», Delaware Department of State Division of Corporations, 2007, https://corpfiles.delaware.gov/pdfs/whycorporations_english.pdf.

[30] Ellen Bardash, «"The Time Has Come" for Musk Discovery Sanctions, Twitter's Lawyers Say», Law.com, 27 settembre 2022, https://www.law.com/delbizcourt/2022/09/27/the-time-has-come-for-musk-discovery-sanctions-twitters-lawyers-say/.

[31] Ellen Bardash, «Special Master Appointed to Resolve Twitter-Musk Discovery Disputes», Law.com, 30 settembre 2022, https://www.law.com/delbizcourt/2022/09/30/special-master-appointed-to-resolve-twitter-musk-discovery-disputes/?slreturn=20231027222848.

[32] «Elon Musk deposition in Twitter fight rescheduled for first week of October», in *The Guardian*, 27 settembre 2022, https://www.theguardian.com/technology/2022/sep/27/elon-musk-deposition-twitter-takeover-deal.

[33] Jef Feeley, Ed Hammond, Kurt Wagner, «Musk Revives $44 Billion Twitter Bid, Aiming to Avoid Trial», in *Bloomberg*, 4 ottobre 2022, https://www.bloomberg.com/news/articles/2022-10-04/musk-proposes-to-proceed-with-twitter-deal-at-54-20-a-share.

[34] Letter from Skadden, Arps, Slate, Meagher & Flom LLP to Twitter, Inc., 3 ottobre 2022, https://www.sec.gov/Archives/edgar/data/1418091/000110465922105787/tm2227435d1_ex99-s.htm.

[35] Jef Feeley, Ed Hammond, Kurt Wagner, «Musk Revives $44 Billion Twitter Bid, Aiming to Avoid Trial», in *Bloomberg*, 4 ottobre 2022, https://www.bloomberg.com/news/articles/2022-10-04/musk-proposes-to-proceed-with-twitter-deal-at-54-20-a-share.

[36] Elizabeth Dwoskin, Faiz Siddiqui, Gerrit De Vynck, «Twitter-Musk trial delayed as sides argue over money and trust», in *Washington Post*, 6 ottobre 2022, https://www.washingtonpost.com/technology/2022/10/06/twitter-musk-court-postpone/.

[37] *Ibid.*

[38] Matt O'Brien, Barbara Ortutay, «Judge delays Twitter trial, gives Musk time to seal buyout», Associated Press, 6 ottobre 2022, https://apnews.com/article/elon-musk-twitter-inc-technology-business-934a3b2429bed8cfeadfa6567a2e5256.

[39] Elizabeth Dwoskin, Faiz Siddiqui, Gerrit De Vynck, «Twitter-Musk trial delayed as sides argue over money and trust», in *Washington Post*, 6 ottobre 2022, https://www.washingtonpost.com/technology/2022/10/06/twitter-musk-court-postpone/.

[40] Olivia Raimonde, Paula Seligson, «Twitter Buyout Revives $12.5 Billion Headache for Wall Street Banks», in *Bloomberg*, 4 ottobre 2022, https://www.bloomberg.com/news/articles/2022-10-04/twitter-lbo-revives-12-5-billion-headache-for-wall-street-banks.

[41] Elizabeth Dwoskin, Faiz Siddiqui, Gerrit De Vynck, «Twitter-Musk trial delayed as sides argue over money and trust», in *Washington Post*, 6 ottobre 2022, https://www.washingtonpost.com/technology/2022/10/06/twitter-musk-court-postpone/.

[42] Giulia Morpurgo, Paula Seligson, «Banks on Twitter Deal Extend Debt Commitments to One Year», in *Bloomberg*, 26 aprile 2022, https://www.bloomberg.com/news/articles/2022-04-26/banks-on-twitter-deal-extend-debt-commitments-to-one-year.

[43] Elizabeth Dwoskin, Faiz Siddiqui, Gerrit De Vynck *et al.*, «Documents detail plans to gut Twitter's workforce», in *Washington Post*, 20 ottobre 2022, https://www.washingtonpost.com/technology/2022/10/20/musk-twitter-acquisition-staff-cuts/.

[44] *Ibid.*

[45] Laura Cooper, Alexander Saeedy, «Elon Musk's Twitter Takeover Debt to Be Held by Banks Amid Turbulent Markets», in *Wall Street Journal*, 21 ottobre 2022, https://www.wsj.com/articles/elon-musks-twitter-takeover-debt-to-be-held-by-banks-amid-turbulent-markets-11666377716.

[46] @elonmusk, X, 26 ottobre 2022, https://x.com/elonmusk/status/1585341984679469056.

[47] Faiz Siddiqui, «Elon Musk dubs himself "Chief Twit", visits Twitter HQ with deal set to close», in *Washington Post*, 28 ottobre 2022, https://www.washingtonpost.com/technology/2022/10/26/musk-twitter-deal-chief-twit/.

[48] @WalterIsaacson, X, 27 ottobre 2022, https://x.com/WalterIsaacson/status/1585666128713371649.

[49] Faiz Siddiqui, «Elon Musk dubs himself "Chief Twit", visits Twitter HQ with deal set to close», in *Washington Post*, 28 ottobre 2022, https://www.washingtonpost.com/technology/2022/10/26/musk-twitter-deal-chief-twit/.

[50] Ed Hammond, Ed Ludlow, «Musk Tells Twitter Staff He Doesn't Plan to Cut 75% Of Jobs (1)», in *Bloomberg*, 27 ottobre 2022, https://news.bloomberglaw.com/mergers-and-acquisitions/musk-tells-twitter-employees-he-doesnt-plan-to-cut-75-of-jobs.

13. «Voglio solo che Twitter torni a essere divertente»

[1] Parag Agrawal, Ned Segal, Vijaya Gadde, and Sean Edgett v. Elon Musk *et al.*, Complaint for Severance Benefits, Equitable Relief, and Statutory Penalties (Erisa), 4 marzo 2024, https://s3.amazonaws.com/jnswire/jns-media/47/13/15482202/NORCALAgrawalvMusk.pdf.

[2] *Ibid.*

[3] Faiz Siddiqui, Elizabeth Dwoskin, «Elon Musk acquires Twitter and fires top executives», in *Washington Post*, 28 ottobre 2022, https://www.washingtonpost.com/technology/2022/10/27/twitter-elon-musk/.

[4] Cat Zakrzewski, Faiz Siddiqui, Joseph Menn, «Musk's "free speech" agenda dismantles safety work at Twitter, insiders say», in *Washington Post*, 22 novembre 2022, https://www.washingtonpost.com/technology/2022/11/22/elon-musk-twitter-content-moderations/.

[5] @elonmusk, X, 27 ottobre 2022, https://x.com/elonmusk/status/1585841080431321088.

[6] Faiz Siddiqui, Elizabeth Dwoskin, Gerrit De Vynck, «Elon Musk's planned Twitter layoffs are imminent», in *Washington Post*, 29 ottobre 2022, https://www.washingtonpost.com/technology/2022/10/29/elon-musk-twitter-takeover/.

[7] *Ibid.*

[8] Cat Zakrzewski, Faiz Siddiqui, Joseph Menn, «Musk's "free speech" agenda dismantles safety work at Twitter, insiders say», in *Washington Post*, 22 novembre 2022, https://www.washingtonpost.com/technology/2022/11/22/elon-musk-twitter-content-moderations/.

[9] Lora Kolodny, «Elon Musk has pulled more than 50 Tesla employees into his Twitter takeover», in CNBC, 31 ottobre 2022, https://www.cnbc.com/2022/10/31/elon-musk-has-pulled-more-than-50-tesla-engineers-into-twitter.html.

[10] Elizabeth Dwoskin, Faiz Siddiqui, «Musk's inner circle worked through weekend to cement Twitter layoff plans», in *Washington Post*, 31 ottobre 2022, https://www.washingtonpost.com/technology/2022/10/31/elon-musk-twitter-layoffs.

[11] Cat Zakrzewski, Faiz Siddiqui, Joseph Menn, «Musk's "free speech" agenda dismantles safety work at Twitter, insiders say», in *Washington Post*, 22 novembre 2022, https://www.washingtonpost.com/technology/2022/11/22/elon-musk-twitter-content-moderations/.

[12] Chris Kirkham, Hyunjoo Jin, Abhirup Roy, «The inside story of Elon Musk's mass firings of Tesla Supercharger staff», Reuters, 15 maggio 2024, https://www.reuters.com/business/autos-transportation/inside-story-elon-musks-mass-firings-tesla-supercharger-staff-2024-05-15/.

[13] Elizabeth Dwoskin, Faiz Siddiqui, «Musk's inner circle worked through weekend to cement Twitter layoff plans», in *Washington Post*, 31 ottobre 2022, https://www.washingtonpost.com/technology/2022/10/31/elon-musk-twitter-layoffs.

[14] NAACP President and CEO, Derrick Johnson, Issues Statement on Facebook Oversight Board's Decision to Uphold the Ban on Donald Trump, NAACP, 5 maggio 2021, https://naacp.org/articles/naacp-president-and-ceo-derrick-johnson-issues-statement-facebook-oversight-boards.

[15] Rebecca Hersher, «What Happened When Dylann Roof Asked Google For Information About Race?», in NPR, 10 gennaio 2017, https://www.npr.org/sections/thetwo-way/2017/01/10/508363607/what-happened-when-dylann-roof-asked-google-for-information-about-race.

[16] Naomi Nix, Drew Harwell, Cat Zakrzewski, «Musk meeting with civil rights groups upsets his fans», in *Washington Post*, 2 novembre 2022, https://www.washingtonpost.com/technology/2022/11/02/musk-twitter-bans-trump/.

[17] Drew Harwell, Taylor Lorenz, Cat Zakrzewski, «Racist tweets quickly surface after Musk closes Twitter deal», in *Washington Post*, 28 ottobre 2022, https://www.washingtonpost.com/technology/2022/10/28/musk-twitter-racist-posts/.

[18] Reis Thebault, Danielle Paquette, Justine McDaniel, «Paul Pelosi attack video shows break-in, assault with hammer», in *Washington Post*, 27 gennaio 2023, https://www.washingtonpost.com/nation/2023/01/27/paul-pelosi-attack-video/.

[19] Elizabeth Dwoskin, Faiz Siddiqui, «Elon Musk deleted a tweet about Paul Pelosi. Here's why that matters», in *Washington Post*, 31 ottobre 2022, https://www.washingtonpost.com/technology/2022/10/30/musk-deleted-tweet-pelosi/.

[20] Stan Greene, «The Awful Truth: Paul Pelosi Was Drunk Again, And In a Dispute With a Male Prostitute Early Friday Morning», in *Santa Monica Observer*, 29 ottobre 2022, https://www.smobserved.com/story/2022/10/29/opinion/the-awful-truth-paul-pelosi-was-drunk-again-and-in-a-dispute-with-a-male-prostitute-early-friday-morning/7191.html.

[21] Drew Harwell, Taylor Lorenz, Cat Zakrzewski, «Racist tweets quickly surface after Musk closes Twitter deal», in *Washington Post*, 28 ottobre 2022, https://www.washingtonpost.com/technology/2022/10/28/musk-twitter-racist-posts/.

[22] Kurt Wagner, Edward Ludlow, Jackie Davalos *et al.*, «Twitter Limits Content-Enforcement Work as US Election Looms», in *Bloomberg*, 31 ottobre 2022, https://www.bloomberg.com/news/articles/2022-11-01/twitter-limits-content-enforcement-tools-as-us-election-looms.

[23] Grace Kay, «The Twitter manager who went viral for sleeping on the floor of company HQ survived Elon Musk's layoffs», in *Business Insider*, 7 novembre 2022, https://www.businessinsider.com/manager-viral-sleeping-twitter-elon-musk-takeover-survived-layoffs-2022-11.

[24] @esthercrawford, X, 2 novembre 2022, https://x.com/esthercrawford/status/1587709705488830464.

[25] @esthercrawford, X, 2 novembre 2022, https://x.com/esthercrawford/status/1587819812301918209.

[26] Naomi Nix, Nitasha Tiku, Will Oremus *et al.*, «Elon Musk's Twitter bid frustrates employees. That's a risk for him», in *Washington Post*, 15 aprile 2022, https://www.washingtonpost.com/technology/2022/04/14/twitter-employees-elon-musk/.

[27] @elonmusk, X, 30 ottobre 2022, https://x.com/elonmusk/status/1586831721386766337.

[28] Elizabeth Dwoskin, Faiz Siddiqui, Gerrit De Vynck *et al.*, «Documents detail plans to gut Twitter's workforce», in *Washington Post*, 20 ottobre 2022, https://www.washingtonpost.com/technology/2022/10/20/musk-twitter-acquisition-staff-cuts/.

[29] Elizabeth Dwoskin, Faiz Siddiqui, «Musk's inner circle worked through weekend to cement Twitter layoff plans», in *Washington Post*, 31 ottobre 2022, https://www.washingtonpost.com/technology/2022/10/31/elon-musk-twitter-layoffs/.

[30] Faiz Siddiqui, «Elon Musk begins mass layoffs at Twitter», in *Washington Post*, 4 novembre 2022, https://www.washingtonpost.com/technology/2022/11/03/elon-musk-twitter-layoffs/.

[31] @elonmusk, X, 2 novembre 2022, https://x.com/elonmusk/status/1587670513819729920.

[32] Naomi Nix, Drew Harwell, Cat Zakrzewski, «Musk meeting with civil rights groups upsets his fans», in *Washington Post*, 2 novembre 2022, https://www.washingtonpost.com/technology/2022/11/02/musk-twitter-bans-trump.

[33] @elonmusk, X, 2 novembre 2022, https://x.com/elonmusk/status/1587668703834955778.

[34] Faiz Siddiqui, «Elon Musk begins mass layoffs at Twitter», in *Washington Post*, 4 novembre 2022, https://www.washingtonpost.com/technology/2022/11/03/elon-musk-twitter-layoffs/.

[35] Faiz Siddiqui, Naomi Nix, Will Oremus, «Advertisers fleeing, workers in fear: Welcome to Elon Musk's Twitter», in *Washington Post*, 4 novembre 2022, https://www.washingtonpost.com/technology/2022/11/04/twitter-layoffs-musk/.

[36] @elonmusk, X, 4 novembre 2022, https://x.com/elonmusk/status/1588538640401018880.

[37] @stillgray, X, 4 novembre 2022, https://x.com/stillgray/status/1588560500023267328.

[38] @elonmusk, X, 4 novembre 2022, https://x.com/elonmusk/status/1588613591275827200.

[39] Faiz Siddiqui, «Elon Musk begins mass layoffs at Twitter», in *Washington Post*, 4 novembre 2022, https://www.washingtonpost.com/technology/2022/11/03/elon-musk-twitter-layoffs/.

[40] *Ibid.*

[41] Barbara Ortutay, Matt O'Brien, «Twitter slashes its staff as Musk era takes hold on platform», Associated Press, 5 novembre 2022, https://apnews.com/article/elon-musk-twitter-inc-business-layoffs-c0334da78b3af9faf2f43cf3f6e52ffa.

[42] Teddy Amenabar, «"Not a tweep anymore". Twitter layoffs likely to exact an emotional toll», in *Washington Post*, 4 novembre 2022, https://www.washingtonpost.com/wellness/2022/11/04/layoffs-stress-anxiety-twitter/.

[43] *Ibid.*

[44] Matt Rosoff, Lora Kolodny, «Elon Musk talks Tesla, Twitter, and why he tweets freely – even if it costs him money», in CNBC, 16 maggio 2023, https://www.cnbc.com/2023/05/16/elon-musk-cnbc-interview-with-david-faber.html.

[45] Alex Heath, Mia Sato, «Elon Musk's Twitter layoffs leave whole teams gutted», in The Verge, 4 novembre 2022, https://www.theverge.com/2022/11/4/23439790/elon-musk-twitter-layoffs-trust-and-safety-teams-severance.

[46] Faiz Siddiqui, Naomi Nix, Will Oremus, «Advertisers fleeing, workers in fear: Welcome to Elon Musk's Twitter», in *Washington Post*, 4 novembre 2022, https://www.washingtonpost.com/technology/2022/11/04/twitter-layoffs-musk/.

[47] Lora Kolodny, Laren Feiner, «Read Elon Musk's first email to all Twitter employees: Remote work over, company needs subscriptions to survive downturn», in CNBC, 10 novembre 2022, https://www.cnbc.com/2022/11/10/read-elon-musks-first-email-to-all-twitter-employees.html.

[48] @elonmusk, X, 1° novembre 2022, https://x.com/elonmusk/status/1587498907336118274.

[49] *Ibid.*

[50] @elonmusk, X, 1° novembre 2022, https://x.com/elonmusk/status/1587500060853424129.

[51] Rachel Lerman, Cat Zakrzewski, «Elon Musk's first big Twitter product paused after fake accounts spread», in *Washington Post*, 11 novembre 2022, https://www.washingtonpost.com/technology/2022/11/11/twitter-fake-verified-accounts/.

[52] Drew Harwell, «A fake tweet sparked panic at Eli Lilly and may have cost Twitter millions», in *Washington Post*, 14 novembre 2022, https://www.washingtonpost.com/technology/2022/11/14/twitter-fake-eli-lilly/.

[53] Rachel Lerman, Cat Zakrzewski, «Elon Musk's first big Twitter product paused after fake accounts spread», in *Washington Post*, 11 novembre 2022, https://www.washingtonpost.com/technology/2022/11/11/twitter-fake-verified-accounts/.

[54] Victor Ordonez, Stephanie Wash, «Meeting audio reveals Musk told Twitter staff either return to office or "resignation accepted"», in ABC 7 News, 11 novembre 2022, https://abc7news.com/elon-musk-audio-recording-ends-remote-work-twitter-return-to-office-email-employees/12440688/.

[55] Joseph Menn, Cat Zakrzewski, Faiz Siddiqui *et al.*, «Twitter's content moderation head quits as departures alarm the FTC», in *Washington Post*, 10 novembre 2022, https://www.washingtonpost.com/technology/2022/11/10/twitter-security-resignations.

[56] @elonmusk, X, 4 ottobre 2022.

14. «Benvenuti al livello 2 dell'inferno»

[1] Faiz Siddiqui, Jeremy B. Merrill, «Musk issues ultimatum to staff: Commit to "hardcore" Twitter or take severance», in *Washington Post*, 16 novembre 2022, https://www.washingtonpost.com/technology/2022/11/16/musk-twitter-email-ultimatum-termination/.

[2] *Ibid.*

[3] Lora Kolodny, «Elon Musk demands Twitter staff commit to "long hours" or leave: Read the email», in CNBC, 16 novembre 2022, https://www.cnbc.com/2022/11/16/elon-musk-demands-twitter-staff-commit-to-long-hours-or-leave.html.

[4] Joseph Menn, Nitasha Tiku, Faiz Siddiqui *et al.*, «Hundreds said to have opted to leave Twitter over Musk ultimatum», in *Washington Post*, 18 novembre 2022, https://www.washingtonpost.com/technology/2022/11/17/twitter-musk-easing-rto-order/.

[5] Clare Duffy, Oliver Darcy, «Twitter employees head for the exits after Elon Musk's "extremely hardcore" work ultimatum», in CNN Business, 18 novembre 2022, https://www.cnn.com/2022/11/17/tech/twitter-employees-ultimatum-deadline/index.html.

[6] Joseph Menn, Nitasha Tiku, Faiz Siddiqui *et al.*, «Hundreds said to have opted to leave Twitter over Musk ultimatum», in *Washington Post*, 18 novembre 2022, https://www.washingtonpost.com/technology/2022/11/17/twitter-musk-easing-rto-order/.

[7] *Ibid.*

[8] Joseph Menn, Cat Zakrzewski, «Musk summons engineers to Twitter HQ as millions await platform's collapse», in *Washington Post*, 18 novembre 2022, https://www.washingtonpost.com/technology/2022/11/18/twitter-death-watch-chaos-resignations/.

[9] *Ibid.*

[10] Will Oremus, «Musk, defending his Tesla pay, says he'll shift focus from Twitter», in *Washington Post*, 16 novembre 2022, https://www.washingtonpost.com/technology/2022/11/16/elon-musk-tesla-trial-pay/.

[11] *Ibid.*

[12] *Ibid.*

[13] Hyunjoo Jin, Tom Hals, «Elon Musk says he will find a new leader for Twitter», Reuters, 16 novembre 2022, https://www.reuters.com/technology/elon-musk-says-he-expects-reduce-his-time-twitter-court-testimony-2022-11-16//.

[14] Will Oremus, «Musk, defending his Tesla pay, says he'll shift focus from Twitter», in *Washington Post*, 16 novembre 2022, https://www.washingtonpost.com/technology/2022/11/16/elon-musk-tesla-trial-pay/.

[15] David Shepardson, Hyunjoo Jin, «Senator Warren, Tesla investor turn up heat over Musk's Twitter role», Reuters, 19 dicembre 2022, https://www.reuters.com/world/us/us-senator-questions-tesla-board-chair-over-musk-purchase-twitter-2022-12-19//.

[16] Faiz Siddiqui, Rachel Lerman, «Elon Musk's role at Tesla questioned as Twitter occupies his attention», in *Washington Post*, 16 dicembre 2022, https://www.washingtonpost.com/technology/2022/12/15/elon-musk-tesla-twitter/.

[17] Letter from Senator Elizabeth Warren to Tesla Board, 18 dicembre 2022, https://www.warren.senate.gov/imo/media/doc/2022.12.18_Letter to Tesla Board on Musk Concerns.pdf.

[18] Lora Kolodny, «SpaceX, Tesla, and Boring Company execs are helping Elon Musk at Twitter, records reveal», in CNBC, 8 dicembre 2022, https://www.cnbc.com/2022/12/08/spacex-tesla-and-boring-company-execs-helping-musk-at-twitter.html.

[19] @elonmusk, X, 19 dicembre 2021, https://x.com/elonmusk/status/1472-754632325795843.

[20] @elonmusk, X, 18 marzo 2023, https://twitter.com/elonmusk/status/1637-193767697408001.

[21] @elonmusk, X, 14 dicembre 2021, https://x.com/elonmusk/status/1470-858546153762819.

[22] Cat Zakrzewski, Faiz Siddiqui, Joseph Menn, «Musk's "free speech" agenda dismantles safety work at Twitter, insiders say», in *Washington Post*, 22 novembre 2022, https://www.washingtonpost.com/technology/2022/11/22/elon-musk-twitter-content-moderations/.

[23] Seth Dillon, «Twitter Suspends The Babylon Bee», The Babylon Bee, 22 marzo 2022, https://babylonbee.com/news/twitter-has-shut-down-the-bee.

[24] Cat Zakrzewski, Faiz Siddiqui, Joseph Menn, «Musk's "free speech" agenda dismantles safety work at Twitter, insiders say», in *Washington Post*, 22 novembre 2022, https://www.washingtonpost.com/technology/2022/11/22/elon-musk-twitter-content-moderations/.

[25] @elonmusk, X, 18 novembre 2022, https://x.com/elonmusk/status/15936-73339826212864.

[26] @pwnsdx, X, 21 dicembre 2022, https://x.com/pwnsdx/status/16054-42608603463680.

[27] Faiz Siddiqui, «Twitter brings Elon Musk's genius reputation crashing down to earth», in *Washington Post*, 24 dicembre 2022, https://www.washingtonpost.com/technology/2022/12/24/elon-musk-twitter-meltdown-tesla/.

[28] @elonmusk, X, 9 aprile 2022, https://x.com/elonmusk/status/151278-5529712123906.

[29] Joseph Menn, «Elon Musk uses QAnon tactic in criticizing former Twitter safety chief», in *Washington Post*, 12 dicembre 2022, https://www.washingtonpost.com/technology/2022/12/12/musk-child-porn-qanon/.

[30] Cat Zakrzewski, Faiz Siddiqui, «Elon Musk's "Twitter Files" ignite divisions, but haven't changed minds», in *Washington Post*, 3 dicembre 2022, https://www.washingtonpost.com/technology/2022/12/03/elon-musk-twitter-files/.

[31] @elonmusk, X, 28 novembre 2022, https://x.com/elonmusk/status/1597336812732575744.

[32] Express, «Irritable Bar Syndrome», in *Washington Post*, 22 agosto 2013, https://www.washingtonpost.com/express/wp/2013/08/22/irritable-bar-syndrome/.

[33] Mike Isaac, Ryan Mac, «As Elon Musk Cuts Costs at Twitter, Some Bills Are Going Unpaid», in *New York Times*, 22 novembre 2022, https://www.nytimes.com/2022/11/22/technology/elon-musk-twitter-cost-cutting.html.

[34] «Musk orders Twitter to cut infrastructure costs by $1 billion–sources», Reuters, 3 novembre 2022, https://www.reuters.com/technology/musk-orders-twitter-cut-infrastructure-costs-by-1-bln-sources-2022-11-03/.

[35] Ryan Mac, Mike Isaac, Kate Conger, «Musk Shakes Up Twitter's Legal Team as He Looks to Cut More Costs», in *New York Times*, 13 dicembre 2022, https://www.nytimes.com/2022/12/13/technology/elon-musk-twitter-shakeup.html.

[36] Ina Fried, «Exclusive: Apple to pause advertising on X after Musk back antisemitic post», in *Axios*, 17 novembre 2023, https://www.axios.com/2023/11/17/apple-twitter-x-advertising-elon-musk-antisemitism-ads.

[37] Gerrit De Vynck, Adela Suliman, «Elon Musk courts Twitter advertisers as he seeks new streams of revenue», in *Washington Post*, 1° novembre 2022, https://www.washingtonpost.com/technology/2022/11/01/elon-musk-twitter-verification-stephen-king/.

[38] Faiz Siddiqui, «Twitter brings Elon Musk's genius reputation crashing down to earth», in *Washington Post*, 24 dicembre 2022, https://www.washingtonpost.com/technology/2022/12/24/elon-musk-twitter-meltdown-tesla/.

[39] @elonmusk, X, 28 novembre 2022, https://x.com/elonmusk/status/1597-336812732575744.

[40] Cat Zakrzewski, Faiz Siddiqui, «Elon Musk's "Twitter Files" ignite divisions, but haven't changed minds», in *Washington Post*, 3 dicembre 2022, https://www.washingtonpost.com/technology/2022/12/03/elon-musk-twitter-files/.

[41] @mtaibbi, X, 2 dicembre 2022, https://x.com/mtaibbi/status/1598828-932395978752.

[42] @mtaibbi, X, 2 dicembre 2022, https://x.com/mtaibbi/status/1598829-996264390656.

[43] Faiz Siddiqui, «Twitter brings Elon Musk's genius reputation crashing down to earth», in *Washington Post*, 24 dicembre 2022, https://www.washingtonpost.com/technology/2022/12/24/elon-musk-twitter-meltdown-tesla/.

[44] *Ibid.*

[45] Cat Zakrzewski, «Employees prevented Musk from breaking federal Twitter order, FTC finds», in *Washington Post*, 21 febbraio 2024, https://www.washingtonpost.com/technology/2024/02/21/x-twitter-jordan-ftc-musk/.

[46] Ryan Mac, Mike Isaac, Kate Conger, «Musk Shakes Up Twitter's Legal Team as He Looks to Cut More Costs», in *New York Times*, 13 dicembre 2022, https://www.nytimes.com/2022/12/13/technology/elon-musk-twitter-shakeup.html.

[47] @DonLemon, X, 13 marzo 2024, https://x.com/donlemon/status/1767975678484558306.

[48] @elonmusk, X, 6 novembre 2022, https://twitter.com/elonmusk/status/1589414958508691456.

[49] Drew Harwell, Faiz Siddiqui, «Musk bans Twitter account tracking his jet, threatens to sue creator», in *Washington Post*, 14 dicembre 2022, https://www.washingtonpost.com/technology/2022/12/14/elonjet-twitter-suspension-jack-sweeney-talks/.

[50] *Ibid.*

[51] @elonmusk, X, 14 dicembre 2022, https://x.com/elonmusk/status/1603190155107794944.

[52] Drew Harwell, Taylor Lorenz, «Musk blamed a Twitter account for an alleged stalker. Police see no link», in *Washington Post*, 18 dicembre 2022, https://www.washingtonpost.com/technology/2022/12/18/details-of-musk-stalking-incident/.

[53] @drewharwell, X, 14 dicembre 2022, https://x.com/drewharwell/status/1603133549032669185.

[54] Paul Farhi, «Musk suspends journalists from Twitter, claims "assassination" danger», in *Washington Post*, 16 dicembre 2022, https://www.washingtonpost.com/media/2022/12/15/twitter-journalists-suspended-musk/.

[55] @elonmusk, X, 15 dicembre 2022, https://twitter.com/elonmusk/status/1603573725978275841.

[56] Paul Farhi, «Musk suspends journalists from Twitter, claims "assassination" danger», in *Washington Post*, 16 dicembre 2022, https://www.washingtonpost.com/media/2022/12/15/twitter-journalists-suspended-musk/.

[57] @elonmusk, X, 15 dicembre 2022, https://twitter.com/elonmusk/status/1603587970832793600.

[58] Drew Harwell, Taylor Lorenz, «Musk blamed a Twitter account for an alleged stalker. Police see no link», in *Washington Post*, 18 dicembre 2022, https://www.washingtonpost.com/technology/2022/12/18/details-of-musk-stalking-incident/.

[59] Jeremy Barr, Sarah Ellison, «Musk unsuspends some reporters on Twitter. But their companies never left», in *Washington Post*, 17 dicembre 2022, https://www.washingtonpost.com/media/2022/12/17/musk-twitter-journalist-suspension-media-react/.

[60] @bariweiss, X, 12 dicembre 2022, https://x.com/bariweiss/status/1602364197194432515.

[61] @bariweiss, X, 12 dicembre 2022, https://x.com/bariweiss/status/1603788344470556674.

[62] @elonmusk, X, 16 dicembre 2022, https://x.com/elonmusk/status/1603797171572117505.

[63] @bariweiss, X, 16 dicembre 2022, https://x.com/bariweiss/status/1603908561741889536.

[64] Filip Timotija, «"Twitter Files" journalist Matt Taibbi: Musk proved to be "very disappointing" on free speech issue», in *The Hill*, 16 marzo 2024, https://thehill.com/homenews/media/4536394-twitter-files-journalist-matt-taibbi-musk-disappointing-free-speech/.

[65] Dalton Bennett, Samuel Oakford, Gerrit De Vynck *et al.*, «From Jared Kushner to Salt Bae: Here's who Elon Musk was seen with at the World Cup», in *Washington Post*, 20 dicembre 2022, https://www.washingtonpost.com/investigations/2022/12/20/elon-musk-spotted-world-cup-final/.

[66] Emma Roth, «Twitter abruptly bans all link to Instagram, Mastodon, and other competitors», in The Verge, 18 dicembre 2022, https://www.theverge.com/2022/12/18/23515221/twitter-bans-links-instagram-mastodon-competitors.

[67] @paulg, X, 18 dicembre 2022, https://x.com/paulg/status/1604556563338887168.

[68] Faiz Siddiqui, Cat Zakrzewski, Marisa Iati, «After backlash, Elon Musk is staking his leadership on a Twitter poll», in *Washington Post*, 19 dicembre 2022, https://www.washingtonpost.com/technology/2022/12/18/twitter-policy-links-to-social-sites/.

[69] @Snowden, X, 18 dicembre 2022, https://x.com/Snowden/status/1604606914372984832.

[70] @elonmusk, X, 18 dicembre 2022, https://x.com/elonmusk/status/1604588904828600320.

[71] @elonmusk, X, 18 dicembre 2022, https://x.com/elonmusk/status/1604593057676300288.

[72] @elonmusk, X, 18 dicembre 2022, https://twitter.com/elonmusk/status/16046164261149 32737.

[73] @elonmusk, X, 18 dicembre 2022, https://twitter.com/elonmusk/status/1604616863673208832.

[74] @elonmusk, X, 18 novembre 2022, https://twitter.com/elonmusk/status/1604617643973124097.

[75] @elonmusk, X, 18 novembre 2022, https://x.com/elonmusk/status/1593767953706921985.

[76] @elonmusk, X, 23 novembre 2022, https://twitter.com/elonmusk/status/1595473875847942146.

[77] @elonmusk, X, 6 novembre 2021, https://x.com/elonmusk/status/1457064697782489088.

[78] Robert Frank, «Elon Musk faces a $15 billion tax bill, which is likely the real reason he's selling stock», in CNBC, 7 novembre 2021, https://www.cnbc.com/2021/11/07/elon-musk-faces-a-15-billion-tax-bill-which-is-likely-the-real-reason-hes-selling-stock.html.

[79] @elonmusk, X, 6 novembre 2021, https://x.com/elonmusk/status/1457064697782489088.

[80] @elonmusk, X, 6 novembre 2021, https://x.com/elonmusk/status/1457066048944066565.

[81] Jeremy B. Merrill, Rachel Lerman, Faiz Siddiqui, «Elon Musk sells roughly $5 billion in Tesla stock in series of whirlwind transactions», in *Washington Post*, 11 novembre 2021, https://www.washingtonpost.com/technology/2021/11/10/elon-musk-tesla-stock/.

[82] @elonmusk, X, 15 dicembre 2022, https://x.com/elonmusk/status/1603609466301059073.

[83] @elonmusk, X, 17 dicembre 2022, https://x.com/elonmusk/status/1603982891179839488.

[84] @elonmusk, X, 18 dicembre 2022, https://x.com/elonmusk/status/1604650028999405568.

[85] Faiz Siddiqui, Cat Zakrzewski, Rachel Lerman, «No word from Musk on whether he will resign. He lost a poll he said he's abide», in *Washington Post*, 19 dicembre 2022, https://www.washingtonpost.com/technology/2022/12/19/musk-twitter-ceo-poll/.

[86] @elonmusk, X, 12 febbraio 2023, https://x.com/elonmusk/status/1624876021433368578.

[87] Faiz Siddiqui, Cat Zakrzewski, Rachel Lerman, «No word from Musk on whether he will resign. He lost a poll he said he's abide», in *Washington Post*, 19 dicembre 2022, https://www.washingtonpost.com/technology/2022/12/19/musk-twitter-ceo-poll/.

[88] @elonmusk, X, 19 dicembre 2022, https://twitter.com/elonmusk/status/1604981780548767744.

[89] @elonmusk, X, 19 dicembre 2022, https://x.com/elonmusk/status/1604985324505030658.

[90] @elonmusk, X, 20 dicembre 2022, https://x.com/elonmusk/status/1605372724800393216.

[91] @elonmusk, X, 20 dicembre 2022, https://x.com/elonmusk/status/1605372724800393216.

[92] Walter Isaacson, *Elon Musk*, Mondadori, Milano 2023, cap. 92, ebook.

[93] Ivi.

[94] @elonmusk, X, 6 marzo 2023, https://x.com/elonmusk/status/1632794008060567552.

[95] Elizabeth Dwoskin, «Twitter experiences a widespread global outage», in *Washington Post*, 28 dicembre 2022, https://www.washingtonpost.com/technology/2022/12/28/twitter-global-outage/.

[96] Walter Isaacson, *Elon Musk*, Mondadori, Milano 2023, cap. 92, ebook.

[97] Faiz Siddiqui, «Twitter repeatedly crashes as DeSantis tries to make presidential announcement», in *Washington Post*, 24 maggio 2023, https://www.washingtonpost.com/technology/2023/05/24/elon-musk-ron-desantis-2024-twitter/.

[98] Walter Isaacson, *Elon Musk*, Mondadori, Milano 2023, cap. 92, ebook.

[99] Marianne LeVine, Faiz Siddiqui, Hannah Knowles *et al.*, «Trump returns to X with technical glitches, softball questions from Musk», in *Washington Post*, 12 agosto 2024, https://www.washingtonpost.com/technology/2024/08/12/trump-returns-x-elon-musk-interview/.

15. «Elon Musk può fare quello che gli pare e non affrontare le conseguenze?»

[1] Will Oremus, «Musk, defending his Tesla pay, says he'll shift focus from Twitter», in *Washington Post*, 16 novembre 2022, https://www.washingtonpost.com/technology/2022/11/16/elon-musk-tesla-trial-pay/.

[2] Samantha Delouya, «Elon Musk changed his name to "Mr. Tweet" on Twitter after a lawyer accidentally called him that during a Tesla shareholder trial», in *Business Insider*, 23 gennaio 2023, https://www.businessinsider.com/lawyer-calls-elon-musk-mr-tweet-during-tesla-trial-twitter-2023–1.

[3] Faiz Siddiqui, «Elon Musk stands by "Funding secured" tweet in trial testimony», in *Washington Post*, 23 gennaio 2023, https://www.washingtonpost.com/technology/2023/01/23/elon-musk-tesla-trial/.

[4] Renae Merle, «Tesla's Elon Musk settles with SEC, paying $20 million fine and resigning as board chairman», in *Washington Post*, 29 settembre 2018, https://www.washingtonpost.com/business/2018/09/29/teslas-elon-musk-settles-with-sec-paying-million-fine-resigning-board-chairman/.

[5] Faiz Siddiqui, «Elon Musk found not liable in federal trial over "Funding secured" tweet», in *Washington Post*, 3 febbraio 2023, https://www.washingtonpost.com/technology/2023/02/03/elon-musk-tesla-verdict/.

[6] Faiz Siddiqui, «Musk, defending "Funding secured" statement, downplays impact of Tweets», in *Washington Post*, 30 gennaio 2023, https://www.washingtonpost.com/technology/2023/01/20/elon-musk-tesla-trial/.

[7] Rebecca Elliott, «Elon Musk Flags Tweets' Limitations in Tesla Trial», in *Wall Street Journal*, 20 gennaio 2023, https://www.wsj.com/articles/elon-musk-among-next-set-of-witnesses-in-tesla-tweets-trial-11674192908.

[8] Faiz Siddiqui, «Musk, defending "Funding secured" statement, downplays impact of Tweets», in *Washington Post*, 30 gennaio 2023, https://www.washingtonpost.com/technology/2023/01/20/elon-musk-tesla-trial/.

[9] Transcript of Trial Proceedings, Re Tesla, Inc. Securities Litigation, 3 febbraio 2023, https://casetext.com/case/in-re-tesla-sec-litig.

[10] Michael Liedtkc con la Associated Press, «In trial, Elon Musk is cast as a liar who cost regular Tesla shareholders millions of dollars», in *Fortune*, 18 gennaio 2023, https://fortune.com/2023/01/18/elon-musk-trial-tesla-funding-secured-tweet-shareholders/.

[11] Faiz Siddiqui, «Elon Musk found not liable in federal trial over "Funding secured" tweet», in *Washington Post*, 3 febbraio 2023, https://www.washingtonpost.com/technology/2023/01/20/elon-musk-tesla-verdict.

[12] Transcript of Trial Proceedings, Re Tesla, Inc. Securities Litigation, 3 febbraio 2023, https://casetext.com/case/in-re-tesla-sec-litig.

[13] @elonmusk, X, 3 febbraio 2023, https://x.com/elonmusk/status/16216-53950947799042.

[14] Faiz Siddiqui, «Elon Musk found not liable in federal trial over "Funding secured" tweet», in *Washington Post*, 3 febbraio 2023, https://www.washingtonpost.com/technology/2023/01/20/elon-musk-tesla-verdict.

[15] Gerrit De Vynck, Cat Zakrzewski, «Musk's celebrity lawyer now plays key role in Twitter overhaul», in *Washington Post*, 6 novembre 2022, https://www.washingtonpost.com/technology/2022/11/06/alex-spiro-musk-twitter-lawyer/.

[16] Faiz Siddiqui, «Elon Musk found not liable in federal trial over "Funding secured" tweet», in *Washington Post*, 3 febbraio 2023, https://www.washingtonpost.com/technology/2023/01/20/elon-musk-tesla-verdict.

[17] Erin McCormick, «Tesla Trial: did Musk's tweet affect the firm's stock price?», in *The Guardian*, 23 gennaio 2023, https://www.theguardian.com/technology/2023/jan/28/tesla-trial-elon-musk-what-you-need-to-know-explainer.

[18] Faiz Siddiqui, «Elon Musk found not liable in federal trial over "Funding secured" tweet», in *Washington Post*, 3 febbraio 2023, https://www.washingtonpost.com/technology/2023/01/20/elon-musk-tesla-verdict.

[19] @elonmusk, X, 1° febbraio 2023, https://x.com/elonmusk/status/16206-64851663319042.

[20] Faiz Siddiqui, «Musk's securities fraud trial begins over Tesla "Funding secured" tweet», in *Washington Post*, 17 gennaio 2023, https://www.washingtonpost.com/technology/2023/01/17/elon-musk-tesla-trial/.

[21] Zoë Schiffer, Casey Newton, «Yes, Elon Musk created a special system for showing you all his tweets first», in *Platformer*, 14 febbraio 2023, https://www.platformer.news/yes-elon-musk-created-a-special-system/.

[22] Faiz Siddiqui, Jeremy B. Merrill, «Elon Musk reinvents Twitter for the benefit of a power user: Himself», in *Washington Post*, 16 febbraio 2023, https://www.washingtonpost.com/technology/2023/02/16/elon-musk-twitter/.

[23] @elonmusk, X, 17 febbraio 2023, https://x.com/elonmusk/status/16265-56852816470024.

[24] @elonmusk, X, 14 febbraio 2023, https://x.com/elonmusk/status/162652-0156469092353.

[25] Faiz Siddiqui, Jeremy B. Merrill, «Elon Musk reinvents Twitter for the benefit of a power user: Himself», in *Washington Post*, 16 febbraio 2023, https://www.washingtonpost.com/technology/2023/02/16/elon-musk-twitter/.

[26] *Ibid.*

[27] *Ibid.*

[28] Elon Musk, *Don Lemon Show*, 18 marzo 2024.

[29] @elonmusk, X, 14 febbraio 2023, https://x.com/elonmusk/status/162569-5877326340102.

[30] Arjun Kharpal, «Elon Musk aiming to appoint his successor as Twitter CEO by the end of 2023», in CNBC, 15 febbraio 2023, https://www.cnbc.com/2023/02/15/elon-musk-aiming-to-appoint-new-twitter-ceo-by-end-of-2023.html.

[31] Rachel Lerman, Taylor Telford, Faiz Siddiqui, «Elon Musk is unfathomably rich. Her's where his money is stashed», in *Washington Post*, 15 giugno 2024, https://www.washingtonpost.com/technology/2024/02/01/elon-musk-wealth-net-worth-companies/.

[32] Sanj Atwal, «Elon Musk suffers worst loss of fortune in history amid "market madness"», in *Guinness World Records*, 6 gennaio 2023, https://www.guinnessworldrecords.com/news/2023/1/elon-musk-suffers-worst-loss-of-fortune-in-history-amid-market-madness-731988.

[33] Aditya Soni, Eva Mathews, «Tesla shares suffer New Year's hangover on demand worries, delivery issues», Reuters, 3 gennaio 2023, https://www.reuters.com/business/autos-transportation/tesla-shares-start-2023-lower-worries-over-weak-demand-logistical-issues-2023-01-03/.

[34] Faiz Siddiqui, «Elon Musk says he's sleeping on a couch at Twitter and his dog is in charge», in *Washington Post*, 12 aprile 2023, https://www.washingtonpost.com/technology/2023/04/12/elon-musk-twitter/.

[35] Katharine Schwab, «San Francisco Is Investigating the Bedrooms Elon Musk Installed At Twitter For Possible Code Violations», in *Forbes*, 7 dicembre 2023, https://www.forbes.com/sites/katharineschwab/2022/12/06/elon-musk-twitter-bedrooms-san-francisco-investigation/?sh=50f3f7c1af15.

[36] Faiz Siddiqui, «Elon Musk says he's sleeping on a couch at Twitter and his dog is in charge», in *Washington Post*, 12 aprile 2023, https://www.washingtonpost.com/technology/2023/04/12/elon-musk-twitter/.

[37] @elonmusk, X, 11 maggio 2023, https://x.com/elonmusk/status/1656748197308674048.

[38] @elonmusk, X, 12 maggio 2023, https://x.com/elonmusk/status/1657108798480470018.

[39] @elonmusk, X, 12 maggio 2023, https://x.com/elonmusk/status/1657050349608501249.

[40] @elonmusk, X, 23 luglio 2023, https://x.com/elonmusk/status/1682964919325724673.

[41] @elonmusk, X, 25 luglio 2023, https://x.com/elonmusk/status/1683946564115394561.

[42] «Brightly flashing "X" sign removed from the San Francisco building that was Twitter's headquarters», Associated Press, 1° agosto 2023, https://apnews.com/article/twitter-x-sign-lightup-san-francisco-elon-musk-fa81d70c13c98a2cc7f03c2561a01258.

16. Autopilot ridimensionato

[1] @elonmusk, X, 2 luglio 2020. https://x.com/elonmusk/status/1278764736876773383.

[2] Faiz Siddiqui, Jeremy B. Merrill, «17 fatalities, 736 crashes: the shocking toll of Tesla's Autopilot», in *Washington Post*, 10 giugno 2022, https://www.washingtonpost.com/technology/2023/06/10/tesla-autopilot-crashes-elon-musk/.

[3] Sean O'Kane, «Tesla ignored safety board's Autopilot recommendations, chairman says», in The Verge, 25 febbraio 2020, https://www.theverge.com/2020/2/25/21152984/tesla-autopilot-safety-recommendations-ignored-ntsb-crash-hearing.

[4] @elonmusk, X, 12 febbraio 2023, https://x.com/elonmusk/status/1624873453949014017.

[5] Faiz Siddiqui, Jeremy B. Merrill, «17 fatalities, 736 crashes: the shocking toll of Tesla's Autopilot», in *Washington Post*, 10 giugno 2022, https://www.washingtonpost.com/technology/2023/06/10/tesla-autopilot-crashes-elon-musk/.

[6] *Ibid.*

[7] Trisha Thadani, Faiz Siddiqui, Rachel Lerman *et al.*, «Tesla drivers run Autopilot where it's not intended – with deadly consequences», in *Washington Post*, 10 dicembre 2023, https://www.washingtonpost.com/technology/2023/12/10/tesla-autopilot-crash/.

[8] Ashley Halsey, «NTSB says driver in fatal Tesla crash was overreliant on the car's "Autopilot" system», in *Washington Post*, 12 settembre 2017, https://www.washingtonpost.com/local/trafficandcommuting/ntsb-says-driver-in-fatal-tesla-crash-was-overreliant-on-the-cars-autopilot-system/2017/09/12/38e5f130–9730–11e7–82e4-f1076f6d6152story.html.

[9] Trisha Thadani, Faiz Siddiqui, Rachel Lerman *et al.*, «Tesla drivers run Autopilot where it's not intended – with deadly consequences», in *Washington Post*, 10 dicembre 2023, https://www.washingtonpost.com/technology/2023/12/10/tesla-autopilot-crash/.

[10] Faiz Siddiqui, Leo Sands, Aaron Gregg *et al.*, «Tesla conducts largest-ever recall for "insufficient" safety controls after exclusive Post report on Autopilot», in *Washington Post*, 13 dicembre 2023, https://www.washingtonpost.com/technology/2023/12/13/tesla-autopilot-recall/.

[11] *Ibid.*

[12] @rohanspatel, X, 13 dicembre 2023, https://x.com/rohanspatel/status/1735154510484431333.

[13] Update Vehicle Firmware to Prevent Driver Misuse of Autosteer, Tesla.com, https://www.tesla.com/support/vehicle-firmware-prevent-autosteer-misuse.

[14] Geoffrey A. Fowler, «Testing Tesla's Autopilot recall, I don't feel much safer – and neither should you», in *Washington Post*, 31 dicembre 2023, https://www.washingtonpost.com/technology/2023/12/31/tesla-autopilot-recall-test/.

[15] Nora Eckert, Ben Foldy, «Tesla's Recall Fix for Autopilot Irritates Drivers, Disappoints Safety Advocates», in *Wall Street Journal*, 29 gennaio 2024, https://www.wsj.com/business/autos/teslas-recall-fix-for-autopilote-irritates-drivers-disappoints-safety-advocates-f9ca0eb4.

17. Il Technoking è nudo

[1] Post-Trial Opinion, Tornetta *et al.* v. Musk *et al.*, 30 gennaio 2024, https://corpgov.law.harvard.edu/2024/02/01/tesla-musk-case-post-trial-opinion/.

[2] *Ibid.*

[3] @elonmusk, X, 30 gennaio 2024, https://x.com/elonmusk/status/1752455348106166598.

[4] @elonmusk, X, 1° febbraio 2024, https://x.com/elonmusk/status/1753271394408829106.

[5] @elonmusk, X, 7 febbraio 2024, https://x.com/elonmusk/status/1755260480514293867.

[6] @elonmusk, X, 30 gennaio 2024, https://x.com/elonmusk/status/1752491924848820595.

[7] @elonmusk, X, 1° febbraio 2024, https://x.com/elonmusk/status/1752922071229722990.

[8] @elonmusk, X, 14 febbraio 2024, https://x.com/elonmusk/status/1757924482885583112.

[9] Tom Krisher, «Elon Musk's Neuralink moves legal home to Nevada after Delaware judge invalidates his Tesla pay deal», Associated Press, 10 febbraio 2024, https://apnews.com/article/elon-musk-neuralink-brain-implant-corporate-move-nevada-delaware-09c2eee269beebccf9a701f21ea2b9f7.

[10] @TeslaBoomerMama, X, 5 dicembre 2024, https://x.com/TeslaBoomerMama/status/1864847823902236884.

[11] @elonmusk, X, 13 giugno 2024, https://x.com/elonmusk/status/1801278941698703399.

[12] Tesla: Form 8-K, United States Securities and Exchange Commission, 13 giugno 2024, https://www.sec.gov/Archives/edgar/data/1318605/000110465924071439/tm2413800d31_8k.htm.

[13] *Ibid.*

[14] Trisha Thadani, Faiz Siddiqui, «Judge rejects Elon Musk's $56 billion pay package, despite shareholder vote», in *Washington Post*, 2 dicembre 2024, https://www.washingtonpost.com/technology/2024/12/02/elon-musk-pay-package-rejected-tesla-delaware/.

[15] @elonmusk, X, 2 dicembre 2024, https://x.com/elonmusk/status/1863740336331170304.

[16] @breakingbaht, X, 15 novembre 2023, https://x.com/breakingbaht/status/1724892505647296620.

[17] @elonmusk, X, 15 novembre 2023, https://x.com/elonmusk/status/1724908287471272299.

[18] @elonmusk, X, 15 novembre 2023, https://x.com/elonmusk/status/1724932619203420203.

[19] @elonmusk, X, 15 novembre 2023, https://x.com/elonmusk/status/1724933980276084909.

[20] Eric Hananoki, «As Musk endorses antisemitic conspiracy theory, X has been placing ads for Apple, Bravo, IBM, Oracle and Xfinity next to pro-Nazi content», Media Matters, 11 novembre 2023, https://www.mediamatters.org/twitter/musk-endorses-antisemitic-conspiracy-theory-x-has-been-placing-ads-apple-bravo-ibm-oracle.

[21] Eli Tan, «This is the growing list of companies pulling ads from X», in *Washington Post*, 20 novembre 2023, https://www.washingtonpost.com/technology/2023/11/17/elon-musk-x-companies-pulling-ads-anti-semitism/.

[22] @elonmusk, X, 21 novembre 2023, https://x.com/elonmusk/status/1725714414907928696.

[23] Frances Vinall, Timothy Bella, «Musk's X sues Media Matters after report shows ads next to pro-Nazi posts», in *Washington Post*, 21 novembre 2023, https://www.washingtonpost.com/business/2023/11/21/musk-media-matters-x-lawsuit-ken-paxton/.

[24] @GerberKawasaski, X, 16 novembre 2023, https://x.com/GerberKawasaki/status/1725219518186995834.

[25] @GerberKawasaski, X, 16 novembre 2023, https://x.com/GerberKawasaki/status/1725224994983022602.

[26] @elonmusk, X, 15 novembre 2023, https://x.com/elonmusk/status/1724932619203420203.

[27] @elonmusk, X, 15 novembre 2023, https://x.com/elonmusk/status/1724896736412660188.

[28] @elonmusk, X, 13 gennaio 2024, https://x.com/elonmusk/status/1746999488252703098.

[29] Gerrit De Vynck, «Elon Musk targets advertisers who boycott X with expletive-filled rant», in *Washington Post*, 29 novembre 2023, https://www.washingtonpost.com/technology/2023/11/29/elon-musk-advertiser-dealbook/.

[30] Lora Kolodny, «Elon Musk claims advertisers are trying to "blackmail" him, says "Go f——yourself"», in CNBC, 29 novembre 2023, https://www.cnbc.com/2023/11/29/elon-musk-to-advertisers-who-are-trying-to-blackmail-him-go-f----yourself.html.

[31] *Ibid.*

[32] *Ibid.*

[33] Dan Primack, «Elon Musk's X gets another valuation cut from Fidelity», in *Axios*, 20 dicembre 2023, https://www.axios.com/2023/12/31/elon-musks-x-fidelity-valuation-cut.

[34] Faiz Siddiqui, «Elon Musk's uphill battle to win greater control of Tesla», in *Washington Post*, 28 gennaio 2024, https://www.washingtonpost.com/technology/2024/01/28/elon-musk-tesla-control/.

[35] Al Root, «Tesla Cybertrucks Are Rusting. There Are Fixes for That», in *Barron's*, 18 febbraio 2024, https://www.barrons.com/articles/tesla-cybertrucks-rusting-fixes-f10209fb.

[36] @elonmusk, X, 12 dicembre 2022, https://x.com/elonmusk/status/1602278477234728960.

[37] @chazman, X, 7 febbraio 2020, https://x.com/chazman/status/1755366988870725901.

[38] @elonmusk, X, 7 febbraio 2024, https://x.com/elonmusk/status/1755411084939501860.

Postfazione

[1] Maria Sacchetti, Faiz Siddiqui, Nick Miroff, «Elon Musk, enemy of "open borders", launched his career working illegally», in *Washington Post*, 27 ottobre 2024, https://www.washingtonpost.com/business/2024/10/26/elon-musk-immigration-status/.

[2] @elonmusk, X, 7 novembre 2024, https://x.com/elonmusk/status/1854576310699348325.

[3] @elonmusk, X, 19 ottobre 2024, https://x.com/elonmusk/status/1847731937168826582.

[4] @elonmusk, X, 19 ottobre 2024, https://x.com/elonmusk/status/1847775059823218967.

[5] @elonmusk, X, 11 novembre 2024, https://x.com/elonmusk/status/1856073530137526564.

[6] Julia Ingram, «Elon Musk spends $277 million to back Trump and Republican candidates», in CBS News, 6 dicembre 2024, https://www.cbsnews.com/news/elon-musk-277-million-trump-republican-candidates-donations/.

[7] @elonmusk, X, 10 novembre 2024, https://x.com/elonmusk/status/1855810991709475099.

[8] @realDonaldTrump, X, 13 novembre 2024, https://x.com/realDonaldTrump/status/1856658569124262092.

[9] Rob Wile, Lora Kolodny, «Elon Musk asks voters to brace for economic "hardship", deep spending cuts in potential Trump Cabinet role», in CNBC, 30 ottobre 2024, https://www.nbcnews.com/business/economy/economy-if-trump-wins-second-term-could-mean-hardship-for-americans-rcna177807.

[10] @jason, X, 22 novembre 2024, https://x.com/Jason/status/1860016850240680355.

[11] Elon Musk, TCN, 7 ottobre 2024, https://www.youtube.com/watch?v=k89aYdZOC_I.

[12] Faiz Siddiqui, Rachel Lerman, «Musk has long history of squabbles, investigations with federal agencies», in *Washington Post*, 15 novembre 2024, https://www.washingtonpost.com/business/2024/11/15/elon-musk-trump-government-efficiency-agencies-investigations/.

[13] Ayn Rand, in *Stanford Encyclopedia of Philosophy*, 8 giugno 2010, https://plato.stanford.edu/entries/ayn-rand/#WhatEthiWhyDoWeNeedIt.

Certificato PEFC
Questo prodotto è realizzato con materia prima da foreste gestite in maniera sostenibile e da fonti controllate
PEFC
PEFC/18-31-226
www.pefc.it

GRAFICA VENETA
CARBON NEUTRAL

Questo libro è fabbricato da Grafica Veneta S.p.A.
con un processo di stampa e rilegatura certificato 100% carbon neutral
in accordo con PAS 2060 BSI

Finito di stampare presso Grafica Veneta S.p.A.
Via Malcanton, 2 – Trebaseleghe (PD)
su carta HOLMEN
con fibra vergine proveniente da foreste sostenibili holmen.com/paper
Printed in Italy

Prova d'acquisto
978-88-200-8250